교과세특 추천 도서 300

한승배
강수현
배정숙
양봉열
오규찬
은동현
이현규
지음

공학계열

교과세특 추천 도서

300

저자 소개

한승배

경기 양평전자과학고등학교 진로전담교사

집필 이력
- 2009, 2015 개정 교육과정 중학교, 고등학교 진로와 직업 교과서
- 《교과세특 탐구활동 솔루션》,《교과세특 탐구주제 바이블》,《교과연계 독서탐구 바이블》
- 《학과 바이블》,《학생부 바이블》,《면접 바이블》,《특성화고 학생을 위한 진학 바이블》,《취업 바이블》, 《미디어 진로탐색 바이블》,《고교학점제 바이블》
- 《10대를 위한 직업 백과》,《유망 직업 사전》,《미리 알려주는 미래 유망직업》,《나만의 진로 가이드북》

기타 이력
- 네이버 카페 '꿈샘 진로수업 나눔방' (https://cafe.naver.com/jinro77) 운영자

강수현

부산 해운대중학교 진로전담교사

집필 이력
- 《미라클 독서법》
- '진로와 직업' 교과서 검토위원 참여

기타 이력
- 해운대 진로진학지원센터 진로체험지원단

배정숙

충북 보은고등학교 진로전담교사

집필 이력
- 행복한 진로 항해 일지 드림서핑
- 미래형 교수학습 운영 자료집(충북교육청), 미래를 여는 진로교육 수업 나눔 자료집(충북교육청), 교과별 혼합수업 운영 사례집(충북교육청)

기타 이력
- 고교학점제 전문가 양성 과정, 교실 속 학습코칭 전문가 과정 이수
- 미래형 교수학습 핵심교원
- 충북진학지원단

양봉열 — 인천 작전고등학교 진로전담교사

집필 이력
- 일반 고등학교 진로 포트폴리오
- 세계시민교육 자료집(인천교육청)

기타 이력
- 학부모 진로교육 콘텐츠 드림레터 자문위원
- 인천 진로교육지원단 '반딧불'
- 인천 대학 전공탐색 프로그램 진로멘토링 교사
- 진학 연구교사 연구회

오규찬 — 대구 대구남부교육지원청 중등교육지원과장

집필 이력
- 2007 개정 교육과정 중학교 기술·가정 교과서
- 2005, 2009 개정 교육과정 고등학교 기술·가정 교과서
- 《Basic 중학생을 위한 기술·가정 용어사전》, 《테크놀로지의 세계 플러스》, 《10대를 위한 유망직업 사전》, 《미리 알려주는 미래 유망직업》, 삼양미디어 '10대를 위한 과학기술 T시리즈'

기타 이력
- 기술사랑연구회 회장 및 연구위원
- 대구광역시교육청 청렴교육 기본 강사

은동현 — 대구 함지고등학교 국어교사

집필 이력
- 《출제자의 시선》

기타 이력
- 중등교사 특색있는 수업발표대회 국어계열 1등급 수상(대구교육청)
- 전(前) 국어과 연구교사(대구교육청)
- 네이버 밴드 '고등학교 담임샘들의 시너지' (https://band.us/@sorry95) 운영

이현규 — 경남 창원경일고등학교 진로전담교사

기타 이력
- 경상남도 대학전문위원단

《교과세특 추천 도서 300: 공학계열》
활용상 유의점

2022 개정 교육과정의 적용과 2028 대입 개편을 앞두고 갈수록 학교생활기록부의 서류 평가, 그중에서도 교과 세부능력 및 특기사항의 중요성이 커지고 있습니다. 이러한 교육 현장의 변화를 반영하여 학생의 학업 역량을 증명하는 탐구력을 기르고, 드러낼 수 있는 탐구활동의 가이드를 독서활동과 연계하여 제시하고자 이 책을 집필하였습니다.

☑ **이렇게 구성되어 있습니다.**

1. 이 책은 공학계열의 핵심인 컴퓨터공학, 소프트웨어공학, 기계공학, 로봇공학, 전기전자공학, 화학공학의 6개 영역으로 구분되어 있으며, 영역별로 40권씩 총 240권에 해당하는 도서를 안내하였습니다.

2. 제시된 모든 도서는 다음과 같은 형식으로 서술되어 있습니다.
   핵심 키워드 – 책 소개 – 탐구 주제 – 학생부 기록 예시(교과세특) – 탐구 주제 확장 및 심화 – 관련 논문 – 관련 도서 – 관련 학과 – 관련 교과

3. 학생의 흥미와 적성에 맞춰 골라서 활용할 수 있도록 각 도서마다 6개의 탐구 주제를 구상하여 제공하고 있습니다.

4. 탐구 주제와 더불어 관련 교과 및 학과, 책 소개, 관련 도서, 핵심 키워드, 관련 논문, 학생부 교과세특 예시, 탐구 주제 확장 및 심화를 위한 내용을 다루고 있습니다.

5. 해당 도서 및 탐구 주제와 관련된 도서와 논문을 쉽게 찾아볼 수 있도록 QR코드를 제공하여 디지털 환경에서의 접근이 용이하도록 구성하였습니다.

☑ **이렇게 활용할 수 있습니다.**

1. 핵심 키워드는 해당 도서의 내용 및 탐구 주제를 대표할 수 있는 키워드를 통해 관심 있는 내용을 빠르게 파악하는 데 활용할 수 있습니다.

2. 책 소개는 해당 도서에 대한 개괄적인 설명을 통해 책에서 다루고 있는 내용을 이해하고, 어떤 방향성을 갖고 탐구활동을 진행할 것인지를 모색하는 데 활용할 수 있습니다.

3. 탐구 주제는 해당 도서의 세부 내용과 최근 이슈를 연계하여 어떤 주제로 탐구활동을 진행할 것인지를 기획하는 데 활용할 수 있습니다.

4. 학생부 교과세특 예시는 해당 도서와 연계한 탐구활동이 실제로 어떤 방식으로 학교생활기록부에 기록될 수 있는지 파악하는 데 활용할 수 있습니다.

5. 탐구 주제 확장 및 심화는 앞서 제시된 탐구 주제에 대한 탐구 내용을 실생활에 적용하고, 타 영역과 융합하는 등의 확장 및 심화 방안을 모색하는 데 활용할 수 있습니다.

6. 관련 논문은 해당 도서의 내용 및 탐구 주제와 관련된 학술 논문의 제목과 간략한 설명을 통해 보다 심화된 탐구활동을 하는 데 활용할 수 있습니다.

7. 관련 도서는 해당 도서와 연계한 탐구활동을 진행하는 과정에서 추가로 참고할 만한 도서를 파악하고 연계 독서 활동을 하는 데 활용할 수 있습니다.

8. 관련 학과는 해당 도서에 대한 탐구 주제 및 이하 여러 구성 내용이 대학의 어떤 학과와 관련되는지를 파악하는 데 활용할 수 있습니다.

9. 관련 교과는 해당 도서의 탐구 주제로 제시된 내용이 어떤 교과의 세부능력 및 특기사항에 입력할 수 있을지 판단하는 데 활용할 수 있습니다.

목차

컴퓨터공학

순번	도서명	저자명	출판사명
1	2024 IT 메가 트렌드	김재필	한스미디어
2	4차 산업혁명과 미래사회	안병태, 정화영	길벗캠퍼스
3	거의 모든 IT의 역사	정지훈	메디치미디어
4	공학윤리	E. G. Seebauer, Robert L. Barry	경북대학교출판부
5	과학이 필요한 시간	궤도	동아시아
6	누구나 쉽게 배우는 인공지능 스타트	박동규	인피니티북스
7	디지털 트렌드 2024	김지혜	책들의정원
8	만화로 보는 IT 상식사전	윤진	더퀘스트
9	메타버스 시대의 사물 인터넷	양순옥, 김성석	생능출판사
10	메타버스 쫌 아는 10대	송해엽 외	풀빛
11	모바일 미래보고서 2024	커넥팅랩	비즈니스북스
12	미래를 바꾼 아홉 가지 알고리즘	존 맥코믹	에이콘출판사
13	미래를 바꿀 IT 과학이야기	이재영	로드북
14	박태웅의 AI 강의	박태웅	한빛비즈
15	보이지 않는 위협	김홍선	한빛미디어
16	비전공자도 이해할 수 있는 AI 지식	박상길	반니
17	빅데이터 개론	한국소프트웨어기술인협회 빅데이터전략연구소	광문각
18	사물인터넷 개론	서경환 외	배움터
19	생각하지 않는 사람들	니콜라스 카	청림출판
20	세상에서 가장 쉬운 테크놀로지 수업	이와사키 미나코 외	리틀에이
21	세상을 바꿀 미래기술 12가지	한국현	위키북스
22	세상을 바꿀 미래기술 25	이데일리 미래기술 특별취재팀	이데일리
23	스마트시티 에볼루션	박찬호 외	북바이북
24	알아두면 쓸모 있는 IT 상식	정철환	원앤원북스
25	앰비언트	김학용	책들의정원
26	오늘부터 IT를 시작합니다	고코더	한빛미디어
27	우리의 미래를 결정할 과학 4.0	박재용	북루덴스
28	웹 3.0 넥스트 이코노미	김미경 외	어웨이크북스
29	인공지능 윤리	피브르티그르 외	탐
30	인공지능과 딥러닝	마쓰오 유타카	동아엠앤비
31	인공지능의 철학윤리수업	우버들 외	박영스토리
32	임베디드의 모든 것	구제길 외	위키북스
33	챗GPT로 대화하는 기술	박해선	한빛미디어
34	챗GPT에게 묻는 인류의 미래	김대식, 챗GPT	동아시아
35	처음 읽는 양자컴퓨터 이야기	다케다 슌타로	플루토
36	핀테크 금융 서비스 가이드	데비 모한	도서출판청람
37	AI 시대, 엔터테인먼트의 미래	한정훈	페가수스
38	AI 전쟁	하정우, 한상기	한빛비즈
39	CES 2023 빅테크 9	김재필	한스미디어
40	IT 좀 아는 사람	닐 메타 외	윌북

2024 IT 메가 트렌드

김재필 | 한스미디어 | 2023

AI 디지털 교과서, 휴머노이드 로봇, 멀티모달 AI, LLM

이 책은 AI를 중심으로 진행되는 최근의 세계 경제 흐름을 바탕으로 기업과 기업, 국가와 국가, 인간과 AI 등의 AI 전쟁을 다룬다. 멀티모달 AI, UAM, 뷰티테크, 휴머노이드 로봇, BCI 등 일상적 삶과 경제, 사회를 비롯한 미래를 바꿀 수 있는 IT 관련 중요 트렌드 또한 분석하고 전망한다. 이를 통해 IT 기술로 급변하는 시대의 흐름에 잘 대응할 수 있도록 미래를 조망할 수 있는 관점을 제시한다.

탐구 주제

주제1 최근 정부에서 '디지털 기반 교육 혁신 방안'을 제시하며 개인 맞춤형 학습이 가능한 AI 디지털 교과서 도입을 추진하고 있다. 디지털 교과서로 인한 변화와 문제점을 예상해 보고, 교육 격차를 줄이는 방안으로서의 디지털 교과서의 역할에 대해 비판적으로 탐구해 보자.

주제2 노동 시장 및 재난 구호, 방위산업 등에서 필요성을 인정받고 있는 휴머노이드 로봇에 대한 관심이 높아지고 있다. 휴머노이드 로봇을 개발하기 위해 적용되는 주요 기술에 대한 분석을 바탕으로, 휴머노이드 로봇의 활용성과 기술 개발 및 보급에 관한 향후 전망을 주제로 탐구해 보자.

주제3 멀티모달 AI 기술의 주요 특징 분석 및 활용 분야와 방안 탐구

주제4 뷰티테크에 접목된 IT 기술 분석 및 뷰티테크 산업 전망 탐구

학생부 기록 예시 (교과세특)

AI 디지털 교과서의 도입에 관한 기사를 읽고 그 역할과 효과성을 탐구함. 특히 AI 디지털 교과서가 교육 격차를 줄이는 데 어떤 기능을 할 수 있을지 분석하고, 이를 통해 AI 디지털 교과서를 제작하기 위한 스토리보드를 제작함. 이러한 AI에 대한 관심을 바탕으로 '2024 IT 메가 트렌드(김재필)'을 읽으며 휴머노이드 로봇의 주요 기술 및 전망을 탐구하고, 휴머노이드 로봇이 상용화된 미래의 모습과 변화될 일상을 예측해 글로 작성함.

탐구주제 확장 및 심화

디지털 교과서 제작을 위한 스토리보드 작성해 보기
교과의 한 단원 분량의 학습 내용을 선정하고, 이를 효과적으로 학습하기 위한 방법과 적용 가능한 기술적 요소를 탐구하여 디지털 교과서를 제작하기 위한 스토리보드를 작성해 보자.

휴머노이드 로봇이 상용화된 미래 사회에서의 일기 작성해 보기
인간과 유사한 휴머노이드 로봇이 일상에 보급된 미래 사회에서의 자신의 일과를 상상해 보고, 휴머노이드 로봇의 상용화로 인해 달라진 사회의 모습이 잘 나타나도록 일기를 작성해 보자.

관련 논문 멀티모달 적용의 교육 효과 및 만족도 분석(한옥영, 2022)

이 논문은 인공지능 관련 수업에 멀티모달을 적용함으로써 멀티모달을 활용한 교육의 효과성을 관찰하고 있다. 인공지능 관련 수업에 멀티모달을 적용하여 교육의 효과성 개선을 검증하고 수업 만족도를 확인하면서 멀티모달을 광범위하게 활용 및 적용할 수 있는 방안을 제시한다.

관련 도서 《AI 2024》, 김덕진, 스마트북스
《카이스트 미래전략 2024》, KAIST 문술미래전략대학원 미래전략연구센터, 김영사

관련 학과	교육공학과, 교통공학과, 기계공학과, 로봇공학과, 모바일공학과, 반도체공학과, 사물인터넷학과, 사회학과, 인공지능공학과, 자동차공학과, 전기공학과, 전자공학과, 정보통신공학과, 컴퓨터공학과
관련 교과	2022 개정 교육과정: 창의 공학 설계, 로봇과 공학세계, 소프트웨어와 생활, 융합과학 탐구, 교육의 이해 2015 개정 교육과정: 공학 일반, 정보, 기술·가정, 융합과학, 생활과 과학, 교육학

4차 산업혁명과 미래사회

안병태, 정화영 | 길벗캠퍼스 | 2023

4차 산업혁명 사회를 이끌어 갈 13가지 기술 트렌드에 대해 소개한다. 인공지능, 빅데이터, 차세대 네트워크, 블록체인, 양자 컴퓨터, 사물인터넷, 자율주행, 로봇 공학, 3D & 4D 프린팅, 메타버스, 스마트 시대, 드론으로 대표되는 핵심 기술은 4차 산업혁명이 우리 삶에 어떤 영향을 미치는지 알려준다. 다양한 기술을 살펴보면서 4차 산업혁명으로 인한 미래 사회의 변화에 어떻게 대처할지 고민해 보자.

탐구 주제

주제1 '스마트팜'이란 비용 절감 및 생산량 증가를 목적으로, 첨단 과학 기술을 활용하여 농산물의 재배, 생산, 유통에 이르는 전 과정을 체계적으로 관리하는 농장을 말한다. 스마트팜의 유형 및 세대별 모델에 따른 적용 기술의 원리, 미래 식량 안보 대책으로서의 가능성을 탐구해 보자.

주제2 자율주행 기술은 인간의 조작 없이 교통수단이 스스로 운행하는 시스템을 말한다. 이 기술에는 자율주행에 필요한 여러 첨단 과학 기술의 발전이 큰 영향을 미쳤다. 자율주행에 적용되는 과학 기술의 유형 및 원리와 상용화 시 예상되는 미래 사회의 변화를 탐구해 보자.

주제3 스마트 소재를 활용한 4D 프린팅 기술의 동향 분석

주제4 블록체인 기술의 의료 분야 활용 현황 탐구 및 개선 방안 모색

학생부 기록 예시 (교과세특)

미래 신성장 산업으로서 스마트팜에 흥미를 느끼고 이를 탐구함. 유형 및 세대별 모델에 따른 적용 기술을 분석하면서 스마트팜이 4차 산업혁명을 이끄는 핵심 기술들의 총 집합체라는 사실을 알게 되어, '4차 산업혁명과 미래사회(안병태 외)'를 읽으며 여러 핵심 기술의 적용 원리를 탐구함. 더불어 스마트팜을 포함한 스마트 시대에 대한 호기심으로 스마트시티, 캠퍼스, 헬스, 팩토리, 홈 등 관련 산업을 추가로 탐구 후 보고서를 작성함.

탐구주제 확장 및 심화

3D & 4D 프린팅 기술의 의학적 적용 방안에 대해 탐구해 보기
3D 프린팅을 이용한 인공 장기 제작의 원리, 기술 동향, 한계에 대해 살펴보고, 4D 프린팅 기술의 특징과 장점을 바탕으로 맞춤형 인공 장기 이식의 가능성에 대해 탐구해 보자.

미래 식량 위기에 대처하기 위한 인류의 노력에 대해 탐구해 보기
스마트팜과 같이 미래 식량 안보 대책에 활용되는 첨단 과학 기술의 활용 사례에 대해 탐구해 보고, 이를 바탕으로 미래 식량 안보 캠페인을 위한 팸플릿을 제작해 보자.

관련 논문   자율주행 자동차 논의에 있어서 인간의 자리 : 자율주행 자동차에 대한 논의의 특징과 한계(심지원 외, 2020)

 이 논문은 자율주행 기술의 안전성에 대한 절대적 믿음에 문제를 제기하고, 트롤리 딜레마를 토대로 자율주행 기술로 인해 발생할 수 있는 윤리적 문제에 대해 살펴보고 있다. 그동안 상대적으로 간과되었던 인간 중심의 자율주행 기술에 대한 논의를 확장할 수 있을 것으로 기대된다.

관련 도서   《AI 이후의 세계》, 대니얼 허튼로커 외, 윌북,

             《자율주행차와 반도체의 미래》, 권영화, 이코노믹북스

관련 학과   교통공학과, 기계공학과, 반도체공학과, 사회학과, 생명공학과, 소프트웨어공학과, 식품공학과, 의료공학과, 의예과, 자동차공학과, 전기공학과, 전자공학과, 정보통신공학과, 컴퓨터공학과, 환경공학과

관련 교과   2022 개정 교육과정: 소프트웨어와 생활, 인공지능 기초, 로봇과 공학세계, 융합과학 탐구
             2015 개정 교육과정: 융합과학, 인공지능 수학, 농업 생명 과학, 공학 일반, 사회문제 탐구

핵심키워드

핵심키워드 | 초연결 사회, 클라우드, 소셜 웹, 인공지능

거의 모든 IT의 역사

정지훈 | 메디치미디어 | 2020

20세기부터 이어져 온 IT 개발에 관한 역사를 다룬다. 개인용 컴퓨터 혁명, 소프트웨어 혁명, 인터넷 혁명, 검색과 소셜 혁명, 스마트폰 혁명, 클라우드와 소셜 웹 혁명, 인공지능 혁명에 이르기까지 세상의 패러다임을 바꾼 IT 기술을 설명한다. IT 기술의 발전 역사를 돌아봄으로써 우리 사회가 어떻게 변화해 왔는지, 앞으로 미래 사회에 나타날 새로운 변화는 어떤 모습일지 예측해 보자.

탐구 주제

주제1 '초연결 사회'란 정보통신기술의 발달에 따라 사람, 사물, 데이터 등이 서로 연결됨으로써 새로운 혁신을 가능케 하는 사회를 말한다. 초연결 사회의 핵심 기술 중 하나인 사물인터넷(IoT)의 역사, 생활 속 사물인터넷의 적용 사례 및 관련 연구 동향, 사물인터넷의 미래를 탐구해 보자.

주제2 첨단 과학 기술의 발전에 따라 증강 현실 기반 내비게이션을 구현할 수 있는 스마트 콘택트렌즈까지도 연구되고 있다. 스마트 콘택트렌즈의 원리 및 구현을 위한 핵심 기술에 대해 탐구해 보고, 내비게이션 분야의 연구 동향에 대해 살펴보면서 다른 분야와의 융합 방안을 모색해 보자.

주제3 클라우드 컴퓨팅 기술의 사례를 바탕으로 핵심 원리 탐구

주제4 IT 기술의 발전에 따른 인간 삶의 변화에 대한 고찰

학생부 기록 예시 (교과세특)

기술 발전으로 인한 사회 변화를 조사하던 중 '초연결 사회'에 관심을 갖고, 이에 적용된 핵심 기술을 탐구함. 특히 사물인터넷의 기술적 의의에 대한 흥미를 바탕으로 사물인터넷의 역사, 적용 사례, 연구 동향, 미래 가치를 살펴봄. 또한 국내외 스마트시티 구축 사업의 사례를 분석하며, 사물인터넷의 응용 분야를 탐구함. 한편 초연결 사회로의 진입으로 인한 사회의 변화 및 문제 현상을 분석하며, 인류에게 필요한 인문학을 탐구함.

탐구주제 확장 및 심화

초연결 사회의 징후들을 분석하며 관련 문제 현상에 대해 탐구해 보기
초연결 사회로 인해 기대되는 장밋빛 미래에서 더 나아가, 변화하는 사회에서 발생하고 있는 인간을 둘러싼 여러 문제 현상 및 해결 방안에 대해 탐구해 보자.

내비게이션의 원리인 다익스트라 알고리즘에 대해 탐구하여 사례에 적용해 보기
최단 경로를 연산하는 다익스트라 알고리즘에 대한 탐구를 바탕으로, 서울 지하철 노선도를 활용하여 컴퓨터 언어인 파이썬으로 해당 알고리즘을 구현해 보자.

관련 논문 스마트시티 산업에서의 사물인터넷 적용 사례 연구(이성훈 외, 2016)

이 논문은 스마트시티 구축의 핵심 기술인 사물인터넷의 적용 사례를 살펴 보고, 각 사례에 이용된 첨단 기술의 원리에 대해 살펴보고 있다. 특히 스마트 주차 시스템, 스마트 쓰레기통 시스템 등 스마트시티를 위한 사물인터넷의 응용 분야에 대해 이해할 수 있을 것으로 기대된다.

관련 도서 《비전공자를 위한 이해할 수 있는 IT 지식》, 최원영, 티더블유아이지
《웹 3.0 참여, 공유, 보상이 가져오는 새로운 미래》, 이임복, 천그루숲

관련 학과 IT융합학과, 교통공학과, 기계공학과, 메카트로닉스공학과, 모바일시스템공학과, 반도체공학과, 사회학과, 소프트웨어공학과, 심리학과, 인류학과, 전자공학과, 정보통신공학과, 컴퓨터공학과

관련 교과 2022 개정 교육과정: 소프트웨어와 생활, 인공지능 기초, 데이터 과학, 창의 공학 설계
2015 개정 교육과정: 정보, 공학 일반, 인공지능 수학, 사회문제 탐구

공학윤리

Edmund G. Seebauer,
Robert L. Barry |
경북대학교출판부 | 2013

공학윤리 교육을 실시하기 위한 교육 내용 및 방안에 대해 소개한다. 오늘날 과학 기술의 영향력이 커지고 있는 상황에서 과학기술자의 도덕적 책무를 인식하고, 공학적 결정 상황에서의 윤리적 문제를 파악 및 해결할 수 있는 도덕적 판단 능력을 키우기 위한 목적으로 집필되었다. 책에 제시된 개인적, 사회적 차원의 문제를 바탕으로, 올바른 윤리적 의사결정을 하도록 이끄는 공학윤리를 살펴보자.

탐구 주제

주제1 한 연구팀이 줄기세포만으로 완벽한 구조를 가진 인간 배아를 만들었다고 밝혔다. 이 배아를 통해 인간의 발달 과정이나 불임, 난임에 대한 연구에 활용할 수 있다는 기대감도 있지만, 윤리적 논란을 수반할 수밖에 없다는 우려도 있다. 공학윤리 측면에서 현상에 대한 가치 판단을 해 보자.

주제2 현대 사회에서 공학 기술이 인류에게 미치는 큰 영향력 때문에 공학윤리는 매우 중요하지만, 공학윤리의 결여로 인해 국내에서 많은 인명 피해 사건이 발생해 왔다. 와우 아파트 붕괴 사고, 삼풍 백화점 붕괴 사고 등의 사고 원인에 대해 규명하면서 공학윤리의 필요성에 대해 탐구해 보자.

주제3 챌린저 우주왕복선 폭발 사고의 원인 규명과 공학자의 책무 탐구

주제4 공학윤리의 기본이 되는 원리와 공학윤리의 기능에 대한 고찰

학생부 기록 예시 (교과세특)

국내외의 대형 인명 피해 사건들의 원인 규명에 대한 탐구 과정에서 공학윤리의 부재 현상을 분석하고, 공학윤리에 대한 관심을 바탕으로 '공학윤리(Edmund G. Seebauer 외)'를 읽음. 이를 통해 공학윤리의 기본 원리 및 공학윤리적 갈등 사례에서의 판단 기준 등을 파악함. 또한 인공 배아 기술에 관심을 두어 관련 기술의 동향 및 미래 사회의 변화를 탐구하고, 예상 문제 상황에 초점을 맞춰 생명공학 윤리의 새로운 기준을 제시하는 보고서를 작성함.

탐구주제 확장 및 심화

인공 배아 기술로 인한 미래 사회의 변화에 대해 탐구해 보기
생명 복제 기술의 개발이 가져올 미래 사회의 변화를 예측해 보고, 복제 인간이 존재하는 세상에서 인간의 실존적 가치는 어떤 것일지에 대해 탐구해 보자.

공학윤리가 부재하는 사회에 대한 만평 제작해 보기
국내외의 대형 인명 피해 사건 및 사고의 발생 원인을 공학윤리적 갈등 상황에 초점을 맞추어 분석하고, 이를 바탕으로 공학윤리의 부재를 비평하는 만평을 제작해 보자.

관련 논문 중국의 공학윤리교육에 관한 연구(이재숭, 2023)

이 논문은 중국의 공학윤리 교육의 접근 방식에 대해 검토했다. 공학 분야 선진 국가들의 공학윤리 교육의 동향에 대한 분석을 바탕으로 중국 공학윤리 교육의 특징을 드러내고, 중국의 공학윤리 교육이 글로벌 공학윤리 교육의 표준에 부합하는 방향으로 개혁해야 함을 주장하고 있다.

관련 도서 《과학, 그게 최선입니까?》, 강호정, 이음
《공학윤리와 역사》, 김용환, 충북대학교출판부

관련 학과 건축공학과, 기계공학과, 도시공학과, 반도체공학과, 생명공학과, 소프트웨어공학과, 식품공학과, 신소재공학과, 에너지공학과, 원자력공학과, 전기공학과, 전자공학과, 컴퓨터공학과, 화학공학과, 환경공학과

관련 교과 2022 개정 교육과정: 과학의 역사와 문화, 로봇과 공학세계, 기후변화와 환경생태, 윤리문제 탐구
2015 개정 교육과정: 과학사, 생활과 과학, 사회문제 탐구, 생활과 윤리

과학이 필요한 시간
궤도 | 동아시아 | 2022

과학 커뮤니케이터이자 유튜브 채널 '안될과학'의 진행자인 저자가 과학은 전문가만이 아닌 모든 시민의 것이어야 한다는 생각으로, 과학의 스물여섯 가지의 핵심 주제들을 엄선해 설명하고 있다. 인공지능, 양자 컴퓨터, 딥러닝 등의 최신 과학 기술의 원리와 상대성 이론, 엔트로피, 양자역학 등의 핵심 과학 이론, 그리고 기억, 꿈, 노화, 죽음 등 인류의 삶과 관련된 내용까지 저자는 쉽고 정확한 표현으로 독자와의 소통을 시도한다.

탐구 주제

주제1 인공지능이 많은 변화를 가져오고 있지만, 정작 인공지능이 작동되는 공식 및 원리에 대한 관심은 부족하다. 한국지능정보사회진흥원에서 인공지능의 6가지 원천 기술과 원리로 발표한 메타학습, 연합학습, 자기지도학습, 강화학습, 그래프 신경망 기반 딥러닝, 생성적AI를 탐구해 보자.

주제2 인간의 수명이 늘어나면서 인공 장기에 대한 연구가 활발하다. 세포 기반 장기의 핵심 기술로 오가노이드와 3D 바이오 프린팅이 있는데, 최근에는 뇌 오가노이드를 바이오 컴퓨터로 발전시키기 위한 연구가 이루어지고 있다. 바이오 컴퓨터의 연구 동향에 대해 탐구해 보자.

주제3 알파고의 바둑 학습 원리에 대한 분석을 통한 딥러닝의 이해

주제4 기억과 관련하여 수면 중 뇌에서 일어나는 작용에 대한 탐구

학생부 기록 예시 (교과세특)

인공 장기에 흥미를 갖고, 인공 장기 관련 핵심 기술 및 연구 동향을 탐구함. 특히 인간의 뇌세포를 배양하여 컴퓨터의 하드웨어로 활용하는 '바이오 컴퓨터'에 관심을 갖고, 관련 연구 동향 및 기대 효과를 분석함. 또한 인간 뇌 오가노이드 연구의 윤리적, 법적 쟁점을 분석하며 연구의 지침 및 방향성에 대해 살펴보고, 이를 바탕으로 오가노이드 기술의 발달로 인한 미래 사회의 변화를 탐구하여 관련 내용을 보고서로 작성함.

탐구주제 확장 및 심화

인공 장기 기술의 발달로 인한 미래 사회의 변화 예측해 보기
인공 장기 기술의 혜택에 있어서 사회적, 경제적 지위에 의한 차별 문제, 인간의 기대 수명 상승으로 인해 발생 가능한 지구적 문제 현상 등에 대해 탐구해 보자.

꿈의 발생 원리 및 기능에 대해 탐구해 보기
렘(REM) 수면과 비렘(Non-REM) 수면 단계에서의 인체 작용을 토대로 꿈의 발생 원리에 대해 알아보고, 정신분석학자들의 꿈에 대한 정의를 비교 및 분석하며 꿈의 기능을 탐구해 보자.

관련 논문 인간 뇌 오가노이드 연구의 윤리적·법적 쟁점(최경석, 2021)

이 논문은 인간의 뇌 오가노이드 연구가 인간 뇌 오가노이드의 도덕적 지위에 대한 문제를 초래한다고 보고, 뇌 오가노이드 연구에 대한 국제적 지침이 있는지, 국내에서는 어떤 규정이 있는지 살펴봄으로써 뇌 오가노이드 연구 개발의 방향성을 제시하고 있다.

관련 도서 《정재승의 과학콘서트》, 정재승, 어크로스
《궤도의 과학 허세》, 궤도, 동아시아

관련 학과 AI융합학과, 물리학과, 생명공학과, 소프트웨어공학과, 수학과, 약학과, 에너지공학과, 의료공학과, 의예과, 인류학과, 천문우주학과, 철학과, 컴퓨터공학과, 항공우주공학과, 화학공학과, 화학과

관련 교과 2022 개정 교육과정: 세포와 물질대사, 전자기와 양자, 행성우주과학, 인공지능 기초, 소프트웨어와 생활
2015 개정 교육과정: 물리학, 화학, 생명과학, 지구과학, 융합과학, 정보, 공학 일반

컴퓨터공학

소프트웨어공학

기계공학

로봇공학

전기전자공학

화학공학

누구나 쉽게 배우는 인공지능 스타트

박동규 | 인피니티북스 | 2022

이 책은 인공지능의 개념 및 역사, 핵심 기술, 활용 사례 등을 설명하는데, 특히 인공지능의 최신 핵심 기술인 머신러닝과 딥러닝, 강화학습 등에 대해 다양한 그림과 사진을 활용하여 원리를 알기 쉽게 풀어서 전달하고 있어 유익하다. 또한 인공지능을 공학적 측면에서만 분석하는 것이 아니라 인공지능이 문학과 예술적인 측면에 미치는 영향까지도 다루고 있으며, 실생활에서 인공지능 기술을 실습해 볼 수 있도록 단계별 학습을 제공한다.

탐구 주제

주제1 인공지능과 빅데이터는 상호보완적인 관계다. 최근 가장 뜨거운 이슈인 챗GPT 또한 인공지능과 빅데이터의 조합으로 만들어진 결과물이다. 빅데이터가 활용된 사례를 바탕으로 빅데이터의 특징 및 빅데이터 분석에 인공지능 기술이 활용되는 원리를 탐구해 보자.

주제2 한 미술전의 디지털 아트 부분에서 인공지능이 제작한 작품이 수상하며 AI 화가 프로그램에 대한 관심이 높아지고 있다. 이미지 생성 AI의 원리 및 활용 가능성을 탐구해 보고, 저작권 문제 등 AI 화가 프로그램의 등장을 둘러싼 우려에 대해 살펴보고 대안을 모색해 보자.

주제3 머신러닝의 최적화에 적용된 수학적 원리에 대한 탐구

주제4 안전한 인공지능 연구 및 개발을 위한 국가별 노력과 지침 탐구

학생부 기록 예시 (교과세특)

챗GPT에 대한 흥미를 바탕으로 챗GPT의 기본이 되는 인공지능과 빅데이터를 탐구함. 이에 '누구나 쉽게 배우는 인공지능 스타트(박동규)'를 읽으며 인공지능과 빅데이터의 핵심 원리를 파악하고, 활용 사례로 핵심 기술의 적용 원리에 대해 분석함. 또한 교통 약자를 위해 운행되는 이동지원 차량의 효율적 배차 시스템을 구상하려는 목적으로, 인공지능과 빅데이터를 활용하는 구체적 방안을 탐구 후 이를 정책 제안 보고서로 작성해 제출함.

탐구주제 확장 및 심화

빅데이터, 인공지능을 활용해 사회 개선을 위한 정책을 제안해 보기
교통 약자를 위해 운행되는 이동지원 차량의 배차를 효율적으로 설계하기 위한 빅데이터 및 인공지능의 활용 방안을 구상하여 정책 제안서를 작성해 보자.

인간이 인공지능을 통제할 수 있는 범위가 어디까지일지 탐구해 보기
인공지능이 인간의 통제를 벗어났을 때 발생할 수 있는 문제 상황을 예상해 보고, 인간의 인공지능 통제 범위에 대해 탐구하여 인공지능 기술 개발 가이드라인을 제작해 보자.

관련 논문 인공지능을 이용한 빅데이터 분석과 표현의 자유(양소연, 2022)

이 논문은 인공지능 기술의 발달에 따라 표현의 자유의 보호 영역을 재설정할 필요가 있음을 주장한다. 인공지능을 통한 빅데이터 처리와 관련해 표현의 자유도 기본권으로서 보호 받아야 할 근거를 역설하고 있어, 인공지능을 둘러싼 법적 쟁점에 대한 논의를 진전시킬 것으로 기대된다.

관련 도서 《AI시대의 컴퓨터 개론》, 강환수 외, 인피니티북스
《AI 빅뱅》, 김재인, 동아시아

관련 학과 AI융합학과, 교통공학과, 기계공학과, 메카트로닉스공학과, 미술학과, 반도체공학과, 사회학과, 소프트웨어공학과, 수학과, 음악학과, 전자공학과, 정보보안학과, 정보통신공학과, 컴퓨터공학과, 통계학과

관련 교과 2022 개정 교육과정: 인공지능 기초, 데이터 과학, 소프트웨어와 생활, 로봇과 공학세계
2015 개정 교육과정: 정보, 공학 일반, 인공지능 수학, 사회문제 탐구, 지식 재산 일반

푸드테크, 미래 모빌리티, 스마트 웨어러블, 사이버 보안 산업

디지털 트렌드 2024

김지혜 | 책들의정원 | 2023

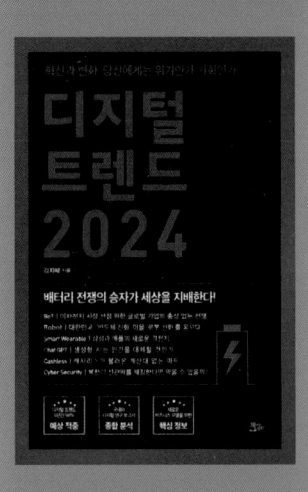

이 책은 전 세계적인 경기 침체 상황에서 꾸준히 성장하고 있는 디지털 산업의 저력에 주목하며 디지털 시장에서의 각종 이슈를 분석한다. 푸드테크 산업, 미래 모빌리티, 로봇 시장, AI 엔터 산업 등 디지털 기술의 혁신으로 달라지는 산업 분야의 주요 키워드를 바탕으로 불황의 경기를 극복할 수 있는 미래 산업의 핵심을 파악하며, 생산성 및 효율성을 극대화하고 새로운 가치를 창출하는 IT 산업의 가능성과 전망을 살펴보고자 한다.

탐구 주제

주제1 코로나19 팬데믹으로 인한 폭발적인 배달 수요의 증가로 인해 최근 인공지능과 로봇 기술을 융합하여 음식, 식료품, 약품 등을 배송하는 자율주행 배달 로봇이 화제가 되고 있다. 센싱 기술, 통신 기술, 딥러닝 등 자율주행 배달 로봇에 적용되는 핵심 기술의 원리를 탐구해 보자.

주제2 식품과 기술의 융합을 뜻하는 푸드테크의 일종인 3D 식품 프린팅 기술은 식용 잉크로 음식물을 3차원적으로 인쇄하여 다양한 음식을 만들어 내는 것을 말한다. 3D 식품 프린팅 기술의 개발 동향에 대해 살펴보고, 이 기술이 음식 제조 및 유통, 환경, 건강 분야에 미칠 영향을 탐구해 보자.

주제3 인공지능의 발전으로 인한 음악 산업의 변화 탐구

주제4 중앙은행 디지털화폐(CBDC)의 연구 동향 및 법적 쟁점 탐구

학생부 기록 예시 (교과세특)

3D 식품 프린팅 관련 기사를 읽고 푸드테크에 관심을 가짐. 세계 푸드테크 산업의 동향을 조사하던 중 자율주행 배달 로봇에 대해 알게 되어, 센싱 기술, 통신 기술, 배달 경로 딥러닝 등 배달 로봇에 적용된 핵심 기술의 원리를 분석함. 특히 자율주행 배달 로봇이 최적 배송 경로를 찾는 데 활용되는 알고리즘에 수학적 원리가 적용됨을 알고 관련 내용을 탐구함. 또한 자율주행 배달 로봇 관련 규제와 특례에 대해 살펴보며, 규제 샌드박스 정책의 효과에 대해 발표함.

탐구주제 확장 및 심화

자율주행 배달 로봇의 최적 배송 경로를 찾는 데 사용되는 수학적 원리 탐구해 보기
수학 원리는 실생활 곳곳에 적용되어 있는데, 그중 미적분은 경로 최적화 문제를 해결하는 데 활용되고 있다. 최적 배송 경로를 찾는 데 미적분이 어떻게 활용될 수 있을지 탐구해 보자.

자율주행 배달 로봇과 관련한 '규제 샌드박스'에 대해 탐구해 보기
자율주행 배달 로봇 관련 규제와 특례에 대해 살펴보면서, 현행 규제로 인해 혁신 사업의 진행이 불가능한 경우 규제를 한시적으로 유예해 주는 규제 샌드박스의 효과를 탐구해 보자.

관련 논문 세계 푸드테크 산업의 동향과 전망(장우정, 2020)

이 논문은 세계적으로 푸드테크 산업의 시장 규모가 매우 커진 상황에서 미국, 프랑스, 중국 등 해외의 푸드테크 산업의 동향에 대해 살펴보고, 이를 바탕으로 국내 푸드테크 산업의 현황을 분석함으로써 우리나라 푸드테크 산업의 발전을 위해 요구되는 사항과 발전 방안을 제시한다.

관련 도서 《디지털 대전환의 조건》, 위르겐 메페르트 외, 청림출판
《4차 산업혁명 이미 와 있는 미래》, 롤랜드버거, 다산 3.0

관련 학과 IT융합학과, 경영학과, 경제학과, 기계공학과, 로봇공학과, 메카트로닉스공학과, 모바일시스템공학과, 반도체공학과, 소프트웨어공학과, 수학과, 식품공학과, 전기공학과, 전자공학과, 정보통신공학과, 컴퓨터공학과

관련 교과 2022 개정 교육과정: 창의 공학 설계, 로봇과 공학세계, 소프트웨어와 생활, 융합과학 탐구
2015 개정 교육과정: 공학 일반, 정보, 기술·가정, 융합과학, 생활과 과학

만화로 보는 IT 상식사전

윤진 | 더퀘스트 | 2023

이 책은 IT와 관련된 어렵고 복잡한 전문 지식 중 대중이 꼭 알고 있어야 할 핵심 내용을 대상으로 쉽고 재밌게 이해할 수 있도록 만화의 형식을 활용하여 설명한다. 인공지능, 딥러닝, 빅데이터, 확장현실, 알고리즘 등 IT 전문 용어와 기술에 대한 설명뿐만 아니라, 아마존, MS, 구글 등 빅테크 기업의 동향, IT의 발달로 인한 경제 생태계의 변화까지도 다루고 있다. 실생활과 관련된 IT 지식에 대한 학습을 통해 디지털 문해력을 키워 보자.

탐구 주제

주제1 '대체 불가 토큰'이란 의미의 NFT는 디지털 정보에 고유의 인식 값을 부여하여 디지털 자산을 창조하는 블록체인 기술이다. NFT에 대한 이해를 바탕으로 4차 산업혁명의 환경과 관련하여 NFT의 등장 배경을 탐구해 보고, NFT 적용 사례를 바탕으로 작동 원리를 분석해 보자.

주제2 가상현실(VR), 증강현실(AR), 혼합현실(MR) 기술은 현실의 감각을 확장하려는 시도와 맞닿아 있어 이를 통칭해 확장현실(XR)이라 부른다. 확장현실의 원리와 기술 동향. 확장현실을 산업에 적용한 여러 사례에 대한 분석을 바탕으로 미래 사회에서의 확장현실 활용 방안에 대해 탐구해 보자.

주제3 웹 3.0 디지털 생태계에서의 블록체인의 작동 원리에 대한 탐구

주제4 빅테크 기업의 투자 동향 분석을 통한 4차 산업혁명에 대한 고찰

학생부 기록 예시 (교과세특)

빅테크 기업의 동향을 분석하던 중 확장현실(XR) 헤드셋 제품에 호기심을 갖고 확장현실에 대해 탐구함. 확장현실에 속하는 VR, AR, MR의 원리를 비교 및 분석하고, 산업에 활용되는 확장현실 기술의 사례에 대해 탐구함. 특히 완전 자율주행 시대에 발맞춰 확장현실 기술이 모빌리티 산업에서 어떻게 활용될 수 있을지에 대해 탐구하여 발표함. 또한 확장현실 기술이 인류의 삶에 큰 영향을 미치게 될 때 인류에게 필요한 철학적 고민에 대해 탐구 후 보고서를 작성함.

탐구주제 확장 및 심화

NFT 시장을 둘러싼 MZ세대의 디지털 플렉스 문화에 대해 탐구해 보기
MZ세대의 특성에 대한 이해를 바탕으로 MZ세대의 NFT 구매 현상을 심리학, 사회학, 경제학 측면에서 분석하여, 'MZ세대의 디지털 플렉스 문화'를 주제로 보고서를 작성해 보자.

'확장현실의 미래는 과연 유토피아일까'를 주제로 탐구해 보기
확장현실 기술이 인류의 삶 전반에 영향을 미치게 된다면 실존 세계의 가치는 낮아질 수밖에 없는데, 이때 인류에게 필요한 새 시대의 철학적 고민은 어떤 것일지 탐구해 보자.

관련 논문 모빌리티 산업에서의 확장현실 인터페이스에 관한 연구(한태우, 2022)

이 논문은 모빌리티 산업에서의 확장현실 기술의 활용 사례를 분석하며, 기술의 향후 발전 가능성에 대해 모색하고 있다. 자율주행, 인공지능, 확장현실 등 첨단 기술의 발전에 맞춰 완전 자율주행 시대로 나아가고 있는 상황에서 미래형 모빌리티 연구를 활성화할 것으로 기대된다.

관련 도서 《IT 트렌드 2024》, 김지현, 크레타
《확장현실》, 제레미 돌턴, 유엑스리뷰

관련 학과 AI융합학과, 경영학과, 경제학과, 기계공학과, 메카트로닉스공학과, 미술학과, 반도체공학과, 사회학과, 소프트웨어공학과, 전자공학과, 정보보안학과, 정보통신공학과, 컴퓨터공학과

관련 교과 2022 개정 교육과정: 인공지능 기초, 데이터 과학, 소프트웨어와 생활, 경제
2015 개정 교육과정: 정보, 공학 일반, 인공지능 수학, 사회문제 탐구

핵심키워드

4차 산업혁명, 사물인터넷의 주요 기술, 초연결 메타버스, 자율형 사물인터넷

메타버스 시대의 사물 인터넷

양순옥, 김성석 | 생능출판사 | 2023

이 책은 4차 산업혁명의 핵심 기술인 사물인터넷(IoT)에 대한 전반적인 내용을 다루고 있다. 사물인터넷의 주요 기술 및 발전 방향, 사물인터넷과 확장 현실로 가능한 초연결 메타버스의 모습, 사물인터넷 기술의 파급 효과로서 스마트 자동차와 스마트 공장 등에 대해 다루고 있다. 또한 2030년 이후 사회에서의 사물인터넷에 대한 고찰을 통해 4차 산업혁명 핵심 기술의 발전에 따른 미래 사회의 변화 방향을 이해할 수 있도록 구성하였다.

탐구 주제

주제1 사물인터넷은 각종 기기들을 인터넷에 연결하기 위한 게이트웨이 장치가 필요한데, 이 장치가 전력을 소모하기 때문에 사물인터넷 기기에 대한 전원 공급책이 필요하다. 이와 관련해 에너지 하베스팅 기술이 연구되고 있는데, 이 기술의 에너지원, 작동 원리, 향후 과제 등에 대해 탐구해 보자.

주제2 최근 스마트폰에서도 3D 디지털 홀로그램 영상을 구현할 수 있는 핵심 기술에 대한 연구가 성과를 드러내고 있어, 향후 실시간 홀로그램 통화도 가능할 것으로 기대된다. 이처럼 사물인터넷과 확장현실 기술의 융합으로 인한 초연결 메타버스가 어떤 모습으로 구현될지에 대해 탐구해 보자.

주제3 사물인터넷에 적용된 물리학 원리에 대한 탐구

주제4 차세대 지능형 교통 시스템에 적용된 핵심 기술에 대한 탐구

학생부 기록 예시 (교과세특)

사물인터넷의 상시 전력 공급 문제에 대해 흥미를 느끼고 탐구함. 이 과정에서 에너지 하베스팅 시스템에 대해 알게 되어, 이 시스템의 기본 요소, 전력 관리 원리, 향후 활용 가능성을 탐구해 보고서를 제출함. 또한 사물인터넷이 적용된 사례를 분석하여 그 작동 원리를 파악하고, 이를 바탕으로 아두이노를 사용하여 사물인터넷 작품을 직접 제작해 봄. 이후 사물인터넷과 관련된 보안 이슈에 관심을 갖고, 관련 보안 기술의 동향을 탐구하여 발표함.

탐구주제 확장 및 심화

아두이노로 사물인터넷을 활용한 작품을 만들어 보기
사물인터넷 및 코딩의 원리에 대한 탐구를 바탕으로, 사물인터넷과 매우 밀접한 관련을 맺고 있는 아두이노를 사용하여 실제로 사물인터넷 작품을 만들어 보자.

초연결 메타버스 사회의 혁신 뒤에 숨겨진 심각한 위험을 탐구해 보기
많은 것들을 연결함으로써 인류에게 편리함을 선물해 준 사물인터넷, 초연결이라는 특성의 이면에 도사린 심각한 보안 위협에 대해 탐구하여 보고서를 작성해 보자.

관련 논문 사물인터넷 보안 이슈 및 결합 서비스 동향 분석(김현호 외, 2020)

이 논문은 사물인터넷의 발전 속도에 비해 보안 기술이 그 속도를 따라가지 못하는 현실에 문제의식을 갖고, 사물인터넷 관련 보안 이슈와 서비스의 동향에 대해 분석한다. 이를 통해 사물인터넷의 확대를 위한 전제 조건인 보안 기술의 연구 방향을 제시할 수 있을 것으로 기대된다.

관련 도서 《만들면서 배우는 아두이노 IoT 사물인터넷과 40개의 작품들》, 장문철, 앤써북
《스마트 IoT 프로젝트》, 아구스 쿠니아완, 에이콘출판사

관련 학과 교통공학과, 기계공학과, 도시공학과, 메카트로닉스공학과, 반도체공학과, 법학과, 사물인터넷학과, 소프트웨어공학과, 전기공학과, 전자공학과, 정보보안학과, 정보통신공학과, 컴퓨터공학과, 행정학과

관련 교과 2022 개정 교육과정 : 인공지능 기초, 창의 공학 설계, 데이터 과학, 소프트웨어와 생활
2015 개정 교육과정 : 물리학, 융합과학, 공학 일반, 정보, 사회문제 탐구

메타버스 쫌 아는 10대

송해엽 외 | 풀빛 | 2022

이 책은 메타버스의 개념과 활용 가능성, 부작용, 메타버스로 인한 미래 사회의 변화 등의 내용에 대해 십 대의 눈높이에 맞춰 설명해 준다. 가상 현실, 증강 현실, 거울 세계, 디지털 성범죄, 인공지능, 머신러닝 등 어렵게 느껴질 수 있는 메타버스 관련 내용뿐만 아니라, 메타버스의 사회적, 심리적 배경까지도 이해하게끔 해 준다. 메타버스에 대한 올바른 이해를 통해 메타버스 세상을 주도할 수 있는 십 대가 되어 보자.

탐구 주제

주제1 메타버스 용어가 등장한 지 몇 년도 지나지 않았지만, 이미 메타버스는 우리의 삶 깊숙이 들어와 있다. 특히 '가상 세계', '아바타'라는 두 요소로 인해 메타버스는 교육 현장을 보완하는 역할을 수행할 것으로 기대되는데, 메타버스가 교육계에서 활용될 수 있는 방안에 대해 탐구해 보자.

주제2 메타버스가 현실 세계를 본뜬 가상 공간에서 현실 세계와 같은 활동이 이루어지다 보니, 현실에서 일어나는 범죄 또한 나타나고 있다. 메타버스 플랫폼의 주 이용자가 미성년자라는 점에서 범죄에 대한 대책 마련이 시급하다. 메타버스 공간의 신종 범죄와 대책에 대해 탐구해 보자.

주제3 메타버스의 출현으로 인한 국가권력의 변화에 대한 고찰

주제4 메타버스를 통한 현실과 가상 공간의 융합 방안에 대한 탐구

학생부 기록 예시 (교과세특)

메타버스로 인한 사회 변화에 대해 탐구하던 중 메타버스의 교육적 활용에 대해 흥미를 가짐. '메타버스의 교육 사례분석 연구(이순희)'를 읽고 교육 현장에서의 메타버스 활용 사례에 대해 탐구한 결과, '가상 세계', '아바타'라는 두 요소가 지닌 교육적 의의를 바탕으로 활용되는 사례가 많다는 사실을 분석함. 이에 가상 세계에서 아바타를 통한 멀티 페르소나의 형성이 갖는 의미를 심리학적으로 분석해 보고, 메타버스를 활용한 학습 활동을 구상하여 보고서를 제출함.

탐구주제 확장 및 심화

메타버스를 활용한 콘텐츠와 플랫폼이 증가하는 이유를 심리학적으로 분석해 보기
가상 세계에서의 멀티 페르소나 형성이 갖는 의미와 기능에 대한 심리학적 분석을 바탕으로, 메타버스 콘텐츠와 플랫폼 증가 현상의 원인을 분석하여 보고서를 작성해 보자.

메타버스의 특성을 활용해 교과 내용의 학습을 위한 수업 활동 구상해 보기
메타버스의 교육계 활용 방안에 대한 탐구를 바탕으로, 메타버스의 '가상 세계', '아바타' 두 요소를 활용하여 실제로 교과 내용의 학습을 위해 사용할 수 있는 수업 활동을 구상해 보자.

관련 논문 메타버스의 교육 사례분석 연구(이순희, 2023)

이 논문은 메타버스가 지닌 교육적 의의를 모색하고, 메타버스를 교육 현장에 활용하기 위한 방안에 대해 논의한다. 메타버스와 연계한 교육 콘텐츠 사례 분석 및 활용 방안 모색과 더불어, 현 시점에서의 한계성까지 제시하고 있어 교육계에 긍정적인 역할을 할 것으로 기대된다.

관련 도서 《한눈에 보이는 메타버스 그림책》, 한선관 외, 성안당
《메타사피엔스》, 송민우, 안준식, 파지트

관련 학과 AI융합학과, 경찰행정학과, 교육공학과, 교육학과, 법학과, 사회학과, 소프트웨어공학과, 심리학과, 전자공학과, 정보보안학과, 정보통신공학과, 정치외교학과, 컴퓨터공학과, 행정학과

관련 교과 2022 개정 교육과정: 소프트웨어와 생활, 데이터 과학, 인공지능 기초, 교육의 이해, 법과 사회
2015 개정 교육과정: 공학 일반, 정보, 교육학, 정치와 법, 사회문제 탐구

핵심키워드	트래블테크, 커머스, 메타버스, 디바이스

모바일 미래보고서 2024
커넥팅랩 | 비즈니스북스 | 2023

이 책은 생성형 AI로 인해 변화할 5개의 IT 산업 분야로 트래블테크, 커머스, 메타버스, 디바이스, 스타트업을 선정하고, 각 분야에서 생성형 AI가 어떻게 활용되어 미래 가치를 창출할 것인지에 대해 살펴본다. 구체적으로 구글, 메타, 삼성이 인공지능에 투자할 수밖에 없는 이유를 밝히면서, 초개인화, 초연결화, 초현실화, 초지능화, 초효율화를 가능하게 한 생성형 AI로 인해 현재 변화되고 있는 빅테크 산업의 트렌드를 소개하고 있다.

탐구 주제

주제1 여행과 기술의 융합을 뜻하는 '트래블테크'는 기존의 온라인 여행사와는 달리, 첨단 기술을 활용하여 숙박, 교통, 식사, 관광 등 여행의 전 과정에 걸쳐 혁신적인 여행 서비스를 제공한다. 트래블테크의 사례에 대한 분석을 바탕으로, 관련 첨단 기술의 적용 원리를 탐구해 보자.

주제2 최근 여러 도시에서 정보통신기술을 관광 분야에 접목하여 여행객들의 만족도를 높이고, 도시 경쟁력을 확보하기 위해 스마트관광 도시 조성 사업이 진행되고 있다. 국내의 스마트 관광 도시의 사례를 분석하여, '관광대국 한국'을 이룩하기 위한 기술적, 정책적 과제를 탐구해 보자.

주제3 메타버스 플랫폼의 생성형 AI 적용 양상 탐구

주제4 AI가 관광산업에 미치는 긍정적, 부정적 영향 고찰

학생부 기록 예시 (교과세특)

스마트 관광 도시의 사례를 분석하며 각 사례별로 접목된 트래블테크에 흥미를 느낌. 이에 '모바일 미래보고서 2024(커넥팅랩)'를 읽으며 트래블테크의 다양한 사례 및 생성형 AI의 활용 방안을 살펴보고, 이를 바탕으로 스마트 관광 도시의 사례에 접목된 트래블테크의 적용 원리를 탐구해 관광객을 위한 트래블테크 관광 가이드북을 제작함. 또한 텍스트 마이닝을 통해 스마트 관광 산업의 주요 연구 주제를 확인하고, 해당 산업의 미래를 전망하는 보고서를 작성함.

탐구주제 확장 및 심화

관광객을 위한 트래블테크 관광 가이드북을 제작해 보기
특정 도시의 관광산업에 대한 분석을 바탕으로 관광산업의 세부 분야별로 적용 가능한 트래블테크를 고안하여, 관광객이 여행 중 활용할 수 있는 트래블테크 관광 가이드북을 제작해 보자.

텍스트 마이닝을 통해 스마트 관광 산업의 미래 예측해 보기
스마트 관광 산업에 대한 텍스트 마이닝을 통해 스마트 관광 분야의 주요 연구 주제를 찾고, 관련 연구 동향에 대해 분석하여 스마트 관광 산업의 미래를 예측해 보자.

관련 논문 스마트 관광의 경제적 파급 효과: 산업연관모델을 활용하여 (이현애 외, 2020)

이 논문은 여러 도시가 스마트 관광 도시를 표방하는 상황에서 스마트 관광 도시의 운영이 실제로 도시 운영 비용을 감소시키고, 고급 일자리의 창출, 관광 수익 및 세수 확보 등의 경제적 파급 효과를 가져오는지 살펴봄으로써, 스마트 관광과 다양한 산업들과의 결합 필요성을 강조한다.

관련 도서 《트래블테크 스타트업 생태계의 특징과 시사점》, 박문수, 김바우, 산업연구원
《메타버스 모든 것의 혁명》, 매튜 볼, 다산북스

관련 학과	경제학과, 관광학과, 기계공학과, 도시공학과, 모바일공학과, 메타버스콘텐츠학과, 반도체공학과, 사물인터넷학과, 소프트웨어공학과, 인공지능공학과, 전기공학과, 전자공학과, 정보통신공학과, 컴퓨터공학과
관련 교과	2022 개정 교육과정: 창의 공학 설계, 소프트웨어와 생활, 인공지능 기초, 데이터 과학 2015 개정 교육과정: 공학 일반, 정보, 기술·가정, 실용 경제, 여행지리

알고리즘, 페이지랭크, 패턴 인식, 데이터 압축

미래를 바꾼 아홉 가지 알고리즘

존 맥코믹 | 에이콘출판사 | 2013

이 책은 우리 일상의 곳곳에서 작용하고 있는 알고리즘 중 아홉 가지를 선정하여, 각 알고리즘의 근간이 되는 아이디어와 원리를 다양한 비유와 사례를 통해 설명하고 있다. 검색엔진, 페이지랭크, 공개 키 암호화, 오류 정정 코드, 패턴 인식, 데이터 압축, 디지털 서명 등 우리가 매일 이용하는 스마트 폰과 컴퓨터 기술의 이론에 대해 흥미롭게 이해할 수 있다. 최첨단 정보통신 사회를 가능케 한 여러 알고리즘에 대해 학습해 보자.

탐구 주제

주제1　'패턴 인식'이란 인공지능 연구의 한 분야로, 수집한 데이터로부터 중요한 특성을 추출 및 판별하는 기능을 말한다. 패턴 인식 기술은 다양한 분야에서 여러 기술과 응용되고 있다. 패턴 인식 기술의 작동 원리에 대한 이해를 바탕으로 기술의 응용 사례에 대해 탐구해 보자.

주제2　최근 대용량 데이터를 많이 다루게 되면서, 데이터 전송 속도를 향상시키고, 저장 공간을 절약하는 '데이터 압축' 기술이 중요해졌다. 이 기술은 손실 압축과 비손실 압축의 방식에 따라 알고리즘이 나뉘는데, 데이터 압축을 위한 각 알고리즘의 성능을 비교 및 분석해 보자.

주제3　블록체인 암호화에 적용되는 디지털 서명 알고리즘의 원리 탐구

주제4　행렬, 마르코프 체인의 이해를 통한 페이지랭크 알고리즘 분석

학생부 기록 예시 (교과세특)

데이터 전송 방식에 대한 호기심으로 데이터 압축 기술 관련 알고리즘을 탐구하기 위해 '미래를 바꾼 아홉 가지 알고리즘(존 맥코믹)'을 읽음. 이를 통해 데이터 압축 알고리즘의 원리를 파악하고, 더 나아가 관련 알고리즘들의 성능을 비교 및 분석하여 보고서를 제출함. 또한 책에서 패턴 인식에 관한 내용을 읽고, 해당 기술의 응용 사례에 대한 분석을 통해 적용 원리를 파악 후 AI 스마트 신호 제어 시스템 설계를 위한 연구 기획서를 작성하여 발표함.

탐구주제 확장 및 심화

'위대한 알고리즘'의 기준을 정하여 각 알고리즘을 평가해 보기
아홉 가지 알고리즘에 대한 탐구 내용을 비교 및 분석하여 '위대한 알고리즘'의 판단 기준을 구체화해 보고, 이를 바탕으로 각 알고리즘의 가치를 평가해 보자.

보행자 및 차량 통행 패턴 인식으로 AI 스마트 신호 제어 시스템 설계해 보기
패턴 인식, 인공지능 등 여러 첨단 기술을 활용하여, 스마트시티 구축에 필수적인 AI 스마트 신호 제어 시스템 설계를 위한 연구 기획서를 작성해 보자.

관련 논문　스마트교차로 데이터를 활용한 실시간 교통신호제어 운영 효과 분석 (이상욱 외, 2023)

 이 논문은 스마트 교차로에서 수집된 자료를 활용하여 실시간 교통신호제어 시스템의 운영을 위한 알고리즘의 적용 절차에 대해 살펴보고 있다. 각 지자체에서 스마트 교차로 구축과 관련하여 합리적인 방식으로 교통 신호를 설계 및 운영할 수 있도록 하는 데 역할을 할 것으로 기대된다.

관련 도서　《누워서 읽는 알고리즘》, 임백준, 한빛미디어
《알고리즘으로 배우는 인공지능, 머신러닝, 딥러닝 입문》, 김의중, 위키북스

| 관련 학과 | AI빅데이터학과, AI융합학과, 데이터과학과, 문헌정보학과, 소프트웨어공학과, 수학과, 인공지능공학과, 전자공학과, 정보보안학과, 정보시스템학과, 정보통신공학과, 컴퓨터공학과, 통계학과 |

| 관련 교과 | 2022 개정 교육과정: 소프트웨어와 생활, 인공지능 기초, 데이터 과학, 인공지능 수학, 확률과 통계 |
| | 2015 개정 교육과정: 공학 일반, 정보, 인공지능 수학, 확률과 통계, 미적분, 수학과제 탐구 |

컴퓨터공학

소프트웨어공학

기계공학

로봇공학

전기전자공학

화학공학

미래를 바꿀 IT 과학이야기

이재영 | 로드북 | 2014

이 책은 미래를 바꿀 일곱 가지 IT 기술을 선정하여, 각 기술에 적용된 과학적 원리를 알기 쉽고 재밌게 전달한다. 구체적으로 비트코인, 웨어러블, 사물인터넷, 3D 프린팅, 가상 현실, 드론, 무선 통신의 일곱 가지 기술에 대해 개념 및 원리부터 적용 사례, 개발 동향, 미래 전망 등 전반적인 내용을 다루고 있으며, 더 나아가 해당 기술에 관해 탐구할 만한 질문거리까지 제공하고 있어 미래를 읽어내는 혜안을 기를 수 있을 것으로 기대된다.

탐구 주제

주제1 옷이나 액세서리처럼 인체에 부착하여, 컴퓨팅, 통신 등의 여러 기능을 수행하는 장치를 '웨어러블 기기'라고 한다. 웨어러블 기기는 첨단 IT 기술의 집약체라 불릴 정도로, 여러 기술이 적용되어 있다. 웨어러블 기기의 유형별로 적용된 핵심 기술을 분석하여 작동 원리를 탐구해 보자.

주제2 건강관리 기능을 탑재한 웨어러블 기기를 활용하여 건강 이상 신호를 파악하고, 소프트웨어를 통해 환자의 건강을 관리하는 '디지털 치료제'가 주목을 받고 있다. 디지털 치료제의 사례 및 개발 동향에 대한 분석을 바탕으로, 이에 적용된 IT 기술의 작동 원리를 탐구해 보자.

주제3 웨어러블 기기의 발전을 위한 소재 개발 동향 분석

주제4 웨어러블 기기에 적용된 센서의 유형별 특징 및 작동 원리 탐구

학생부 기록 예시 (교과세특)

영화 속 등장인물이 착용한 스마트 글래스에 흥미를 느껴, 최신 영화들을 대상으로 영화 장면에 등장하는 웨어러블 기기를 찾아 분석하고 기기의 미래를 전망함. 웨어러블 기기의 발전을 위한 과제로 고성능화, 경량화, 초소형화, 저전력화 등을 제시하고, 각 과제와 관련된 기술의 원리 및 연구 동향에 대해 조사 후 발표함. 또한 여러 분야에서의 웨어러블 기기의 활용 사례를 분석하고, 자신의 관심 분야에서의 향후 추가 활용 가능성 및 방안을 모색하여 보고서를 제출함.

탐구주제 확장 및 심화

자신의 관심 분야에서의 웨어러블 기기 추가 활용 방안을 모색해 보기
자신의 관심 분야에서 활용되고 있는 웨어러블 기기의 사례에 대한 분석을 바탕으로, 향후 해당 분야에서 웨어러블 기기가 어떤 방식으로 추가적으로 활용될 수 있을지 모색해 보자.

배터리 없이 자가발전하는 웨어러블 기기의 가능성을 탐구해 보기
웨어러블 기기의 발전을 위해서는 전력 소모를 충당할 수 있는 배터리 기술의 개발이 필수적인 상황에서 배터리 없이 자가발전하는 웨어러블 기기의 가능성 및 원리를 탐구해 보자.

관련 논문 웨어러블 디바이스 주요 기술/서비스 이슈 분석 및 발전 방향 연구(임철수, 2017)

이 논문은 웨어러블 디바이스의 응용서비스를 산업 및 시장 관점에서 헬스케어 기능, 피트니스 기능, 인포테인먼트 기능, 산업 및 군사 기능으로 분류하여 관련 제품들을 살펴보고, 이에 따른 핵심 기술들의 현황과 해결해야 할 이슈, 그리고 발전 방향을 제시하고 있다.

관련 도서 《디지털 시대에 살아남는 IT 지식》, 박성묵, 정보문화사
《4차 산업혁명, 미래를 바꿀 IT 트렌드》, Saito Masanori, 정보문화사

관련 학과 기계공학과, 드론공학과, 모바일공학과, 반도체공학과, 사물인터넷학과, 생명공학과, 소프트웨어공학과, 신소재공학과, 에너지공학과, 전기공학과, 전자공학과, 정보통신공학과, 컴퓨터공학과, 화학공학과

관련 교과 2022 개정 교육과정: 창의 공학 설계, 로봇과 공학세계, 소프트웨어와 생활, 융합과학 탐구
2015 개정 교육과정: 공학 일반, 정보, 기술·가정, 융합과학, 생활과 과학

박태웅의 AI 강의

박태웅 | 한빛비즈 | 2023

이 책은 챗GPT의 실체부터 인공지능의 진화와 미래까지, 인공지능에 관한 모든 것을 쉽게 알려준다. 인공지능의 기본 알고리즘, 챗GPT의 원리뿐만 아니라, 인공지능으로 인해 초래될 여러 문제들과 이에 대한 각국의 대책까지 포괄적으로 다루고 있다. 인공지능 기술의 빠른 발전 속도와 커지는 영향력에 대응하기 위해서는 'AI 리터러시'가 필수적인 요소인 만큼, 이 책을 통해 인공지능에 대한 전반적인 지식을 학습해 보자.

탐구 주제

주제1 인공지능은 머신러닝을 통해 방대한 양의 데이터를 수집 및 분석하여 학습한다. 그런데 기존 데이터에 차별적 요소가 있는 경우, 이를 학습하는 인공지능이 차별을 확대 및 재생산할 수 있다는 우려가 있다. 인공지능에 의한 차별 사례를 찾아 분석해 보고, 해결 방안을 모색해 보자.

주제2 현재의 인공지능은 '어려운 일은 쉽게 하지만, 쉬운 일은 어렵게 한다'는 평가를 받는다. 왜냐하면 인공지능은 학습하지 않은 정보에는 취약하기 때문이다. 인공지능의 취약점이 드러난 사례에 대해 분석해 보고, 그 원인을 인공지능의 핵심 원리와 연관 지어 탐구해 보자.

주제3 '머신 언러닝(Machine Unlearning)' 기술의 원리와 과제 탐구

주제4 각국의 인공지능 관련 법안에 대한 비교 및 분석

학생부 기록 예시 (교과세특)

인공지능의 취약점에 대한 호기심을 바탕으로 취약점이 드러난 사례를 수집 및 분석하고, 그 원인을 인공지능의 원리와 연계하여 탐구함. 이 과정에서 '적대적 공격'에 대해 접하고, 해당 기능의 원리 및 관련 연구의 동향에 대해 탐구하여 발표함. 또한 인공지능의 역기능인 차별의 재생산에 대한 관심을 바탕으로 '인공지능 알고리즘이 유발하는 차별 방지방안에 관한 연구(이윤아 외)'를 읽고, 차별 사례 및 사례별 원인에 대해 분석하고 대안을 모색하여 보고서를 작성함.

탐구주제 확장 및 심화

인공지능에 의한 차별의 재생산 가능성을 낮추기 위해 평등과 관련된 자료를 업로드해 보기
머신러닝의 원리에 대한 이해를 바탕으로, 인공지능이 차별 관련 데이터를 평등 관련 데이터로 연계하여 학습하도록 위한 자료를 제작하여 업로드해 보자.

인공지능의 취약점을 공격하는 '적대적 공격'의 원리에 대해 탐구해 보기
인공지능의 신뢰성 확보를 위해 필수적으로 해결해야 하는 '적대적 공격'의 원리에 대해 이해해 보고, 관련 연구의 동향에 대해 분석하여 보고서를 작성해 보자.

관련 논문 인공지능 알고리즘이 유발하는 차별 방지방안에 관한 연구(이윤아, 윤상오, 2022)

이 논문은 인공지능의 역기능으로 지적받는 대표적 문제 중 하나인 차별의 재생산에 초점을 맞추고 있다. 인공지능 알고리즘에 의한 차별 사례 분석을 통해 사례별 원인을 찾고 각 원인별 대책을 제시함으로써, 공정한 인공지능의 구현에 기여할 것으로 기대된다.

관련 도서 《AI 2041》, 리카이푸, 천치우판, 한빛비즈
《AI 쇼크, 다가올 미래》, 모 가댓, 한국경제신문사

관련 학과 AI융합학과, 교통공학과, 기계공학과, 메카트로닉스공학과, 문헌정보학과, 반도체공학과, 법학과, 사회학과, 소프트웨어공학과, 수학과, 전자공학과, 정보보안학과, 정보통신공학과, 컴퓨터공학과, 통계학과

관련 교과 2022 개정 교육과정: 인공지능 기초, 데이터 과학, 소프트웨어와 생활, 로봇과 공학세계
2015 개정 교육과정: 정보, 공학 일반, 인공지능 수학, 사회문제 탐구, 지식 재산 일반

보이지 않는 위협

김홍선 | 한빛미디어 | 2023

이 책은 4차 산업혁명이 가져온 사회 변화와 이슈, 그리고 국제 관계 속에서 사이버 보안의 의미와 위상에 대해 조명한다. 구체적으로 대표적인 사이버 공격의 사례를 분석하고, 사이버 위협의 근원 및 보안의 특성에 대해 정리하였다. 또한 사이버 보안 위협 상황에서의 리더의 역할과 사이버 보안 구축을 위한 조건들까지도 다루고 있다. 이 책을 통해 보이지 않는 위협 속에서 어떻게 현재와 미래를 준비할 것인지에 대한 통찰을 얻어 보자.

탐구 주제

주제1 러시아-우크라이나 전쟁은 현대의 전쟁에서 사이버 전쟁의 전개 양상과 비중을 보여주는 첫 사례로 평가 받는다. 양국의 사이버 공격 및 방어 사례들을 분석하여 유형화해 보고, 각 유형의 사례에서 사용된 사이버 전쟁 무기의 종류와 작동 원리에 대해 탐구해 보자.

주제2 문제 현상에 대한 대책을 마련하기 위해서는 문제의 근원에 대한 이해가 선행되어야 한다. 사이버 보안 위협의 근원이 무엇인지 4차 산업혁명의 핵심 기술이 가져온 사회 변화의 양상을 중심으로 탐구해 보고, 이와 관련해 보안 위협에 노출되었을 때 발생 가능한 상황에 대해 예측해 보자.

주제3 차세대 사이버 보안 기술의 연구 및 정책 동향 분석

주제4 사이버 보안과 관련한 한국의 구조적 약점에 대한 고찰

학생부 기록 예시 (교과세특)

사이버전에 대한 관심을 바탕으로 러우 전쟁의 사이버전 양상과 공격 원리에 대해 탐구하며 사이버 보안의 중요성을 인식함. 이어서 현재 사이버 보안 위협의 근원이 무엇인지를 4차 산업혁명의 핵심 기술과 연관 지어 탐구해 보고, '사이버보안 기술에 관한 연구(이정재 외)'를 참고하여 사이버 보안 기술의 연구 및 정책 동향에 대해 분석함. 또한 사이버 보안 관련 법안 및 정책, 보안 위협 시 발생 가능한 상황에 대한 탐구를 바탕으로 사이버 보안 교육 활동을 기획함.

탐구주제 확장 및 심화

사이버 보안과 관련된 해외의 법안 및 정책에 대해 분석해 보기
미국, 일본, 유럽 등 해외의 사이버 보안 관련 법안 및 정책에 대한 분석을 바탕으로, 우리나라가 사이버 보안 체계의 구축을 위해 참고할 수 있는 시사점을 찾아보자.

사이버 보안 인식을 높이기 위한 교육 활동 기획해 보기
사이버 보안 체계의 구축에 있어서 사이버 보안에 대한 인식을 높이기 위한 학교 교육은 가장 근본적인 해결책인 만큼, 기존의 사이버 보안 교육과 차별화되는 교육 활동을 기획해 보자.

관련 논문 사이버보안 기술에 관한 연구(이정재 외, 2021)

이 논문은 4차 산업혁명을 이끄는 핵심 기술들이 사회 전반에 걸쳐 스마트 융합화를 촉진함에 따라 보안의 개념도 확장되어야 함을 주장한다. 이에 따라 차세대 사이버 보안 영역의 변화 추세와 함께, 관련 연구 개발 및 정책 동향, 차세대 사이버 보안 기술 등에 대해 살펴보고 있다.

관련 도서 《10대에 정보 보안 전문가가 되고 싶은 나, 어떻게 할까?》, 마이클 밀러, 오유아이
《삐뽀삐뽀 보안 119》, 문광식, 제이펍

관련 학과 경찰행정학과, 교통공학과, 기계공학과, 도시공학과, 반도체공학과, 법학과, 소프트웨어공학과, 에너지공학과, 자동차공학과, 전기공학과, 전자공학과, 정보보안학과, 정보통신공학과, 정치외교학과, 컴퓨터공학과

관련 교과 2022 개정 교육과정: 소프트웨어와 생활, 데이터 과학, 인공지능 기초, 법과 사회, 지식 재산 일반
2015 개정 교육과정: 공학 일반, 정보, 인공지능 수학, 정치와 법, 사회문제 탐구

비전공자도 이해할 수 있는 AI 지식
박상길 | 반니 | 2023

이 책은 'AI는 당신을 대체하지 않는다. AI를 이해하는 사람이 당신을 대체할 뿐이다.'는 슬로건을 바탕으로, 다양한 사람들이 인공지능을 이해하고 활용할 수 있도록 인공지능에 대한 전반적인 내용을 쉽게 풀어내고 있다. 구체적으로 인공지능의 여덟 가지 쓰임으로 자율 주행, 검색엔진, 스마트 스피커, 내비게이션, 추천 알고리즘 등을 소개하며, 인공지능이 활용되는 양상 및 원리에 대해 설명하고 있어 인공지능에 대해 쉽게 이해할 수 있다.

탐구 주제

주제1 사용자의 성향을 파악해 맞춤형 정보를 추천해 주는 '추천 알고리즘'이라는 기능이 있다. 추천 알고리즘에는 콘텐츠 기반 필터링, 협업 필터링, 그리고 추천 영상의 목록 생성 및 순위 배정을 위한 알고리즘까지 다양한 기술이 사용되고 있다. 추천 알고리즘의 원리에 대해 탐구해 보자.

주제2 인공지능 스피커가 상용화되면서 노인, 장애인 등 취약 계층을 대상으로 재난 위험을 알리거나 돌봄 체계를 구축하는 등 다양하게 활용되고 있다. 인공지능 스피커가 작동되기 위한 자연어 처리, 딥러닝, 다이얼로그 매니저 등 여러 기반 기술의 작동 원리에 대해 탐구해 보자.

주제3 기존의 기계 번역과는 다른 인공지능 번역 체계의 원리 탐구

주제4 구글 검색엔진의 검색 원리에 대한 탐구

학생부 기록 예시 (교과세특)

AI 스피커를 활용해 취약 계층을 지원한다는 기사를 읽고, AI 스피커에 대해 흥미를 느낌. 이에 '비전공자도 이해할 수 있는 AI 지식(박상길)'을 읽으며 AI 스피커 기반 기술의 유형 및 원리를 탐구하고, 파이썬을 활용하여 AI 스피커를 직접 만들어 봄. 또한 AI의 추천 알고리즘 기술에 대한 관심을 바탕으로 그 원리에 대해 탐구하고, 유튜브 플랫폼의 정치적 이용에 대한 문제의식에 근거하여 '인공지능 추천 알고리즘의 편향성과 관련 규제'를 주제로 보고서를 작성함.

탐구주제 확장 및 심화

인공지능 추천 알고리즘의 편향성과 관련 규제에 대해 연구해 보기
추천 알고리즘의 역기능으로 잘못된 사실이나 편향적 내용을 다룬 정보가 노출되어 여론 양극화 현상이 나타나기도 하는데, 추천 알고리즘의 편향성과 관련 규제에 대해 연구해 보자.

파이썬으로 인공지능 스피커를 직접 만들어 보기
코딩, 프로그램 등에 대한 이해를 바탕으로 파이썬을 활용하여 온도와 습도 센서 제어, 음악 재생과 같은 간단한 명령어를 수행할 수 있는 인공지능 스피커를 만들어 보자.

 관련 논문 유튜브는 확증편향을 강화하는가? : 유튜브의 정치적 이용과 효과에 관한 연구(강명현, 2021)

이 논문은 최근 유튜브 플랫폼에서의 정치적 콘텐츠 이용이 증가하고 있는 현상에 바탕을 두고, 유튜브의 정치적 이용에 영향을 미치는 요인을 분석하고 그 효과를 검증한다. 이를 통해 추천 알고리즘의 편향성을 분석하고, 관련 규제에 대한 논의를 확장하는 데 기여할 것으로 기대된다.

관련 도서 《인공지능을 위한 머신러닝과 딥러닝 with 파이썬》, 김현정, 유상현, 길벗캠퍼스
《2024 AI 트렌드》, 딥앤와이랩스 외, 한스미디어

관련 학과 AI융합학과, 기계공학과, 메카트로닉스공학과, 문헌정보학과, 반도체공학과, 사회학과, 소프트웨어공학과, 수학과, 자동차공학과, 전자공학과, 정보보안학과, 정보통신공학과, 컴퓨터공학과, 통계학과

관련 교과 2022 개정 교육과정: 인공지능 기초, 데이터 과학, 소프트웨어와 생활, 로봇과 공학세계
2015 개정 교육과정: 정보, 공학 일반, 인공지능 수학, 사회문제 탐구, 지식 재산 일반

빅데이터 개론

한국소프트웨어기술인협회
빅데이터전략연구소 | 광문각 |
2023

이 책은 오늘날 4차 산업혁명의 급속한 전개로 인해 다량의 데이터가 폭발적으로 쏟아지고 있는 상황에서, 데이터 분석을 통한 가치 창출의 필요성을 바탕으로 빅데이터 전문 인력 양성을 위해 빅데이터에 대한 전문 지식을 설명한다. 구체적으로 빅데이터의 개념 및 특징에서 시작하여, 여러 분야에서의 빅데이터 활용 사례, 빅데이터와 인공지능의 관계, 빅데이터 분석 기법 및 관련 인프라까지 빅데이터와 관련된 전반적인 내용을 다룬다.

탐구 주제

주제1 최근 우리 사회에 빅데이터가 적극 활용되면서 빅데이터와 함께 중요성이 높아지고 있는 것이 바로 '데이터 시각화'이다. 데이터 시각화의 개념 및 특성에 대해 살펴보고, 데이터 시각화의 방법 및 관련 기술에 대한 이해를 바탕으로 데이터 시각화의 프로세스를 탐구해 보자.

주제2 대용량의 데이터를 분석하여 의미 있는 규칙, 관계 등을 찾아내어, 데이터를 가치 있는 자산으로 만드는 기술을 가리켜 '데이터 마이닝'이라 한다. 정형 또는 비정형 데이터 분석을 다루는 주요 데이터 마이닝 기법에 대해 적용 사례에 대한 분석을 바탕으로 각 기법의 원리를 탐구해 보자.

주제3 AI, 빅데이터 활용 감염병 확산경로 예측 및 대응 프로세스 탐구

주제4 심실부정맥 예측 서비스에 적용된 빅데이터, 알고리즘 원리 탐구

학생부 기록 예시 (교과세특)

빅데이터를 통해 재난을 예측 및 대응하는 프로세스에 대한 관심을 바탕으로 '빅데이터 개론(노규성 외)'을 읽으며 빅데이터의 분석 기법 및 활용 원리를 이해한 후 해당 프로세스의 설계 과정을 탐구함. 또한 교통사고 감소를 위한 빅데이터의 활용 방안에 대한 고민을 바탕으로 해당 도시의 빅데이터를 받아 데이터 마이닝 및 데이터 시각화 기법을 활용하여 사고 발생과 관련된 유의미한 패턴을 찾아내고, 이를 통해 교통사고 감소를 위한 빅데이터 예보 서비스를 설계함.

탐구주제 확장 및 심화

'교통사고 감소를 위한 빅데이터 예보 서비스'를 설계해 보기
교통사고가 잦은 도시의 빅데이터를 활용하여 교통사고 다발 구간, 사고 원인 등에 대한 유의미한 패턴을 찾아내고, 이를 통해 교통사고 감소를 위한 빅데이터 예보 서비스를 설계해 보자.

비전공자를 위한 빅데이터 분석 및 활용 매뉴얼 제작해 보기
빅데이터의 수집 및 분석을 위한 플랫폼, 도구에 대한 소개와 빅데이터를 분석 및 활용하는 과정에 대한 안내를 포함하여, 비전공자를 위한 빅데이터 분석 및 활용 매뉴얼을 제작해 보자.

관련 논문 빅데이터 분석을 위한 파티션 기반 시각화 알고리즘(홍준기, 2020)

이 논문은 빅데이터로부터 유의미한 결과를 도출하기 위해 파티션 기반 빅데이터 분석 알고리즘을 제안한다. 빅데이터의 각 영역들을 파티션으로 설정하고 파티션의 크기 조절이 가능하도록 설계한 파티션 기반 빅데이터 분석 알고리즘을 실제 기업의 빅데이터를 활용하여 검증한다.

관련 도서 《빅데이터, 인공지능을 만나다》, 심준식, 우재현, 한국금융연수원
《빅데이터 활용사전 419》, 윤종식, 데이터에듀

관련 학과	IT융합학과, 경제학과, 데이터사이언스학과, 빅데이터융합학과, 사회학과, 소프트웨어공학과, 수리빅데이터학과, 수학과, 인공지능공학과, 정보보안학과, 정보통계학과, 컴퓨터공학과, 통계학과
관련 교과	2022 개정 교육과정: 데이터 과학, 소프트웨어와 생활, 인공지능 기초, 인공지능 수학, 창의 공학 설계 2015 개정 교육과정: 정보, 인공지능 수학, 기술·가정, 공학 일반, 경제 수학, 지식 재산 일반

사물인터넷 개론

서경환 외 | 배움터 | 2023

이 책은 4차 산업혁명의 중심에 있는 사물인터넷에 관한 내용들을 다룬다. 주요 내용으로는 4차 산업혁명과 초연결사회, 그리고 서비스, 기술, 애플리케이션 분야에 걸쳐 나타나는 사물인터넷의 응용 사례 등이 있는데, 특히 사물인터넷을 활용한 스마트팩토리와 비즈니스 모델 및 활용 사례에 대해 자세히 설명한다. 또한 아두이노 키트를 활용한 프로그래밍 실습을 통해 사물인터넷에 대한 이해와 창의적 사고에 도움을 주고자 한다.

탐구 주제

주제1 AIoT 국제전시회에서 한 업체가 손바닥 정맥인증 담배자판기를 선보여 화제가 되었다. 이 자판기는 생체 인증 기술과 사물인터넷, 손바닥 결제까지 융합한 핀테크 사례로 볼 수 있다. 기계에 적용된 기술의 원리에 대해 분석하며 사물인터넷의 응용 분야를 탐구해 보자.

주제2 2022 카타르 월드컵은 첨단 IT의 집약체라고 말해도 과언이 아니다. 특히 반자동 오프사이드 기술(SAOT), 유니폼 속 전자 성능 추적 시스템(EPTS) 등은 사물인터넷을 포함한 첨단 기술의 발전이 있기에 가능했다. 스포츠 분야의 사물인터넷 적용 사례를 바탕으로 작동 원리를 탐구해 보자.

주제3 사례 분석을 통한 스마트 공장에 적용된 첨단 기술의 원리 탐구

주제4 사물인터넷에서 블록체인의 역할에 대한 고찰

학생부 기록 예시 (교과세특)

AIoT 국제전시회에서 한 업체가 선보인 손바닥 정맥인증 담배자판기에 흥미를 갖고, 자판기에 적용된 첨단 기술에 대해 탐구함. 이를 통해 생체인증 기술과 사물인터넷의 융합으로 탄생한 혁신 제품임을 알게 되어, 각 기술의 구체적인 적용 원리에 대해 탐구하여 보고서를 작성함. 또한 사물인터넷이 4차 산업혁명의 핵심 기술임에 흥미를 느껴 사물인터넷의 응용 분야에 대해 탐구하고, 이를 종합하여 첨단 기술을 도입한 미래형 무인 편의점 시스템을 설계하여 발표함.

탐구주제 확장 및 심화

첨단 기술을 도입한 미래형 무인 편의점 시스템 설계해 보기
손바닥 정맥을 활용한 '핸드 페이', 스마트 담배 자판기, 스마트 CCTV, 전자 가격 태그(ESL) 등 첨단 기술을 활용하여 미래형 무인 편의점 시스템을 설계해 보자.

싱귤래리티(Singularity)의 도래 가능성 및 인류의 대처 방안에 대해 탐구해 보기
AI와 IoT의 결합으로 인해 'AI가 인류의 지능을 초월하여 스스로 진화해 가는 기점'을 뜻하는 싱귤래리티가 과연 도래할 것인지 고찰해 보고, 인류의 대처 방안에 대해 탐구해 보자.

관련 논문   4차산업혁명 기반 사물인터넷 비즈니스 플랫폼 개발 연구 : 비용절감형 모델 활용(김미정, 이수진, 2017)

이 논문은 사물인터넷이 조달, 생산, 판매의 전 과정에서 혁신적인 비즈니스 모델로 작용할 수 있는 방안에 대해 살펴본다. 사물인터넷이 비즈니스 플랫폼 개발 및 운영에 효율적으로 활용될 수 있는 조건을 제시함으로써, 우리 기업의 경쟁력을 강화하는 데 역할을 할 것으로 기대된다.

관련 도서   《사물인터넷과 생태계》, 이훈, 한티미디어

《스포츠 산업과 ICT》, 이봉규 외, 청송미디어

관련 학과   경제학과, 기계공학과, 도시공학과, 메카트로닉스공학과, 반도체공학과, 사물인터넷학과, 산업공학과, 소프트웨어공학과, 스포츠과학과, 전기공학과, 전자공학과, 정보보안학과, 정보통신공학과, 컴퓨터공학과

관련 교과   2022 개정 교육과정: 인공지능 기초, 소프트웨어와 생활, 창의 공학 설계, 데이터 과학
2015 개정 교육과정: 공학 일반, 정보, 사회문제 탐구, 스포츠 생활, 실용 경제

생각하지 않는 사람들

니콜라스 카 | 청림출판 | 2020

이 책은 기술의 혁명적인 발전으로 맞이한 디지털 시대에 인류가 기술의 발전이 주는 풍요로움으로 인하여 생각하는 능력을 잃어가고 있음을 주장하고 있다. 저자는 문명의 발달에 따라 인류의 사고 능력이 변화하는 과정을 서술하며, 오늘날 정보통신기술이 우리에게 가져온 폐해를 적나라하게 드러낸다. 스마트 기기의 영향력이 갈수록 커지고 있는 시대에 현재 우리의 삶을 성찰할 수 있는 계기가 될 것으로 기대된다.

탐구 주제

주제1 인터넷, 스마트폰, 추천 알고리즘, 인공지능 등 기술의 발달로 인해 미디어 소비 형태에 변화가 나타나고 있다. 인터넷 신문의 발달부터 숏폼의 흥행까지, 미디어의 소비 형태는 기술의 발전과 함께 변화해 왔다. 세상을 바꾼 각 기술의 등장에 따라 변화된 미디어 소비 형태를 탐구해 보자.

주제2 기술의 혁명적인 발전의 결과물로 인공지능이 등장했다. 그런데 인공지능으로 인해 인간의 사고 능력이 점점 퇴화되고 있다고 우려하는 사람들이 있는 반면, 인공지능은 인간의 사고 능력을 키워주는 인지 능력 증폭기라고 축복하는 사람들이 있다. 이에 대한 자신의 생각을 정리해 보자.

주제3 기술의 진화 속에서 종이 책의 생명력에 대한 고찰

주제4 하이퍼텍스트와 인간의 인지 능력 간의 상관관계에 대한 탐구

학생부 기록 예시 (교과세특)

숏폼에 대한 관심을 바탕으로 숏폼의 등장에 영향을 준 기술에 대해 탐구하여, 스마트폰, 추천 알고리즘, 인공지능 등이 적용된 원리에 대해 발표함. 더 나아가 인류의 삶에 큰 변화를 이끌었던 각 기술의 등장으로 인해 미디어의 소비 형태가 어떻게 변화해 왔는지에 대해 분석하여 보고서를 작성함. 또한 자극적인 숏폼 콘텐츠의 과다 소비가 인간에게 미치는 영향에 대해 탐구하고, 숏폼의 과다 사용 행위에 영향을 주는 요인을 분석하여 문제 해결을 위한 대안을 제시함.

탐구주제 확장 및 심화

숏폼에 익숙해진 우리의 뇌는 어떻게 변할지에 대해 탐구해 보기
짧은 시간 안에 사람들의 관심을 유발해야 하는 숏폼의 특성상 자극적인 콘텐츠가 많은데, 이러한 숏폼의 시청이 정신적, 신체적으로 인체에 미치는 영향이 무엇인지 탐구해 보자.

인공지능 시대에 인류에게 필요한 인지 능력이 무엇인지 탐구해 보기
인공지능이 인간의 자리를 대체할 것으로 예상되는 시대에 대체 불가능한 존재가 되기 위해 인간이 갖추어야 할 인지 능력이 무엇일지 카드 뉴스를 제작해 보자.

관련 논문 　중장년층 모바일 숏폼 동영상 과다사용 행위의 영향요인 연구 (한정 외, 2022)

이 논문은 숏폼이 중장년층의 과다 사용에 영향을 미치는 요인을 미디어의 매력성과 유용성, 이용자 특성의 세 가지 측면에서 연구하였다. 이 연구를 통해 중장년층뿐만 아니라, 여러 연령층의 사람들이 인터넷 및 미디어를 건전하게 이용할 수 있도록 하는 데 기여할 것으로 기대된다.

관련 도서 　《AI는 인문학을 먹고 산다》, 한지우, 미디어숲
　　　　　　 《메타인지의 힘》, 구본권, 어크로스

관련 학과 　교육학과, 문화콘텐츠학과, 미디어커뮤니케이션학과, 소프트웨어공학과, 심리학과, 언론정보학과, 의예과, 인공지능학과, 인류학과, 전자공학과, 컴퓨터공학과, 컴퓨터교육과, 철학과

관련 교과 　2022 개정 교육과정: 소프트웨어와 생활, 인공지능 기초, 인간과 철학, 논리와 사고, 사회문제 탐구
　　　　　　 2015 개정 교육과정: 정보, 공학 일반, 철학, 논리학, 심리학, 사회문제 탐구

세상에서 가장 쉬운 테크놀로지 수업

이와사키 미나코 외 | 리틀에이 | 2022

이 책은 디지털 시대에 필수적인 지식이 된 기술 관련 용어들의 기초적인 개념들을 익힐 수 있도록 정리하였다. CPU, 와이파이, HTML과 같은 기본 용어에서부터 STEAM 교육, 디지털 디바이드, 사물인터넷, 빅데이터와 같이 IT 분야에서 최근 이슈가 되는 주제까지, 다방면의 IT 상식을 망라함으로써 일명 'IT 문해력'을 쌓는 데 도움을 준다. 이를 통해 쏟아지는 디지털 용어들의 기본 개념을 익히고 개념 간의 연관성을 살펴볼 수 있을 것이다.

탐구 주제

주제1 디지털 활용력에 따라 경제적, 사회적 격차가 발생하는 것을 의미하는 '디지털 디바이드'가 최근 사회적 문제로 대두되고 있다. 디지털 디바이드의 사례에 대한 분석을 통해 발생 원인을 파악해 보고, 정보 소외 및 격차를 극복하기 위한 디지털 기술의 사례와 효과를 탐구해 보자.

주제2 최근 교육계에서는 디지털 시대의 급변에 대응할 수 있도록 하는 문제 해결 능력, 창의력 및 융합적 사고 등을 길러줄 수 있는 'STEAM 교육'이 강조되고 있다. 교육 기관 및 교과에서 STEAM 교육을 활용하는 사례를 찾아 분석해 보고, STEAM 교육의 필요성과 효과를 탐구해 보자.

주제3 RFID 기술의 원리 분석을 바탕으로 유사 기술 및 활용 방안 탐구

주제4 드론의 활용 사례 분석을 통한 향후 과제 및 상용화 가능성 탐구

학생부 기록 예시 (교과세특)

IT 분야 용어에 대한 학습의 필요성을 느끼고, '세상에서 가장 쉬운 테크놀로지 수업(이와사키 미나코 외)'을 읽으며 개념 간 연관성을 파악함. 특히 최근 사회적 문제로 대두되는 디지털 디바이드 현상에 관심을 갖고 사례에 대한 분석을 바탕으로 발생 원인을 파악해 보고, 정보 소외 및 격차를 극복하기 위한 디지털 기술의 사례와 효과를 탐구하여 발표함. 또한 '디지털 소외 계층을 위한 애플리케이션 활용 방안'을 주제로 STEAM 수업을 기획하고 학습 자료를 개발하여 제출함.

탐구주제 확장 및 심화

STEAM 교육을 적용한 교수·학습 자료 개발해 보기
교과의 학습 요소 중 하나를 선정하여 과학/기술/공학/미술/수학 분야의 학문 간 융합으로 창의적, 융합적 사고가 가능한 교수·학습 자료를 개발하고 효과성을 탐구해 보자.

디지털 소외 계층을 위한 애플리케이션 활용 방안을 개발해 보기
장애인 및 고령층 등 디지털 소외 계층이 사용하기 어려운 애플리케이션을 선정하여 그 원인을 분석하고, 애플리케이션을 보다 쉽게 이용할 수 있도록 하기 위한 방안을 개발해 보자.

관련 논문 고령층의 디지털 디바이드 현황 분석 (권선희, 2023)

이 논문은 고령층의 정보 격차 문제를 분석하여 성별, 연령, 가구의 평균 소득 수준, 거주지역, 경제활동 등에 따라 디지털 활용 및 정보 접근에 차이가 있음을 확인한다. 이를 통해 고령층의 디지털 격차 해결 방안 및 정책 방향성을 제시하며 디지털 소외가 해소되기를 기대하고 있다.

관련 도서 《1일 1로그 100일 완성 IT 지식》, 브라이언 W. 커니핸, 인사이트
《IT 용어 도감》, 마스이 토시카츠, 성안당

관련 학과 IT융합학과, 경영학과, 경제학과, 모바일시스템공학과, 반도체공학과, 사회학과, 소프트웨어공학과, 수학과, 인공지능공학과, 전기공학과, 전자공학과, 정보보안학과, 정보통신공학과, 컴퓨터공학과, 통계학과

관련 교과 2022 개정 교육과정: 소프트웨어와 생활, 인공지능 기초, 창의 공학 설계, 금융과 경제생활
2015 개정 교육과정: 공학 일반, 정보, 기술·가정, 사회문제 탐구, 실용 경제

컴퓨터공학

소프트웨어공학

기계공학

로봇공학

전기전자공학

화학공학

핵심키워드	디지털 세상, 스마트 생산 시대, 탄소중립, 양자 컴퓨터

세상을 바꿀 미래기술 12가지

한국현 | 위키북스 | 2023

이 책은 혁신 기술로 인한 세상의 변화를 이해하기 위해 반드시 학습해야 하는 내용에 대해 설명하고 있다. 디지털 세상, 스마트 생산, 탄소중립, 양자 컴퓨터를 주제로, 앞으로 세상을 바꿀 12가지 미래 기술인 인공지능, 로봇, 웨어러블, 메타버스, 스마트 제조, 3D 프린팅, 디지털 트윈, 신재생에너지, CCUS, 전기 차, UAM, 양자 컴퓨터에 대해 다루고 있다. 혁신 기술과 함께 미래 사회의 변화를 예측해 보는 데 도움이 될 것으로 기대된다.

탐구 주제

주제1 정부는 도심 교통체증 문제 해결을 위해 도심항공모빌리티(UAM)의 상용화를 위해 노력하고 있다. 또한 UAM은 배터리와 연료 전지로 구동하기 때문에 탄소 배출이 거의 없다. UAM에 적용되는 여러 기술들 중 자율주행, 상공망 통신 등 컴퓨터 공학과 관련된 기술에 대해 탐구해 보자.

주제2 전 세계적으로 국가적 차원에서의 양자 기술에 대한 투자가 이루어지고 있는 만큼, 보안 및 암호화 기술의 변화, 각 분야에서의 최적화 구축 등 여러 방면에서 양자 컴퓨터의 활약이 기대되고 있다. 자신의 관심 분야에서 양자 컴퓨터가 어떻게 활용될 수 있을지 탐구해 보자.

주제3 인공지능, 센서를 기반으로 한 웨어러블 기기의 작동 원리 분석

주제4 스마트 제조를 위한 디지털 트윈 기술의 활용 방안 탐구

학생부 기록 예시 (교과세특)

탄소중립에 대한 흥미를 바탕으로 도심항공모빌리티(UAM) 기술을 탐구함. UAM은 도심 교통체증 문제의 해결뿐만 아니라, 배터리와 연료 전지로 구동하기 때문에 탄소중립을 위한 대안이 될 수 있음을 발표함. 또한 UAM에 적용되는 여러 기술 중 자율주행, 상공망 통신 등 컴퓨터 공학 관련 기술의 적용 원리를 탐구하여 발표함. 이후 탄소중립의 다른 핵심 기술을 탐구해 '대한민국 2050 탄소중립 시나리오'의 타당성을 평가 후 보고서를 제출함.

탐구주제 확장 및 심화

도심항공모빌리티(UAM)의 필요성을 알리기 위한 보도 자료 제작해 보기
UAM의 탄소중립 실천 방안으로서의 가치, 인프라 구축을 위한 관련 기술, 상용화를 위한 법적, 제도적 방안 등을 조사하여 '한국형 UAM 로드맵'을 주제로 보도 자료를 제작해 보자.

우리나라의 2050 탄소중립 시나리오의 타당성을 평가해 보기
탄소중립 실현을 위한 핵심 기술의 원리, 기대 효과, 추진 현황 등에 대한 탐구를 바탕으로, '대한민국 2050 탄소중립 시나리오'의 타당성을 평가하여 보고서를 작성해 보자.

관련 논문 세계 탄소중립 전략 및 기술 고찰(천영호, 2022)

이 논문은 세계의 탄소중립 전략 및 기술에 대해 살펴보고 있다. 구체적으로 탄소 가격 제도의 특징, 각국의 탄소중립 정책, 탄소중립 시나리오의 타당성에 대해 논하고 탄소중립을 위한 대표적인 기술들에 대해 다루고 있으므로, 탄소중립에 대한 이해에 도움이 될 것으로 기대된다.

관련 도서 《대한민국 탄소중립 2050》, KEI 한국환경연구원, 크레파스북
《UAM》, 한대희, 슬로디미디어

관련 학과 교통공학과, 기계공학과, 물리학과, 산업공학과, 소프트웨어공학과, 신재생에너지학과, 재료공학과, 전기공학과, 전자공학과, 정보통신공학과, 지구환경과학과, 컴퓨터공학과, 화학공학과, 화학과, 환경공학과

관련 교과 2022 개정 교육과정: 로봇과 공학세계, 창의 공학 설계, 소프트웨어와 생활, 기후변화와 지속가능한 세계
2015 개정 교육과정: 공학 일반, 정보, 융합과학, 물리학, 화학, 지구과학, 사회문제 탐구

세상을 뒤바꿀 미래기술 25

이데일리 미래기술 특별취재팀 |
이데일리 | 2022

이 책은 향후 트렌드를 주도할 25개의 미래 기술을 선정하여, 각 기술에 대해 자세히 설명하고 있다. 미래 기술의 토대가 되는 빅데이터, 블록체인, 사물인터넷뿐만 아니라, 나노기술, 양자기술 등의 초미세 기술과 mRAN, 마이크로바이옴, 세포치료제 등의 헬스케어 기술, 그리고 CCUS, 전고체배터리, 바이오원료 등의 지속 가능한 미래를 위한 기술까지도 폭넓게 다루고 있어, 미래 사회의 변화를 가늠하는 데 도움이 될 것으로 기대된다.

탐구 주제

주제1　여러 분야에서 활용되고 있는 인공 신경망은 뇌의 정보 처리 과정을 모사하여 구현된 알고리즘이다. 신경 세포를 통한 감각의 전달과 인공 신경망에서의 정보의 전달을 비교하며 인공 신경망의 작동 원리에 대해 탐구해 보고, 사례를 바탕으로 인공 신경망의 적용 원리에 대해 분석해 보자.

주제2　계속되는 안전사고의 발생으로 인해 인공지능과 사물인터넷이 우리 사회의 안전을 책임질 핵심 기술로서 각광 받고 있다. 재해 또는 재난의 예측 및 방지를 위해 인공지능과 사물인터넷이 적용된 사례에 대한 분석을 통해 기술의 적용 원리를 이해하고, 추가적인 활용 방안을 탐구해 보자.

주제3　6G 통신망의 구축으로 인해 나타나게 될 산업 기술의 변화 탐구

주제4　클라우드 보안 기술 확보를 위한 연구 동향 분석

학생부 기록 예시 (교과세특)

최근 10대와 20대를 중심으로 교통사고 건수가 증가하고 있는 현상에 관심을 갖고 그 원인을 탐구한 결과, 전동 킥보드 공유 서비스의 확대와 배달업의 성장으로 인한 이륜차 이용량 증가를 원인으로 도출함. 이후 해결 방안의 모색을 위해 '2023 세상을 뒤바꿀 미래기술 25'를 읽으며 사물인터넷과 인공지능을 이용한 스마트 안전 기술을 탐구하고, 이를 바탕으로 헬멧과 애플리케이션의 연동을 통한 스마트 안전 장비 시스템을 구상하여 보고서를 제출함.

탐구주제 확장 및 심화

스마트 안전 기술을 적용한 제품 아이디어 개발해 보기
사물인터넷, 센서, 인공지능 등을 활용하여 우리 사회의 스마트 안전을 책임질 수 있는 아이디어 제품이나 정책을 개발하여 아이디어 제안서를 작성해 보자.

인공 신경망의 원리에 대해 쉽게 설명할 수 있는 교구 제작해 보기
인공 신경망에 대한 탐구를 바탕으로, 인공 신경망의 원리를 쉽게 이해시키는 데 활용할 수 있는 교구를 개발 및 제작하여 친구들에게 인공 신경망을 설명해 보자.

관련 논문　영상 처리를 이용한 IoT 기반 웨어러블 스마트 안전장비(홍현기 외, 2022)

이 논문은 최근 전동 킥보드 및 자전거 공유 서비스의 확대와 배달업의 성장으로 인해 이륜차의 이용량이 증가하면서 교통사고 건수가 증가하는 현상에 대해 경각심을 느끼고, 헬멧과 모바일 기기 앱의 연동을 통해 사고율을 낮출 수 있는 스마트 안전 장비 시스템을 제안한다.

관련 도서　《세븐 테크》, 김미경 외, 웅진지식하우스
　　　　　《IOT와 AI기반 스마트 안전의 현재와 미래》, 최명기, 지우북스

관련 학과	기계공학과, 모바일공학과, 물리학과, 반도체공학과, 사물인터넷학과, 생명공학과, 에너지공학과, 원자력공학과, 자동차공학과, 전기공학과, 전자공학과, 정보통신공학과, 컴퓨터공학과, 화학공학과, 화학과
관련 교과	2022 개정 교육과정: 인공지능 기초, 소프트웨어와 생활, 창의 공학 설계, 융합과학 탐구, 물질과 에너지 2015 개정 교육과정: 공학 일반, 정보, 융합과학, 물리학, 화학, 생명과학, 지구과학, 사회문제 탐구

스마트시티 에볼루션

박찬호 외 | 북바이북 | 2022

이 책은 정보통신기술을 활용해 인간의 삶을 보다 안전하고 더욱 편리하게 만들어 주는 스마트시티의 다양한 면모를 다루고 있다. 세계적으로 개발 중인 스마트시티의 정의와 역사, 운영을 위한 정책과 스마트시티의 산업 및 기술 등 스마트시티의 전반에 대해 살펴봄으로써 스마트시티의 구축으로 인한 사회의 변화를 확인할 수 있도록 한다. 스마트시티에 대한 심도 있는 탐구를 통해 지속 가능한 스마트시티가 구현될 수 있기를 기대한다.

탐구 주제

주제1 네덜란드 암스테르담은 시민, 민간 기업이 참여할 수 있는 '암스테르담 스마트시티 플랫폼'을 구축하여, 시민과 생활, 순환 도시, 에너지, 이동성, 디지털 시티, 거버넌스와 교육을 주제로 프로젝트를 진행 중이다. 이 도시에 적용된 스마트시티 기술의 유형 및 작동 원리를 탐구해 보자.

주제2 스마트시티의 구축을 위해서는 사물인터넷, 센서, 로봇, 메타버스 등 여러 첨단 기술이 요구되지만, 그중에서도 AI와 빅데이터 기술로 인해 혁신적인 변화가 가능하게 되었다. 스마트시티에 적용되는 AI와 빅데이터 기술의 사례를 도시 운영 및 관리를 위한 분야별로 나누어 탐구해 보자.

주제3 디지털 트윈 기술에 기반한 스마트시티 연구 동향 분석

주제4 안전한 스마트시티 구축을 위한 보안 기술 연구 동향 분석

학생부 기록 예시 (교과세특)

네덜란드의 암스테르담 스마트시티 플랫폼에 대한 관심을 바탕으로 플랫폼이 진행 중인 프로젝트를 분석하고, 해당 도시에 적용된 스마트시티 기술의 유형 및 작동 원리를 탐구함. 특히 AI와 빅데이터 기술이 스마트시티의 운영 및 관리에 활용되는 양상을 심화 탐구하기 위해 추가로 영국의 밀턴킨스 지역을 분석함. 또한 자신의 거주 지역을 스마트시티로 구축하기 위한 실행 방안을 설계하기 위해 지역의 특성을 분석하고, 스마트시티 기술의 적용 방안을 구상하여 발표함.

탐구주제 확장 및 심화

자신의 거주 지역을 스마트시티로 구축하기 위한 실행 방안을 설계해 보기
자신이 거주하고 있는 지역의 특성에 대해 여러 기준으로 분석하고, 이를 바탕으로 해당 지역을 스마트시티로 구축하기 위한 구체적인 실행 방안을 설계해 보자.

스마트시티의 구축으로 인해 예상되는 문제점을 대비하기 위한 정책 제안해 보기
스마트시티는 도시 문제를 해결하고 삶의 질을 개선하는 데 기능한다는 점에서 분명 긍정적이지만, 좋은 점만 있는 것은 아니다. 예상되는 문제점을 대비하기 위한 정책을 제안해 보자.

관련 논문 스마트시티에 필요한 보안 기술에 관한 연구 (이정재, 정영철, 2023)

이 논문은 전 세계적으로 도시화에 따라 발생한 문제들을 해결하기 위한 대안으로 지목되는 스마트시티가 오히려 정보통신기술을 바탕으로 도시 전체가 연결된 특성으로 인해 보안 위협에 노출되고 있다는 점에 주목하여, 안전한 스마트시티 조성을 위한 보안 기술에 대해 제안한다.

관련 도서 《4차 산업혁명, 스마트건설 스마트시티 스마트홈》, 김선근, 한솔아카데미
《스마트시티의 정책 이슈》, 김동욱 외, 윤성사

관련 학과 IT융합학과, 건축공학과, 교통공학과, 기계공학과, 도시공학과, 반도체공학과, 사물인터넷학과, 소프트웨어공학과, 에너지공학과, 인공지능공학과, 전기공학과, 전자공학과, 정보통신공학과, 컴퓨터공학과

관련 교과 2022 개정 교육과정: 인공지능 기초, 데이터 과학, 소프트웨어와 생활, 로봇과 공학세계, 창의 공학 설계
2015 개정 교육과정: 공학 일반, 정보, 기술·가정, 융합과학, 생활과 과학, 사회문제 탐구

컴퓨터공학

소프트웨어공학

기계공학

로봇공학

전기전자공학

화학공학

알아두면 쓸모 있는 IT 상식

정철환 | 원앤원북스 | 2019

이 책은 IT 기술이 우리 생활의 다양한 분야에서 변화를 주도하고 있는 상황인 만큼, IT 기술로 인한 과거와 현재, 그리고 미래까지 IT 산업의 전반적인 내용을 다루고 있다. 빅데이터, 공유경제 서비스, SNS 등의 IT 기술이 우리 사회에 미친 영향에서부터 IT 기술에 따른 기업의 보안 및 정보 시스템이나 리더 역할의 변화, 그리고 미래 사회를 바꿀 혁신적인 IT 기술까지 우리나라 IT 산업의 현실을 자세하게 보여주고 있다.

탐구 주제

주제1 2016년부터 구글이 인공신경망 기반 기계 번역(NMT)을 이용한 새로운 번역 서비스를 제공함에 따라 훨씬 정교한 번역이 가능하게 되었다. 인공지능을 활용한 번역 방식의 원리를 탐구해 보고, 번역 기술의 혁신이 우리 사회의 여러 분야에 걸쳐 일으킨 변화에 대해 살펴보자.

주제2 현재 우리 사회는 부의 집중화로 인한 경제적 양극화 문제가 대두되고 있다. 이런 상황에서 첨단 기술의 발달은 과연 인류의 행복에 도움을 줄까? 1~3차 산업 혁명 시기 당대 사회 현상에 대한 분석을 바탕으로, 효율성 위주의 기술 혁명이 가져올 우리 사회의 변화를 예측해 보자.

주제3 모바일 서비스의 경쟁력 확보를 위한 핵심 기술에 대한 탐구

주제4 닷컴 버블기와 암호화폐 열풍에 대한 비교 분석

학생부 기록 예시 (교과세특)

4차 산업 혁명으로 인한 사회 변화에 대해 궁금증을 느껴, '알아두면 쓸모 있는 IT 상식(정철환)'을 읽으며 핵심 기술에 대해 탐구함. 특히 인공신경망 기반 기계 번역(NMT)에 흥미를 갖고 번역 기술의 원리에 대해 탐구하고, 관련 논문을 찾아 번역의 정확성과 관련된 자료를 분석함. 한편 포털 사이트에서 번역 기능을 무료로 제공하는 이유를 탐구하면서 인간 행동과 관련된 실시간 데이터의 가치에 대해 파악하고, 빅데이터 기반 산업의 동향에 대해 조사하여 발표함.

탐구주제 확장 및 심화

구글이 번역 서비스를 무료로 제공하는 이유를 탐구해 보기
많은 시간과 자본을 투자하여 제작한 번역 시스템을 구글이 왜 무료로 제공하는지에 대한 탐구를 바탕으로, 인간 행동과 관련하여 수집된 실시간 데이터가 갖는 가치에 대해 알아보자.

혁신 기술을 활용하여 스포츠 분야에서의 모바일 서비스 제공 방안을 탐구해 보기
현장감 외에 경기장에서의 경기 관람으로 사람들을 이끄는 유인이 없는 상황에서 스마트폰과 혁신 기술을 활용하여 어떤 서비스를 제공하면 사람들의 관심을 끌 수 있을지 고민해 보자.

관련 논문 텍스트마이닝을 활용한 빅데이터 기반의 디지털 트랜스포메이션 연구동향 파악(김민준, 2022)

이 논문은 텍스트마이닝을 활용하여 빅데이터 기반의 디지털 트랜스포메이션의 연구 동향에 대해 살펴본다. 연구에서 주로 논의되는 10개의 화제를 도출하고 이들 간의 관계를 분석함으로써, 빅데이터 기반의 디지털 트랜스포메이션에 대한 통합적인 이해에 도움을 줄 것으로 기대된다.

관련 도서 《이토록 신기한 IT는 처음입니다》, 정철환, 경이로움
《4차 산업혁명을 이끌 IT 과학이야기》, 이재영, 로드북

| 관련 학과 | 경영학과, 경제학과, 기계공학과, 모바일공학과, 반도체공학과, 사회학과, 소프트웨어공학과, 언어학과, 인공지능학과, 인류학과, 전기공학과, 전자공학과, 정보통신공학과, 컴퓨터공학과, 철학과, 행정학과 |

| 관련 교과 | 2022 개정 교육과정: 소프트웨어와 생활, 로봇과 공학세계, 창의 공학 설계, 인공지능 기초
2015 개정 교육과정: 공학 일반, 정보, 기술·가정, 경제, 사회문제 탐구 |

핵심키워드

지능형 사물인터넷, 앰비언트, 메타버스, 맞춤형 서비스

앰비언트

김학용 | 책들의정원 | 2023

사용자가 직접 기기나 기능을 작동하지 않아도 사용자에게 필요한 서비스를 스스로 판단하고 제공해 주는 '앰비언트 컴퓨팅(Ambient Computing)'을 포스트 스마트폰 시대의 핵심 기술로 바라보고, 해당 기술의 개념, 고부가가치 산업으로서의 가능성 및 경제적 파급 효과 등을 설명한다. 특히 구글, 아마존, 삼성, 애플 등 빅테크 기업이 '앰비언트'에 주목하는 이유를 통해 독자에게 미래 사회를 대비하기 위한 조언을 제시한다.

탐구 주제

주제1 삼성전자와 LG전자는 사물인터넷을 기반으로 스마트홈 기반 앰비언트 생태계를 구축하고 있다. 삼성전자는 '캄테크', LG전자는 '앰비언트 컴퓨팅'이라는 용어를 사용 중인데, 각 기업에서 진행 중인 앰비언트 생태계 구축 현황 및 관련 기술의 작동 원리에 대해 분석해 보자.

주제2 기업 아마존이 운영 중인 무인 매장 '아마존 고'는 최신 앰비언트 기술이 집약되어 있다. 고객 전용 앱을 통해 제품을 진열대에서 카트로 옮기면 자동으로 결제가 되고, 인공지능이 진열대의 재고를 실시간으로 관리한다. '아마존 고'에 적용된 앰비언트 기술의 유형 및 원리를 탐구해 보자.

주제3 지능형 자율주행안전기술(ADAS)에 적용된 앰비언트 기술 분석

주제4 앰비언트 컴퓨팅 기술의 개발 동향 및 한계점 분석

학생부 기록 예시 (교과세특)

사물인터넷의 응용 분야를 탐구하다가 '앰비언트(김학용)'를 읽으며 앰비언트 컴퓨팅을 통해 다가올 변화에 대해 흥미를 느낌. 이후 앰비언트 기술이 집약된 무인 매장 '아마존 고'에 적용된 앰비언트 기술의 유형 및 원리를 분석함. 또 다른 앰비언트 기술의 집약체인 스마트홈과 관련하여 국내 가전 기업의 스마트홈 기반 앰비언트 생태계 구축을 위한 기술 개발 동향을 탐구하고, 이를 바탕으로 앰비언트 컴퓨팅이 적용된 나만의 스마트홈을 직접 설계하여 발표함.

탐구주제 확장 및 심화

앰비언트에 주목해야 하는 이유에 대해 논설문을 작성해 보기
음성 언어 기반 앰비언트 환경에서 중장년층이 새롭게 주목 받을 가능성, 모든 일상에 기술이 녹아든 상황에서의 기업의 생존 전략 등 앰비언트에 주목해야 할 이유로 글을 써 보자.

앰비언트 컴퓨팅이 적용된 나만의 스마트홈 설계해 보기
스마트홈 기반 앰비언트 생태계 구축을 위한 여러 기업의 기술 개발 동향에 대한 분석을 바탕으로, 앰비언트 컴퓨팅이 적극 활용된 나만의 스마트홈을 직접 설계해 보자.

관련 논문 지능형 사물인터넷 동향에 관한 연구(이정재, 박병전, 2022)

이 논문은 앰비언트 컴퓨팅의 구현을 위한 핵심 기술인 지능형 사물인터넷(AIoT)의 개념, 주요 국가의 AIoT 정책 및 기술 동향에 대해 살펴봄으로써, 스마트홈, 스마트시티, 스마트팩토리 등 초고밀도 AIoT 장치의 연결을 필요로 하는 분야의 발전에 기여할 것으로 기대된다.

관련 도서 《한 권으로 끝내는 메타버스 수업》, 정철환, 믹스커피
《사물인터넷이 바꾸는 세상》, 새뮤얼 그린가드, 한울엠플러스

관련 학과 IT융합학과, 경제학과, 기계공학과, 메카트로닉스공학과, 모바일시스템공학과, 반도체공학과, 사물인터넷학과, 소프트웨어공학과, 인공지능공학과, 전기공학과, 전자공학과, 정보통신공학과, 컴퓨터공학과

관련 교과 2022 개정 교육과정: 소프트웨어와 생활, 인공지능 기초, 창의 공학 설계, 로봇과 공학세계
2015 개정 교육과정: 공학 일반, 정보, 기술·가정, 융합과학, 실용 경제, 사회문제 탐구

오늘부터 IT를 시작합니다

고코더 | 한빛미디어 | 2022

이 책은 컴퓨터, 인터넷, 프런트엔드와 백엔드, 서버, 데이터베이스, 코딩 등 일반인들에게 다소 어렵고 딱딱하게 느껴지는 IT 관련 개념 및 용어에 쉬운 비유를 곁들이거나 비하인드 이야기를 함께 소개하는 방법 등으로 IT 지식을 친숙하게 전달하고 있다. 이와 더불어 IT 개발 용어 및 개념, 업계의 최신 트렌드까지 담고 있어 IT가 낯선 입문자부터 개발자에 이르기까지 모두가 IT에 대해 쉽게 이해할 수 있을 것이다.

탐구 주제

주제1 웹 페이지의 순위를 뜻하는 '페이지랭크'는 대형 포털 사이트에서 검색 결과의 정확도를 높이기 위해 사용하기 시작한 방법으로, 웹 페이지에 링크된 숫자를 통해 웹페이지의 중요도를 매긴다. 페이지랭크를 결정하는 요소에 대한 분석을 바탕으로 페이지랭크 기술의 작동 원리를 탐구해 보자.

주제2 웹사이트를 구성하는 대표적인 프로그래밍 언어 중 하나인 '자바스크립트'는 기존의 프로그래밍 언어로 정적인 화면을 구성하던 것에서 더 나아가 웹페이지를 생동감 있게 만든다. 자바스크립트의 특징과 역할, 효과에 대한 분석을 바탕으로 자바스크립트의 활용 분야에 대해 탐구해 보자.

주제3 코딩 열풍의 원인 분석 및 코딩 교육의 효과와 활용 방안 탐구

주제4 IT 산업과 탄소 배출 및 환경오염과의 상관관계 탐구

학생부 기록 예시 (교과세특)

IT 산업에 대한 관심을 바탕으로 '오늘부터 IT를 시작합니다(고코더)'를 읽으며 IT 관련 개념 및 기술에 대해 익힘. 특히 페이지랭크 알고리즘의 원리와 요소에 호기심을 갖고 관련 논문을 탐구하며, 웹 검색을 효율적으로 개선하는 방안에 대해 탐구하여 발표. 또한 디지털 기기의 사용으로 인해 발생하는 디지털 탄소 배출량에 대해 분석한 후, 실생활에서 실천할 수 있는 방안들을 바탕으로 디지털 탄소 배출량 줄이기 캠페인을 기획하고 카드 뉴스로 제작하여 홍보함.

탐구주제 확장 및 심화

디지털 탄소 배출량 줄이기 캠페인을 기획 및 진행해 보기
디지털 기기의 사용으로 발생하는 탄소 배출량을 분석하고, 이를 바탕으로 탄소 배출량을 줄일 수 있는 바람직한 디지털 기기 사용 방안을 카드 뉴스로 제작하여 캠페인을 진행해 보자.

IT 기술의 원리를 친숙한 사례에 빗대어 설명해 보기
객체 지향 프로그래밍의 원리를 붕어빵 제조 공정에 빗대어 설명하기도 하는데, 이처럼 IT 기술의 원리를 비전공자도 쉽게 이해할 수 있도록 일상의 친숙한 사례에 빗대어 설명해 보자.

관련 논문 웹 페이지 컨텐츠 점수를 이용한 개선된 페이지랭크 알고리즘(김태원, 나연묵, 2010)

 이 논문은 링크의 수만을 활용하여 랭킹을 수행하는 기존의 페이지랭크 알고리즘의 한계에서 더 나아가, 웹 페이지의 콘텐츠에 대한 점수를 랭킹에 반영하는 방법을 제안한다. 이와 같이 보다 효과적인 방식의 랭킹 알고리즘을 제시함으로써 웹 검색의 질을 높일 수 있을 것으로 전망한다.

관련 도서 《오늘부터 개발자》, 김병욱, 천그루숲
《궁금한 IT》, 김상래, 위키북스

관련 학과 IT융합학과, 기계공학과, 메카트로닉스공학과, 모바일시스템공학과, 반도체공학과, 사회학과, 소프트웨어공학과, 수학과, 전기공학과, 전자공학과, 정보통신공학과, 컴퓨터공학과, 환경공학과

관련 교과 2022 개정 교육과정: 소프트웨어와 생활, 로봇과 공학세계, 창의 공학 설계, 인공지능 기초
2015 개정 교육과정: 공학 일반, 인공지능 수학, 정보, 기술·가정, 기후변화와 지속가능한 세계

핵심키워드

우리의 미래를 결정할 과학 4.0
박재용 | 북루덴스 | 2023

이 책은 21세기 성장을 위한 동력인 과학 기술을 모빌리티, 우주·로봇· 소재, 정보통신, 생명공학, 기후 위기와 재생에너지의 분야로 나누어, 자율주행, 초고속 모빌리티, 상온 초전도체, 양자 컴퓨터, 사물인터넷 등 35가지 키워드에 대해 다룬다. '우리의 미래를 결정할 과학 4.0'이란 제목처럼, 과학 기술에 대한 폭넓은 이해를 통해 과학 기술의 발전이 인류에게 어떤 미래를 가져올 것인지에 대해 고찰해 보자.

탐구 주제

주제1 양자 컴퓨터 시장의 규모가 갈수록 커지고, 여러 분야와 융합되고 있는 상황에서 양자 컴퓨터의 작동 원리에 대한 이해는 필수적이다. 양자 컴퓨터는 기존 컴퓨터에 비해 매우 빠른 속도로 정보를 처리할 수 있는데, 어떠한 원리로 인해 기존 컴퓨터와의 차이가 발생하는지 탐구해 보자.

주제2 '하이퍼루프'는 진공관 속에서 자기 부상 기술을 통해 이동하는 신개념 운송 수단으로, 초고속 모빌리티의 대표적인 사례이다. 운행 제어 및 통신 기술, 자기 부상 기술, 진공 기술, 미세먼지 처리 기술 등 하이퍼루프에 적용된 기술의 원리를 탐구해 보고, 상용화를 위한 과제를 살펴보자.

주제3 삼각함수의 개념을 활용한 반도체의 특성 분석

주제4 핵분열 원리와의 비교 분석을 통한 핵융합 에너지의 가치 탐구

학생부 기록 예시 (교과세특)

중첩과 얽힘의 원리로 이루어진 큐비트에 대해 흥미를 느낌. 0과 1 둘 중 하나만 나타낼 수 있는 기존 컴퓨터와 달리, 0과 1의 공존이 가능한 큐비트로 인해 무한한 가능성을 지닌 양자 컴퓨터의 작동 원리에 관심을 갖고, 기존 컴퓨터가 해결하지 못한 난제를 양자 컴퓨터로 해결하는 사례에 대해 분석하며 양자 컴퓨터의 특성 및 활용 가능성에 대해 탐구함. 양자 컴퓨팅 기술의 응용을 제약하는 요인에 대해서도 조사하여 양자 컴퓨터를 소개하는 팸플릿을 제작함.

탐구주제 확장 및 심화

양자 컴퓨터를 소개하는 팸플릿 제작해 보기
양자 컴퓨터에 대한 관심 유발을 위해 큐비트와 관련한 양자 컴퓨터의 기본 원리, 기존 컴퓨터의 난제를 해결한 양자 컴퓨터의 사례 등을 바탕으로 팸플릿을 제작해 보자.

하이퍼루프가 상용화되었을 때를 가정하여 우리나라 산업 지도를 그려 보기
하이퍼루프 기술의 산업 분야에 대한 파급력이 엄청날 것으로 기대되는 상황에서 하이퍼루프가 상용화된 미래 사회의 변화에 대해 탐구하여 미래 대한민국 산업 지도를 그려 보자.

관련 논문 양자 컴퓨팅 기술의 실제 응용의 현황과 제약 연구(김재형, 2023)

이 논문은 양자 컴퓨팅 기술을 현실 문제에 응용하는 것을 어렵게 하는 요인이 무엇인지 살펴보고, 관련 연구 동향과 방향성을 분석한다. 현시점에서 양자 컴퓨팅 기술의 응용을 제약하는 네 가지 요인을 제시함으로써 양자 컴퓨팅 기술의 응용을 위한 토대를 마련할 것으로 기대된다.

관련 도서 《우리는 미래에 살고 있다》, 서울대학교 공과대학, 창비교육
《공학의 눈으로 미래를 설계하라》, 연세대학교 공과대학, 해냄

관련 학과 교통공학과, 기계공학과, 물리학과, 사물인터넷학과, 소프트웨어공학과, 수학과, 신소재공학과, 에너지공학과, 원자력공학과, 전기공학과, 전자공학과, 정보통신공학과, 화학공학과, 환경공학과, 컴퓨터공학과

관련 교과 2022 개정 교육과정: 창의 공학 설계, 인공지능 기초, 데이터 과학, 소프트웨어와 생활, 로봇과 공학세계
2015 개정 교육과정: 공학 일반, 정보, 융합과학, 농업 생명 과학, 인공지능 수학, 사회문제 탐구

웹 3.0 넥스트 이코노미

김미경 외 | 어웨이크북스 | 2022

이 책은 새로운 경제 시스템인 웹 3.0 시대의 도래로 인한 여러 변화를 개인이 어떻게 대비할 수 있을지를 8명의 전문가와 함께 풀어내고 있다. 웹 3.0 시대의 핵심 기술과 발전 양상, 블록체인 기술의 현주소와 메타버스의 확장, 디지털 콘텐츠 및 토큰에 대한 최신 지식 등 웹 3.0 시대의 필수 정보와 핵심 키워드를 제시함으로써, 개개인이 새롭게 변화하는 시대에 적응하고 자신에게 주어질 기회를 놓치지 않도록 방향을 제시한다.

탐구 주제

주제1 탈중앙화와 개인의 콘텐츠 소유를 핵심 특징으로 하는 차세대 인터넷을 웹 3.0이라 한다. 웹 3.0 세상을 가능하게 하는 세 가지 핵심 기술로 블록체인, 토큰화 기술, 메타버스가 있는데, 각 기술이 웹 3.0 구현에 구체적으로 어떤 역할을 하는지, 작동 원리는 무엇인지를 탐구해 보자.

주제2 분산원장과 분산 네트워크, 블록 구조, 암호화 기술 등을 중심으로 블록체인이 위조된 전자 화폐를 찾아내는 방법을 탐구하고, 이와 같은 분산 컴퓨팅 기술을 기반으로 한 데이터 위변조 방지 기술이 여러 산업 분야에서 어떻게 활용될 수 있을지를 관련 사례를 바탕으로 탐구해 보자.

주제3 암호화폐 시장의 주요 코인별 기능에 대한 탐구

주제4 웹 3.0 시대를 맞이하기 위한 제도적 지원 방안 연구

학생부 기록 예시 (교과세특)

웹 3.0에 대한 영상을 시청 후 웹 3.0에 흥미를 느끼고. '웹 3.0 넥스트 이코노미(김미경 외)'를 읽음. 웹 2.0과의 차이에 대한 분석을 바탕으로, 웹 3.0을 가능하게 하는 블록체인, 토큰화 기술, 메타버스에 대해 살펴보고, 각 기술이 웹 3.0의 구현에 어떤 역할을 하는지 탐구 후 발표함. 특히 블록체인이 위변조된 전자 화폐를 찾아내는 기술에 흥미를 느껴 관련 원리를 탐구하고, 이를 바탕으로 해당 기술을 여러 산업 분야에 적용하는 방안을 탐구하여 보고서를 제출함.

탐구주제 확장 및 심화

웹 3.0에 대한 정보를 전달하는 인포그래픽 자료를 제작해 보기
웹의 패러다임이 바뀌고 있는 시점임에도 불구하고 여전히 많은 사람들이 웹 3.0에 대해 잘 알지 못한다. 대중에게 웹 3.0에 대한 정보를 효율적으로 전달하는 인포그래픽을 제작해 보자.

NFT를 직접 발행해 보며 NFT의 특징 및 전망을 탐구 후 발표해 보기
현재 여러 플랫폼을 통해 누구나 NFT를 무료로 발행할 수 있다. 본인이 직접 NFT를 발행해 보고, 그 경험을 바탕으로 NFT 산업의 전망을 탐구하여 발표해 보자.

관련 논문　웹3.0 산업 활성화를 위한 전략 연구(전웅렬, 임철홍, 2023)

이 논문은 웹 1.0부터 웹 3.0까지의 등장 배경에 대한 설명을 바탕으로 웹 3.0의 개념을 정의하고, 웹 3.0의 핵심인 블록체인의 기술 동향에 대한 분석, 웹 3.0의 시장 동향에 대한 분석을 바탕으로 웹 3.0 산업의 활성화를 위한 전략을 제안하고 있다.

관련 도서　《디지털 트렌드 2023》, 김지혜, 책들의정원
　　　　　　　《웹3.0과 메타버스가 만드는 디지털 혁명》, 윤영진 외, 제이펍

관련 학과　IT융합학과, 게임공학과, 경영학과, 경제학과, 모바일시스템공학과, 미디어커뮤니케이션학과, 반도체공학과, 소프트웨어공학과, 수학과, 전자공학과, 정보보안학과, 정보통신공학과, 컴퓨터공학과

관련 교과　2022 개정 교육과정: 소프트웨어와 생활, 데이터 과학, 창의 공학 설계, 금융과 경제생활
　　　　　　　2015 개정 교육과정: 공학 일반, 정보, 기술·가정, 지식 재산 일반, 사회문제 탐구, 실용 경제

인공지능, 로봇, 데이터 과학, 스마트 시대

인공지능 유리
피브르티그르 외 | 탐 | 2022

이 책은 인공지능 '유리'의 개발자가 들려주는 인공지능에 관한 이야기로, 이미 우리 삶 속 깊숙이 들어와 있는 인공지능을 둘러싼 다양한 논란을 사건의 형태로 구현하여 스토리텔링의 방식으로 이야기를 전달한다. 인공지능의 원리 및 작동 방법뿐만 아니라 인공지능의 학습 방법, 인공지능이 지닌 윤리적 딜레마, 인공지능에 대한 다양한 관점 등을 소개하며, 인공지능과 함께하는 미래의 모습을 예측할 수 있게 한다.

탐구 주제

주제1 최근 다양한 영역에서 활용되고 있는 인공지능이 작사, 작곡, 소설 창작 등 고차원적인 예술 및 창작 분야에서도 활약을 펼치고 있다. 인공지능의 특성에 대한 이해를 바탕으로 인공지능의 창작물을 예술 작품으로 인정할 수 있는지에 대해 탐구하여 자신의 의견을 작성해 보자.

주제2 불가능을 현실로 만드는 인공지능의 무한한 가능성이 세상을 떠난 인물도 데이터를 활용하여 구현해 낼 수 있을지 궁금증으로 남아 있다. 인공지능 기술의 핵심 원리를 분석하여, 세상을 떠난 인물의 생전 데이터로 만든 인공지능과의 소통 가능성에 대해 탐구해 보자.

주제3 인공지능 기술의 발전과 일자리와의 상관관계 분석

주제4 인공지능 기술로 예측하는 유행의 정확도에 대한 탐구

학생부 기록 예시 (교과세특)

인공지능 기술의 원리와 특성에 호기심을 가지고 관련 분야의 탐구 주제를 탐색함. '인공지능 유리(피브르티그르 외)'를 읽고 인공지능과 관련된 윤리적 논쟁과 딜레마에 관심을 가지게 되면서, 인공지능으로 창작한 예술 작품의 예술성을 인정할 수 있는지를 주제로 탐구 보고서를 작성함. 또한 인공지능 기술을 활용한 창작물을 직접 창작해 보고, 이를 인간의 창작물과 비교 및 분석하는 활동을 통해 인공지능 기술의 핵심 원리와 현주소를 탐구함.

탐구주제 확장 및 심화

인간과 인공지능의 공존을 위한 과제 탐구해 보기
AI 로봇, AI 반려동물과 같이 인간과의 교감으로 공존하는 인공지능 활용 사례 및 한계점을 분석하여, 인간과 인공지능이 공존하기 위해 해결해야 할 과제를 탐구해 보자.

인공지능 기술을 활용한 랩 창작을 통해 인공지능의 현주소 탐구해 보기
가사를 입력하면 AI 래퍼의 목소리로 랩을 창작할 수 있는 프로그램을 활용해 인간이 창작한 랩과 비교 및 분석해 보고, 인공지능 기술의 핵심 원리와 현주소를 탐구해 보자.

관련 논문 인공지능 예술의 수용 문제(심혜련, 2023)

인공지능의 창작물을 예술로, 이를 창작한 인공지능을 예술가로 인정해야 하는지가 논쟁이 되는 가운데, 이 논문은 예술과 기술의 관계와 수용 문제를 중심으로 딜레마를 풀어가고자 한다. 더불어 인공지능의 창의성 인정 논쟁과 예술의 개념의 한계를 다루며 문제에 대한 대안을 제시한다.

관련 도서 《인공지능, 무엇이 문제일까?》, 김상현, 동아엠앤비
《십 대가 알아야 할 인공지능과 4차 산업혁명의 미래》, 전승민, 팜파스

관련 학과	AI융합학과, 기계공학과, 메카트로닉스공학과, 문예창작학과, 미술학과, 반도체공학과, 법학과, 사회학과, 소프트웨어공학과, 언론정보학과, 작곡과, 전자공학과, 정보보안학과, 정보통신공학과, 컴퓨터공학과
관련 교과	2022 개정 교육과정: 소프트웨어와 생활, 로봇과 공학세계, 창의 공학 설계, 인공지능 기초
2015 개정 교육과정: 공학 일반, 정보, 기술·가정, 인공지능 수학, 사회문제 탐구, 지식 재산 일반

인공지능과 딥러닝

마쓰오 유타카 | 동아엠앤비 |
2015

이 책은 인공지능의 과거, 현재, 미래를 통시적으로 살펴보고, 인공지능과 딥러닝으로 인한 산업 구조 및 사회의 변화와 인류의 대응 전략을 다루고 있다. 특히 인공지능 연구의 흥망을 두 번의 암흑기에 걸쳐 언급함으로써 인공지능에 대한 정확한 이해 없이 단순히 낙관적으로 기대하는 것은 위험하다고 경고하며, 국내외 인공지능의 연구 분야를 전반적으로 되돌아보고 인공지능 분야의 발전을 위한 미래 과제를 살펴보고자 한다.

탐구 주제

주제1　인공지능의 판단에 모순을 일으킬 수 있는 여러 분야의 딜레마 상황에 대한 탐구를 통해 각각의 딜레마 상황이 갖고 있는 특성을 분석하여 비교해 보자. 이를 바탕으로 딜레마 상황에 대한 인공지능의 합리적인 판단을 위한 연구에 도움이 될 만한 유의미한 결과를 도출해 보자.

주제2　여러 개념과 개념들 간의 관계를 컴퓨터가 처리할 수 있는 형태로 표현하는 것을 온톨로지라 한다. 이것은 인공지능에서 데이터를 분류하고 이를 통해 추론과 결정을 가능하게 한다. 온톨로지의 작동 원리에 대한 이해를 통해 인공지능의 온톨로지가 실생활에 활용된 사례를 탐구해 보자.

주제3　인공지능 관련 연구에 대한 통시적 고찰

주제4　인공지능의 출현으로 인한 산업 구조의 변화에 대한 탐구

학생부 기록 예시 (교과세특)

딜레마 상황에 대한 인공지능의 판단에 흥미를 갖고, 트롤리 딜레마와 관련한 인공지능의 판단과 논란에 대해 탐구함. 또한 여러 분야의 딜레마 상황들을 수집하여 각각의 딜레마가 갖고 있는 특성을 분석 및 비교해 보고, 이를 바탕으로 인공지능 윤리 역량 교육을 위한 인공지능 윤리 딜레마 사례를 직접 개발함. 이후 각종 딜레마 상황에 대한 급우들의 판단을 설문 조사를 통해 분석해 보고, 인공지능의 합리적 판단에 대한 사회적 합의 도출을 위한 근거 자료로 제시함.

탐구주제 확장 및 심화

인공지능 관련 윤리적 이슈에 대한 설문조사 실시 및 분석해 보기
딜레마 등 특정 상황에서의 인공지능의 판단에 대한 사회적 합의가 부족한 상황에서 합의 도출을 위한 자료 수집 단계로 인공지능 관련 윤리적 이슈에 대해 설문조사 후 분석해 보자.

인공지능 윤리 역량 교육을 위한 인공지능 윤리 딜레마 사례를 개발해 보기
트롤리 딜레마와 같이 대중에게 비교적 잘 알려진 인공지능의 윤리 딜레마 관련 상황을 참고하여, 아직 논의되지 않은 인공지능 윤리 딜레마 사례를 직접 개발해 보자.

관련 논문　인공지능 윤리 역량 신장을 위한 인공지능 윤리 딜레마 개발(김은경, 이영준, 2023)

 이 논문은 인공지능의 윤리 문제를 해결하기 위해서는 문제의 핵심을 파악하고 적절한 판단을 내릴 수 있는 인공지능 개발자 및 사용자의 인공지능 윤리 역량이 필요하다고 보고, 인공지능 윤리 딜레마를 활용한 역량 교육을 위해 9가지 인공지능 윤리 딜레마를 개발하여 제시했다.

관련 도서　《인공지능과 인간》, 김지연, 드림미디어
　　　　　　《가장 쉬운 AI(인공지능) 입문서》, 오니시 가나코, 아티오

관련 학과　　AI융합학과, 경제학과, 군사학과, 기계공학과, 로봇공학과, 메카트로닉스공학과, 반도체공학과, 법학과,
　　　　　　　사회학과, 산업공학과, 소프트웨어공학과, 전자공학과, 정보보안학과, 정보통신공학과, 컴퓨터공학과

관련 교과　　2022 개정 교육과정: 소프트웨어와 생활, 로봇과 공학세계, 창의 공학 설계, 인공지능 기초
　　　　　　　2015 개정 교육과정: 공학 일반, 정보, 기술·가정, 인공지능 수학, 사회문제 탐구

윤리, 정치사회, 경제, 환경

인공지능의 철학윤리수업

우버들 외 | 박영스토리 | 2024

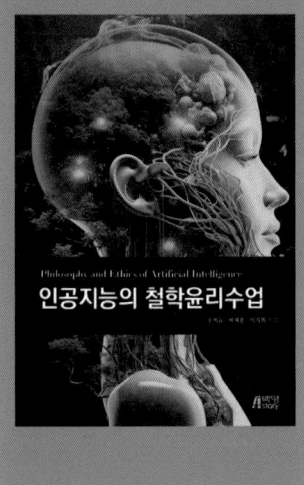

이 책은 인공지능의 상용화를 앞둔 현재, 인공지능과 관련하여 사회 전 영역에서 발생할 수 있는 문제들을 철학적 관점에서 접근한다. '인공지능에게 필요한 철학, 윤리 수업은 무엇일까'라는 설정을 바탕으로, 윤리, 의료, 정치사회, 경제, 환경 등의 분야로 나누어 인공지능 관련 이슈들에 대해 질문을 제시하며 철학적 관점에서 비판적으로 탐구한다. 인공지능에 관한 여러 논의와 관련하여, 철학이 해답을 제시할 수 있을지 살펴보자.

탐구 주제

주제1 인공지능의 활용 분야는 갈수록 확장되고 있지만, 인공지능이 마주한 윤리적 문제는 미해결 상태이다. 이 상황을 해결하기 위한 방법으로 인공지능에 대한 철학 교육을 주장하기도 한다. 인공지능에 대한 철학 교육의 가능성을 살펴보고, 요구되는 철학 교육의 내용에 대해 탐구해 보자.

주제2 뒤샹의 '샘'은 예술의 정의를 바꾼 현대 미술의 중요한 작품이지만, 당시 큰 논란을 일으켰다. 이처럼 파격적인 작품이 등장했을 때 인공지능이 미학적으로 어떤 판단을 할지 탐구해 보자. 이를 통해 추상성이 강한 최근 현대 미술에 대한 인공지능의 미학적 판단 가능성에 대해 살펴보자.

주제3 인공지능의 자기희생 가능성에 대한 연구

주제4 인공지능에 대한 각종 테스트의 내용 및 결과 대한 비교 분석

학생부 기록 예시 (교과세특)

인공지능의 윤리적 쟁점에 대한 관심을 바탕으로 '인공지능의 철학윤리수업(우버들 외)'을 읽으며 인공지능 이슈에 대해 철학적 관점으로 접근하는 것에 흥미를 느낌. 인공지능에 대한 철학 교육의 가능성 및 철학 교육의 내용을 탐구하고, 이를 바탕으로 학급 친구들과 함께 관련 내용에 대한 포럼을 운영 후 결과 보고서를 제출함. 이후 '인공지능은 개성을 가질 필요가 있는가'를 논제로 토론 활동을 하고, 인공지능 도덕성의 가능성과 한계에 대해 보고서를 작성함.

탐구주제 확장 및 심화

'인공지능은 개성을 가질 필요가 있는가'에 대해 토론해 보기
인간의 개성은 인간다움의 조건이면서, 갈등의 요인이기도 하다. 최근 AI에게 인간의 개성을 부여하기 위한 연구가 진행되고 있는데, AI가 개성을 가질 필요가 있는지에 대해 토론해 보자.

'인공지능의 마지막 공부'를 주제로 포럼을 운영해 보기
인공지능의 기능 및 경제적 효과라는 기존의 담론에서 벗어나, 인공지능의 윤리적 활용을 위해 인공지능에게 어떤 교육 내용이 필요할지 포럼을 통해 대중의 의견을 종합해 보자.

관련 논문 AI 도덕성 신화와 그 실제(박형빈, 2020)

이 논문은 인공 도덕행위자(AMA)의 설계 문제에 대해 다루고 있다. 인공지능을 통해 인간처럼 다양한 도덕적 인격을 만들어 낼 것인지 아니면 가장 이상적인 도덕적 인간상을 정립하고 그것을 구현할 것인지의 문제와 관련하여, AI 도덕성의 가능성과 한계에 대해 살펴본다.

관련 도서 《인공지능, 영화가 묻고 철학이 답하다》, 양선이, 바른북스
《인공지능, 마음을 묻다》, 김신희, 한겨레출판

관련 학과	AI융합학과, 기계공학과, 로봇공학과, 반도체공학과, 법학과, 사회학과, 소프트웨어공학과, 심리학과, 윤리교육학과, 인류학과, 전자공학과, 정보보안학과, 정보통신공학과, 컴퓨터공학과, 철학과
관련 교과	2022 개정 교육과정: 소프트웨어와 생활, 인공지능 기초, 인간과 철학, 인문학과 윤리, 미술 감상과 비평 2015 개정 교육과정: 공학 일반, 정보, 기술·가정, 사회문제 탐구, 철학, 심리학, 종교학, 미술

임베디드의 모든 것
구제길 외 | 위키북스 | 2014

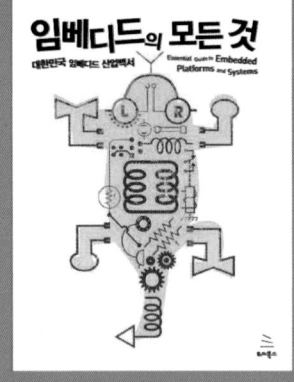

이 책은 임베디드 시스템의 설계 및 개발에 필요한 모든 기술을 통합·정리함으로써 임베디드 분야 전반을 조망하고 있는 지침서이다. 임베디드 시스템의 구조와 센서 기술, 하드웨어 및 소프트웨어 플랫폼, 운영체제, 통신 등 기술적 요소뿐만 아니라 로봇청소기, 차량제어, 의료기기 등 실제적인 응용 사례를 상세히 제시하고 있어, 이 책을 통해 새로운 가치 창출의 플랫폼으로 주목받고 있는 임베디드 시스템을 이해하는 데 도움이 될 것이다.

탐구 주제

주제1 장치 내부에 탑재된 시스템을 의미하는 '임베디드 시스템'은 최근 지능 소프트웨어와의 결합으로 기술의 확장 및 응용 가능성이 높아지고 있다. 임베디드 시스템이 활용된 사례에 대한 분석을 바탕으로, 차세대 산업 기술로서의 임베디드 시스템의 특성 및 가치에 대해 탐구해 보자.

주제2 인공지능의 발전과 사물인터넷의 확산과 더불어, 지능형 자율 시스템에 대한 수요가 증가하면서 '임베디드 AI'에 대한 관심이 늘고 있다. 임베디드 시스템과 AI의 결합으로 인한 시너지 효과가 산업 분야에 어떻게 활용될 수 있을지 탐구해 보고, 관련 연구 및 정책 동향에 대해 살펴보자.

주제3 로봇청소기 시스템에 적용된 임베디드 기술의 원리 탐구

주제4 원격의료의 확대를 위한 임베디드 기술 활용 방안 및 과제 탐구

학생부 기록 예시 (교과세특)

가전이나 자동차에 특정 기능을 수행하기 위해 설계된 시스템이 활용되고 있다는 사실에 흥미를 느껴 임베디드 시스템에 관심을 가짐. '임베디드의 모든 것(구제길 외)'을 참고하여, 임베디드 시스템이 적용된 사례에 대한 분석을 통해 구성 요소 및 특성에 대해 파악함. 이후 프로그래밍 언어에 대한 탐구를 바탕으로 라즈베이 파이 기반 임베디드 시스템을 직접 설계해 봄. 또한 키오스크 원리에 빗대어 임베디드 시스템의 원리를 설명하는 인포그래픽을 제작하여 제출함.

탐구주제 확장 및 심화

임베디드 시스템을 키오스크의 작동 원리에 빗대어 설명하는 인포그래픽 제작해 보기
여러 분야에서 활용되고 있지만 아직은 생소한 임베디드 시스템을 키오스크의 작동 원리에 빗대어 그것의 구성 요소 및 원리를 쉽게 이해할 수 있도록 돕는 인포그래픽을 제작해 보자.

라즈베이 파이 기반 임베디드 시스템 실습해 보기
파이썬, C언어 등 프로그래밍 언어와 라즈베이 파이의 특성 및 작동 원리에 대한 탐구를 바탕으로, 라즈베이 파이를 활용하여 간단한 임베디드 시스템을 프로그래밍해 보자.

관련 논문 소형 임베디드 시스템 기반의 실시간 차량 검출을 이용하는 스마트 교통 관리 시스템(이소현 외, 2021)

이 논문은 임베디드 시스템을 활용하여 교차로의 차량을 실시간으로 검출함으로써, 차량의 통행 상황에 따라 교통 신호를 제어하는 스마트 교통 관리 시스템을 제안한다. 기존의 매립식 스마트 교통제어 시스템의 한계로 지적되는 비용 문제를 해결하는 데 기여할 것으로 기대된다.

관련 도서 《임베디드 엔지니어 교과서》, 와타나베 노보루 외, 제이펍
《임베디드 소프트웨어 베이직 with 라즈베리 파이》, 이경종, 민복기, 비제이퍼블릭

관련 학과 교통공학과, 기계공학과, 로봇공학과, 반도체공학과, 산업공학과, 소프트웨어공학과, 임베디드시스템공학과, 자동차공학과, 전기공학과, 전자공학과, 정보보안학과, 정보통신공학과, 컴퓨터공학과

관련 교과 2022 개정 교육과정: 소프트웨어와 생활, 로봇과 공학세계, 창의 공학 설계, 인공지능 기초
2015 개정 교육과정: 공학 일반, 정보, 기술·가정, 인공지능 수학

컴퓨터공학

소프트웨어공학

기계공학

로봇공학

전기전자공학

화학공학

챗GPT로 대화하는 기술

박해선 | 한빛미디어 | 2023

이 책은 챗GPT의 활용법뿐만 아니라, 챗GPT에 담긴 기술에 대해 알기 쉽게 설명한다. 인공 신경망의 작동 원리, 데이터 학습법 등 챗GPT에 담긴 기술을 사례와 비유를 통해 제시하고, 챗GPT를 활용한 여러 서비스 사용법에 대해 알려주며 실습을 통해 인공지능을 다뤄볼 수 있게 한다. 이론과 실습에 대한 내용을 바탕으로 인공지능이 어떻게 인간과 자연스럽게 대화가 가능한 것인지, 또 창의적이고 정교한 작업이 가능한지에 대해 살펴보자.

탐구 주제

주제1 경사하강법은 단계적으로 오차함수를 조금씩 줄여가며 함수의 최솟값을 찾는 최적화 이론의 기법으로, 딥러닝의 최적화 알고리즘 중 하나이다. 경사하강법의 사례에 대한 분석을 바탕으로, 딥러닝에서의 경사하강법 작동 원리 및 특성, 심화 문제에 대한 응용 원리 등을 탐구해 보자.

주제2 인공지능의 학습 원리 중 인컨텍스트 러닝은 주어진 환경과 상호작용하며 학습하는 방식을 말한다. 우화시처럼 알레고리를 바탕으로 주제를 전달하는 문학 작품을 인공지능이 인컨텍스트 러닝을 활용하여 제대로 해석해 낼 수 있을지를 인컨텍스트 러닝의 원리를 바탕으로 탐구해 보자.

주제3 인코더, 디코더와 관련한 인공지능의 언어 학습법 및 특성 탐구

주제4 원핫 인코딩, 임베딩과 관련한 인공지능의 언어 이해 방식 탐구

학생부 기록 예시 (교과세특)

챗GPT의 언어 학습에 대한 호기심을 바탕으로, 원핫 인코팅, 임베딩 등 인공지능의 언어 이해 방식에 대해 탐구함. 이후 알레고리나 아이러니처럼 표면적인 언어 표현 이면에 존재하는 숨은 의미를 해석해야 하는 상황에서의 챗GPT의 번역 가능성에 대해 궁금증을 느껴, '챗GPT로 대화하는 기술(박해선)'을 읽으며 인컨텍스트 러닝의 사례 분석을 통해 원리를 탐구함. 또한 챗GPT를 활용하여 직접 시를 창작해 보며, 챗GPT 기술의 발전과 한계에 대해 보고서를 작성함.

탐구주제 확장 및 심화

경사하강법, 피드 포워드 신경망, 순환 신경망을 '곱셈 접시 게임'을 통해 설명해 보기
인공 신경망, 즉 딥러닝의 학습 및 작동에 활용되는 경사하강법, 피드 포워드 신경망, 순환 신경망에 대한 탐구를 바탕으로, '곱셈 접시 게임'을 활용하여 비유적으로 설명해 보자.

챗GPT를 활용한 시 창작 방안 구상해 보기
아직은 감정, 관점이 부재하다고 평가받는 챗GPT를 활용하여 화자의 정서를 드러내는 문학 갈래인 서정시를 창작해 보며, 챗GPT 기술의 발전과 한계에 대해 보고서를 작성해 보자.

관련 논문 챗GPT의 아이러니 번역 활용 가능성 고찰(박수정, 최은실, 2023)

이 논문은 채만식의 소설 《치숙》, 《태평천하》에 대한 인간과 구글, 챗GPT의 번역 결과를 비교 분석함으로써 챗GPT의 아이러니의 번역 활용 가능성을 살펴보고 있다. 이를 통해 챗GPT 번역의 질을 높이고, 문학 작품 번역에서 활용 가능성을 제고했다는 점에서 의의가 있다.

관련 도서 《챗GPT : 마침내 찾아온 특이점》, 반병현, 생능북스
《미적분의 쓸모》, 한화택, 더퀘스트

관련 학과 AI융합학과, 기계공학과, 로봇공학과, 메카트로닉스공학과, 미술학과, 반도체공학과, 법학과, 사회학과, 소프트웨어공학과, 시각디자인학과, 전자공학과, 정보보안학과, 정보통신공학과, 컴퓨터공학과

관련 교과 2022 개정 교육과정: 소프트웨어와 생활, 로봇과 공학세계, 창의 공학 설계, 인공지능 기초
2015 개정 교육과정: 공학 일반, 정보, 기술·가정, 인공지능 수학, 사회문제 탐구

챗GPT에게 묻는 인류의 미래

김대식, 챗GPT | 동아시아 | 2023

이 책은 KAIST 교수이자 뇌과학자인 저자 김대식이 챗GPT와 나눈 열두 가지의 대화를 소개하고 있다. 챗GPT의 작동 원리부터 사랑, 정의, 죽음, 신과 같은 형이상학적 주제에 이르기까지, 챗GPT와 나눈 다양한 주제들을 통해 언어 모델이 작동하는 원리와 인공지능을 보다 효율적으로 활용하는 방법에 대해 탐구할 수 있다. 질문과 답변이 이어지는 과정에서 챗GPT를 비롯한 인공지능의 가능성과 인류의 미래를 확인할 수 있을 것이다.

탐구 주제

주제1 챗GPT에 이어 구글에서 출시된 '어프렌티스 바드(Apprentice Bard)'가 최근 시연 중 오답을 내놓은 사례는 인공지능의 한계점으로 지적되기도 한다. 대화형 인공지능의 언어 모델 작동 원리를 분석하여, 챗GPT를 비롯한 인공지능이 범하는 오류의 원인과 개선점을 탐구해 보자.

주제2 인간의 지능과 수행 능력을 완벽하게 모방하는 인공지능이 이해하기 어려운 영역 중 하나는 바로 '인간의 감정'이다. 인공지능이 '사랑'의 감정을 이해하고 모방하는 데 활용할 수 있는 알고리즘 및 데이터에 대한 탐구를 바탕으로, '인공지능의 감정 경험 가능성'에 대해 토론해 보자.

주제3 '디지털 불멸'을 가능하게 하는 디지털 사본에 대한 쟁점 탐구

주제4 트랜스포머 모델을 활용한 AI의 언어 데이터 처리 방식 탐구

학생부 기록 예시 (교과세특)

생성형 AI의 원리에 호기심을 느끼고 '챗GPT에게 묻는 인류의 미래(김대식 외)'를 읽으며 대화형 AI의 언어 모델을 탐구함. 특히 AI의 감정 모방 및 경험의 가능성에 대한 의문을 바탕으로 AI가 인간의 감정을 모방하는 데 활용할 수 있는 알고리즘 및 데이터를 탐구하여 보고서를 작성하고, AI의 감정 모방 및 경험 가능성에 대해 토론함. 또한 생성형 AI의 활용을 위해서는 질문이 중요함을 깨닫고, 원하는 주제의 답을 얻기 위한 프롬프트를 제작하며 대화 기술을 탐구함.

탐구주제 확장 및 심화

챗GPT와의 효율적인 대화를 위한 프롬프트 만들어 보기
'이상적인 사회'를 주제로 챗GPT와 여러 질문과 답을 주고받으며 대화를 진행해 보고, 해당 주제에 대해 가장 효과적인 답을 얻을 수 있는 프롬프트를 제작해 보자.

인공지능으로 인해 변화될 인류의 미래에 대한 단편 소설 창작해 보기
챗GPT를 비롯한 대화형·생성형 인공지능의 개발 및 보급이 인류에게 가져올 사회적 변화를 예상해 보고, 이를 바탕으로 인류의 미래를 그린 단편 소설을 창작해 보자.

관련 논문 생성형 AI의 개발 및 이용에 관한 규제의 필요성(양은영, 2023)

 이 논문은 대규모 언어 모델을 기반으로 한 생성형 AI의 기술과 더불어 데이터 편향, 허위 정보, 개인정보 및 저작권 침해 등 인공지능 기술 개발에 수반하는 다양한 사회적 문제를 다루고 있다. 이와 함께 기술 개발에 따르는 문제를 해결하기 위한 다양한 방법을 모색하고 제안한다.

관련 도서 《챗GPT 인생의 질문에 답하다》, 재스민 왕 외, 현대지성
《GPT 제너레이션 : 챗GPT가 바꿀 우리 인류의 미래》, 이시한, 북모먼트

관련 학과	AI융합학과, 기계공학과, 로봇공학과, 반도체공학과, 법학과, 사회학과, 소프트웨어공학과, 심리학과, 윤리교육학과, 인류학과, 전자공학과, 정보보안학과, 정보통신공학과, 컴퓨터공학과, 철학과
관련 교과	2022 개정 교육과정: 인공지능 기초, 소프트웨어와 생활, 인문학과 윤리, 인간과 철학, 인간과 심리 2015 개정 교육과정: 공학 일반, 정보, 기술·가정, 사회문제 탐구, 철학, 심리학, 종교학

| 양자역학, 양자 컴퓨터에 대한 오해, 양자 컴퓨터의 계산 원리, 양자 컴퓨터 개발 방식

처음 읽는 양자컴퓨터 이야기

다케다 슌타로 | 플루토 | 2021

이 책은 양자 컴퓨터에 관해 잘못 알려진 대표적인 오해들을 풀어나가며, 양자 컴퓨터의 원리를 설명한다. 양자 컴퓨터와 관련된 양자역학의 기본 개념을 '2중 슬릿 실험'을 통해 누구나 이해하기 쉽게 설명하고 있으며, 양자 컴퓨터의 계산 원리, 현시점의 개발 상황 및 개발 원리 등을 소개하기도 한다. 특히 저자가 연구하는 광 방식 양자 컴퓨터의 원리와 장단점에 대해 자세히 다루고 있으며, 앞으로의 양자 컴퓨터 개발 양상에 대해 전망한다.

탐구 주제

주제1 양자 컴퓨터에 대한 급격한 관심으로 인해 여러 매체에 부정확한 정보가 넘쳐나고 있다. 가령, 양자 컴퓨터는 온갖 계산을 빠르게 처리한다거나, 병렬계산을 하기 때문에 빠르다는 등 많은 사람들이 오해하는 부분이 있다. 양자 컴퓨터에 대한 흔한 오해들을 찾아 사실 검증을 해 보자.

주제2 양자 컴퓨터는 다양한 방식으로 개발되고 있지만, 주요 방식으로 이온 방식, 초전도 회로 방식, 광 방식, 반도체 방식을 들 수 있다. 각 개발 방식의 원리 및 장단점에 대한 탐구를 바탕으로, 집적화의 용이성, 동작의 고속성, 사용의 편의성 등을 기준으로 네 가지 방식을 비교 분석해 보자.

주제3 2중 슬릿 실험을 통한 양자 컴퓨터의 계산 원리 분석

주제4 신약 개발 분야에서의 양자 컴퓨터 적용 원리 및 영향력 탐구

학생부 기록 예시 (교과세특)

양자 컴퓨터가 모든 분야에서 우수한 것인지에 대한 호기심을 바탕으로, '처음 읽는 양자 컴퓨터 이야기(다케다 슌타로)'를 읽으며 양자 컴퓨터에 관한 오해들의 사실 검증을 함. 특히 '계산 속도'에 관한 오해에 양자 컴퓨터는 연산의 속도가 빠른 것이 아니라 영리한 해법으로 연산의 횟수를 줄인다는 원리에 대한 이해를 바탕으로, '그로버 해법'과 '양자 화학 계산' 사례에 대한 양자 컴퓨터와 일반 컴퓨터의 계산 방식의 차이를 비교 분석하여 보고서를 작성함.

탐구주제 확장 및 심화

IBM Q Experience 서비스를 이용하여 양자 컴퓨터를 사용해 보기
양자 비트와 양자 논리연산을 수학적으로 다루는 법에 대한 탐구를 바탕으로, 초전도 양자 컴퓨터에 직접 연산 명령을 입력하여 동작시켜보고 과정 및 결과를 보고서로 작성해 보자.

양자 컴퓨터가 빠르게 계산할 수 있는 사례를 탐구해 보기
'그로버 해법'과 '양자 화학 계산'에 대한 탐구를 바탕으로, 해당 사례에 대해 일반적인 컴퓨터와 양자 컴퓨터의 계산 방식의 차이를 비교 분석하여 보고서를 작성해 보자.

관련 논문 기저상태계산 문제에 대한 양자 컴퓨팅의 성능 분석(최병수, 2018)

이 논문은 실용적으로 활용 가치가 높으면서 기존의 컴퓨팅 방식에 비해 양자 컴퓨팅에서는 효과적으로 해결 가능한 문제를 찾고, 실제로 그것을 구현하는 데 목적이 있다. 이와 관련하여 양자 시뮬레이션 분야의 실질적 계산 성능을 분석함으로써, 향후 연구 과제를 제시한다.

관련 도서 《퀀텀의 세계》, 이순칠, 해나무
《세상에서 가장 쉬운 양자역학 수업》, 리먀오, 더숲

관련 학과 IT융합학과, 광학공학과, 기계공학과, 나노공학과, 물리학과, 반도체공학과, 소프트웨어공학과, 수학과, 원자력공학과, 전기공학과, 전자공학과, 정보통신공학과, 화학공학과, 컴퓨터공학과

관련 교과 2022 개정 교육과정: 소프트웨어와 생활, 창의 공학 설계, 전자기와 양자, 물리학, 인공지능 수학
2015 개정 교육과정: 공학 일반, 정보, 기술·가정, 인공지능 수학, 물리학

핀테크 금융 서비스 가이드

데비 모한 | 도서출판청람 | 2022

이 책은 금융 산업의 혁신적인 부문 중 하나로 성장하고 있는 핀테크를 주제로, 핀테크의 사례에 대한 연구를 통해 핀테크 관련 추세를 살펴본다. 특히 로보어드바이저, 레그테크, 인슈어테크, 보안 및 인증 등 핀테크와 관련된 주요 부문을 설명하고, 핀테크 생태계, 핀테크 연동 기술, 핀테크 허브, B2B 핀테크, 챌린저 은행 등을 소개함으로써 입문 단계의 독자들도 핀테크에 대한 전반적인 내용을 쉽게 이해할 수 있도록 이끈다.

탐구 주제

주제1 디지털 전환 트렌드에 따라 금융 분야에서도 첨단 IT 기술이 접목되면서, 금융 산업 전반에서의 디지털 혁신이 나타나 '핀테크'라는 용어가 등장했다. 주요 핀테크 비즈니스 모델 및 산업 동향, 관련 이슈에 대한 분석을 바탕으로, 각각의 사례에 적용된 핀테크 기술의 원리를 탐구해 보자.

주제2 금융 기업이 금융에 IT 기술을 접목시킨 것은 '핀테크', IT 기업이 IT 기술을 활용하여 금융 서비스를 제공하는 것을 '테크핀'이라 한다. 핀테크와 테크핀의 특성에 대한 비교 분석을 바탕으로, 향후 첨단 기술의 발달로 인해 금융 시장에 어떤 변화 양상이 나타날지 탐구해 보자.

주제3 핀테크의 보안 및 인증 관련 기술 개발 동향 분석

주제4 선진국과의 핀테크 관련 정책 및 규제 현황 비교 분석

학생부 기록 예시 (교과세특)

'핀테크'와 '테크핀' 용례에 흥미를 느껴, 금융과 IT 기술의 융합에 관심을 갖게 됨. '핀테크 금융 서비스 가이드(데비 모한)'를 읽고 테크핀도 넓은 의미에서 핀테크로 볼 수 있지만, 금융 기업이 IT 기술을 접목시킨 경우보다 IT 기업이 금융 서비스를 제공하는 것이 향후 발전 가능성이 더 높은 이유를 발표함. 또한 핀테크 기술 및 산업 동향에 대한 조사를 바탕으로 핀테크 기술의 원리를 탐구하고, 핀테크 관련 데이터 마이닝을 통해 향후 활성화 방안에 대한 보고서를 제출함.

탐구주제 확장 및 심화

핀테크 관련 빅데이터를 분석하여 핀테크 활성화 방안 탐구해 보기
공공데이터 플랫폼을 통해 핀테크 관련 빅데이터 자료를 받아 분석 도구를 활용하여 데이터 마이닝을 진행하고, 이를 바탕으로 향후 핀테크 활성화를 위한 방안을 탐구해 보자.

교내 '핀테크 위크'를 기획하여 핀테크 관련 기술을 홍보해 보기
국내 금융 및 IT 기업의 핀테크 서비스 및 기술 사례에 대한 분석을 바탕으로, 핀테크 관련 업계 최신 동향에 대해 살펴볼 수 있는 교내 '핀테크 위크'를 기획하여 운영해 보자.

관련 논문 핀테크 기술과 서비스 활성화 이슈 및 시사점 연구(임철수, 2017)

이 논문은 핀테크의 개념 및 등장 배경, 시장 동향을 소개하고, 핀테크 기술 관련 4대 이슈인 모바일 결제 서비스 기술, 로보어드바이저 기술, 빅데이터를 이용한 신용관리, 블록체인 기술에 대한 분석을 통해 기술적 관점에서의 시사점과 향후 서비스 활성화를 위한 과제를 제시한다.

관련 도서 《핀테크 4.0》, 김종현, 한국금융연수원
《차이나 핀테크》, 구자근, 스리체어스

관련 학과 IT융합학과, 경제학과, 기계공학과, 모바일시스템공학과, 반도체공학과, 사물인터넷학과, 소프트웨어공학과, 인공지능공학과, 전기공학과, 전자공학과, 정보보안학과, 정보통신공학과, 컴퓨터공학과

관련 교과 2022 개정 교육과정: 소프트웨어와 생활, 인공지능 기초, 데이터 과학, 창의 공학 설계, 금융과 경제생활
2015 개정 교육과정: 공학 일반, 정보, 기술·가정, 지식 재산 일반, 사회문제 탐구, 실용 경제

**AI 시대,
엔터테인먼트의 미래**

한정훈 | 페가수스 | 2023

이 책은 인공지능의 출현으로 인한 엔터테인먼트 산업의 변화에 대해 다루고 있다. 게임, 음악, 영화, TV 등 엔터테인먼트 업계의 곳곳에서 인공지능을 도입하고 있는 상황에서 인공지능이 구체적으로 어떻게 도입되고 있는지, 앞으로 어떻게 발전될 것인지에 대해 전망한다. 또한 글로벌 엔터테인먼트 AI 기업들과 한국 AI 기업들의 동향에 대해 살펴보고, K-엔터테인먼트의 장밋빛 미래를 위해 필요한 조건들에 대해 살펴본다.

탐구 주제

주제1 인공지능 기술의 발달과 함께 최근 스포츠 중계 분야에서 인공지능이 활용되고 있다. 촬영, 중계, 그래픽까지 인공지능이 담당하게 되면서, 스포츠 중계 방식이 진화하고 있다. 인공지능 스포츠 중계에 이용되는 여러 첨단 기술의 적용 원리와 기대 효과에 대해 탐구해 보자.

주제2 딥러닝을 통해 기존 작품을 학습한 인공지능으로 작품의 초안을 제작 후 작가들을 참여시켜 완성도를 높이는 방식이 논의되자, 이를 금지하기 위한 할리우드 노조의 파업이 있었다. 파업의 내용을 조사하며, 인공지능이 어떤 방식으로 관련 분야의 종사자에게 위협이 되는지 탐구해 보자.

주제3 딥페이크 기술의 작동 원리 및 양면성에 대한 탐구

주제4 AI 애이징, 디에이징 기술의 활용 사례를 통한 작동 원리 탐구

학생부 기록 예시 (교과세특)

AI 기술의 도입 확대로 인한 할리우드 노조의 파업 기사에 대해 탐구하며, 인공지능이 관련 분야의 종사자에게 어떻게 위협이 되는지 분석함. 이후 엔터테인먼트 산업에서 인공지능의 도입으로 인한 긍정적인 변화 가능성에 대해 고찰하던 중, 비인기 종목 또는 마이너 경기에 AI 스포츠 중계 기술을 도입함으로써 다양한 스포츠의 대중화 및 해당 선수들의 자존감 확립에 역할을 할 수 있을 것으로 기대하고, 관련 첨단 기술의 적용 원리에 대해 탐구하여 보고서를 제출함.

탐구주제 확장 및 심화

스포츠 분야의 인공지능 활용 가이드라인을 만들어 보기
향후 스포츠 분야에서 인공지능이 활발하게 적용될 것으로 기대되는 상황에서 발생 가능한 문제 현상을 예측하고, 이를 미연에 방지하기 위한 인공지능 활용 가이드라인을 만들어 보자.

엔터테인먼트 산업에서의 인간과 인공지능의 공존 방안을 담은 인포그래픽 제작해 보기
이미 인공지능이 우리 사회 곳곳에 자리 잡은 상황에서 인간과 인공지능의 공존 방안 모색은 필수다. 엔터네인먼트 산업에서의 공존 방안을 탐구해 인포그래픽을 제작해 보자.

관련 논문   4차 산업혁명 시대의 스포츠 미래변화 이슈 및 대응전략(김민규 외, 2022)

이 논문은 4차 산업혁명의 변화가 스포츠 산업에 미치는 영향을 다각적으로 살펴본다. 스포츠 산업의 미래 변화에서 다루어질 핵심 이슈를 도출하고, 이에 대응하기 위한 전략과 대응 전략의 구현을 위한 4차 산업혁명의 핵심 기술 및 활용 방안 등에 대해 다루고 있다.

관련 도서   《디지털 미디어 인사이트 2024》, 김경달 외, 이은북
《청소년을 위한 이것이 인공지능이다》, 김명락, 슬로디미디어

관련 학과   AI융합학과, 기계공학과, 로봇공학과, 반도체공학과, 문예창작학과, 사회체육학과, 사회학과, 소프트웨어공학과, 스포츠과학과, 연극영화학과, 전자공학과, 전기공학과, 정보보안학과, 정보통신공학과, 컴퓨터공학과

관련 교과   2022 개정 교육과정: 인공지능 기초, 소프트웨어와 생활, 창의 공학 설계, 스포츠 과학, 미술과 매체
2015 개정 교육과정: 공학 일반, 정보, 기술·가정, 사회문제 탐구, 스포츠 생활, 지식 재산 일반

AI 전쟁

하정우, 한상기 | 한빛비즈 | 2023

이 책은 챗GPT의 출현으로 촉발된 인공지능 시장 선점을 위한 세계적인 경쟁 속에서 한국의 인공지능 기술 및 산업의 현재와 미래를 살펴본다. 국내 1세대 인공지능 연구자와 현재 최고 수준의 인공지능 전문가의 대담 형식으로 구성하여 인공지능 연구의 역사를 돌아보고, 오늘날 인공지능이 각 분야에서 어떻게 사용되고 있고 어떤 변화를 일으키고 있는지, 그리고 앞으로 인공지능으로 인한 어떤 기회가 있을지 살펴본다.

탐구 주제

주제1 'AI 용광로'라고도 불리는 포항제철소의 2고로는 4차 산업혁명의 핵심 기술들을 적극 도입해 세계 제조업의 미래를 이끄는 '등대 공장'으로 선정되었다. 기존의 용광로와 AI 용광로의 차이를 비교 분석해 보고, AI 용광로에 적용된 핵심 기술의 유형 및 작동 원리에 대해 탐구해 보자.

주제2 지구 온난화, 이상 기후 등 기후 위기로 인한 문제를 해결하기 위해 '기후테크(Climate Tech)'가 주목받고 있다. 특히 다양한 데이터를 바탕으로 상황에 따라 적응하는 인공지능이 기후테크에 접목되고 있는데, 사례를 바탕으로 기후테크에 인공지능이 적용되는 원리에 대해 탐구해 보자.

주제3 인공지능의 상용화를 위한 법제 정비 방안 연구

주제4 수업, 평가, 행정 등 교육계에서의 인공지능 활용 방안 연구

학생부 기록 예시 (교과세특)

기후 위기의 대응을 위한 첨단 기술의 활용 양상에 궁금증을 느껴, '기후테크'를 주제로 탐구를 진행함. 기후테크 관련 스타트업에서 AI, 드론, 자율주행 등의 첨단 기술을 기후 예측, 탄소 배출량 관리, 스마트 그리드 등의 분야에 적용하고 있음을 확인하고, 구체적인 적용 원리에 대해 분석함. 한편, AI의 학습 과정에서 소모되는 전력량에 대한 문제의식을 바탕으로 관련 데이터를 분석하고, AI에 의한 탄소 배출을 규제하는 법안에 대해 조사 후 보고서를 작성함.

탐구주제 확장 및 심화

대기업의 스마트 팩토리 기술 지원사업을 살펴보기
대기업의 사회적 책무와 관련하여, 대기업이 스마트 팩토리 기술을 중소기업에 전수하여 우리나라 전체 산업 발전에 기여하는 '상생형 스마트 팩토리 구축 지원사업'을 살펴보자.

인공지능에 의한 탄소 배출을 규제하는 법안을 탐구해 보기
인공지능을 학습시키는 과정에서 요구되는 엄청난 전력량으로 인해 다량의 온실가스 배출이 불가피한 상황에서, 인공지능에 의한 탄소 배출을 규제하는 법안을 탐구해 보자.

관련 논문 전력 소모 절감을 위한 딥 러닝 기반의 지능형 그린 하우스 제어 시스템 (신현엽 외, 2018)

 이 논문은 AI를 이용하여 학습한 빅데이터를 바탕으로 여러 환경요인을 고려하여 향후 비닐하우스의 최적 온도를 예측하고 관련 기기들을 제어함으로써 전력 소모를 최소화하는 방안을 다루고 있다. AI를 활용한 전력 소모 감소 방안에 대한 연구의 발전에 기여할 것으로 기대된다.

관련 도서 《AI 101, 인공지능 비즈니스의 모든 것》, 정지훈, 티움출판
《그림으로 이해하는 스마트팩토리》 카와카미 마사노부 외, 위키미디어

| 관련 학과 | 군사학과, 기계공학과, 반도체공학과, 법학과, 사회학과, 생명공학과, 소프트웨어공학과, 식품공학과, 의료공학과, 의예과, 자동차공학과, 전기공학과, 전자공학과, 정보통신공학과, 컴퓨터공학과, 환경공학과 |

| 관련 교과 | 2022 개정 교육과정: 소프트웨어와 생활, 인공지능 기초, 로봇과 공학세계, 창의 공학 설계, 데이터 과학
2015 개정 교육과정: 융합과학, 인공지능 수학, 농업 생명 과학, 공학 일반, 사회문제 탐구 |

핵심키워드	애그테크, 기후테크, 스포츠테크, 디지털 헬스케어

CES 2023 빅테크 9

김재필 | 한스미디어 | 2023

이 책은 세계 최대 규모의 IT 테크 박람회인 CES 2023에서 주목한 미래 기술을 토대로, 초거대 AI, 웹 3.0, 로봇, 미래형 모빌리티, 메타버스 오피스, 디지털 헬스케어, 애그테크, 기후테크, 스포츠테크의 9개 트렌드를 선정하고 자세히 분석하였다. 특히 CES 2023에서 중심 테마로 '모두를 위한 인간 안보'를 내세운 만큼, 9개 트렌드로 선정된 미래 기술이 인류를 위해 무엇을 할 수 있는지, 또 어떻게 해야 하는지에 대해 살펴본다.

탐구 주제

주제1 '농슬라'로 농기계 브랜드 존디어가 자율 주행 트랙터를 선보여 화제가 되었다. 게다가 2030년까지 완전 무인 농업 시스템을 갖추는 것을 목표로 하고 있다. 농업 시스템에 대한 분석을 바탕으로 완전 무인 농업 시스템의 구축을 위해 요구되는 첨단 기술의 유형 및 적용 원리를 탐구해 보자.

주제2 선진국 유행병이라 불리는 수면 부족 문제를 극복하기 위해 수면과 기술을 결합한 '슬립테크' 연구가 활발하다. 이러한 경향에 맞춰 많은 기업이 슬립테크 제품과 서비스를 선보이고 있다. 슬립테크 사례에 대한 분석을 바탕으로, IT, IoT, 빅데이터 등 핵심 기술의 적용 원리를 탐구해 보자.

주제3 스크린 골프장에 적용된 센서, XR 등 기술의 유형 및 원리 탐구

주제4 도시 침수 예측 모델의 설계 및 작동 원리에 대한 탐구

학생부 기록 예시 (교과세특)

국제전자제품박람회에 흥미를 느껴 'CES 2023 빅테크 9(김재필)'를 읽고, 주목해야 할 미래 기술을 살펴봄. 특히 애그테크에 대한 관심을 바탕으로 농기계 브랜드가 선보인 자율 주행 트랙터에 적용된 핵심 기술 및 작동 원리를 탐구하여 발표함. 또한 완전 무인 농업 시스템의 구축 가능성을 탐구하고자 '인공지능 기반 디지털 농업 기술 개발 동향(양광호 외)'을 읽으며 시스템 구축에 요구되는 기반 기술의 유형 및 원리를 탐구하고, 애그테크 홍보 영상을 제작함.

탐구주제 확장 및 심화

교내 미래 혁신 기술 박람회를 직접 기획 및 운영해 보기
4차 산업혁명을 이끌어 가는 핵심 기술에 대한 탐구를 바탕으로, 현시점에서 가장 주목해야 할 5가지 미래 기술을 선정하여 교내 미래 혁신 기술 박람회를 기획 및 운영해 보자.

책에서 소개된 9가지 빅테크 중 하나를 선정하여 홍보 영상을 제작해 보기
책에서 CES 2023의 9가지 빅테크로 소개된 기술 중 하나를 선정하여 탐구하고, 개념 및 작동 원리, 관련 기반 기술, 적용 사례, 연구 개발 동향 등을 포함한 홍보 영상을 제작해 보자.

관련 논문 인공지능 기반 디지털 농업 기술 개발 동향(양광호, 이명훈, 2021)

이 논문은 현재 우리나라가 겪고 있는 농가 인력난 문제에 대응하기 위해 디지털 농업 시스템으로의 전환이 요구되는 상황에서, 필수 핵심 기술인 인공지능과 관련하여 인공지능 기술 개발의 동향과 인공지능 기반 디지털 농업 기술 개발의 동향에 대해 살펴본다.

관련 도서 《한경무크 CES 2023》, 한국경제신문 특별취재단, 한국경제신문
《CES 2023 딥리뷰》, 손재권 외, 쌤앤파커스

관련 학과 IT융합학과, 기계공학과, 반도체공학과, 사물인터넷학과, 생명공학과, 소프트웨어공학과, 스포츠과학과, 에너지공학과, 인공지능공학과, 전기공학과, 전자공학과, 정보통신공학과, 컴퓨터공학과, 환경공학과

관련 교과 2022 개정 교육과정: 인공지능 기초, 데이터 과학, 소프트웨어와 생활, 로봇과 공학세계, 창의 공학 설계
2015 개정 교육과정: 공학 일반, 정보, 기술·가정, 융합과학, 생활과 과학, 사회문제 탐구

IT 좀 아는 사람

닐 메타 외 | 윌북 | 2021

이 책은 우리 삶을 빠르게 변화시키는 테크놀로지의 세계를 이해하기 위한 IT 지식을 친숙한 비유를 통해 기초 개념부터 익힐 수 있도록 한다. 또한 IT의 바탕인 소프트웨어, 하드웨어, IT 기업의 비즈니스 전략 등을 실제 사례와 함께 설명한다. 인터넷의 작동 원리, 클라우드 컴퓨팅, 빅데이터와 같은 IT계의 현재 트렌드부터 향후 IT 기술의 방향과 미래 전망까지 쉽게 풀이되어 있어 디지털 시대에 꼭 필요한 교양을 쌓는 데 도움이 될 것이다.

탐구 주제

주제1 앱과 파일을 노트북 등 개인의 저장 매체가 아닌 온라인에 저장하는 방식을 '클라우드 컴퓨팅'이라 한다. 클라우드 컴퓨팅의 실제 사례를 통해 클라우드 시스템의 파일 저장 방식을 분석하여 클라우드의 장점과 문제점을 탐구해 보고, 문제점을 해결할 수 있는 방안을 고안해 보자.

주제2 인공지능을 기반으로 한 합성 기술을 일컫는 '딥페이크' 기술이 영상과 음성을 실제처럼 합성 및 조작할 수 있을 정도로 정교해지고 있다. 딥페이크 영상과 음성을 만드는 데 사용되는 신경망 기술의 원리 분석을 바탕으로, 딥페이크의 문제점과 이를 개선할 수 있는 방안을 탐구해 보자.

주제3 페이스북 뉴스피드 알고리즘에 활용되는 요소 및 효과 탐구

주제4 무료 앱 다운로드 시스템의 수익화 전략 탐구

학생부 기록 예시 (교과세특)

클라우드에 흥미를 갖고 'IT 좀 아는 사람(닐 메타 외)'을 읽으며, 클라우드 컴퓨팅의 사례 분석을 통해 주요 기술 및 구현 방식, 개발 동향을 탐구함. 또한 클라우드 컴퓨팅이 보안 위험 요소가 있음을 알고, '클라우드 보안 기술에 관한 연구(김제국)'를 참고하여 빅테크 기업의 클라우드 보안 기술을 탐구함. 이를 통해 클라우드 서비스와 관련한 OTT 플랫폼의 운영 방식을 파악하고, 'OTT 플랫폼이 신작 공개일에 폭증하는 시청자를 감당하는 방법'을 주제로 칼럼을 작성함.

탐구주제 확장 및 심화

'OTT 플랫폼이 신작 공개일에 폭증하는 시청자를 감당하는 방법'에 대한 칼럼 작성하기
OTT 플랫폼의 운영 방식에 대한 분석을 통해 OTT 플랫폼이 신작 공개일에 폭증하는 시청자를 감당하는 방법을 클라우드 서비스와 연계하여 이해하고 관련 주제로 칼럼을 작성해 보자.

SNS상의 가짜 뉴스를 막을 수 있는 기술적 방안 및 추천 알고리즘 개선안 탐구하기
가짜 뉴스가 SNS를 통해 무분별하게 유통되고 있는 상황에서 추천 알고리즘에 가짜 뉴스가 뜨지 않도록 하기 위한 기술적 방안 또는 추천 알고리즘 개선안을 탐구해 보자.

관련 논문 클라우드 보안 기술에 관한 연구(김제국 외, 2021)

이 논문은 클라우드 서비스의 상용화와 함께 보안 위협 또한 더 커지고 있는 상황에 대한 심각성을 바탕으로, 클라우드 컴퓨팅 관련 연구 분석을 통해 보안 기술의 필요성을 인식하고, 아마존, 마이크로소프트, 구글 기업의 클라우드 서비스에 적용된 보안 기술에 대해 살펴본다.

관련 도서 《IT 5분 잡학사전》, 니콜라스 외, 이지스퍼블리싱
《IT 사용설명서》, 김지현, 크레타

| 관련 학과 | IT융합학과, 경영학과, 경제학과, 로봇공학과, 모바일시스템공학과, 반도체공학과, 사회학과, 소프트웨어공학과, 수학과, 인공지능공학과, 전기공학과, 전자공학과, 정보보안학과, 정보통신공학과, 컴퓨터공학과 |

| 관련 교과 | 2022 개정 교육과정: 인공지능 기초, 데이터 과학, 소프트웨어와 생활, 로봇과 공학세계, 창의 공학 설계
2015 개정 교육과정: 공학 일반, 정보, 기술·가정, 융합과학, 생활과 과학, 사회문제 탐구 |

소프트웨어공학

전체 도서 목록

순번	도서명	저자명	출판사명
1	AI는 양심이 없다	김명주	헤이북스
2	Do it! 챗GPT&파이썬으로 AI 직원 만들기	이성용	이지스퍼블리싱
3	KAIST 김진형 교수에게 듣는 AI 최강의 수업	김진형	매일경제신문사
4	개발자가 되고 싶습니다	앨런	길벗
5	그림으로 배우는 AI	미츠무라 나오키	영진닷컴
6	나도 하는 파이썬 데이터 분석	김규석, 김현정	한빛미디어
7	노코드/로우코드	필 사이먼	한빛미디어
8	다정한 인공지능을 만나다	장대익	샘터
9	디지털 시대, 새로운 기회를 여는 최소한의 코딩지식	EBS코딩 소프트웨어 시대 제작팀 외	가나출판사
10	만들면서 배우는 생성 AI	데이비드 포스터	한빛미디어
11	메타버스 모든 것의 혁명	매튜 볼	다산북스
12	메타버스에선 무슨 일이 일어날까?	이동은	이지북
13	메타인지의 힘	구본권	어크로스
14	모빌리티의 미래	서성현	반니
15	문제해결을 위한 컴퓨팅 사고와 파이썬	김지연	한빛아카데미
16	미래 세상의 모빌리티	임덕신, 임현준	한빛아카데미
17	소프트웨어 세상을 여는 컴퓨터 과학	김종훈	한빛아카데미
18	소프트웨어 장인 정신 이야기	로버트 C. 마틴	인사이트
19	스티븐 울프럼의 챗GPT 강의	스티븐 울프럼	한빛미디어
20	시대전환, 소프트웨어와 인공지능	김영근	바른북스
21	십 대를 위한 SW 인문학	두일철, 오세종	영진닷컴
22	아는 것이 돈이다	이두갑 외	이음
23	안드로이드 뜻밖의 역사	쳇 하스	인사이트
24	알고 있니? 알고리즘	소이언	우리학교
25	알고리즘, 인생을 계산하다	브라이언 크리스천 외	청림출판
26	예고된 변화 챗GPT 학교	송은정	테크빌교육
27	웹 3.0이 온다	장세형, 이상준	위키북스
28	웹 개발 새로고침	김승구	제이펍
29	육각형 개발자	최범균	한빛미디어
30	챗GPT, 이렇게 써먹으면 됩니다	후루카와 쇼이치 외	시그마북스
31	초보자도 프로처럼 만드는 플러터 앱 개발	이정주	한빛미디어
32	추천 알고리즘의 과학	박규하	로드북
33	코딩 없이 배우는 데이터 과학	황보현우 외	성안북스
34	코딩의 미래	홍전일	로드북
35	크리에이티브 프로그래머	바우테르 흐루네빌트	한빛미디어
36	클린 코드의 기술	Christian Mayer	영진닷컴
37	퓨처라마	변완희	크레파스북
38	프로그래머, 수학의 시대	이재현, 이정설	로드북
39	프롬프트 엔지니어링 교과서	서승완	애드앤미디어
40	한눈에 보이는 인공지능 수학 그림책	한선관, 정기민	성안당

핵심키워드

인공지능, 윤리, 신뢰성, 차별성

AI는 양심이 없다

김명주 | 헤이북스 | 2022

인공지능은 우리의 일상생활을 편리하게 만들고, 새로운 산업과 일자리를 창출할 잠재력을 가지고 있다. 그러나 인공지능이 인간의 일자리를 대체하거나, 편향된 데이터를 학습하여 차별을 조장할 수 있다는 우려도 있다. 이 책은 인공지능이 가져올 미래에 대한 균형 잡힌 시각을 제공하고 인공지능의 긍정적 측면과 부정적 측면, 인공지능이 가져올 사회 변화, 인공지능 윤리 원칙과 행동 지침 등에 대해 다루고 있다.

탐구 주제

주제1 인공지능의 발전은 앞으로 우리 사회에 큰 변화를 가져올 것으로 예측할 수 있다. 인공지능이 적용될 수 있는 다양한 분야를 조사하고, 이러한 분야에서 인공지능이 가져올 긍정적, 부정적 영향을 분석하여 인공지능이 가져올 사회 변화에 대한 전망을 제시해 보자.

주제2 인공지능은 학습 데이터에 기반하여 작동하며, 이 데이터는 사회적으로 편향될 수 있다. 인공지능의 편향과 차별 문제에 대한 연구를 통해, 인공지능이 편향된 데이터를 학습하여 차별을 조장할 수 있는 가능성을 분석하고, 이러한 문제를 해결하기 위한 방안을 모색해 보자.

주제3 인공지능이 인간의 일자리에 미치는 영향 탐구

주제4 인공지능 자율 주행 차량의 책임 소재 토론

학생부 기록 예시 (교과세특)

인공지능에 대해 수업 중 배운 뒤 인공지능의 전망에 대해 호기심을 가지고 탐구활동을 함. 'AI는 양심이 없다(김명주)'를 읽고 일자리 감소, 불평등 심화, 사생활 침해와 같은 인공지능의 윤리적 문제에 대해 알게 됨. 이후 인공지능이 다양한 분야에서 이용되고 생산성 향상, 새로운 가치 창출, 다양한 사회 문제 해결에 도움을 줄 수 있음에 대해 보고서를 작성함. 인공지능의 부정적 영향을 최소화하기 위해 윤리교육 및 관련 법제도 마련이 필요하다고 제안함.

탐구주제 확장 및 심화

인공지능 기술의 발전이 가져올 사회 변화에 대한 대응 전략 수립해 보기
인공지능 기술이 발전함에 따라 사회가 어떻게 변화할지 상상하고, 그에 따른 결과를 예측하여 인공지능 기술의 발전이 가져올 사회 변화에 대응하기 위한 전략을 수립해 보자.

인공지능 기술의 윤리적 문제를 해결하기 위한 구체적인 방안 제시하기
인공지능 기술에 대한 인식과 윤리적 사용에 대한 이해를 높이기 위해 인공지능 기술의 윤리적 문제를 탐구하여 해결하기 위한 구체적인 방안을 제시해 보자.

관련 논문 인공지능 윤리의 주요 쟁점과 필수 고려사항(박휴용, 2022)

이 논문은 인공지능 윤리와 관련된 최근 논의와 쟁점들을 정리하고 윤리적 AI의 가능성 및 타당성을 검토하면서 인공지능 윤리교육을 위한 고려사항들에 대해 논의하고 있다. 마지막으로 인공지능 개발자들을 위한 윤리 교육의 방향과 실천 전략에 대해 세 가지를 강조한다.

관련 도서 《신뢰할 수 있는 인공지능》, 한상기, 클라우드나인
《인공지능윤리 다원적 접근》, 인공지능과 가치 연구회, 박영사

관련 학과 AI소프트웨어학과, AI융합학과, 교육학과, 미래융합학과, 법학과, 사회교육과, 사회학과, 윤리교육과, 윤리학과, 인공지능학과, 정보통신공학과, 철학과, 초등교육과, 컴퓨터공학과, 컴퓨터교육과, 컴퓨터학과

관련 교과 2022 개정 교육과정: 인공지능 수학, 통합사회2, 현대사회와 윤리, 윤리문제 탐구, 정보, 인공지능 기초
2015 개정 교육과정: 인공지능 수학, 생활과 윤리, 사회문제 탐구, 융합과학, 기술·가정, 정보, 철학, 논술

**Do it!
챗GPT&파이썬으로
AI 직원 만들기**

이성용 | 이지스퍼블리싱 | 2023

이 책은 챗GPT와 파이썬을 활용해 기획부터 자료 준비, 이미지 생성, 영상 편집까지 할 줄 아는 '만능 유튜브 PD' AI 앱을 만드는 방법을 설명하고 있다. 프로젝트의 처음부터 끝까지 챗GPT와 함께하기에 파이썬 기초 문법만 알면 누구나 책의 실습을 끝까지 따라 해 앱을 만들 수 있다. GPT API 활용법, 프롬프트 엔지니어링 팁, 하이퍼파라미터 조절법까지 생성형 AI를 자유자재로 쓸 수 있는 저자만의 실전 노하우도 가득 담겨 있다.

탐구 주제

주제1 AI 직원은 다양한 작업을 수행할 수 있으므로 다양한 분야에서 새로운 서비스를 개발할 수 있다. AI 기술의 발전과 함께 계속해서 새로운 활용 방안을 모색하고 발전시키는 것이 중요하다. AI 직원의 활용 방안을 모색하고, 이를 통해 사회에 기여할 수 있는 방법을 탐구해 보자.

주제2 AI 직원은 아직 개발 초기 단계에 있기 때문에, 윤리적 문제에 대한 우려가 있다. 예를 들어, AI 직원의 편향성, AI 직원의 오용, AI 직원의 책임성 등의 문제가 있다. AI 직원의 윤리적 문제를 조사하고, AI 직원의 윤리적 문제를 고려한 활용 방안을 탐구해 보자.

주제3 챗GPT와 파이썬을 활용하여 자동 채점 프로그램 만들기

주제4 AI 직원의 한계를 극복하기 위한 방법 탐구

학생부 기록 예시 (교과세특)

자신만의 인공지능 앱에 대해 관심을 가지고 'Do it! 챗GPT&파이썬으로 AI 직원 만들기(이성용)'을 읽고 탐구활동 함. 책을 통해 챗GPT와 파이썬을 활용하여 '만능 유튜브 PD' AI 앱을 만들어 이를 수업 중 발표함. 이후 AI 직원의 활용 방안을 조사하고 사회에 기여할 수 있는 방법을 의료, 교육, 상담 분야별로 탐구하여 보고서를 작성함. 앞으로 챗GPT를 이용해 학생들의 질문에 답변하고 개별적인 학습 계획을 제시해주는 학습 도우미 앱을 제작해보고 싶다고 함.

탐구주제 확장 및 심화

AI 직원을 활용한 새로운 사회 구조 탐구하기

AI 직원은 다양한 작업을 수행할 수 있는 능력을 가지고 있다. AI 직원을 활용하여 기존의 사회 구조를 대체하거나, 새로운 사회 구조를 창출하는 방안을 탐구해 보자.

AI 직원이 잘못된 결과를 도출한 경우, 책임을 물을 수 있는 주체에 대해 탐구하기

AI 직원이 잘못된 결과를 도출한 경우 AI 직원을 개발한 기업, AI 직원을 사용하는 사람, AI 직원에게 정보를 제공한 사람 등 누구에게 책임자을 물을 수 있는지 토론해 보자.

관련 논문 GPT-4 기반 채용공고별 AI 자기소개서 작성 가이드 개인화 서비스(이루오, 김윤기, 2023)

 이 논문에서는 GPT-4 기반의 채용공고별 AI 자소서 작성 가이드 개인화 서비스를 제안한다. 기존의 템플릿 기반 글 작성 서비스의 한계를 극복하고, 인공지능 기반의 GPT-4 를 활용하여 개인화된 글 작성을 가능하게 하고 자기소개서 외 다양한 분야의 글 작성에도 활용될 수 있다.

관련 도서 《챗GPT를 활용한 40가지 파이썬 프로그램 만들기》, 장문철, 앤써북

《프롬프트 엔지니어링으로 인공지능 제대로 일 시키기》, 이규남 외, 제이펍

관련 학과	AI소프트웨어학과, AI융합학과, IT융합학과, 교육학과, 미래융합학과, 소프트웨어학과, 소프트웨어융합학과, 인공지능학과, 전기전자공학과, 정보통신공학과, 초등교육과, 컴퓨터공학과, 컴퓨터교육과, 컴퓨터학과

관련 교과	2022 개정 교육과정: 인공지능 수학, 사회문제 탐구, 윤리문제 탐구, 정보, 인공지능 기초, 소프트웨어와 생활
	2015 개정 교육과정: 미적분, 인공지능 수학, 수학과제 탐구, 사회문제 탐구, 통합과학, 융합과학, 기술·가정, 정보

KAIST 김진형 교수에게 듣는 AI 최강의 수업

김진형 | 매일경제신문사 | 2020

인공지능에 대한 책은 많다. 하지만 현상에 관한 책들이 대부분이다. 이 책은 여기서 더 나아가 그 현상들을 작동시키는 기저에는 어떤 기술이 있고, 그 기술은 어떻게 이뤄지는지, 그 원리부터 차근히 설명한다. 인공지능의 개념과 기본 원리, 인공지능의 최신 기술, 인공지능의 사회, 경제적 영향에 대해 다루고 있다. 이 책은 인공지능에 대한 이해를 높이고, 인공지능을 활용한 미래를 준비하는 데 도움이 될 것이다.

탐구 주제

주제1   인공지능은 인간의 지능을 모방한 기계의 학습, 추론, 의사 결정 능력을 말한다. 그 기술은 이미 다양한 분야에서 활용되고 있으며, 의료 분야에서도 활용도가 빠르게 증가하고 있다. 의료 분야에서 인공지능 기술을 활용하여 진단, 예방, 치료 등에 어떻게 기여할 수 있는지 탐구해 보자.

주제2   환경 문제는 지구의 지속가능성을 위협하는 심각한 문제이다. 기후 변화, 대기 오염, 수질 오염, 생물 다양성 감소 등 다양한 환경 문제가 발생하고 있으며, 인류의 건강과 삶의 질이 위협받고 있다. 인공지능을 활용하여 환경 보호와 관련된 문제들을 해결하는 방안을 탐구해 보자.

주제3   인공지능을 이용한 교육 탐구

주제4   인공지능을 활용한 새로운 서비스 탐구

학생부 기록 예시 (교과세특)

인공지능을 이용해 환경 문제를 해결할 방법을 탐구함. 'KAIST 김진형 교수에게 듣는 AI 최강의 수업(김진형)'을 읽고 인공지능을 활용하여 자원 관리, 쓰레기 관리 및 재활용, 환경 모니터링 등의 방안을 이해함. 이후 윤리적 고려사항과 도전 과제를 논의해 환경 보호 분야에서 인공지능이 어떻게 기여할 수 있는지를 보고서로 작성함. 앞으로 데이터의 정확성과 신뢰성을 높이기 위한 연구나 인공지능 기술과 환경 보호 전문가들 간의 협력 강화를 해야 한다고 주장함.

탐구주제 확장 및 심화

인공지능 의료 기술의 윤리적 문제 탐구하기
인공지능 의료 기술이 개인의 프라이버시를 침해하거나 차별을 조장할 수 있는지 탐구하여 윤리적으로 안전하게 사용될 수 있는 방법을 모색해 보자.

인공지능을 활용한 환경 보호의 범위 확대하기
대기 오염, 수질 오염, 폐기물 처리, 기후 변화 등 다양한 환경 문제가 존재한다. 환경 문제의 종류와 범위를 고려하여 인공지능 기술을 활용할 수 있는 분야를 발굴해 보자.

관련 논문   인공지능 기술의 구조 및 동향 분석: 특허 및 오픈소스 프로젝트를 중심으로(이왕재, 2021)

인공지능 기술에 대한 다양한 분석이 시도되었지만 정성적 접근을 통한 연구가 많아 한계가 있다. 이 논문은 최신 인공지능 기술 구조와 연구개발 동향을 조사함에 있어 데이터 기반의 토픽 모델링과 네트워크 분석 등을 이용해 실증적으로 분석할 수 있는 접근법을 제시하고 있다.

관련 도서   《AI 2041》, 리카이푸 외, 한빛비즈
              《이것이 인공지능이다》, 김명락, 슬로디미디어

관련 학과   AI소프트웨어학과, AI융합학과, IT융합학과, 데이터사이언스학과, 미래융합학과, 소프트웨어학과, 소프트웨어융합학과, 인공지능학과, 전기전자공학과, 정보통신공학과, 컴퓨터공학과, 컴퓨터교육과, 컴퓨터학과

관련 교과   2022 개정 교육과정: 인공지능 수학, 사회문제 탐구, 윤리문제 탐구, 정보, 인공지능 기초, 소프트웨어와 생활
            2015 개정 교육과정: 인공지능 수학, 수학과제 탐구, 사회문제 탐구, 융합과학, 기술·가정, 정보, 철학, 논술

개발자가 되고 싶습니다

앨런 | 길벗 | 2023

이 책은 비전공자로 개발 공부를 시작한 저자의 모든 고민과 시행착오, 진실된 조언들이 녹아 있는 어디서도 이야기되지 않았던 개발자 도전과 성공에 대한 현실적인 이야기를 한다. 개발의 첫 시작을 고민하고 어떻게 해야할지 방향을 잡기 위한 좋은 지침서로 학원 6개월 수료 과정, 개인/팀 프로젝트, 이력서/포트폴리오 작성, 코딩 테스트/기술 면접 준비 등 취업 과정에서 겪는 시행착오와 대응 팁, 멘탈 관리법까지 소개하고 있다.

탐구 주제

주제1 책에서 제시된 개발자 수요 전망과 개발 분야의 세분화 및 복잡화에 대한 내용을 바탕으로 어떤 기술과 분야가 성장 중인지, 어떤 직업이 요구되는지 등을 탐구하여 개발자라는 직업의 전망을 파악하고 개발 분야별 전망과 그 전망 이유를 탐구해 보자.

주제2 개발자가 되기 위한 공부 방법은 다양하다. 책에서 소개하는 개발자가 되기 위한 공부 방법으로는 독학, 국비지원 학원, 사설 학원(부트캠프) 등이 있다. 각 방법의 장단점과 성공 사례를 조사하여 각각의 효과와 개발자 취업 성공률에 미치는 영향 등을 비교 탐구해 보자.

주제3 개발자 취업 준비를 위한 로드맵 탐구

주제4 개발자 윤리에 대해 탐구하여 본인의 생각 제시

학생부 기록 예시 (교과세특)

수업 중 앞으로 개발자 일자리가 많이 늘어난다는 내용을 듣고 개발자 전망에 대해 탐구활동을 함. '개발자가 되고 싶습니다(앨런)'를 읽고 디지털 혁신, 인공지능, 로봇 공학 자동화의 발전으로 개발자 수요가 엄청 증가함을 알게 됨. 성장 중인 기술 및 분야와 관련하여 왜 그러한 성장이 예상되는지, 어떤 이유로 해당 분야가 확대될 것으로 예상되는지에 대해 보고서를 작성함. 앞으로 기술 발전으로 인해 도래하는 윤리적 문제와 대응 방안을 마련해야 한다고 주장함.

탐구주제 확장 및 심화

개발자 커뮤니티에 참여하여 최신 기술 동향 탐구하기
개발자 커뮤니티는 다양한 경험과 전문 지식을 가진 사람들이 모여 정보를 공유하고 서로 도움을 주고받는 장소이다. 커뮤니티에 참여하여 소통하고, 최신 기술 동향에 대해 탐구해 보자.

개발자 윤리를 적용한 개발 사례 탐구하기
개발자 윤리는 소프트웨어 개발 과정에서 윤리적인 문제를 고려하고 이를 해결하는 것을 의미한다. 개발자 윤리를 실천하는 사례를 조사하여 자신의 실천 방법을 연구해 보자.

관련 논문 예비개발자의 소프트웨어 프로젝트 수행 품질 향상에 대한 연구(황승억, 2023)

산업현장에서는 예비 개발자의 수요와 공급의 미스매칭이 일어나고 있다. 필요한 역량을 갖춘 인력 부족 등 다양한 원인으로 인해 부조화가 발생되고 있다. 이 논문은 이와 같은 문제의 발생 시점인 채용 과정에서 원인과 문제점을 분석하여 해결 방법을 제시하고자 한다.

관련 도서 《개발자 원칙》, 박성철 외, 골든래빗(주)
《오늘부터 개발자》, 김병욱, 천그루숲

관련 학과   AI소프트웨어학과, 데이터사이언스학과, 멀티미디어학과, 소프트웨어학과, 소프트웨어융합학과, 인공지능학과, 정보통신공학과, 컴퓨터공학과, 컴퓨터과학과, 컴퓨터교육과, 컴퓨터응용기계과, 컴퓨터학과

관련 교과   2022 개정 교육과정: 인공지능 수학, 심화 영어, 생애설계와 자립, 정보, 소프트웨어와 생활, 진로와 직업
2015 개정 교육과정: 국어, 수학, 인공지능 수학, 영어, 공학 일반, 지식 재산 일반, 정보, 진로와 직업

그림으로 배우는 AI

미츠무라 나오키 | 영진닷컴 | 2023

딥러닝의 등장과 인터넷, 스마트폰의 보급으로 인공지능(AI)은 이미 우리 생활의 한 부분이 되었다. 이 책은 전문적인 용어나 세부적인 설명은 생략하고 AI의 대략적인 구조를 누구나 쉽게 알 수 있도록 구성되어 있다. AI를 구성하는 기초 알고리즘부터 데이터 분석, 딥러닝 등 기술적인 부분과 자율주행차와 드론, 의료, 핀테크, 로봇 등 현재 응용되고 있는 산업 분야와 미래 전망까지 AI에 관련된 다양한 내용을 다루고 있다.

탐구 주제

주제1 AI는 예술 분야에서도 다양한 방식으로 활용되고 있다. 작곡, 미술, 문학 등 다양한 분야에서 AI가 창작의 도구나 파트너로 활용되고 있다. AI가 작곡, 미술, 문학 등 예술 분야에서 어떻게 활용되고 있는지 조사하여 AI와 창작 과정에서 인간의 역할과 상호작용을 탐구해 보자.

주제2 AI는 이미 우리 삶의 다양한 분야에 영향을 미치고 있으며, 앞으로 더욱 발전하여 우리 삶에 더 큰 영향을 미칠 것으로 예상된다. AI의 미래 전망에 대한 긍정적인 측면과 부정적인 측면을 살펴보고, AI가 우리 삶에 미칠 잠재적 영향에 대해 탐구해 보자.

주제3 AI와 의료 분야의 연계에 대한 탐구

주제4 자율주행의 원리와 개발 현황을 조사하고, 향후의 전망 탐구

학생부 기록 예시 (교과세특)

수업 중 인공지능에 대해 배우고 이에 대해 탐구함. 탐구 중 '그림으로 배우는 AI(미츠무라 나오키)'를 읽고 인공지능에 관련된 다양한 내용을 알게 됨. 인공지능이 작곡, 미술, 문학 등 예술 분야에서 어떻게 활용되고 있는지 조사하여 보고서를 작성함. 작가와 인공지능이 상호 협업하여 새로운 창작물을 만들어내는 시대가 곧 도래할 것이므로 인공지능이 인간의 창작 능력을 향상시킬 수 있는 방법에 대해 더 탐구해보고 싶다는 포부를 밝힘.

탐구주제 확장 및 심화

자율주행 기술의 미래 전망하기
자율주행 기술의 발전은 도시 계획, 교통 체계 등에 다양한 변화를 가져올 것으로 예상된다. 도시 계획, 교통 체계 등에 어떤 변화를 가져올 수 있는지 예측하고 전망해 보자.

AI의 발전과 인간의 삶의 질, 행복 지수 등과의 관계 탐구하기
AI의 발전은 인간의 삶의 질과 행복 지수에 다양한 영향을 미칠 것으로 예상된다. AI의 발전이 인간의 삶의 질, 행복 지수 등과의 어떤 관계가 있을지에 대해 탐구해 보자.

관련 논문   신약개발에서의 AI 기술 활용 현황과 미래 (정명희 외, 2021)

신약개발에서 AI 기술 도입은 신약개발의 효율성을 개선하고 효능 및 품질 향상을 가져올 수 있다. 이 논문에서는 신약개발을 위해 적용되고 있는 AI 기술 현황과 현재 기술의 한계를 살펴보고 향후 신약개발에서 AI 기술의 발전 방향을 고찰해 보고자 한다.

관련 도서   《AI와 사회 변화》, 소이경제사회연구소 AI연구회, MID
《한국인이 알아야 할 인공지능》, 황동현, 스토리하우스

관련 학과   AI소프트웨어학과, AI융합학과, IT융합학과, 데이터사이언스학과, 미래융합학과, 소프트웨어학과, 소프트웨어융합학과, 인공지능학과, 전기전자공학과, 정보통신공학과, 컴퓨터공학과, 컴퓨터교육과, 컴퓨터학과

관련 교과   2022 개정 교육과정: 인공지능 수학, 사회문제 탐구, 윤리문제 탐구, 정보, 인공지능 기초, 소프트웨어와 생활
2015 개정 교육과정: 미적분, 인공지능 수학, 수학과제 탐구, 사회문제 탐구, 통합과학, 융합과학, 기술·가정, 정보

나도 하는 파이썬 데이터 분석

김규석, 김현정 | 한빛미디어 | 2023

이 책은 파이썬 문법을 쉽게 안내하고 연습문제로 확인한 후 다양한 실습을 통해 데이터 분석 방법을 체득하도록 하여 파이썬을 사용해 데이터 분석에 입문하고자 하는 사람들을 도와준다. 흔히 들어보기만 했던 정형 데이터 분석, 비정형 데이터 분석, 상관관계 분석, 회귀 분석, 시계열 분석을 파이썬으로 해보고 친숙한 도시 생활 데이터 기반의 다양한 사례를 실습하여 파이썬을 이용한 데이터 분석 방법을 익힐 수 있도록 하고 있다.

탐구 주제

주제1 이 책은 4차 산업혁명과 빅데이터를 주제로 하고 있으며, 파이썬을 활용한 데이터 수집 및 분석 방법을 다루고 있다. 자신의 관심 분야에 대한 데이터를 수집하고 파이썬으로 분석해 보자. 예를 들면, 프로야구 선수들의 데이터를 분석하여 특정 팀의 승률을 높이는 방법을 제시해 보자.

주제2 파이썬을 이용하여 사회 문제에 대한 데이터를 분석한 뒤 해당 문제를 해결하기 위한 방안에 대해 탐구를 해 보자. 예를 들면, 교통사고 데이터 분석, 환경오염과 대기질 변화, COVID-19 데이터 분석, 학교 폭력 발생 등을 탐구하여 그 방안을 제시해 보자.

주제3 파이썬의 활용 가능성에 대한 탐구

주제4 데이터 분석에 사용되는 다양한 프로그래밍 언어 비교 분석

학생부 기록 예시 (교과세특)

자신이 좋아하는 프로야구 팀의 승률을 올리기 위한 방법에 호기심을 가지고 탐구활동을 함. 프로그래밍 언어로 데이터를 분석해보기 위해 '나도 하는 파이썬 데이터 분석(김규석 외)'을 읽고 데이터 수집, 전처리, 분석하여 자신이 좋아하는 팀의 승률을 높이기 위한 전략을 세워 수업 중 발표함. 타격 지표, 투구 지표 등을 시각화하여 발표해 친구들의 큰 호응을 얻음. 좀 더 정확한 분석을 위해 다양한 프로그래밍 언어를 공부해 보고 싶다는 포부를 밝힘.

탐구주제 확장 및 심화

파이썬 외의 다른 프로그래밍 언어 사용해 보기
프로야구 분석을 파이썬 외의 다른 프로그래밍 언어로 분석해 파이썬과 비교하여 프로그래밍 지식을 넓히고 다양한 개발 시나리오에 대처할 수 있는 능력을 향상해 보자.

데이터 분석 후 캠페인 활동하기
사회문제에 대한 데이터를 수집하고, 이를 분석하여 문제의 근본 원인을 파악해 보자. 이후 친구들과 토론한 뒤 대안을 제시하여 학교에서 캠페인 활동을 해 보자.

관련 논문 불확실성이 출산율에 미치는 영향 분석 : 경제학적 접근, Python과 ChatGPT를 활용하여(손유리, 2023)

 파이썬을 사용하고 ChatGPT를 활용하여 높은 주택가격과 노동시장의 고용 불안정성이라는 불확실성이 출산율에 미치는 영향을 경제학적으로 분석한 논문이다. 파이썬은 다양한 라이브러리를 활용하여 데이터 수집 및 전처리, 분석을 보다 효율적으로 수행 가능하여 논문에 활용되었다.

관련 도서 《파이썬 라이브러리를 활용한 데이터 분석》, 웨스 맥키니, 한빛미디어
《혼자 공부하는 데이터 분석 with 파이썬》, 박해선, 한빛미디어

관련 학과 경영학과, 데이터사이언스학과, 데이터정보학과, 빅데이터학과, 소프트웨어학과, 소프트웨어융합학과, 응용통계학과, 정보통계학과, 정보통신공학과, 컴퓨터공학과, 컴퓨터과학과, 컴퓨터교육과, 통계학과

관련 교과 2022 개정 교육과정: 확률과 통계, 실용 통계, 수학과제 탐구, 경제, 정보, 데이터 과학, 소프트웨어와 생활
2015 개정 교육과정: 확률과 통계, 경제 수학, 수학과제 탐구, 경제, 사회문제 탐구, 정보, 진로와 직업, 실용 경제

핵심키워드 노코드, 로우코드, 시민 개발자, 개발자 부족

노코드/로우코드

필 사이먼 | 한빛미디어 | 2023

노코드는 프로그래밍 지식 없이 소프트웨어 애플리케이션을 개발하는 데 사용되는 기술이고 로우코드는 노코드보다는 더 많은 프로그래밍 지식을 요구하지만, 전문적인 개발자 없이도 빠르게 애플리케이션을 개발할 수 있도록 도와주는 기술이다. 이 책은 노코드/로우코드의 개념과 기술, 활용 사례를 소개하는 책으로 비전문가들이 소프트웨어 개발을 위해 코드를 작성하지 않고도 애플리케이션을 개발할 수 있는 방법을 알려준다.

탐구 주제

주제1 노코드/로우코드는 프로그래밍 언어를 몰라도 손쉽게 소프트웨어를 개발할 수 있는 도구이다. 노코드/로우코드를 기반으로 한 실제 사례들을 조사하고, 다양한 산업 분야에서의 적용 사례를 분석해 보자. 이를 통해 노코드/로우코드의 실제 활용 가능성과 잠재력을 탐구할 수 있을 것이다.

주제2 시민 개발자란, 중요한 프로그래밍 지식이나 경험이 없어도 최신 노코드/로우코드 도구를 사용해서 강력한 비즈니스 애플리케이션을 만들 수 있는 사람을 의미한다. 시민 개발자의 역할과 활동을 조사하고, 시민 개발자의 역량을 강화하는 방안을 탐구해 보자.

주제3 노코드/로우코드 도구의 교육적 활용 연구

주제4 노코드/로우코드 도구의 한계점과 개선 방안 탐구

학생부 기록 예시 (교과세특)

수업 중 개발자의 부족으로 인해 비전문가도 프로그램 개발할 수 있는 시민 개발자에 대해 배우고 이에 대해 탐구활동을 함. '노코드/로우코드(필 사이먼)'를 읽고 노코드/로우코드의 개념과 기술, 활용 사례를 이해함. 시민 개발자의 역할과 활동을 조사하고, 시민 개발자의 역량을 강화하는 방안에 대해 탐구하여 보고서를 작성함. 시민 개발자의 역량을 평가하고 인증하는 제도를 도입하여 시민 개발자의 역량을 보다 체계적으로 강화할 수 있도록 해야 한다고 주장함.

탐구주제 확장 및 심화

노코드/로우코드의 활용 가능성을 4차 산업과 연결하여 탐구하기
인공지능, 빅데이터, 사물인터넷 등과 함께 노코드/로우코드를 활용하여 스마트 팩토리나 스마트 시티 등의 혁신적인 프로젝트를 구현하는 사례를 조사하고 분석해 보자.

시민 개발자의 역량 강화를 위한 교육 프로그램 탐구하기
시민 개발자의 비즈니스 이해도 향상을 위한 프로그램, 창의력 발휘를 위한 프로그램 등과 같이 시민 개발자의 역량 강화를 위한 교육 프로그램에 대해 구체적으로 탐구해 보자.

관련 논문 AI 개발을 위한 노 코드 플랫폼의 개발 방향(신유진 외, 2021)

 이 논문에서는 AI 관련 배경지식이 없는 사용자들도 UI를 통해 쉽게 이미지 분류 모델을 학습시킬 수 있는 노 코드 플랫폼에 관하여 기술하고, django 프레임워크를 이용해 웹 개발과 딥러닝 모델 학습을 통합 개발을 위한 아키텍처와 방향성을 제시하고자 한다.

관련 도서 《노코드 빅재미로 배우는 인공지능》, 안영희, 아이리포
《노코드! 코딩 없이 앱 만들기 with 앱시트》, 이유정, 비제이퍼블릭

관련 학과 IT융합학과, 미래융합학과, 사회교육과, 사회학과, 소프트웨어학과, 소프트웨어융합학과, 윤리학과, 전기전자공학과, 정보통신공학과, 초등교육과, 컴퓨터공학과, 컴퓨터교육과, 컴퓨터응용기계과, 컴퓨터학과

관련 교과 2022 개정 교육과정: 통합사회2, 사회문제 탐구, 통합과학2, 정보, 인공지능 기초, 소프트웨어와 생활, 진로와 직업
2015 개정 교육과정: 통합사회, 사회문제 탐구, 통합과학, 정보, 인공지능 기초, 지식 재산 일반, 진로와 직업

다정한 인공지능을 만나다

장대익 | 샘터 | 2023

이 책의 저자는 인간이 지난 천만 년 동안 지구에서 유일하게 문명을 이룩한 종이 된 이유는 바로 '다정함'에 있다고 말한다. 그리고 그 다정함은 앞으로 우리와 함께 살아갈 존재이자 새로운 종인 인공지능에게도 생길 수 있는 능력이며, 그들과 공존할 미래에 우리가 더 배우고 키워야 할 힘이라고 강조한다. 이 책은 인공지능에 관심이 있는 사람뿐만 아니라, 미래 사회에 대해 고민하는 모든 사람에게 추천하고 싶은 책이다.

탐구 주제

주제1 인공지능이 발전함에 따라 인간과의 공존이 더욱 중요해지고 있다. 서로 공존하기 위해서는 인공지능이 인간의 감정을 이해하고 공감할 수 있어야 한다. 인공지능과 공감의 관계를 조사하고, 인공지능이 인간의 감정을 이해하고 공감할 수 있는 방법을 탐구해 보자.

주제2 인공지능의 발전은 새로운 기회와 도전을 동시에 가져올 것이다. 인공지능이 윤리적으로 책임 있게 개발되고 사용되기 위해서는 공감 교육이 중요하다. 인공지능의 윤리적 문제를 조사하고, 공감 교육을 통해 인공지능을 윤리적으로 활용할 수 있는 방법을 탐구해 보자.

주제3 인공지능과 인간이 공존하는 미래 사회 탐구

주제4 인공지능 시대를 살아가는 데 필요한 지식과 태도에 관한 토론

학생부 기록 예시 (교과세특)

인공지능의 발전으로 인간과의 공존이 더욱 중요해짐을 알고 이에 대한 탐구활동을 함. 탐구과정에서 '다정한 인공지능을 만나다(장대익)'를 읽고 상호간의 공감이 중요함을 파악함. 인공지능이 인간의 감정을 이해하고 공감할 수 있는 방법들을 조사하여 보고서를 작성함. 인공지능의 공감 능력이 인간의 감정을 이용하거나 조종될 수 있으므로 윤리적으로 책임 있게 개발되고 사용되도록 하기 위한 노력이 필요하다고 주장함.

탐구주제 확장 및 심화

인공지능 공감 기술의 사회적 활용에 대해 탐구해 보기
인공지능 공감 기술을 다양한 분야에서 활용했을 때 발생할 인간의 삶의 질 향상, 사회 문제 해결, 새로운 가치 창출 등 다양한 측면에서의 효과에 대해 탐구해 보자.

인공지능 공감 능력 향상과 관련된 캠페인하기
인공지능 공감 능력 향상을 위한 실천 방안을 마련하여 인공지능 공감 능력의 중요성에 대한 홍보물을 제작한 뒤 교내에서 캠페인 활동을 실시해 보자.

관련 논문 인간과 인공지능의 상호작용 : 사용자, 기기, 환경적 측면의 상호작용 요인 중심으로(이은지, 2020)

이 논문은 인간과 인공지능의 상호작용을 '사람이 인공지능에 행동을 취하고, 이에 인공지능이 반응하는 일련의 모든 과정'으로 정의하여, 인간과의 상호작용에 대한 이론적 체계를 제안하고, 경험적 연구를 통해 이들의 다양한 상호작용이 사용자 경험에 미치는 영향을 알아보고자 한다.

관련 도서 《4차 인간》, 이미솔 외, 한빛비즈
《이진경 장병탁의 선을 넘는 인공지능》, 이진경 외, 김영사

관련 학과 AI소프트웨어학과, AI융합학과, 미래융합학과, 사회교육과, 사회학과, 심리학과, 윤리교육과, 윤리학과, 인공지능학과, 인류학과, 정보통신공학과, 철학과, 초등교육과, 컴퓨터공학과, 컴퓨터교육과, 컴퓨터학과

관련 교과 2022 개정 교육과정: 현대사회와 윤리, 윤리문제 탐구, 융합과학 탐구, 정보, 인공지능 기초, 소프트웨어와 생활
2015 개정 교육과정: 국어, 통합사회, 생활과 윤리, 사회문제 탐구, 통합과학, 융합과학, 기술·가정, 정보, 철학, 논술

핵심키워드

디지털 시대, 새로운 기회를 만드는 최소한의 코딩지식

EBS 코딩 소프트웨어 시대 제작팀 외 | 가나출판사 | 2021

코딩, 소프트웨어, 디지털 시대, 혁신

초,중,고등학교에서 진행하는 코딩 수업에서 단골로 등장하는 영상이 있다. 바로 EBS에서 제작한 '소프트웨어 다큐 시리즈'이다. 누적 조회 수 100만이 넘는 이 영상에는 학교에서 코딩을 배우고 있는 초,중,고등학생들의 댓글로 가득하다. 이 책은 32편의 영상 중 청소년들이 꼭 알아야 할 20편을 선별하여 해설을 더해 쉽고 재미있게 이해할 수 있도록 만든 책이다.

탐구 주제

주제1 이 책에서는 코딩 교육이 청소년의 창의성, 문제해결력, 정보활용능력 등을 향상시킨다는 것을 강조하고 있다. 코딩 교육의 효과에 대해 탐구해 보자. 예를 들어, 코딩 교육의 방법, 교육 시간, 교육 대상의 특성 등이 코딩 교육의 효과에 어떤 영향을 미치는지 탐구해 보자.

주제2 디지털 시대를 살아가는 청소년들에게 코딩 교육은 필수적인 교육이다. 코딩 교육을 통해 창의성, 문제해결력, 정보활용능력 등을 향상시킬 수 있다. 그러나, 현재 우리나라의 코딩 교육 인프라는 충분하지 못한 상황이다. 코딩 교육의 인프라를 확충하기 위한 방안을 탐구해 보자.

주제3 코딩 기술이 가져올 수 있는 윤리적 문제점 탐구

주제4 코딩 기술을 활용하여 사회 문제를 해결할 수 있는 방법 탐구

학생부 기록 예시 (교과세특)

수업 중 코딩 교육의 중요성을 듣고 이에 대한 탐구활동을 함. '디지털 시대, 새로운 기회를 만드는 최소한의 코딩지식(EBS 코딩 소프트웨어 시대 제작팀 외)'을 읽고 코딩의 기본 개념과 중요성을 알게 돼 코딩 교육의 인프라를 확충하기 위해 교육 환경 개선, 교사 양성 및 지원 강화, 교육 콘텐츠 개발 및 보급, 사회 인식 개선 등을 구체적으로 탐구해 보고서를 작성함. 이를 위해 교육 기관과 정부의 협력 체계를 구축하고 공동 연구, 개발하여 학생들의 관심과 참여를 유도해야 한다고 주장함.

탐구주제 확장 및 심화

코딩 교육의 효과를 실증적으로 검증하기 위한 검사 도구 개발하기
코딩 교육을 받은 학생들의 학업 성취도를 측정하기 위한 검사 도구를 개발하고, 코딩 교육을 받은 학생들과 받지 않은 학생들의 점수를 비교하여 분석해 보자.

코딩 교육 인프라 확충을 위한 정책 제안해 보기
코딩 교육은 현대 사회에서 필수적인 기술로 인정받고 있지만 코딩 교육 인프라는 부족한 상황이다. 코딩 교육 인프라 확충을 위한 정책 제안서를 작성하여 정부기관에 제안해 보자.

관련 논문 창의적 체험 활동에서의 코딩교육이 일반계 고등학생의 창의적 문제해결력과 자기효능감에 미치는 효과 (이은아, 2019)

대부분의 선행 연구들은 초등학생을 대상으로 한 코딩교육이 창의적 문제해결력을 향상시킬 수 있는지에 대한 연구가 활발하게 진행돼왔다. 이 논문은 창의적 체험활동에서의 코딩교육이 일반계 고등학생들에게 창의적 문제해결력과 자기효능감에 미치는 효과를 검증하고자 한다.

관련 도서 《세상에서 가장 쉬운 코딩책》, 위캔코딩, 길벗
《코딩으로 세상을 바꿀 수 있다면》, 이래은, 휴머니스트

관련 학과 AI소프트웨어학과, IT융합학과, 데이터사이언스학과, 멀티미디어학과, 소프트웨어학과, 소프트웨어융합학과, 인공지능학과, 정보통신공학과, 초등교육과, 컴퓨터공학과, 컴퓨터과학과, 컴퓨터교육과, 컴퓨터학과

관련 교과 2022 개정 교육과정: 미적분I, 통합과학1, 물리학, 융합과학 탐구, 정보, 인공지능 기초, 소프트웨어와 생활
2015 개정 교육과정: 미적분, 인공지능 수학, 통합과학, 물리학I, 물리학II, 융합과학, 기술·가정, 정보, 진로와 직업

만들면서 배우는 생성 AI

데이비드 포스터 | 한빛미디어 | 2023

이 책은 딥러닝 기초부터 최신 생성 AI 모델까지 설명한다. 텐서플로와 케라스를 사용해 변이형 오토인코더, 생성적 적대 신경망, 트랜스포머, 노멀라이징 플로 모델, 에너지 기반 모델, 잡음 제거 확산 모델 등 인상적인 생성 딥러닝 모델 만드는 법을 다룬다. 생성 AI에 대한 이해를 높이고, 딥러닝을 사용하여 생성 모델을 만들고 싶은 독자에게 유용한 책이며 실습 위주로 구성되어 있어 생성 AI를 이해하고 활용하는 데 도움이 될 것이다.

탐구 주제

주제1 변이형 오토인코더(Variational Autoencoder, VAE)는 딥러닝에서 많이 사용되는 알고리즘 중 하나이다. 입력 데이터를 잠재 공간으로 인코딩하고, 잠재 공간에서 입력 데이터와 유사한 데이터를 디코딩하는 모델이다. 변이형 오토인코더를 사용하여 얼굴 이미지를 생성해 보자.

주제2 생성적 적대 신경망(Generative Adversarial Network, GAN)은 두 개의 신경망이 경쟁하여 새로운 데이터를 생성하는 모델이다. 원, 삼각형, 사각형 등의 도형 데이터셋을 활용하여 생성적 적대 신경망 모델을 학습시키고, 새로운 도형 이미지를 생성해 보자.

주제3 노멀라이징 플로 모델을 사용하여 이미지의 스타일 변환해 보기

주제4 에너지 기반 모델을 사용하여 이미지 잡음 제거해 보기

학생부 기록 예시 (교과세특)

수업 중 생성 AI에 관해 듣고 이에 대해 탐구함. 탐구 중 '만들면서 배우는 생성 AI(데이비드 포스터)'를 읽고 딥러닝을 사용해 생성 모델을 만들어 발표함. 얼굴 데이터셋을 활용해 변이형 오토인코더를 학습시킨 후 잠재 공간에서 샘플링하여 실제와 유사한 얼굴 이미지를 생성해 친구들의 큰 호응을 얻음. 현재의 모델은 얼굴 전체에 대한 이미지를 생성하고 있는데 이를 발전시켜 특정 얼굴 부위에 대한 이미지를 독립적으로 생성하는 기능을 탐구해 보고 싶다고 함.

탐구주제 확장 및 심화

변이형 오토인코더를 사용한 심화 활동해 보기
웃음, 눈 크기 등 특정 특징을 나타내는 잠재 공간 벡터의 특징을 파악하고, 이를 조작하여 원하는 특징을 가진 얼굴 이미지를 생성하는 방법을 연구해 보자.

생성적 적대 신경망을 사용해 3차원 도형 이미지 생성해 보기
2차원 도형 이미지를 생성한 후 이를 발전시켜 3차원 도형 이미지(예: 정육면체, 구, 원기둥 등)를 생성하는 모델을 학습시켜 새로운 3차원 도형 이미지를 생성해 보자.

관련 논문 뉴스 영상 생성 AI(김선무 외, 2022)

이 논문은 뉴스 본문을 음성으로 변환하고 뉴스 본문의 중요 키워드를 추출하여 키워드에 대한 이미지 검색으로 뉴스 영상에 들어갈 관련 이미지들을 수집, 영상 합성 기술을 사용해 생성한 음성과 이미지를 합성하여 최종 뉴스 영상을 생성하는 프로그램을 소개한다.

관련 도서 《Do it! 딥러닝 교과서》, 윤성진, 이지스퍼블리싱
《생성 AI를 활용한 나만의 콘텐츠 만들기》, 김민후, 영진닷컴

관련 학과 AI소프트웨어학과, AI융합학과, IT융합학과, 응용물리학과, 소프트웨어학과, 소프트웨어융합학과, 응용수학과, 인공지능학과, 전자공학과, 정보통신공학과, 컴퓨터공학과, 컴퓨터과학과, 컴퓨터교육과, 컴퓨터학과

관련 교과 2022 개정 교육과정: 대수, 미적분I, 미적분II, 확률과 통계, 물리학, 정보, 인공지능 기초, 소프트웨어와 생활
2015 개정 교육과정: 미적분, 확률과 통계, 인공지능 수학, 수학과제 탐구, 통합과학, 융합과학, 정보, 인공지능 기초

핵심키워드   메타버스, 디지털 혁명, 가상 현실, 기회

메타버스 모든 것의 혁명

매튜 볼 | 다산북스 | 2023

이 책은 메타버스가 단순히 게임이나 엔터테인먼트의 영역이 아니라, 우리의 일상과 사회 전반에 걸쳐 큰 변화를 가져올 것이라고 전망한다. 크게 세 부분으로 구성되어 있다. 먼저, 첫 번째 부분에서는 메타버스란 무엇인지를 논한다. 두 번째 부분에서는 메타버스를 구축하기 위한 방법론을 다룬다. 마지막으로 세 번째 부분에서는 메타버스가 금융, 의료, 교육, 유통, 정부 정책 등 다방면에 걸쳐 어떤 변화를 불러올지 전망한다.

탐구 주제

주제1   메타버스(Meta-Verse)는 가상 현실과 증강 현실을 기반으로 한 3차원 가상 세계이다. 메타버스의 발전과 함께 현실과 가상의 경계가 허물리면서 다양한 윤리적 문제가 발생할 수 있다. 이러한 윤리적 문제를 탐구하고, 이를 해결하기 위한 방안을 모색해 보자.

주제2   메타버스는 현재 초기 단계에 있지만, 빠르게 발전하고 있는 가상 세계이고 개인의 삶과 사회 활동을 풍요롭게 할 수 있는 잠재력을 가지고 있다. 이러한 잠재력을 활용하여 개인은 다양한 방식으로 메타버스를 활용할 수 있다. 개인이 메타버스를 어떻게 활용할 수 있을지 탐구해 보자.

주제3   한국의 메타버스 경쟁력 탐구

주제4   메타버스 시대의 새로운 비즈니스 모델 탐구

학생부 기록 예시 (교과세특)

메타버스에 대한 호기심을 가지고 탐구활동을 함. 탐구 중 '메타버스 모든 것의 혁명(매튜 볼)'을 읽고 메타버스의 개념과 이로 인한 변화에 대해 이해함. 이후 메타버스의 잠재력을 개인이 어떻게 활용할 수 있는지에 대해 조사하여 실감 나는 교육, 새로운 엔터테인먼트 제공, 다양한 사람과의 소통 등의 활용 방안 등이 있지만 개인정보 보호 강화, 중독 방지, 차별 방지 등의 윤리적 문제가 발생할 수 있으니 이를 위한 사회적 합의와 정책 마련이 필요하다고 주장함.

탐구주제 확장 및 심화

한국의 메타버스 경쟁력을 강화하기 위한 정책 및 지원 방안 제안하기
한국은 메타버스 분야에서 세계적인 경쟁력을 가지고 있지만, 아직까지는 선진국 대비 부족한 부분이 있다. 한국의 메타버스 경쟁력을 강화하기 위한 정책 및 지원 방안을 제안해 보자.

교육기관이 메타버스에서 어떻게 변화할지 탐구해 보기
메타버스에서 가상 교육을 제공하기 위한 기술과 서비스를 조사하고 가상 교육을 받는 학생의 학습 효과를 연구하여 교육기관이 메타버스에서 어떻게 변화할지 탐구해 보자.

관련 논문   메타버스의 윤리적 쟁점에 관한 연구: 아바타에 대한 의무 및 현실세계와의 관계 정립을 중심으로(정현지, 2023)

이 논문은 두 세계의 중심축이자 메타버스에서 인간을 대리하는 아바타 간의 존중의 윤리를, 그리고 두 세계를 구분 짓는 특징으로서 현실세계가 갖는 실재와 실제의 가치를 강조하며, 메타버스를 현실세계의 삶을 위한 긍정적 가치창출의 보조 수단으로써 활용해야 함을 주장한다.

관련 도서   《그림으로 배우는 메타버스》, 하다마 토시유키, 영진닷컴
         《메타버스 유토피아》, 마크 반 리메, 21세기북스

관련 학과   AI소프트웨어학과, AI융합학과, 가상현실콘텐츠학과, 게임공학과, 경영학과, 경제학과, 디자인학과, 멀티미디어공학과, 소프트웨어학과, 인공지능학과, 전자공학과, 정보통신공학과, 컴퓨터공학과, 컴퓨터학과

관련 교과   2022 개정 교육과정: 인공지능 수학, 통합사회2, 도시의 미래 탐구, 경제, 사회문제 탐구, 정보, 인공지능 기초
          2015 개정 교육과정: 인공지능 수학, 통합사회, 경제, 사회·문화, 사회문제 탐구, 정보, 창의 경영, 진로와 직업

메타버스에선 무슨 일이 일어날까?
이동은 | 이지북 | 2022

이 책은 10대가 재미있게 놀고 배우며 일할 수 있는 '메타버스 활용 백서'다. 10대가 살아가야 할 공간이고 이끌어 가야 할 세상 메타버스에 대한 다양한 이야기와 더불어 장점과 단점, 조심해야 할 부분을 짚어 준다. 이 책은 메타버스의 기본적인 개념과 특징을 이해하는 데 도움이 되는 좋은 책이다. 또한, 메타버스가 가져올 수 있는 다양한 변화와 가능성을 생각해 볼 수 있는 기회를 제공할 것이다.

탐구 주제

주제1 메타버스는 가상 세계로, 현실 세계와는 다른 경험을 제공하며, 이를 통해 젊은 세대는 새로운 경험과 문화를 만난다. 메타버스가 우리 사회에 어떤 변화를 가져왔는지, 특히 젊은 세대의 생활 패턴, 의사소통 방식 등에 어떤 영향을 미쳤는지 조사하고 분석해 보자.

주제2 NFT(Non-Fungible Token)와 P2E(Play-to-Earn)는 메타버스와 같은 가상 세계에서 사용되는 새로운 경제 모델로 기존의 경제 모델에 많은 변화를 가져오고 있다. NFT나 P2E같은 새로운 경제 모델이 가져오는 변화와 그것들의 장단점에 대해 조사하고 분석해 보자.

주제3 메타버스에서의 윤리 문제 탐구하여 해결방안 제시

주제4 메타버스 기술의 한계와 개선 방안 탐구

학생부 기록 예시 (교과세특)

수업 중 메타버스에 대해 배우고 우리 사회에 어떤 변화를 가져왔는지에 대해 관심이 생겨 이에 대해 탐구함. 탐구과정에서 '메타버스에선 무슨 일이 일어날까?(이동은)'를 읽고 메타버스의 기본 개념과 특징을 이해한 후 젊은 세대의 생활 패턴, 의사소통 방식 등에 어떤 영향을 미쳤는지 조사하여 보고서를 작성함. 메타버스에서 발생할 수 있는 불법 복제, 사이버 폭력, 가짜 정보 유포 등의 문제를 해결하기 위한 노력이 필요하다는 견해를 밝힘.

탐구주제 확장 및 심화

메타버스 기반의 새로운 교육 플랫폼 아이디어 제시해 보기
메타버스를 활용한 학습 플랫폼은 현실에서 제한되는 공간과 시간에 얽매이지 않고 자유롭게 학습할 수 있는 새로운 경험을 제공한다. 이런 학습 플랫폼에 대한 아이디어를 제시해 보자.

메타버스 관련 정책 제안하기
메타버스가 우리 사회에 가져올 긍정적인 영향과 부정적인 영향을 분석하여 우리 사회에 긍정적인 영향을 미칠 수 있도록 필요한 정책을 제안해 보자.

관련 논문   메타버스의 교육적 활용에 관한 연구(안재은, 2022)

이 논문은 새로운 가상공간인 메타버스를 미래 교육의 한 해결책으로 제시하며 이를 교육적으로 활용할 수 있는 방안에 대하여 시중에 나와 있는 다양한 메타버스 플랫폼들 중 사용자 편의성이 가장 좋은 '로블록스'를 기준으로 선정하여 연구하였다.

관련 도서   《한 권으로 끝내는 메타버스 노트》, 오카지마 유시, 국일미디어
            《한눈에 보이는 메타버스 그림책》, 한선관 외, 성안당

관련 학과	경영학과, 경제학과, 멀티미디어학과, 미디어커뮤니케이션학과, 사회교육과, 사회학과, 소프트웨어학과, 소프트웨어융합학과, 윤리학과, 정보통신공학과, 컴퓨터공학과, 컴퓨터과학과, 컴퓨터교육과, 컴퓨터학과
관련 교과	2022 개정 교육과정: 경제, 현대사회와 윤리, 사회문제 탐구, 윤리문제 탐구, 정보, 소프트웨어와 생활, 진로와 직업 2015 개정 교육과정: 통합사회, 경제, 생활과 윤리, 사회문제 탐구, 정보, 지식 재산 일반, 진로와 직업, 논술

메타인지의 힘
구본권 | 어크로스 | 2023

이 책은 인간의 가장 고등한 지적 능력인 메타인지에 관한 종합교양서다. 인지과학, 뇌과학, 심리학 연구와 다양한 사례, 철학적 질문을 통해 메타인지가 일과 삶에 어떤 영향을 끼치는지 살펴본다. 각 장에서 저자는 다양한 예시와 연구 결과를 사용하여 개념을 설명하고, 실생활에서 적용할 수 있는 실용적인 지침과 전략을 제시하여 메타인지에 대한 이해를 넓히고, 메타인지를 향상시킬 수 있는 실질적인 정보를 제공하고 있다.

탐구 주제

주제1   메타인지는 자기 인식과 자기 조절 능력을 의미한다. 이는 우리가 자신의 생각, 감정, 지식, 행동 등을 인식하고 조절하는 능력을 말한다. 자기 인식이란 자신의 내면 상태, 행동 및 성향 등에 대해 인식하는 것을 의미한다. 자신의 학업 성취도와 메타인지 간의 연관성을 탐구해 보자.

주제2   디지털 시대에서는 정보의 양이 폭발적으로 증가하고, 가상 현실과 같은 기술의 발전으로 다양한 경험을 실제로 체험하지 않고도 가상으로 경험할 수 있는 환경이 제공된다. 디지털 시대에서 정보 과부하와 가상 현실 등이 어떻게 메타인지에 영향을 미치는지 연구해 보자.

주제3   스포츠 활동에서 메타인지 요소와 성과 간의 관련성 탐구

주제4   다양한 학습 전략과 메타인지 간의 관계 탐구

학생부 기록 예시 (교과세특)

수업 중 메타인지에 대해 배우고 이에 대해 탐구함. 탐구과정에서 메타인지에 대해 더 알아보고 싶어 '메타인지의 힘(구본권)'을 읽고 메타인지의 다양한 사례와 실용적인 지침 및 전략을 알게 됨. 책을 통해 관심이 생긴 내용 중 디지털 시대에서 정보 과부하와 가상 현실 등이 어떻게 메타인지에 영향을 미치는지 학술자료, 친구 대상 설문조사 등을 통해 탐구하여 보고서를 작성함. 가상 현실 환경에서의 메타인지 훈련의 효과에 대해 더 공부해 보고 싶다는 포부를 밝힘.

탐구주제 확장 및 심화

메타인지 향상 방법을 실천하고 그 효과를 측정하기
자기 성찰 일지를 작성하거나, 학습 목표를 설정하고 달성하기 위한 계획을 세우는 등의 방법을 통해 메타인지 향상 방법을 실천한 후 여러 검사나 평가를 통해 그 효과를 측정해 보자.

정보 과부하와 메타인지 간의 차이점 비교 분석해보기
정보 과부하가 개인과 사회에 미치는 영향을 탐구하고, 메타인지 능력의 중요성을 이해한 후 다른 세대나 국가에서의 정보 과부하와 메타인지 간의 차이점이 있는 지 비교 분석해 보자.

관련 논문   중·고등학생의 메타인지 능력이 자기주도 학습 능력에 미치는 영향 : 학습 동기를 매개 변인으로(서원준, 2023)

이 논문은 중·고등학생의 메타인지 능력이 학습 동기와 자기주도 학습 능력에 미치는 영향과 그 사이에서 학습 동기가 매개효과가 있는지에 대해 전국의 중·고등학교에 재학 중인 중 1학년부터 고3까지 301명의 학생들을 대상으로 조사하여 연구하였다.

관련 도서   《나 자신을 알라》, 스티븐 M. 플레밍, 바다출판사
               《메타인지, 생각의 기술》, 오봉근, 원앤원북스

관련 학과   AI융합학과, IT융합학과, 경영학과, 교육학과, 뇌인지과학과, 미래융합학과, 사회교육과, 사회학과, 심리학과, 윤리교육과, 윤리학과, 인공지능학과, 정보통신공학과, 철학과, 컴퓨터공학과, 컴퓨터과학과, 컴퓨터학과

관련 교과   2022 개정 교육과정: 현대사회와 윤리, 사회문제 탐구, 생명과학, 윤리문제 탐구, 정보, 인간과 심리, 인간과 철학
              2015 개정 교육과정: 통합과학, 생명과학I, 생명과학II, 융합과학, 생활과 윤리, 사회문제 탐구, 정보, 철학, 심리학

모빌리티의 미래
서성현 | 반니 | 2021

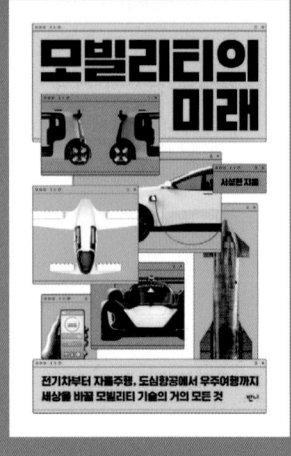

이 책은 모빌리티가 주목받는 이유를 기술에서 찾는다. 모빌리티는 이동할 수 있는 능력이다. 자동차, 항공, 우주 등 다양한 분야의 모빌리티 기술의 현황과 미래 전망을 다루고 있다. 모빌리티가 흔히 경제나 트렌드 전문가의 글에 자주 인용되는 것과는 다르게 저자는 공학기술의 시선으로 모빌리티의 실체를 드러내고 있다. 저자의 전문적인 지식과 경험을 바탕으로 한 분석은 독자들에게 미래 모빌리티 기술에 대한 깊이 있는 이해를 돕는다.

탐구 주제

주제1 자율주행 기술의 발전과 함께 안전 문제가 중요한 이슈로 떠오르고 있다. 자율주행차의 안전성을 평가하기 위해서는 다양한 방법을 조사해야 한다. 자율주행차의 안전성을 평가하기 위한 방법을 조사하고, 실제 자율주행차의 사고 사례를 분석하여 안전성을 평가해 보자.

주제2 도심항공 모빌리티의 경제성을 평가할 때는 다양한 요인을 고려해야 하며, 긍정적인 면과 부정적인 면을 모두 고려하여 분석해야 한다. 도심항공 모빌리티의 경제성을 평가하기 위한 방법을 조사하고, 실제 도심항공 모빌리티의 비용과 편익을 분석하여 경제성을 평가해 보자.

주제3 전기자동차의 배터리 기술의 발전 방향 탐구

주제4 도심항공 모빌리티의 안전성 확보 방안 탐구

학생부 기록 예시 (교과세특)

수업 중 모빌리티의 과거와 현재에 대한 내용을 듣고 탐구함. 탐구중 모빌리티의 미래에 대해 더 알아보고 싶어 '모빌리티의 미래(서성현)'을 읽고 모빌리티 기술의 현황과 미래 전망을 파악함. 책을 통해 자율주행차의 안전성에 호기심을 가지고 다양한 실제 사고 사례를 분석하여 다양한 사고 이유에 대한 보고서를 작성함. 실제 주행 환경에서 발생할 수 있는 다양한 상황을 고려하여, 자율주행차의 안전성을 평가할 수 있는 방법을 개발해야 한다고 주장함.

탐구주제 확장 및 심화

자율주행차의 윤리적 문제 연구하기
자율주행차의 안전성 평가와 윤리적 문제를 연계하여, 자율주행차의 사고 발생 시 책임 소재와 같은 윤리적 문제를 해결하기 위한 방법을 연구해 보자.

도심항공 모빌리티의 사회적 영향 연구해 보기
도심항공 모빌리티의 경제성 평가에만 국한하지 않고, 도심항공 모빌리티의 도입이 도시의 교통 혼잡과 대기 오염을 개선하는 데 어떤 영향을 미칠지 연구해 보자.

관련 논문　도심항공모빌리티(UAM) 관련 정책·산업 동향 및 이슈(홍아름 외, 2023)

 이 논문은 현재 지상 교통수단의 도심 혼잡 문제, 환경 문제 등을 해결할 수 있는 대안으로 미래 교통수단으로서 기대받고 있는 도심항공모빌리티(UAM: Urban Air Mobility)의 개념과 특성, 국내외 정책·산업 동향 및 관련 이슈에 대해 살펴보고자 한다.

관련 도서　《모빌리티 기술혁명 미래보고서 2030》, 박승대, 형설EMJ
　　　　　　《미래, 모빌리티》, 김민형, 스리체어스

관련 학과　AI융합학과, 경제학과, 기계자동차공학과, 미래모빌리티학과, 미래융합학과, 미래자동차공학과, 배터리학과, 스마트모빌리티학과, 스마트전기자동차과, 인공지능학과, 자동차공학과, 전기공학과, 전기전자공학과

관련 교과　2022 개정 교육과정: 미적분I, 미적분II, 경제, 인공지능 수학, 물리학, 화학, 융합과학 탐구, 정보, 인공지능 기초
2015 개정 교육과정: 미적분, 인공지능 수학, 경제, 통합과학, 물리학I, 물리학II, 화학I, 화학II, 공학 일반, 정보

문제해결을 위한 컴퓨팅 사고와 파이썬

김지연 | 한빛아카데미 | 2021

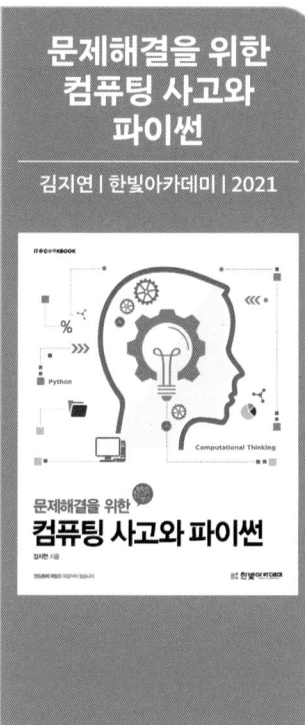

이 책은 컴퓨터 과학과 프로그래밍에 입문하는 독자들을 위한 책이다. 컴퓨팅 사고력을 기르고 문제 해결 능력을 향상시키는 데 초점을 맞추고 있다. 프로그래밍을 처음 접할 때에도 쉽게 익힐 수 있는 파이썬 프로그래밍 언어를 학습 도구로 사용하며, 초보자들도 쉽게 따라 할 수 있는 예제와 실습을 제공한다. 총 13개의 챕터로 구성되어 있으며, 각 챕터는 해당 주제를 소개하고 이해를 돕기 위한 실습 예제들을 포함하고 있다.

탐구 주제

주제1 소셜미디어 사용 패턴과 트렌드 분석은 현재 사회에서 매우 중요한 이슈 중 하나이다. 기업은 소셜미디어를 통해 소비자의 관심사와 트렌드를 파악하여 마케팅 전략을 수립한다. 파이썬과 데이터 분석 기법을 활용하여 소셜미디어의 사용 패턴과 트렌드를 분석해 보자.

주제2 파이썬은 다양한 머신러닝 라이브러리 및 프레임워크를 지원하고 코드가 간결해 이해하기 쉬워 인공지능 및 머신러닝 분야에서 널리 사용되는 프로그래밍 언어이다. 파이썬을 사용하여 간단한 인공지능 및 머신러닝 모델을 만들고 학습시키는 방법을 탐구해 보자.

주제3 파이썬의 자연어 처리 라이브러리를 활용한 텍스트 데이터 분석

주제4 파이썬과 게임 개발 라이브러리를 활용하여 간단한 게임 개발

학생부 기록 예시 (교과세특)

수업 중 파이썬을 배운 뒤 이에 대해 더 알아보고 싶어 '문제해결을 위한 컴퓨팅 사고와 파이썬(김지연)'을 읽고 탐구활동을 함. 파이썬과 데이터 분석 기법을 활용해 소셜미디어의 인기 해시태그 Top 10을 추출해 그 해시태그와 관련된 게시물의 수를 분석해 어떤 주제들이 가장 인기 있는지 파악해 수업 중 발표함. 앞으로 네트워크 분석을 통해 영향력 있는 사용자를 식별하고, 그들의 행동이 다른 사용자들에게 어떤 영향을 미치는지 분석해 보고 싶다고 함.

탐구주제 확장 및 심화

학교 행사 홍보 전략 개발해 보기
학교 축제를 홍보하기 위해 인스타그램에서 가장 인기 있는 해시태그를 분석하여 이를 홍보 게시물에 활용해서 효과적인 홍보 전략을 개발하고, 행사 참여율을 높여 보자.

사용자 그룹별 분석해 보기
학교 내 학생 그룹과 선생님 그룹을 구분하여 각 그룹의 소셜미디어 사용 패턴을 분석, 비교하여 활동의 차이점을 파악하고, 이를 교육활동에 활용할 수 있는 아이디어로 도출해 보자.

관련 논문 데이터 분석을 위한 파이썬 기반 데이터 시각화 교육 프로그램 개발(심희언, 2022)

데이터 분석의 흐름이나, 주어진 데이터를 어떤 차트로 시각화해야 하는지, 어떤 패턴을 찾아야 하는지에 대한 가이드라인을 제시하고, 이를 데이터 시각화를 통해 분석 및 해결함으로써 학습자가 데이터 분석을 경험할 수 있는 교육 프로그램을 개발한 논문이다.

관련 도서 《Do it! 점프 투 파이썬》, 박응용, 이지스퍼블리싱
《코딩 뇌를 깨우는 파이썬》, 존 V. 구태그, 한빛미디어

관련 학과 AI소프트웨어학과, AI융합학과, 게임공학과, 경영학과, 경제학과, 데이터사이언스학과, 멀티미디어공학과, 사회학과, 소프트웨어학과, 인공지능학과, 전자공학과, 정보통신공학과, 컴퓨터공학과, 컴퓨터학과

관련 교과 2022 개정 교육과정: 인공지능 수학, 수학과제 탐구, 사회와 문화, 경제, 사회문제 탐구, 정보, 인공지능 기초
2015 개정 교육과정: 인공지능 수학, 수학과제 탐구, 사회·문화, 경제, 사회문제 탐구, 정보, 인공지능 기초

미래 세상의 모빌리티

임덕신, 임현준 | 한빛아카데미 | 2022

이 책은 미래 모빌리티를 이해하고, 그 속에서 자율주행차의 디자인과 UX를 이해하는 데 도움이 되는 책이다. 미래 모빌리티의 필요성과 변화의 방향, 자율주행 시스템의 개념과 상호작용 이슈, 사용자 중심의 자율주행차 디자인, 미래 자율주행차 콘셉트, 미래 모빌리티 분야의 전망과 비전 등에 대해 각 장은 다양한 관점과 사례를 소개하여 독자들에게 미래 모빌리티에 대한 이해와 관련된 주요 동향 및 사례 연구를 제공하고 있다.

탐구 주제

주제1   자율주행차는 센서, 컴퓨터, 통신 등 다양한 기술을 활용하여 주변 환경을 인식하고, 이를 바탕으로 안전하고 효율적인 주행을 수행한다. 자율주행차의 동작 원리와 알고리즘을 연구하고 분석하여, 차량이 주변 환경을 인식하고 결정을 내릴 때 어떤 프로세스로 진행되는지 탐구해 보자.

주제2   자율주행차는 기존의 자동차와 달리 운전자가 직접 운전을 하지 않기 때문에, 사용자 경험을 개선하기 위한 새로운 디자인이 필요하다. 자율주행차의 사용자 경험을 개선하기 위한 디자인 요소를 조사하고, 이를 바탕으로 새로운 디자인을 제안하는 탐구를 해 보자.

주제3   미래 모빌리티의 사회적 영향에 대해 탐구

주제4   미래 모빌리티 산업의 전망에 대해 탐구

학생부 기록 예시 (교과세특)

수업 중 자율주행차의 개념과 현재 현황을 배우고 이를 탐구함. 탐구 중 '미래 세상의 모빌리티(임덕신 외)'를 읽고 자율주행 시스템의 개념과 디자인 등을 파악함. 자율주행차의 사용자 경험을 개선하기 위한 디자인에 호기심을 가지고 탐구하여 다양하고 참신한 아이디어를 제시해 보고서를 작성함. 앞으로 자율주행차는 장애인, 고령자, 가족 단위 등 보다 더 다양한 사용자의 요구를 충족할 수 있는 디자인을 개발해야 한다는 견해를 밝힘.

탐구주제 확장 및 심화

자율주행차의 센서, 컴퓨터, 통신 기술의 최신 동향 조사하기
자율주행차의 동작 원리와 알고리즘은 센서, 컴퓨터, 통신 기술의 발전에 따라 끊임없이 변화하고 있다. 이러한 최신 기술을 조사하여 자율주행차의 미래를 전망해 보자.

공유 모빌리티의 환경 영향 최소화 방안 모색해 보기
공유 모빌리티의 활성화로 교통 체증이 완화될 것으로 예상되지만 환경 문제에 대한 고려가 필요하다. 공유 모빌리티의 환경 영향을 최소화하기 위한 방안을 모색해 보자.

관련 논문   인공지능과 자율 주행차의 현재 상황과 전망(박현수 외, 2023)

 이 논문은 인공지능과 자율 주행차의 현재 상황과 향후 전망을 조사한 결과를 제시한다. 자율 주행차의 기술적 발전과 인공지능의 개발이 상호보완적으로 진행되며, 운전의 안전성과 효율성을 향상시킨다. 이 논문에서는 이에 대한 상호작용을 탐구하고 향후 개발 방향을 제안한다.

관련 도서   《모빌리티 혁명》, 이상헌 외, 브레인플랫폼
             《자율주행 자동차공학》, 정승환, 골든벨

관련 학과	경제학과, 교통공학과, 도시공학과, 미래모빌리티학과, 미래자동차공학과, 배터리학과, 산업디자인학과, 스마트모빌리티학과, 스마트전기자동차과, 인공지능학과, 자동차공학과, 전기공학과, 전기전자공학과
관련 교과	2022 개정 교육과정: 통합사회2, 경제, 사회문제 탐구, 통합과학2, 융합과학 탐구, 미술, 미술 창작, 기술·가정, 정보 2015 개정 교육과정: 통합사회, 경제, 사회문제 탐구, 통합과학, 융합과학, 미술, 미술 창작, 기술·가정, 정보

핵심키워드

컴퓨터 과학, 알고리즘, 자료구조, 프로그래밍 언어

소프트웨어 세상을 여는 컴퓨터 과학

김종훈 | 한빛아카데미 | 2018

이 책은 컴퓨터 과학의 기본 개념과 원리를 이해하기 쉽게 설명하고, 소프트웨어와 컴퓨팅의 중요성을 강조한다. 컴퓨터의 구성, 알고리즘, 프로그래밍 언어, 데이터 구조, 자료구조, 운영체제, 네트워크, 데이터베이스, 인공지능, 보안 등 다양한 분야를 다루고 있다. 일상생활에서 쉽게 접할 수 있는 예시를 통해 컴퓨터 과학의 원리를 이해하기 쉽게 설명하며 각 장의 마지막에는 실습 문제를 통해 독자가 스스로 학습할 수 있도록 도와준다.

탐구 주제

주제1　프로그래밍 언어 선택은 개인의 선호도, 프로젝트 요구사항, 개발 환경 등을 고려하여 결정되어야 한다. 파이썬, 자바, C++은 모두 대표적인 프로그래밍 언어이며, 각각의 특징과 장단점을 가지고 있다. 이를 조사하고 비교 분석한 뒤 자신에게 유리한 언어를 선택해 프로그래밍을 해 보자.

주제2　컴퓨터 시스템은 해커의 공격, 악성 코드, 스팸 메일, 네트워크 보안, 데이터 유출, 소셜 엔지니어링 등 다양한 보안 위협 요소들이 존재한다. 컴퓨터 시스템의 다양한 보안 위협 요소들을 연구하여 취약점을 분석하고 컴퓨터 시스템을 보호하기 위한 다양한 방법을 제안해 보자.

주제3　컴퓨터의 구성과 동작 원리 탐구

주제4　네트워크의 종류와 특징 탐구

학생부 기록 예시 (교과세특)

수업 중 프로그래밍 언어에 대해 배우고 관심이 생겨 탐구함. 탐구 중 '소프트웨어 세상을 여는 컴퓨터 과학(김종훈)'을 읽고 컴퓨터 과학의 개념을 상세히 알게 됨. 이후 다양한 프로그래밍 언어에 대해 조사하고 비교 분석한 뒤 보고서를 작성함. 그 중 배우기 쉽고 범용성이 높은 특정 언어를 학습하여 간단한 프로그램을 만든 뒤 수업 중 발표함. 좀 더 다양한 분야에 쓸 수 있고 배우기 쉬우며 코드 작성 시 시간이 적게 드는 프로그램을 개발해보고 싶다는 포부를 밝힘.

탐구주제 확장 및 심화

인공지능 기술을 활용한 보안 시스템 방법 탐구해 보기
컴퓨터 시스템 보안에 대한 기존의 연구를 조사하고 인공지능 기술을 활용하여 보안 시스템의 장단점을 분석한 후 인공지능 기술을 활용한 보안 시스템 구현 방법을 탐구해 보자.

프로그래밍 언어의 범용성 확대해 보기
파이썬, 자바, C++의 범용성에 대해 조사한 후 범용 프로그래밍 언어의 개발 가능성과 범용 프로그래밍 언어의 활용 사례를 조사해 보자.

관련 논문　클라우드 컴퓨팅 도입 후 위협요소에 관한 연구 : 도입 전 기대효과와 비교를 중심으로(박형준, 2023)

이 논문은 기업들이 클라우드 컴퓨팅을 도입 후 실제 당면한 위협요소를 도출하고 우선순위를 분석하여, 선행논문에서 연구되었던 클라우드 컴퓨팅 도입 전 기대효과 및 위협요소와의 비교 분석을 통하여 유의미한 차이를 확인하고 시사점을 제공하는 것을 목표로 한다.

관련 도서　《Do it! 첫 알고리즘》, 마츠우라 켄이치로, 츠카사 유키, 이지스퍼블리싱
　　　　　《인공지능 시대의 컴퓨터 개론》, 김대수, 김경농, 생능출판

관련 학과　AI소프트웨어학과, AI융합학과, 데이터정보학과, 멀티미디어공학과, 소프트웨어학과, 소프트웨어융합학과, 인공지능학과, 전자공학과, 정보보호학과, 정보통신공학과, 컴퓨터공학과, 컴퓨터과학과, 컴퓨터교육과

관련 교과　2022 개정 교육과정 : 인공지능 수학, 통합과학2, 정보, 인공지능 기초, 데이터 과학, 소프트웨어와 생활, 정보 과학
　　　　　2015 개정 교육과정 : 미적분, 인공지능 수학, 통합과학, 과학탐구실험, 기술·가정, 정보, 지식 재산 일반, 진로와 직업

소프트웨어 장인 정신 이야기

로버트 C. 마틴 | 인사이트 | 2023

이 책은 소프트웨어 개발에 대한 철학과 원칙을 탐구하고, 개발자로서의 역량을 키우는 방법에 대해 다룬다. 저자는 소프트웨어 개발자가 자신의 직업을 단순한 일자리로 보는 것이 아니라 전문성과 자부심을 가지며 성장해야 한다고 주장한다. 이러한 전문성과 성장에 필요한 기술적인 실력, 윤리적인 가치 등에 대해 다양한 이야기와 경험을 통해 설명하고 있다. 개발자들뿐만 아니라 소프트웨어 개발과 관련된 모든 사람들에게 도움이 될 것이다.

탐구 주제

주제1 소프트웨어 개발자는 현대 사회에서 매우 중요한 역할을 담당하고 있다. 소프트웨어 개발자의 윤리적 이슈(개인 정보 보호, 알고리즘 편향 등)와 직업 의식에 대해서 조사하고 분석하여 소프트웨어 장인으로서 필요한 태도, 자기계발 방법 등을 연구해 보자.

주제2 개인 개발과 공동 프로그래밍은 각각 장단점이 있으며, 적합한 상황에 따라 선택되어야 한다. 혼자서 개발하는 것과 두 명 이상으로 개발하는 경우(공동 프로그래밍) 각각에서 나타나는 생산성, 코드 품질 등을 비교 분석하여 공동 프로그래밍의 장단점 및 적합한 상황 등을 연구해 보자.

주제3 테스트 주도 개발의 장점과 단점을 탐구

주제4 소프트웨어 개발이 사회와 경제에 미치는 영향을 탐구

학생부 기록 예시 (교과세특)

수업 중 소프트웨어 개발에 관한 내용을 듣고 탐구활동을 함. 탐구 중 '소프트웨어 장인 정신 이야기(로버트 C. 마틴)'를 읽고 소프트웨어 개발자의 전문성에 관해 알게 됨. 소프트웨어 개발에서 개인 개발과 공동 프로그래밍에서 나타나는 생산성, 코드 품질 등을 비교한 후 공동 프로그래밍의 장단점 및 어떤 경우에 보다 더 적합한지를 탐구하여 보고서를 작성함. 앞으로 원격 환경과 대면 환경에서의 공동 프로그래밍 성능을 비교하는 연구를 해보고 싶다고 함.

탐구주제 확장 및 심화

개인 개발과 공동 프로그래밍의 통합 연구하기
하이브리드 개발이나 협업 도구 및 기술의 발전과 같은 다양한 방안을 고려하여 개인 개발과 공동 프로그래밍의 장점들을 모두 살릴 수 있는 새로운 개발 방식을 연구해 보자.

개인 개발자 역량 강화를 위한 교육 프로그램 개발하기
개발자의 요구 사항을 조사하고, 이를 바탕으로 효과적인 교육 프로그램을 설계하여 개인 개발자의 역량 강화를 위한 교육 프로그램을 개발해 보자.

관련 논문 SW 인력난 시대, SW 개발자의 요구역량 분석: 미국 O*NET 데이터 기반(손민정 외, 2022)

이 논문은 미국직업정보네트워크인 O*NET에서 제공하는 데이터를 기반으로 지난 20여 년에 걸쳐 SW관련 직업의 변화를 살펴보았으며, 관련 직업에서 요구되는 기술 데이터를 기반으로 직업 간의 네트워크, 기술 간의 관계성을 분석하여 관련 직업을 준비 중인 이들을 돕고자 한다.

관련 도서 《AI시대, 개발자로 살아가기》, 윤기태 외, 종이책
《웹 개발자 로드맵》, 양동준, 비제이퍼블릭

관련 학과 AI소프트웨어학과, IT융합학과, 멀티미디어학과, 사회학과, 소프트웨어학과, 소프트웨어융합학과, 인공지능학과, 정보통신공학과, 철학과, 컴퓨터공학과, 컴퓨터과학과, 컴퓨터교육과, 컴퓨터응용기계과, 컴퓨터학과

관련 교과 2022 개정 교육과정: 인공지능 수학, 현대사회와 윤리, 윤리문제 탐구, 정보, 소프트웨어와 생활, 진로와 직업
2015 개정 교육과정: 인공지능 수학, 사회·문화, 생활과 윤리, 사회문제 탐구, 지식 재산 일반, 정보, 진로와 직업

스티븐 울프럼의 챗GPT 강의

스티븐 울프럼 | 한빛미디어 | 2023

챗GPT는 사람 수준의 글쓰기를 할 수 있는 인공지능으로 급부상했다. 아무도 예상하지 못했고 심지어 이를 만든 사람도 깜짝 놀랄 만큼 빠른 속도였다. 챗GPT는 실제로 어떻게 작동하는 걸까? 인공지능 안에서는 어떤 일이 일어나고 있을까? 이 책은 저명한 과학자이자 계산 분야의 선구자인 스티븐 울프럼이 과학과 기술의 최전선에서 수십 년 동안 쌓아온 독특한 경험을 바탕으로 챗GPT의 작동 원리를 쉽고 매력적으로 설명한다.

탐구 주제

주제1 챗GPT는 신경망을 기반으로 작동한다. 신경망은 인간의 뇌를 모방한 알고리즘으로, 텍스트 데이터에 포함된 패턴을 학습하는 데 사용된다. 챗GPT의 작동 원리와 챗GPT의 성능을 평가하는 방법에 대해 이해하고, 이를 통해 챗GPT의 한계와 개선 방안을 탐구해 보자.

주제2 챗GPT는 가짜 뉴스, 악성 댓글, 차별적 언어 등의 생산에 악용될 수 있다. 이러한 문제점은 챗GPT의 편향 가능성, 악용 가능성, 개인 정보 침해, 양극화, 실업 문제 등으로 나타난다. 이에 대해 조사하여 윤리적 문제점을 이해하고, 그 해결 방안을 모색해 보자.

주제3 챗GPT가 다양한 분야에서 어떻게 활용될 수 있는지 탐구

주제4 챗GPT의 기술적 발전 방향 탐구

학생부 기록 예시 (교과세특)

수업 중 챗GPT에 관해 배우고 이에 대해 탐구함. '스티븐 울프럼의 챗GPT 강의(스티븐 울프럼)'를 읽고 챗GPT의 작동 원리를 이해한 후 챗GPT의 한계와 개선 방안을 탐구해 보고서를 작성함. 챗GPT 성능을 평가하는 다양한 방법을 조사하고 챗GPT의 편향성, 신뢰성의 한계, 창의성의 한계 등을 탐구하여 다양한 데이터 학습, 새로운 알고리즘 개발, 인간과 협업 등의 대안을 제시함. 앞으로 챗GPT의 작동 원리를 시각화해 이해를 돕는 탐구를 해 보고 싶다고 함.

탐구주제 확장 및 심화

챗GPT의 활용 효과를 분석하기
챗GPT를 활용한 다양한 분야의 결과를 분석해 보자. 이는 챗GPT의 활용 효과를 더 구체적으로 이해하는 데 도움이 될 수 있을 것이다.

챗GPT의 미래 발전 방향 탐구하기
챗GPT 이후의 모델 발전, 새로운 학습 방법, 모델 크기 조정 등을 연구하고 최신 연구 동향을 파악하여 챗GPT의 미래 발전 방향을 예측해 보자.

관련 논문 챗GPT의 문제점과 한계에 대한 고찰(박보경, 한성수, 2023)

챗GPT는 음성 혹은 문자로 사람과 대화할 수 있는 컴퓨터 프로그램인 챗봇(ChatBot) 중 하나이다. 최근 챗GPT의 사용자가 급격히 증가하면서 다양한 문제점과 한계가 발견되고 있다. 이 논문에서는 챗GPT를 활용 시 발생하는 문제와 한계에 대하여 살펴본다.

관련 도서 《진짜 챗GPT 활용법》, 김준성 외, 위키북스
《챗GPT 개발자 핸드북》, 주한나, 디코딩

관련 학과	AI소프트웨어학과, AI융합학과, IT융합학과, 데이터사이언스학과, 미래융합학과, 소프트웨어학과, 소프트웨어융합학과, 인공지능학과, 전기전자공학과, 정보통신공학과, 컴퓨터공학과, 컴퓨터교육과, 컴퓨터학과

관련 교과	2022 개정 교육과정: 대수, 확률과 통계, 인공지능 수학, 통합과학2, 정보, 인공지능 기초, 소프트웨어와 생활 2015 개정 교육과정: 확률과 통계, 인공지능 수학, 사회문제 탐구, 통합과학, 융합과학, 정보, 인공지능 기초

시대전환, 소프트웨어와 인공지능

김영근 | 바른북스 | 2023

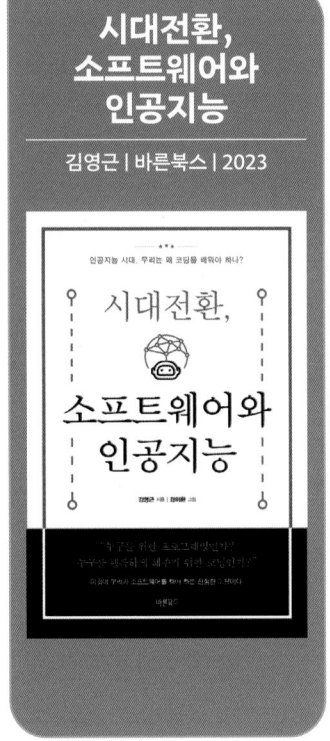

이 책은 현재의 디지털 혁명의 시대를 선도하는 소프트웨어와 인공지능 기술에 대해 총체적인 이해를 제공한다. ChatGPT로 대표되는 인공지능의 발전 상황과 기본적 이해를 바탕으로, 소프트웨어 개발자들이 시대가 전환되는 상황에서 어떻게 대응해야 하고 어떤 자질을 갖춰야 하는지 구체적으로 설명하고 있다. 소프트웨어 분야의 초보자부터 전문가까지, 소프트웨어와 인공지능에 대한 이해가 필요한 모든 사람에게 적절한 책이다.

탐구 주제

주제1   인공지능과 소프트웨어 개발은 밀접한 관계를 가지고 있다. 인공지능은 소프트웨어를 기반으로 구현되며, 소프트웨어 개발 기술은 인공지능을 구현하기 위한 핵심 도구이다. 인공지능 시대에서는 기존의 소프트웨어 개발 방법과는 다른 새로운 개발 방법이 필요하다. 이에 대해 탐구해 보자.

주제2   소프트웨어와 인공지능이 사회에 미치는 영향은 광범위하며, 다양한 측면에서 탐구할 수 있다. 소프트웨어와 인공지능이 사회에 미치는 영향을 탐구해 보자. 이를 통해 인공지능의 윤리적, 사회적 측면을 이해하고, 개인 정보 보호, 공정성, 일자리 등의 문제에 대해 고찰할 수 있을 것이다.

주제3   인공지능의 윤리적 문제들에 대해 탐구

주제4   인공지능의 다양한 기술과 응용 분야에 대해 탐구

학생부 기록 예시 (교과세특)

수업 중 인공지능에 대해 배우고 이에 대해 탐구활동을 함. 탐구활동 중 '시대전환, 소프트웨어와 인공지능(김연근)'을 읽고 소프트웨어와 인공지능 기술에 대해 이해함. 이후 소프트웨어와 인공지능이 사회에 미치는 영향에 대해 호기심을 가지고 탐구하여 보고서를 작성함. 여러 사례를 찾아서 인공지능으로 사라지는 일자리와 새로 생기는 일자리를 구분하여 설명함. 긍정적 영향뿐만 아니라 부정적 영향 모두를 고려하여 균형 잡힌 견해를 보인 것이 인상적임.

탐구주제 확장 및 심화

인간과 기술이 조화롭게 공존하는 모델을 제시해 보기
소프트웨어와 인공지능 기술이 사회에 미치는 영향을 탐구하고, 이를 바탕으로 인간과 기술이 조화롭게 공존할 수 있는 미래 사회 모델을 제시해 보자.

인공지능의 윤리적 문제에 대한 캠페인 활동하기
인공지능의 윤리적 문제를 탐구하여 이에 대한 의견을 묻는 설문지를 만들어 교내 학생들에게 배포하고, 그 결과를 분석한 뒤 교내 캠페인 활동을 해 보자.

관련 논문   인공지능 기술 규제에 관한 탐색적 고찰 : 딥러닝 기술을 중심으로(임채권, 2022)

이 논문은 인공지능 기술에 대한 정부 규제 방향을 탐색적으로 고찰해 본다. 일차적으로 기술적 관점에서 인공지능 기술에 대한 이해를 명확히 한 후, 이차적으로 행정학적 관점에서 규제 방향을 고찰하고, 규제 당국이 유념해야 할 주요 사항에 대해 제언한다.

관련 도서   《만들면서 배우는 나만의 인공지능 서비스》, 최은석, 위키북스
《모두를 위한 소프트웨어와 인공지능》조행래 외, 영남대학교출판부

관련 학과   AI소프트웨어학과, AI융합학과, IT융합학과, 데이터정보학과, 산업공학과, 소프트웨어학과, 소프트웨어융합학과, 인공지능학과, 전기공학과, 전자공학과, 정보통신공학과, 컴퓨터공학과, 컴퓨터과학과, 컴퓨터교육과

관련 교과   2022 개정 교육과정 : 인공지능 수학, 통합과학2, 정보, 인공지능 기초, 데이터 과학, 소프트웨어와 생활, 정보 과학
2015 개정 교육과정 : 미적분, 인공지능 수학, 통합과학, 과학탐구실험, 기술·가정, 정보, 지식 재산 일반, 진로와 직업

컴퓨터공학

소프트웨어공학

기계공학

로봇공학

전기전자공학

화학공학

핵심키워드

SW 인문학, 4차 산업혁명, 상상력, 핵심 기술

십 대를 위한 SW 인문학

두일철, 오세종 | 영진닷컴 | 2023

이 책은 인공지능 로봇 닥터봇과 대화하며 메타버스, 빅데이터, 인공지능, UX/UI 등 최근 화두가 되는 기술에 대한 궁금증을 해소하고, 우리 역사와 문화 속에서 기술의 흔적을 찾아본다. 또한 각 장의 읽을거리에서는 메타, 애플, 구글, 마이크로소프트 등 빅테크 기업들의 철학과 조직문화, 경영 방침에 나타난 성공의 원동력을 확인한다. 흥미로운 이야기와 다양한 사례들, 친근한 대화식 문제로 구성되어 전문 지식이 없어도 쉽게 이해할 수 있다.

탐구 주제

주제1 로봇 기술의 발전은 우리 사회와 문화에 많은 변화를 가져올 것이다. 이러한 변화를 선제적으로 준비하고, 긍정적인 방향으로 활용하기 위한 노력이 필요하다. 로봇 기술의 발전이 사회와 문화에 어떤 변화를 가져왔는지, 앞으로 어떤 가능성이 있을지 연구해 보자.

주제2 상상력은 미래를 예측하고 창조하는 데 중요한 역할을 한다. 상상력을 통해 우리는 현재의 상황을 넘어 새로운 가능성을 발견하고, 이를 현실로 만들어갈 수 있다. 상상력이 미래를 예측하고 창조하는 데 어떤 역할을 하는지, 이를 통해 미래를 어떻게 만들어갈 수 있는지 탐구해 보자.

주제3 메타버스를 활용한 교육의 가능성과 한계에 대한 탐구

주제4 스마트 TV의 발전 방향과 전망에 대한 탐구

학생부 기록 예시 (교과세특)

최신 기술에 관심이 많은 학생으로, '십 대를 위한 SW 인문학(두일철 외)'을 읽고 메타버스, 빅데이터, 인공지능 등 최근 화두가 되는 기술에 대해 이해함. 이후 미래를 예측하는 데 있어 상상력의 역할 등에 관해 탐구 활동을 함. 탐구 내용과 상상력을 키우기 위해 책 읽기, 여행하기, 예술 감상하기 등의 다양한 방법을 발표하여 친구들의 호응을 얻음. 상상력의 본질과 작동 원리, 그리고 상상력을 향상시키는 방법을 더 공부해 보고 싶다는 포부를 밝힘.

탐구주제 확장 및 심화

상상력을 기반으로 한 '창의성'에 대한 탐구하기
창의성이란 새롭고 유용한 아이디어를 생산하는 능력이다. 창의적인 사람들이 어떤 방식으로 미래를 상상하고, 그것을 어떻게 실현해 나가는지에 대해 탐구해 보자.

로봇 기술을 활용한 새로운 교육 방법을 연구하기
로봇 기술이 교육 분야에서 어떻게 활용될 수 있는지 탐구한 후 로봇을 활용하여 학생들의 학습 흥미를 높이고, 맞춤형 교육을 제공할 수 있는 방법을 연구해 보자.

관련 논문 인문학적 관점으로 본 빅데이터 활용을 위한 당면 문제(박은하, 전진우, 2022)

이 연구는 인문학적 관점에서 빅데이터를 활용하기 위해 현재 해결해야 할 과제는 무엇인지를 비판적으로 고찰하고자 하였다. 인문학적 관점에서 빅데이터 활용의 당면 문제를 지적한 점과 빅데이터 수집, 처리, 사용에서 일어날 수 있는 문제점을 각각 논의한 점에 의미가 있다고 본다.

관련 도서 《십 대를 위한 다정한 미래과학》, 김혜영 외, 청어람미디어
《인공지능, 무엇이 문제일까?》, 김상현, 농아엠앤비

관련 학과 AI소프트웨어학과, AI융합학과, 경제학과, 데이터사이언스학과, 사회학과, 소프트웨어학과, 소프트웨어융합학과, 인공지능학과, 전기전자공학과, 정보통신공학과, 컴퓨터공학과, 컴퓨터교육과, 컴퓨터학과

관련 교과 2022 개정 교육과정 : 사회문제 탐구, 윤리문제 탐구, 정보, 인공지능 기초, 데이터 과학, 소프트웨어와 생활
2015 개정 교육과정 : 인공지능 수학, 통합사회, 사회·문화, 정치와 법, 생활과 윤리, 사회문제탐구, 정보, 진로와 직업

아는 것이 돈이다
이두갑 외 | 이음 | 2022

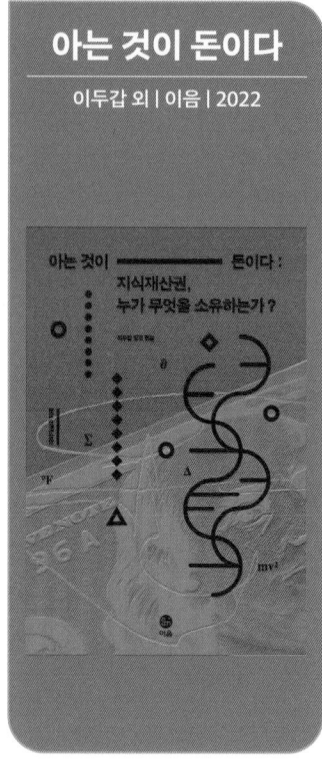

이 책은 지식재산권에 대한 다양한 논의들을 구체적으로 안내한다. 18세기 지식재산권의 등장과 정립에 대한 역사적 논의부터 현재 우리 경제와 문화, 사회에 깊은 영향을 미치는 대표적인 영역인 생명공학과 컴퓨터 산업, 그리고 코로나19 백신을 둘러싼 논쟁까지, 지식재산권에 관한 주요 쟁점들을 살펴볼 수 있는 논문들을 고루 추려 지식재산권의 역사와 발전 과정, 그리고 혁신과 공공 이익에 미치는 영향을 종합적으로 분석한 책이다.

탐구 주제

주제1 지식재산권은 현대 사회에서 경제, 문화, 사회 등 다양한 분야에서 중요한 역할을 하고 있다. 앞으로도 지식재산권의 발전은 더욱 가속화될 것으로 예상된다. 고대부터 현재까지 어떤 사회적, 경제적 변화가 지식재산권의 발전을 이끌어냈는지에 대해 탐구해 보자.

주제2 지식재산권은 창의적인 아이디어를 보호하고, 혁신과 경제 성장에 기여한다. 그러나 지식재산권이 공유되지 않으면 공공 이익을 저해할 수 있다. 이러한 문제를 반공유재의 비극이라고 한다. 반공유재의 비극에 대해 탐구하여 이러한 문제를 해결하기 위한 대응 방안에 대해 고민해 보자.

주제3 특허권 남용에 대한 문제점을 탐구하여 대안 제시

주제4 한국 SW 산업에서 지식재산권이 혁신에 미치는 영향 탐구

학생부 기록 예시 (교과세특)

수업 중 지식재산권의 중요성에 대해 배우고 이에 대해 탐구함. 탐구 중 '아는 것이 돈이다(이두갑 외)'를 읽고 지식재산권의 역사와 발전 과정, 그리고 혁신과 공공 이익에 미치는 영향을 이해함. 이후 지식재산권이 지나치게 강력해지면 경쟁의 저해, 소비자의 선택권 제한, 공공 이익 저해 등의 문제가 발생함에 대해 탐구하여 보고서를 작성함. 공정 사용 원칙 강화, 오픈 소스 운동 지원, 특허 기간의 적절한 조정 등의 대응 방안에 대한 연구가 강화되어야 한다고 주장함.

탐구주제 확장 및 심화

특허권 문제점 사례를 조사하여 해결 방안 제시하기
특허권 남용은 혁신과 경쟁을 저해하는 심각한 문제이다. 특허권을 이용한 시장 독점이나 경쟁 제한 사례를 조사하고, 이러한 문제를 해결할 방안을 제시해 보자.

백신 특허권의 문제 해결 방안 제시하기
백신 특허권은 백신 개발과 생산을 보호하는 중요한 제도이다. 백신 특허권이 공중 보건에 부정적인 영향을 미친 사례를 조사하고, 이러한 문제를 해결할 방안을 제시해 보자.

관련 논문   4차산업혁명 혁신기술의 지식재산권법적 보호방안 : 한국과 중국을 비교하여(서새남, 2021)

이 논문은 자료 정책 및 문헌 등을 이용하여 3D프린팅, 빅데이터 및 인공지능을 고찰한 뒤 4차산업혁명이 가져오는 변화에 대응하고 혁신기술을 보호함에 있어 각 기술이 작동하는 과정에서 발생할 수 있는 지식재산권법적 쟁점을 살펴보고 해결방안을 도모하고자 한다.

관련 도서   《이제는 알아야 할 저작권법》, 정지우 외, 마음모
               《재미있는 저작권 이야기》, 계승균, 솔과학

관련 학과	경영학과, 경제학과, 교육학과, 바이오융합공학과, 법학과, 사회학과, 생명과학과, 윤리교육과, 윤리학과, 정보통신공학과, 정치외교학과, 지적재산권학과, 초등교육과, 컴퓨터공학과, 컴퓨터교육과, 컴퓨터학과
관련 교과	2022 개정 교육과정: 사회와 문화, 현대사회와 윤리, 정치, 경제, 윤리문제 탐구, 융합과학 탐구, 지식 재산 일반 2015 개정 교육과정: 통합사회, 경제, 정치와 법, 사회·문화, 사회문제 탐구, 통합과학, 융합과학, 지식 재산 일반

핵심키워드	개방형 플랫폼, 협업, 혁신, 위기 극복

안드로이드 뜻밖의 역사

쳇 하스 | 인사이트 | 2022

안드로이드 플랫폼의 탄생과 발전 과정을 다룬 책이다. 안드로이드의 기원부터 구글에 인수되기까지의 이야기, 안드로이드 플랫폼의 구축 과정, 안드로이드 플랫폼을 개발하고 이끄는 팀의 활약, 안드로이드 플랫폼의 초기 출시와 관련된 이야기, 안드로이드 플랫폼의 성공 이유 등을 다루고 있다. 안드로이드 프로젝트의 개발 과정을 기술적으로 설명하는 데 그치지 않고, 개발자들의 이야기를 통해 안드로이드의 성공 비결을 탐구한다.

탐구 주제

주제1 누구나 안드로이드 플랫폼을 기반으로 앱을 개발하고, 이를 다른 기기에서 사용할 수 있다. 이런 개방형 모델은 안드로이드 플랫폼의 성공에 중요한 역할을 했다. 안드로이드 플랫폼의 혁신적인 요소를 분석하여, 안드로이드 플랫폼이 스마트폰 시장에서 성공을 거둔 이유를 탐구해 보자.

주제2 안드로이드 플랫폼은 iOS와 함께 세계 모바일 시장을 양분하고 있다. 안드로이드 플랫폼과 iOS는 각각 다른 방식으로 시장을 주도하고 있으며, 사용자들의 선호도와 용도에 따라 선택된다. 안드로이드 플랫폼과 iOS의 시장 점유율, 기술적 우위, 사용자 경험 등을 비교 분석해 보자.

주제3 안드로이드가 모바일 기술의 발전에 어떤 영향을 미쳤는지 탐구

주제4 안드로이드 플랫폼의 미래 예측

학생부 기록 예시 (교과세특)

자신이 사용하는 휴대폰 OS에 대해 호기심을 가지고 탐구함. '안드로이드 뜻밖의 역사(쳇 하스)'를 읽고 안드로이드의 역사와 발전, 성공에 대해 이해한 후 안드로이드와 iOS의 경쟁 관계에 대해 탐구하여 보고서를 작성함. 시장 점유율, 기술적 우위, 사용자 경험 등 다양한 자료를 이용해 분석함. 안드로이드와 iOS가 일부 분야에서 협력함을 알고 어떤 방식으로 사용자들이 두 플랫폼 간에 데이터를 싱크하고 공유하는지에 공부하여 영역을 확대시켜 보고싶다고 함.

탐구주제 확장 및 심화

안드로이드 플랫폼의 혁신적인 요소 분석하기
안드로이드 플랫폼의 혁신적인 요소인 개방형 모델이 스마트홈 산업, 웨어러블 기기, 자동차 산업 등 다른 산업에 적용할 수 있는지 그 가능성에 대해 탐구해 보자.

안드로이드 플랫폼의 성공 비결 탐구하기
안드로이드 플랫폼의 성공 비결인 개방성, 개발자 친화적인 환경, 다양한 앱 생태계, 다양한 기기와의 호환성 등을 분석하여 다른 기업이나 제품에 적용할 수 있는 가능성을 탐구해 보자.

관련 논문 스타트업 기업의 창업성공을 위한 정책적 지원방안에 관한 연구(이창은, 2021)

이 논문은 기존 연구들의 결과와 본 연구의 분석배경을 바탕으로 스타트업의 성공률 제고를 위한 정책적 지원방안 도출을 위해 창업지원정책의 속성을 개발하고 이를 스타트업을 대상으로 실증적으로 분석하여 결론과 시사점을 제시해 정책의 방향 수립에 도움을 주고자 한다.

관련 도서 《Do it! 깡샘의 안드로이드 앱 프로그래밍 with 코틀린》, 강성윤, 이지스퍼블리싱
《지금 나에게 모든 것을 걸어라》, 앤 하이엇, 비즈니스북스

관련 학과 AI소프트웨어학과, 산업디자인학과, 경영학과, 경제학과, 사회학과, 소프트웨어공학과, 소프트웨어학과, 소프트웨어융합학과, 정보통신공학과, 컴퓨터공학과, 컴퓨터과학과, 컴퓨터응용기계과, 컴퓨터학과

관련 교과 2022 개정 교육과정: 사회와 문화, 경제, 사회문제 탐구, 통합과학2, 융합과학 탐구, 미술, 정보, 소프트웨어와 생활
2015 개정 교육과정: 통합사회, 경제, 사회·문화, 사회문제 탐구, 통합과학, 융합과학, 미술, 정보, 진로와 직업

알고 있니? 알고리즘

소이언 | 우리학교 | 2022

이 책은 오늘날 우리 일상 속 언제 어디에나 있는 알고리즘이 도대체 무엇이고 어떤 원리로 작동하는지, 어떤 한계와 문제점을 지녔고, 이를 어떻게 풀어 나가야 할지를 담았다. 알고리즘의 작동 원리를 비롯해 알고리즘과 관련된 핵심 개념을 쉽게 풀어 소개함과 동시에 지난 십수 년 동안 알고리즘이 우리를 어떤 상황으로 이끌었는지, 그리고 현재 우리가 알고리즘으로 맞닥뜨린 현실적 문제와 과제는 무엇인지를 알아본다.

탐구 주제

주제1 알고리즘의 효율성은 알고리즘이 문제를 해결하는 데 걸리는 시간과 공간을 의미한다. 알고리즘의 효율성을 높이는 것은 알고리즘을 설계하고 구현하는 데 중요한 요소이다. 알고리즘의 효율성을 측정하는 방법을 조사하고, 알고리즘의 효율성을 높이는 방법에 대해 탐구해 보자.

주제2 알고리즘은 컴퓨터 프로그램에서 매우 중요한 역할을 담당하고 있다. 그러나 이러한 알고리즘은 편향이나 차별을 조장할 수 있다는 부정적인 측면이 있다. 알고리즘의 부정적인 측면을 조사하고, 알고리즘의 부정적인 측면을 방지하기 위한 방법을 탐구해 보자.

주제3 알고리즘의 활용 가능성 탐구

주제4 알고리즘의 발전이 우리 사회에 미칠 영향 탐구

학생부 기록 예시 (교과세특)

수업 중 컴퓨터 프로그램에서의 알고리즘의 역할을 배우고 이를 탐구함. 탐구 중 '알고 있니? 알고리즘(소이언)'을 읽고 알고리즘의 작동 원리 등을 이해함. 알고리즘이 편향이나 차별을 조장하는 것과 같은 부정적인 측면이 있음을 알고 탐구하여 보고서를 작성함. 편향, 차별, 개인 정보 보호, 알고리즘의 의사결정 과정과 결과에 대한 투명성 등과 같은 부정적인 측면의 예를 들고 그에 대한 대안까지 제시하였고 학교에서 이에 대한 교육이 필요함을 주장함.

탐구주제 확장 및 심화

알고리즘이 우리 생활을 어떻게 변화시키는지 조사하기
검색, 추천, 결제, 운송 등 다양한 분야에서 알고리즘이 사용되고 있다. 이러한 알고리즘의 활용 사례를 조사하고, 알고리즘이 우리 생활을 어떻게 변화시키고 있는지 분석해 보자.

알고리즘 적용 프로젝트 진행하기
가장 효율적인 경로를 찾는 알고리즘을 사용해 학교나 도서관 등의 공간을 최적화하여 학생들의 학습 동기와 성취도를 높이는 프로젝트를 진행해 보자.

관련 논문 융합적 사고력 향상을 위한 알고리즘 교육 프로그램 개발 및 적용(박해영, 전우천, 2022)

 현대 인공지능사회에 있어서 융합형 미래인재에게 요구되는 핵심역량은 소프트웨어를 잘 이해하고 더 나아가 생성해낼 수 있는 것이다. 이러한 측면에서 알고리즘 교육은 매우 중요하다. 이 논문에서는 융합적 사고력 향상을 위한 알고리즘 교육 프로그램을 개발하였다.

관련 도서 《가장 쉬운 독학 알고리즘 첫걸음: C&자바편》, 야자와 히사오, 동양북스
《가장 쉬운 독학 알고리즘 첫걸음: 파이썬편》, 마스이 도시카츠, 동양북스

관련 학과 AI소프트웨어학과, AI융합학과, IT융합학과, 데이터사이언스학과, 멀티미디어학과, 소프트웨어학과, 소프트웨어융합학과, 인공지능학과, 정보통신공학과, 컴퓨터공학과, 컴퓨터과학과, 컴퓨터교육과, 컴퓨터학과

관련 교과 2022 개정 교육과정: 대수, 확률과 통계, 인공지능 수학, 수학과제 탐구, 정보, 인공지능 기초, 소프트웨어와 생활
2015 개정 교육과정: 수학, 확률과 통계, 인공지능 수학, 수학과제 탐구, 정보, 인공지능 기초, 진로와 직업

알고리즘, 응용, 효율성, 최적화

알고리즘, 인생을 계산하다

브라이언 크리스천 외 | 청림출판 | 2018

이 책은 알고리즘을 통해 인생 문제를 합리적으로 결정하는 방법을 다루고 있다. 알고리즘을 통해 우리가 어떻게 하면 직감을 더 향상시킬 수 있는지, 일을 우연에 내맡겨야 할 때가 언제인지, 선택의 여지가 지나치게 많은 상황에 어떻게 대처할지, 남들과 관계를 맺는 좋은 방법은 무엇인지 등을 설명한다. 두 저자는 컴퓨터과학의 알고리즘이 우리의 복잡한 인생에 산적해 있는 문제들을 단숨에 해결해 줄 것이라고 말한다.

탐구 주제

주제1 베이즈 규칙은 과거의 데이터를 바탕으로 미래의 결과를 예측하는 알고리즘이다. 알고리즘을 이용하여 인간관계를 개선하는 방법을 연구할 수 있다. 베이즈 규칙을 이용하여 상대방의 마음을 이해하고, 최소 비용 경로 알고리즘을 이용하여 갈등을 해결하는 방법을 연구해 보자.

주제2 알고리즘을 이용하여 과학적이고 체계적으로 자신의 성향과 적성에 맞는 진로를 찾는 방법을 연구할 수 있다. 탐색/이용 알고리즘을 이용하여 다양한 진로를 탐색하고, 최적 멈춤 알고리즘을 이용하여 자신의 적성에 가장 적합한 진로를 결정하는 방법을 탐구해 보자.

주제3 알고리즘으로 시간 관리를 효율적으로 할 수 있는 방법 연구

주제4 알고리즘의 윤리적 측면 탐구

학생부 기록 예시 (교과세특)

수업 중 알고리즘에 대해 배우고 탐구활동을 함. 탐구 중 '알고리즘, 인생을 계산하다(브라이언 크리스천 외)'를 읽고 알고리즘이 인생 문제를 해결해 줄 수 있음을 알게 됨. 이후 자신의 성향과 적성에 맞는 진로를 알고리즘으로 찾을 수 있는지에 대해 탐구하여 탐색/이용 알고리즘과 최적 멈춤 알고리즘을 결합해 효과적인 진로를 탐색하고 수업 중 발표함. 앞으로 개인의 성향과 적성에 대한 정보를 입력하면 적합한 진로를 추천하는 알고리즘을 개발해보고 싶다고 함.

탐구주제 확장 및 심화

베이즈 규칙을 이용하여 인간관계를 개선하기 위한 구체적인 방법 제시해 보기
베이즈 규칙을 이용해 상대방의 대화를 녹음하여 행동이나 말을 분석한 뒤, 이를 바탕으로 상대방의 마음을 이해하고, 갈등을 해결하기 위한 대안을 제시해 보자.

알고리즘을 이용하여 우선순위 정할 수 있게 도와주기
학생들은 학업, 진로, 취미, 인간관계 등 다양한 일을 하고 있다. 알고리즘을 이용하여 학생들이 자기 일의 우선 순위를 정할 수 있도록 도와주는 방법을 연구해 보자.

관련 논문 인공지능 알고리즘 기반 의사결정의 공정성 지각(손영신, 2020)

이 논문은 대상자의 삶에 중대한 영향을 미칠 수 있는 인공지능 알고리즘이 내린 결정들은 종종 소수 집단에게 차별적일 수 있다는 점에 대한 우려에서 출발하여 다양한 공정성 문제에 관하여 사람들이 실제로 지각하는 바를 알아보는 것을 목표로 한다.

관련 도서 《신호와 소음》, 네이트 실버, 더퀘스트
《인생에도 수학처럼 답이 있다면》, 하마다 히로시, 프리렉

관련 학과 AI융합학과, IT융합학과, 뇌인지과학학과, 데이터사이언스학과, 멀티미디어학과, 빅데이터학과, 사회학과, 수학과, 심리학과, 인공지능학과, 정보통신공학과, 철학과, 컴퓨터공학과, 컴퓨터과학과, 컴퓨터학과, 통계학과

관련 교과 2022 개정 교육과정 : 확률과 통계, 수학과제 탐구, 사회문제 탐구, 정보, 통합과학2, 융합과학 탐구, 인간과 심리
2015 개정 교육과정 : 확률과 통계, 수학과제 탐구, 사회문제 탐구, 통합과학, 과학탐구 실험, 융합과학, 정보, 심리학

**예고된 변화
챗GPT 학교**

송은정 | 테크빌교육 | 2023

이 책은 교육의 특수성을 고려한 챗GPT 기본서 겸 실전서이다. 챗GPT의 기본개념과 교육자들이 생성형 AI를 알아야 하는 이유를 분명하게 제시한 뒤, 교육 실무 업무별 실전 활용법과 사례, 샘플을 상세히 안내하고 있다. 또한, 생성형 AI로 인해 사라지고 양극화될 일자리를 전망한 뒤 이에 따라 미래에 각광 받을 우리 아이들의 역량은 무엇인지, 이를 위한 교육의 방법, 내용, 평가, 이유에 대해 자세히 설명하고 있다.

탐구 주제

주제1 생성형 AI는 개인화된 학습 지원, 창의성 증진, 비판적 사고력 향상 등 다양한 교육적 가능성을 가지고 있다. 챗GPT는 대표적인 생성형 AI 중 하나이다. 챗GPT를 활용하여 학생의 학습 수준과 취향에 맞는 맞춤형 학습 콘텐츠를 제공하는 방법에 대해 탐구해 보자.

주제2 생성형 AI 시대에는 창의적 사고력, 비판적 사고력, 의사소통 능력 등이 중요해질 것으로 예상된다. 챗GPT는 대규모 언어 모델로, 다양한 창의적인 텍스트 형식을 생성할 수 있는 도구이다. 챗GPT를 활용하여 교실 수업에서 학생들의 창의적 사고력을 향상시키는 방법에 대해 탐구해 보자.

주제3 생성형 AI가 언어를 이해하고 생성하는 방식에 대해 탐구

주제4 생성형 AI의 사용과 활용에 따른 윤리적 문제 탐구

학생부 기록 예시 (교과세특)

수업 중 챗GPT에 대해 배우고 이에 대해 탐구함. 탐구 중 '예고된 변화 챗GPT 학교(송은정)'을 읽고 교육의 특수성을 고려한 챗GPT에 대해 이해함. 이후 챗GPT를 활용한 학생의 학습 수준과 취향에 맞는 맞춤형 학습 콘텐츠를 제공하는 방법에 대해 탐구하여 수업 중 발표하여 친구들의 호응을 얻음. 아직 정확성과 신뢰성이 낮고 편향성이 발생될 수 있는 문제가 있지만 학습 능률과 학습 만족도를 향상시킬 수 있는 새로운 교육 방법이 될 수 있음을 강조함.

탐구주제 확장 및 심화

챗GPT를 활용한 맞춤형 학습 콘텐츠의 효능 검증하기
챗GPT를 활용한 맞춤형 학습 콘텐츠를 제공한 학생들과 기존의 학습 방법을 사용한 학생들을 대상으로 학습 성취도, 학습 만족도, 학습 몰입도 등을 비교하는 연구를 해 보자.

챗GPT를 활용한 협업 학습과 문제 해결 능력의 상호작용 연구하기
챗GPT를 통해 학생들이 팀으로 문제를 해결하는 활동을 진행할 수 있도록 학습시키고, 이를 통해 학생들의 협업 능력과 문제 해결 능력에 어떤 상호작용이 있는지 연구해 보자.

관련 논문 인공지능 및 학습분석을 적용한 블록 기반 소프트웨어·인공지능교육 교수 학습 지원 시스템 개발(전인성, 2023)

이 논문은 소프트웨어 인공지능 교육 교수 학습 지원 시스템 개발을 목적으로 한다. 개발된 시스템을 전문가 대상으로 타당성 검증을 실시했으며, 학생에게 적용한 결과 인지적 역량인 컴퓨팅 사고와 정의적 역량인 학습 동기 및 자기효능감에서 유의미한 차이가 나타남을 알 수 있다.

관련 도서 《AI가 바꾸는 학교수업 챗GPT 교육활용》, 오창근 외, 성안당
《선생님이 먼저 배우는 챗GPT》, 박지훈 외, 씨마스21

관련 학과 AI소프트웨어학과, AI융합학과, IT융합학과, 교육공학과, 데이터사이언스학과, 미래융합학과, 소프트웨어학과, 인공지능학과, 전기전자공학과, 정보통신공학과, 초등교육과, 컴퓨터공학과, 컴퓨터교육과, 컴퓨터학과

관련 교과 2022 개정 교육과정 : 대수, 확률과 통계, 인공지능 수학, 사회문제 탐구, 통합과학2, 융합과학, 정보, 인공지능 기초
2015 개정 교육과정 : 확률과 통계, 인공지능 수학, 사회문제 탐구, 통합과학, 융합과학, 정보, 인공지능 기초

웹 3.0, 차세대 웹, 탈중앙화, 분산화

웹 3.0이 온다

장세형, 이상준 | 위키북스 | 2023

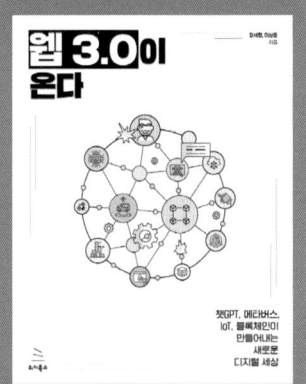

최근 웹 3.0이 크게 주목받고 있다. 웹 3.0을 탈중앙·분산 관점으로 접근하기도 하고, 참여와 보상 개념, 또는 데이터 소유권 관점에서 이해하기도 한다. 웹 3.0에 대한 관심과 주목 대비 명확한 개념 이해나 방향성을 잡기가 어려운 것이 현실이다. 이 책은 웹 3.0에 대한 다양한 관점과 이해를 알아보고 웹의 진정한 발전 방향과 미래 모습을 살펴본다. 특히 '웹'이라는 본질과 웹의 태생적 목적인 '정보'라는 논지에서 웹 3.0을 파헤쳐 본다.

탐구 주제

주제1 웹 3.0은 교육에 새로운 기회를 제공할 것으로 예상된다. 기존의 교육은 교실 중심의 교육이 주를 이루었다. 그러나 웹 3.0에서는 온라인 교육, 증강현실(AR), 가상현실(VR) 등 다양한 교육 방식이 가능해질 것이다. 웹 3.0이 가져올 교육의 새로운 기회에 대해 탐구해 보자.

주제2 웹 3.0은 아직 초기 단계에 있지만, 최근 몇 년 동안 빠르게 발전하고 있다. 웹 3.0의 핵심 기술인 블록체인, 스마트 컨트랙트, 분산 시스템 등의 기술이 성숙해지고, 다양한 웹 3.0 서비스가 출시되고 있다. 웹 3.0이 가져올 변화와 기회를 탐구해 보자.

주제3 웹 3.0이 사회에 어떤 영향을 미치는지 탐구

주제4 웹 3.0 시대에서의 보안 문제와 취약점에 대해 탐구

학생부 기록 예시 (교과세특)

3세대 인터넷 웹 3.0에 대한 호기심으로 탐구활동을 함. 탐구 중 '웹 3.0이 온다(장세형 외)'를 읽고 웹 3.0의 기술과 개념에 대해 이해함. 웹 3.0이 사회, 경제, 문화 전반에 걸쳐 다양한 변화와 기회를 가져올 것으로 예상하고 이를 탐구해 보고서를 작성함. 다양한 분야에서의 민주화, 새로운 경제 모델, 새로운 문화 등 다양한 변화를 예상하였고 이에 웹 3.0 서비스에 관한 경험을 쌓아 웹 3.0의 가능성을 확인하고, 미래의 기회를 선점해야 한다고 강조함.

탐구주제 확장 및 심화

웹 3.0이 가져올 교육의 민주화에 대해 탐구하기
웹 3.0은 교육의 접근성을 확대하고, 교육을 개인화함으로써, 교육의 민주화를 가져올 것으로 예상된다. 웹 3.0이 가져올 교육의 민주화에 대한 구체적인 방안과 시사점을 탐구해 보자.

웹 3.0이 가져올 문화적 변화를 탐구하기
웹 3.0은 문화의 다양성과 창의성을 높이는 데 기여할 것으로 기대된다. 웹 3.0이 가져올 문화적 변화를 전망하고, 이에 대한 대응 방안을 모색해 보자.

관련 논문 웹 3.0의 재부상: 이슈 및 전망(박정렬, 최새솔, 2022)

웹 3.0은 현 중앙집중된 인터넷 환경을 개선하기 위해 탈중앙화를 실현하고 사용자가 데이터를 소유할 수 있는 환경의 구축을 목표로 한다. 이 논문은 웹 패러다임의 변화와 웹 3.0의 등장 배경을 알아보고, 웹 3.0의 특징과 주요 사례를 살펴본 후, 향후 쟁점 사항과 전망을 논의한다.

관련 도서 《기술이 만드는 미래 WEB 3.0과 블록체인》, 야마모토 야스마사, 퍼블리온
《웹 3.0 사용설명서》, 백훈종, 여의도책방

관련 학과 AI소프트웨어학과, AI융합학과, IT융합학과, 데이터사이언스학과, 미래융합학과, 소프트웨어학과, 소프트웨어융합학과, 인공지능학과, 전기전자공학과, 정보통신공학과, 컴퓨터공학과, 컴퓨터교육과, 컴퓨터학과

관련 교과 2022 개정 교육과정: 인공지능 수학, 경제, 사회문제 탐구, 융합과학 탐구, 정보, 인공지능 기초, 소프트웨어와 생활
2015 개정 교육과정: 인공지능 수학, 통합사회, 경제, 사회문제 탐구, 통합과학, 융합과학, 정보, 인공지능 기초

웹 개발 새로고침
김승구 | 제이펍 | 2023

이 책은 웹 프로그래밍을 처음 배우려는 사람, 웹 프로그래밍의 전체 과정을 알고 싶은 사람을 위해 쓰였다. 이 책을 통해 웹 개발에 필요한 기본 개념부터 실전 예제까지 다양한 내용을 학습할 수 있을 것이다. 각 장은 구체적인 주제와 실습을 통해 기술과 개념을 익히는 데 도움을 줄 것이다. 툴에 연연하지 않고 디테일이 아닌 큰 그림을 보는 방식으로 웹 개발에 입문할 수 있게 해주는 좋은 선생님 같은 책이다.

탐구 주제

주제1 웹 프로그램은 인터넷을 통해 제공되는 프로그램으로, 웹 브라우저를 통해 사용자에게 제공된다. 웹 프로그램은 HTML, CSS, JavaScript, 웹 서버, 웹 브라우저 등 다양한 구성 요소로 이루어져 있다. 웹 프로그램의 구성 요소를 이해하고 각 요소의 역할에 대해 탐구해 보자.

주제2 웹 개발에서의 보안은 사용자의 개인 정보, 데이터, 자산을 보호하는 데 필수적이다. 웹 개발자는 웹 개발 보안의 중요성을 인식하고, 이를 위해 노력해야 한다. 웹 개발에서의 보안 취약점과 공격 유형을 조사하고 이를 효과적으로 대응하기 위한 방법에 대해 탐구해 보자.

주제3 웹 개발을 활용하여 지역 사회의 문제를 해결하는 방법 탐구

주제4 최신 웹 개발 동향과 트렌드 조사 및 분석

학생부 기록 예시 (교과세특)

웹 프로그래밍에 대해 관심이 많은 학생으로 '웹 개발 새로고침(김승구)'을 읽고 웹 개발에 필요한 기본 개념부터 실전 예제까지 다양한 내용을 이해함. 이후 웹 개발에서의 보안 취약점과 공격 유형을 조사하고 이를 효과적으로 대응하기 위한 방법을 탐구하여 수업 중 발표함. 기술적인 대응 방안도 중요하지만, 사용자에게 웹 애플리케이션을 안전하게 사용하는 방법의 교육도 중요함을 강조함. 앞으로 자동화된 웹 애플리케이션 보안 기술을 개발해 보고 싶다고 함.

탐구주제 확장 및 심화

웹 개발 보안 취약점에 대한 기존 대응 방법의 한계 파악하고 개선점 제안하기
보안 취약점을 하나 선택하여 이에 대한 실제 사례를 조사하고 분석한 뒤 기존 대응 방법의 한계를 파악하고 개선된 대응 방법을 제안해 보자.

최신 웹 개발 동향과 트렌드에 AI 기술을 접목해보기
웹 개발은 일반적으로 복잡하고 시간이 많이 소요되는 작업이다. 웹 개발에서의 AI 기반의 자동화 및 자동 생성 기술에 대한 분석과 적용 전략을 연구해 보자.

관련 논문 웹취약점 자동진단 개선방안(김태섭, 2022)

 이 논문에서는 기존 웹취약점 점검의 취약점을 보완하기 위해 웹취약점 진단항목의 영향도를 분석하여 자동진단 가능 항목을 도출하고, 실제 운영 중인 홈페이지에 수동 및 자동진단을 수행하여 진단결과에 대한 비교 분석을 통해 자동진단 가능항목을 파악하였다.

관련 도서 《그림과 작동 원리로 쉽게 이해하는 웹의 기초》코바야시 쿄헤이 외, 위키북스
《그림으로 배우는 웹 구조》, 니시무라 야스히로, 영진닷컴

관련 학과	AI소프트웨어학과, AI융합학과, IT융합학과, 데이터사이언스학과, 미래융합학과, 소프트웨어학과, 소프트웨어융합학과, 인공지능학과, 전기전자공학과, 정보통신공학과, 컴퓨터공학과, 컴퓨터교육과, 컴퓨터학과
관련 교과	2022 개정 교육과정: 인공지능 수학, 사회문제 탐구, 융합과학 탐구, 정보, 인공지능 기초, 소프트웨어와 생활 2015 개정 교육과정: 수학, 인공지능 수학, 통합사회, 사회문제 탐구, 통합과학, 융합과학, 정보, 인공지능 기초

육각형 개발자

최범균 | 한빛미디어 | 2023

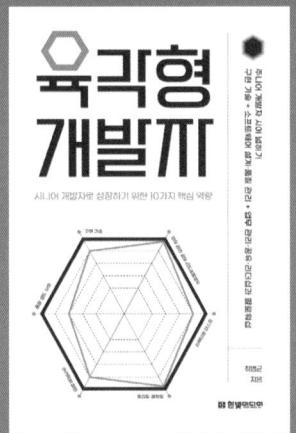

스포츠계에서 각종 능력치가 고루 균등한 선수를 육각형 선수라고 부른다. 육각형 개발자는 다양한 역량을 고루 갖춘 개발자라는 의미이다. 건강한 몸을 갖기 위해 여러 가지 영양소가 필요한 것처럼 좋은 개발자가 되려면 구현 기술 외에도 여러 역량을 키워야 한다. 모든 역량을 다 잘하기는 어렵지만 골고루 발전시킬 수는 있다. 이 책에 담긴 개발자 필수 역량을 살펴보면서 좋은 개발자로 성장하는 데 필요한 인사이트를 얻을 수 있을 것이다.

탐구 주제

주제1 소프트웨어 개발자는 현대 사회에서 매우 중요한 역할을 담당한다. 소프트웨어 개발자로서의 직업을 사하고, 어떤 역량이 시니어 개발자로 성장하는 데 중요한지 알아본 뒤 고등학생으로서 어떻게 그 역량을 개발하고 준비할 수 있는지 탐구해 보자.

주제2 소프트웨어 개발 프로젝트는 복잡하고, 많은 사람들의 협업이 필요한 작업이다. 리더십과 팔로워십은 성공적인 프로젝트를 수행하는 데 필수적인 요소이다. 프로젝트에서의 리더십과 팔로워십의 역할과 중요성을 구하고, 효과적인 리더와 팔로워로서의 자질과 태도를 연구해 보자.

주제3 다양한 프로그래밍 언어의 특징, 장단점, 사용 사례 등 비교 연구

주제4 소프트웨어 개발과 관련된 윤리와 사회적 책임 탐구

학생부 기록 예시 (교과세특)

소프트웨어 개발자에 관해 관심이 많은 학생으로 '육각형 개발자(최범균)'를 읽고 소프트웨어 개발자로서의 직업에 대해 이해하고 어떤 역량이 시니어 개발자로 성장하는 데 중요한지 알게 됨. 이후 고등학생이 어떻게 그 역량을 개발하고 준비할 수 있는지 탐구하여 보고서를 작성함. 또한 개발자는 소프트웨어 개발 기술 및 지식 외에도 협업과 리더십 역량이 중요함을 알고 자율동아리를 만들어 프로그래밍 관련 탐구활동을 함.

탐구주제 확장 및 심화

소프트웨어 개발자로서의 직업과 동향 탐구하기
새로운 기술과 도구의 등장으로 인해 소프트웨어 개발자의 역할과 요구되는 역량이 변화하고 있다. 소프트웨어 개발자 직업이 현대 사회에서 어떻게 변화하고 있는지를 탐구해 보자.

소프트웨어 개발자의 역량 개발 방법과 효과성 분석하기
소프트웨어 개발은 빠르게 변화하는 분야이기 때문에, 개발자는 지속적으로 역량을 개발해야 한다. 소프트웨어 개발자의 역량 개발 방법과 효과성을 탐구해 보자.

관련 논문 소프트웨어 스타트업SW개발자 역량의 상대적 중요도 분석(이청훈, 2020)

이 논문은 소프트웨어 스타트업 생존에 영향을 주는 중요 요인인 소프트웨어 개발자의 역량을 도출하고 이들 역량들이 어떤 우선순위를 가지는지에 대해 연구하여 스타트업 소프트웨어 개발자 역량 모델을 개발하였고, 역량의 상대적 중요도 및 우선순위를 분석하였다.

관련 도서 《개발자로 첫 출근했어요》, 설화, 로드북
《개발자를 넘어 기술 리더로 가는 길》, 타냐 라일리, 디코딩

관련 학과 AI소프트웨어학과, AI융합학과, IT융합학과, 미래융합학과, 소프트웨어학과, 소프트웨어융합학과, 인공지능학과, 정보통신공학과, 컴퓨터공학과, 컴퓨터과학과, 컴퓨터교육과, 컴퓨터응용기계과, 컴퓨터학과

관련 교과 2022 개정 교육과정: 인공지능 수학, 사회문제 탐구, 생애설계와 자립, 정보, 소프트웨어와 생활, 진로와 직업
2015 개정 교육과정: 인공지능 수학, 사회문제 탐구, 융합과학, 공학 일반, 지식 재산 일반, 정보, 진로와 직업

컴퓨터공학

소프트웨어공학

기계공학

로봇공학

전기전자공학

화학공학

챗GPT, 이렇게 써먹으면 됩니다

후루카와 쇼이치 외 | 시그마북스 | 2023

이 책은 인간의 도구로 태어난 챗GPT를 어떻게 활용할 수 있을지 기초부터 다룬 책이다. 그리고 제대로 사용하기 위한 '기술'을 정리한다. 관련 전공자가 아닌 이상 이해하기 힘든 어려운 기술적인 설명이나 수식, 전문용어를 최대한 배제하고 대화 형식으로 친절하게 설명한다. 또한 기존 업무에서 챗GPT를 어떻게 활용하고, 새로운 비즈니스나 업무에서는 어떻게 활용할 수 있을지 구체적인 사례와 관련 IT 서비스를 알려준다.

탐구 주제

주제1   대화형 AI는 인공지능 기술의 한 분야로, 역사는 1950년대부터 시작되었으며, 이후 다양한 기술들이 결합하여 지금의 모습을 갖추게 되었다. 대화형 AI의 역사와 기술 발전 동향을 조사하여 대화형 AI의 발전에 영향을 미친 주요 기술과 연구 동향을 조사하고 비교 분석해 보자.

주제2   대화형 AI는 사람과 자연스러운 대화를 통해 다양한 정보를 제공하고, 서비스를 수행하는 AI이다. 대화형 AI는 크게 챗봇과 대화형 AI 에이전트로 구분할 수 있다. 대화형 AI를 활용한 다양한 응용 분야를 조사하고, 각 분야에서의 활용 사례와 잠재 가능성을 분석해 보자.

주제3   챗GPT의 한계와 문제점을 조사하고 개선 방안 탐구

주제4   대화형 AI의 윤리적 측면과 사회적 영향력 탐구

학생부 기록 예시 (교과세특)

수업 중 챗GPT에 대해 배우고 이에 관해 탐구함. 탐구 중 '챗GPT, 이렇게 써먹으면 됩니다(후루카와 쇼이치 외)'를 읽고 챗GPT를 어떻게 활용할 수 있을지 알게 됨. 이후 챗GPT를 활용한 다양한 응용 분야를 조사하고, 각 분야에서의 활용 사례와 잠재 가능성 및 한계를 조사하여 보고서를 작성함. 사용자의 과거 대화 기록, 관심사, 선호도 등을 고려해 맞춤형 응답을 제공하는 방법을 연구하여 사용자의 만족도와 대화 품질을 더 향상해 보고 싶다고 함.

탐구주제 확장 및 심화

대화형 AI의 향후 발전 방향 제안해 보기
대화형 AI는 고객 서비스, 교육, 의료, 금융 등 다양한 분야에서 활용될 것이다. 대화형 AI의 최근 연구 동향과 산업 동향을 종합적으로 분석하여 향후 발전 방향을 제안해 보자.

대화형 AI의 긍정적 효과 극대화에 대해 탐구하기
대화형 AI는 우리 사회에 다양한 영향을 미칠 것이다. 대화형 AI의 긍정적인 영향이 극대화되고, 부정적인 영향이 최소화될 수 있도록 사회적 조사와 개입 방안을 탐구해 보자.

관련 논문   챗 GPT 등장과 저널리즘 공정성 논쟁 연구 : 현직 기자들의 심층인터뷰를 중심으로(한예주, 2023)

이 논문은 최근 저널리즘에서 챗GPT를 활용하는 경우가 증가하고 있는 상황에서 기자들이 챗GPT를 어떤 식으로 활용하고 있는지, 챗GPT를 활용할 시 어떤 문제점이 발생할 수 있는지를 현직 기자 10명을 대상으로 질적 연구 방법인 심층인터뷰를 진행하여 조사하였다.

관련 도서   《나만 알고 싶은 챗GPT 활용 업무효율화 비법》, 주형근 외, 미디어북
               《챗GPT의 거짓말》, 트렌드연구소, 동양북스

관련 학과   AI소프트웨어학과, AI융합학과, IT융합학과, 데이터사이언스학과, 미래융합학과, 소프트웨어학과, 소프트웨어융합학과, 인공지능학과, 전기전자공학과, 정보통신공학과, 컴퓨터공학과, 컴퓨터교육과, 컴퓨터학과

관련 교과   2022 개정 교육과정: 대수, 확률과 통계, 인공지능 수학, 통합과학2, 정보, 인공지능 기초, 소프트웨어와 생활
                2015 개정 교육과정: 확률과 통계, 인공지능 수학, 사회문제 탐구, 통합과학, 융합과학, 정보, 인공지능 기초

초보자도 프로처럼 만드는 플러터 앱 개발

이정주 | 한빛미디어 | 2023

플러터는 구글이 출시한 오픈 소스 크로스 플랫폼 GUI 애플리케이션 프레임워크다. 안드로이드, iOS, 윈도우즈, 리눅스 및 웹용 애플리케이션과 구글 퓨시아용 앱의 주된 소스코드로 사용된다. 플러터와 다트 언어에 대한 기초부터 고급 기술까지 폭넓게 다루고 현실적인 예제와 실제 프로젝트를 통해 개발 능력을 향상시킬 수 있는 기회를 제공해 이 책을 읽은 초보 개발자라면 플러터로 상용앱을 개발할 자신감을 충분히 가질 수 있을 것이다.

탐구 주제

주제1 플러터는 교육 분야에서 다양한 방식으로 활용될 수 있는 잠재력을 가지고 있다. 플러터가 교육 분야에서 어떻게 활용되고 있는지, 교육 분야에서 성공 사례는 무엇이 있는지 조사해 보고 학습 도우미 앱을 개발할 때 추가로 필요한 기능이 무엇이 있는지 탐구해 보자.

주제2 지역 사회의 문제점을 파악하여 문제 해결을 위한 지역 문제 정보 공유, 공동 프로젝트 진행, 소통, 후원금 모금 등을 위한 앱을 개발해 보자. 지역 사회의 문제 해결을 위한 앱을 개발하는 것은 지역 사회에 대한 관심과 문제 해결에 대한 의지를 실천하는 좋은 방법이 될 것이다.

주제3 플러터를 활용한 건강 관리 앱 개발하기

주제4 플러터의 특징과 장점을 조사하고 활용 가능성 탐구

학생부 기록 예시 (교과세특)

평소 애플리케이션 개발에 관심이 많은 학생으로 플러터가 다양한 분야에서 활용되고 있음을 알고 교육 분야에서 어떻게 활용되고 있는지, 성공 사례는 무엇이 있는지에 관한 탐구활동을 함. 탐구 중 '초보자도 프로처럼 만드는 플러터 앱 개발(이정주)'을 읽고 플러터와 다트 언어를 이해한 뒤 간단한 학습 도우미 앱 제작에 대한 아이디어와 구체적 계획을 수업 중 발표해 큰 호응을 얻음. 앞으로 시각, 청각 등의 장애인을 위한 학습 도우미 앱을 제작해 보고 싶다고 함.

탐구주제 확장 및 심화

플러터가 교육 분야에서 활용될 수 있는 새로운 가능성 탐구하기
플러터는 다양한 플랫폼을 지원하기 때문에, 안드로이드와 iOS용 VR/AR 앱을 모두 개발할 수 있다. 플러터로 개발한 앱을 통해 VR/AR을 활용한 교육이 제공될 수 있는지 탐구해 보자.

지역 사회의 문제 해결을 위한 앱의 효과성 평가 연구하기
지역 사회의 문제 해결을 위한 앱의 효과가 어떠한지 주민의 만족도 조사, 앱을 통해 해결된 지역 사회의 문제 파악 등을 조사하여 앱의 개선 방향을 제시해 보자.

관련 논문 데이터 시각화를 적용한 클라우드 기반 곱셈구구 연습 애플리케이션 개발(강설주 외, 2022)

이 논문은 학생들의 기초 곱셈 연산 능력 개선에 도움을 줄 수 있는 곱셈구구 연습 애플리케이션을 Flutter framework, Google Cloud, Google Sheets와 통합적으로 활용하여 개발해 학생 개별 맞춤형 지도를 위해 데이터 시각화 기술을 접목해 교사의 피드백을 돕고자 하였다.

관련 도서 《Do it! 깡샘의 플러터 & 다트 프로그래밍》, 강성윤, 이지스퍼블리싱
《풀스택 개발이 쉬워지는 다트&플러터》, 이성원, 영진닷컴

관련 학과 IT융합학과, 모바일소프트웨어학과, 모바일시스템공학과, 미래융합학과, 소프트웨어학과, 소프트웨어융합학과, 스마트전자과, 전기전자공학과, 정보통신공학과, 컴퓨터공학과, 컴퓨터응용기계과, 컴퓨터학과

관련 교과 2022 개정 교육과정: 통합사회2, 사회문제 탐구, 통합과학2, 정보, 인공지능 기초, 소프트웨어와 생활, 진로와 직업
2015 개정 교육과정: 통합사회, 사회문제 탐구, 통합과학, 정보, 인공지능 기초, 지식 재산 일반, 진로와 직업

추천 알고리즘의 과학
박규하 | 로드북 | 2022

이 책은 추천 시스템의 기본 원리와 다양한 응용 사례에 대해 다루고 있다. 1부에서는 추천 시스템의 개념과 중요성에 대해 소개하고 추천 알고리즘의 기본 개념과 원리를 이해하는 데 필요한 내용을 다룬다. 2부에서는 실시간/비실시간 추천 시스템, 넷플릭스의 추천 시스템, 유튜브의 추천 알고리즘, 페이스북의 뉴스피드와 랭킹 알고리즘, 개인 최적화 광고와 추천 시스템, 시간 변화와 추천 시스템 등 실제 서비스에서의 적용 사례를 다룬다.

탐구 주제

주제1 추천 시스템은 사용자의 취향과 관심사를 파악하여 그들이 좋아할 만한 콘텐츠나 상품을 추천하는 기술이다. 다양한 추천 시스템을 분석하여 추천 시스템이 어떻게 사용자의 선택과 행동에 영향을 미치는지 연구하고, 이를 개선하는 방안에 대해 탐구해 보자.

주제2 추천 시스템은 사용자의 취향과 관심사를 파악하기 위해 사용자의 개인정보를 수집하고 활용하여 추천 결과를 생성한다. 개인정보 보호를 위한 암호화 기술이나 익명화 기법 등을 탐구하고, 추천 시스템과 개인정보 보호 간의 균형을 고려한 방안을 연구해 보자.

주제3 다양한 추천 알고리즘 비교 분석

주제4 추천 알고리즘의 새로운 응용 분야 탐구

학생부 기록 예시 (교과세특)

수업 중 추천 시스템에 대해 배우고 이에 대해 탐구활동을 함. '추천 알고리즘의 과학(박규하)'을 읽고 추천 시스템의 기본 원리와 다양한 응용 사례에 대해 이해함. 다양한 추천 시스템을 분석하여 추천 시스템이 어떻게 사용자의 선택과 행동에 영향을 미치는지 탐구하여 수업 중 발표함. 추천 시스템이 사용자 선택과 행동에 미치는 영향을 개선하기 위한 방법으로 추천 다양성 증대, 사용자 피드백 반영, 투명한 추천 설명 제공 등을 제시하여 큰 호응을 얻음.

탐구주제 확장 및 심화

추천 시스템의 진화와 알고리즘 선택에 따른 성능 변화 탐구하기
추천 시스템 기술은 계속 발전하고 있으며, 새로운 알고리즘과 기법들이 등장하고 있다. 추천 시스템의 역사적인 변화와 알고리즘 선택에 따른 성능 변화를 탐구해 보자.

추천 시스템이 교육 분야에서 어떻게 활용될 수 있는지 탐구하기
추천 시스템은 교육 분야에서도 다양한 방식으로 활용될 수 있다. 학습 자료 추천, 개인화된 학습 경로 제시, 학습 동기 부여 등에 추천 시스템이 어떻게 활용될 수 있는지 탐구해 보자.

관련 논문 딥러닝을 이용한 추천시스템 성능 비교 연구(이학림, 2023)

추천시스템이란 사용자의 과거 행동 데이터나 다른 데이터를 바탕으로 사용자에게 필요한 정보나 제품을 골라서 제시해주는 시스템이다. 이 논문에서는 전통적 방법 및 딥러닝 기반의 다섯 가지 대표적 협업 필터링 모형 중 가장 성능이 뛰어난 모형을 찾아보고자 한다.

관련 도서 《추천 시스템》, 차루 아가르왈, 에이콘출판
《추천 시스템 입문》 가자마 마사히로 외, 한빛미디어

관련 학과 AI소프트웨어학과, AI융합학과, 경제학과, 데이터사이언스학과, 미래융합학과, 소프트웨어학과, 소프트웨어융합학과, 인공지능학과, 전기전자공학과, 정보통신공학과, 컴퓨터공학과, 컴퓨터교육과, 컴퓨터학과

관련 교과 2022 개정 교육과정: 확률과 통계, 인공지능 수학, 수학과제 탐구, 경제, 정보, 인공지능 기초, 데이터 과학
2015 개정 교육과정: 확률과 통계, 인공지능 수학, 수학과제 탐구, 통합사회, 경제, 정보, 인공지능 기초

핵심키워드

데이터 과학, 다양한 데이터 분석 도구, SAS ODA, No code

코딩 없이 배우는 데이터 과학

황보현우 외 | 성안북스 | 2023

이 책은 데이터 과학 입문자, 통계학 또는 컴퓨터공학 비전공자를 위해 데이터를 처리, 분석 하는 툴로 코딩보다 쉬운 SAS ODA에 대하여 설명하면서 데이터 과학에 대한 기초를 함께 알려준다. 각 챕터는 용어 정리, 표, 그림 등으로 기본 개념을 설명하고 있으며 SAS ODA, SAS Studio를 활용하여 No code로 데이터분석 및 전처리 그래프 등을 수행하면서 전체적인 데이터 과학에 대한 기술을 습득할 수 있도록 구성되어 있다.

탐구 주제

주제1 SAS ODA 프로그램을 활용하면 데이터를 효과적으로 분석하고 시각화하여 보다 정확하고 신뢰성 있는 결과를 도출할 수 있다. 학교 급식 데이터를 수집하여 급식의 영양 구성, 가격, 만족도 등을 분석한 뒤 분석한 데이터를 이용하여 학교 급식의 개선 방안을 제시해 보자.

주제2 학생들의 학업 성적 데이터와 자기효능감 데이터를 수집하여 SAS ODA 프로그램으로 분석하자. 분석한 데이터를 이용하여 자기효능감이 학업 성적에 어떤 영향을 미치는지 탐구하고 학업 성적과 자기효능감 간의 상관 관계를 분석하여 학습 동기 부여 방안을 학생들에게 제시해 보자.

주제3 학생들의 학업 성적과 수면 시간 간의 관계 분석

주제4 학생들의 학원 수강과 학업 성적 간의 관계 분석

학생부 기록 예시 (교과세특)

학업 성적과 자기효능감 간의 상관 관계에 대해 호기심을 가지고 탐구활동을 함. 코딩을 사용하지 않고 쉽게 분석하기 위해 '코딩 없이 배우는 데이터 과학(황보현우 외)'을 읽고 학생들의 성적표와 설문조사를 통해 데이터를 수집해 SAS ODA 프로그램으로 분석한 후 학업 성적과 자기효능감이 양의 상관 관계가 있음을 수업 중 발표함. 효능감을 높이는 방법으로 학생들에게 성공적인 학습 경험 제공, 성공한 학생의 모델 제시 등을 제시하여 큰 호응을 얻음.

탐구주제 확장 및 심화

학교 급식 데이터를 활용하여 학생들의 건강과 학습에 미치는 영향 분석하기

학교 급식 데이터를 분석하여 학생들의 영양 상태, 학업 성취도, 건강 상태 등을 측정하고, 학교 급식이 학생들의 건강과 학습에 미치는 영향을 SAS ODA 프로그램으로 분석해 보자.

학원 수강의 영향 요인 분석하기

학원 수강은 학업 성취 동기, 학습 능력, 경제적 여건 등 다양한 요인에 의해 영향을 받는다. 학원 수강의 영향 요인을 분석하여 학원 수강을 효과적으로 활용하기 위한 방법을 찾아보자.

관련 논문 고등학생의 학업적 자기효능감과 학습몰입 간의 관계에서 성취목표지향성의 매개효과(최미경, 조규판, 2022)

 본 연구의 목적은 고등학생의 학업적 자기효능감과 학습몰입 간의 관계에서 성취목표지향성의 매개효과를 알아보는 것이다. 연구의 결과는 고등학생들의 성취목표지향성과 내재적 학습 간의 심층적 이해를 돕고 나아가 학습자들의 학습 몰입도를 높여 바람직한 학습과정을 제시할 것이다.

관련 도서 《코딩 없이(Low code) 클릭으로 한 번에 빅데이터 분석하기》, 윤우제, 이래중, YBM
《챗GPT와 데이터 분석 with 코드 인터프리터》, 김철수, 위키북스

관련 학과	경영학과, 데이터사이언스학과, 데이터정보학과, 빅데이터학과, 소프트웨어학과, 소프트웨어융합학과, 응용통계학과, 정보통계학과, 정보통신공학과, 컴퓨터공학과, 컴퓨터과학과, 컴퓨터교육과, 통계학과
관련 교과	2022 개정 교육과정 : 확률과 통계, 실용 통계, 수학과제 탐구, 정보, 데이터 과학, 소프트웨어와 생활 2015 개정 교육과정 : 확률과 통계, 경제 수학, 인공지능 수학, 수학과제 탐구, 경제, 정보, 진로와 직업

코딩의 미래

홍전일 | 로드북 | 2022

20년 이상 독서와 코딩을 즐기는 저자가 코딩 진로를 두고 고민하는 독자들을 위해 쓴 책이다. 코딩과 소프트웨어의 중요성, 역사, 사고 방식, 플랫폼, 생각의 도구, 독서와의 관계, 콘텐츠 시대, 미래 환경, 그리고 코딩의 미래에 대해 다루고 있다. 각 장마다 다양한 예시와 사례를 통해 코딩과 소프트웨어의 영향력과 가능성을 탐구하고 미래에 대한 전망을 제시한다. 또한 이 책은 코딩의 미래에 대한 다양한 관점을 제시하고 있다.

탐구 주제

주제1 다른 국가에서도 코딩 교육의 중요성이 강조되면서 다양한 코딩 교육 프로그램과 정책이 시행되고 있다. 다른 국가의 코딩 교육 프로그램, 교육 방법, 학습 성과, 교육과정의 구성 등을 조사하여 현재 국내 코딩 교육의 현황과 비교 후 문제점을 파악하고 개선 방안을 탐구해 보자.

주제2 코딩은 단순히 컴퓨터 프로그램을 만드는 기술이 아니라, 문제 해결과 창의적인 사고력을 키워준다. 코딩을 통해 어떻게 창의적인 문제 해결과 사고 과정을 발전시킬 수 있는지, 코딩과 창의성 간의 연관성을 탐구하여 창의력과 문제 해결 능력을 향상시킬 수 있는 방법을 탐구해 보자.

주제3 책 읽기를 통해 코딩 능력을 향상시키는 방법 탐구

주제4 미래 사회에서 코딩이 어떤 역할을 할지에 관한 탐구

학생부 기록 예시 (교과세특)

수업 중 코딩의 중요성에 대해 배우고 코딩에 대해 탐구함. '코딩의 미래(홍전일)'를 읽고 코딩은 단순히 컴퓨터 프로그램을 만드는 기술이 아니라, 문제 해결과 창의적인 사고력을 키워줌을 알고 코딩을 통해 어떻게 창의적인 문제 해결과 사고 과정을 발전시킬 수 있는지에 대해 보고서를 작성함. 앞으로 코딩 교육의 중요성과 코딩을 통한 창의성과 문제 해결 능력의 발전을 촉진하는 방법에 대한 더 깊은 연구와 탐구가 필요함을 강조함.

탐구주제 확장 및 심화

AI 시대의 코딩 교육은 어떻게 변화해야 하는지 탐구하기

AI 기술은 다양한 분야에서 활용되고 있으며, 코딩은 AI 기술을 이해하고 활용하기 위한 필수적인 기술이다. AI 시대의 코딩 교육은 어떻게 변화해야 하는지 탐구해 보자.

코딩 역량이 요구되는 미래 직업 및 산업 발전 전망하기

AI, 빅데이터, 블록체인 등 다양한 기술이 발전하면서 코딩 역량이 요구되는 직업과 산업이 더욱 늘어날 것이다. 코딩 역량이 요구되는 미래 직업 및 산업 발전에 대해 전망해 보자.

관련 논문 효과적인 코딩교육을 위한 학습 모델에 대한 연구(김시정, 조도은, 2018)

소프트웨어 교육을 통한 컴퓨팅 사고 및 창의력 중심의 교육에 대한 중요성이 강조되면서 효과적인 코딩 교육에 대한 연구가 절실히 요구 된다. 본 연구는 학습자의 참여와 흥미를 높이는 효과적인 코딩 학습 모델에 대한 연구를 진행하였다.

관련 도서 《다빈치 코딩》, 이철기, 최찬경, 성안당
《코딩 좀 아는 사람》, 제러미 키신, 윌북

관련 학과	AI소프트웨어학과, IT융합학과, 데이터사이언스학과, 멀티미디어학과, 소프트웨어학과, 소프트웨어융합학과, 인공지능학과, 정보통신공학과, 초등교육과, 컴퓨터공학과, 컴퓨터과학과, 컴퓨터교육과, 컴퓨터학과
관련 교과	2022 개정 교육과정: 미적분I, 인공지능 수학, 통합과학1, 융합과학 탐구, 정보, 인공지능 기초, 소프트웨어와 생활 2015 개정 교육과정: 미적분, 인공지능 수학, 통합과학, 물리학I, 물리학II, 융합과학, 기술·가정, 정보, 진로와 직업

크리에이티브 프로그래머

바우테르 흐루네벨트 | 한빛미디어 | 2023

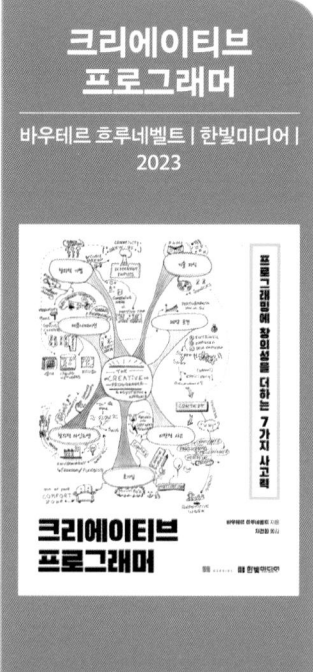

창의성은 현대 사회에서 매우 중요한 역량이다. 프로그래밍은 작곡이나 비즈니스 창업 또는 마케팅 캠페인 기획과 마찬가지로 창의적인 행위로 연습을 통해 익히고 개선할 수 있다. 이 책은 프로그래밍과 창의성을 결합하여 창의적인 결과물을 만들어내는 방법에 대해 다루고 있다. 또한, 창의성을 활용해 더 효과적인 문제해결, 더 높은 생산성, 더 좋은 소프트웨어로 전환하는 실용적인 방법을 다양한 예시와 함께 상세히 설명하고 있다.

탐구 주제

주제1 창의성은 빠르게 변화하는 현대 사회에서 매우 중요한 능력이다. 창의적인 사고를 통해 자신의 잠재력을 개발하고, 미래 사회에서 성공할 수 있는 준비를 할 수 있다. 고등학생들이 창의성을 키우기 위해 적용할 수 있는 창의적 사고 방법과 자기 개발 전략을 탐구해 보자.

주제2 인공지능 알고리즘은 아직 초기 단계에 있지만 앞으로 더욱 발전한다면, 기존의 작가들이 창작하기 어려웠던 작품을 더 창의적이고 독창적으로 창작할 수 있을 것으로 기대된다. 인공지능 알고리즘을 활용하여 예술 작품, 음악, 문학 등을 창작하는 방법과 그 결과를 탐구해 보자.

주제3 프로그래머의 창의성 향상을 위한 교육 방안 탐구

주제4 프로그래머의 창의성을 저해하는 요인과 해결 방안 탐구

학생부 기록 예시 (교과세특)

프로그래머에 관심이 많은 학생으로 프로그래머가 되기 위해 어떤 역량이 필요한지 알고 싶어 '크리에이티브 프로그래머(바우테르 흐루네벨트)'를 읽고 프로그래밍과 창의성을 결합하여 창의적인 결과물을 만들어내는 방법에 대해 이해함. 이후 고등학생들이 창의성을 키우기 위해 적용할 수 있는 자기 개발 전략을 탐구하여 보고서를 작성함. 이에 그치지 않고 자신이 탐구한 전략을 학급 게시판에 게시하여 친구들에게 큰 호응을 얻음.

탐구주제 확장 및 심화

고등학생들의 창의성 향상을 위한 학교 교육 환경 개선 방안 연구하기
고등학생들의 창의성 향상을 위한 교육 프로그램이나 학교 교육 환경 개선 방안을 연구하여 고등학생들이 창의적인 사고력을 키울 수 있는 교육 환경을 조성해 보자.

인공지능 알고리즘을 활용한 예술 작품, 음악, 문학의 윤리적 측면 탐구하기
인공지능 알고리즘을 활용한 예술 작품, 음악, 문학의 윤리적 측면을 조사하여 인공지능이 창작한 작품의 저작권, 모방과 표절의 문제, 예술의 본질에 대한 영향 등을 살펴보자.

관련 논문 프로젝트 기반 학습이 학습자의 창의성과 문제해결능력에 미치는 영향(조서연 외, 2021)

프로젝트 기반 학습(Project Based Learning)은 학습자의 탐구 과정과 성찰, 문제해결, 자발적인 참여와 능동성을 강조하는 학습자 중심 교수-학습 모형이다. 본 연구의 목적은 프로젝트 기반 학습이 학습자의 창의성과 문제해결능력에 미치는 영향을 탐색해보는 데 있다.

관련 도서 《요즘 우아한 개발》, 우아한형제들, 골든래빗(주)
《소프트웨어 창의 설계》, 박현석 외, 한빛아카데미

관련 학과 AI소프트웨어학과, AI융합학과, IT융합학과, 데이터사이언스학과, 소프트웨어학과, 소프트웨어융합학과, 인공지능학과, 정보통신공학과, 컴퓨터공학과, 컴퓨터과학과, 컴퓨터교육과, 컴퓨터응용기계과, 컴퓨터학과

관련 교과 2022 개정 교육과정: 인공지능 수학, 수학과제 탐구, 융합과학 탐구, 정보, 소프트웨어와 생활, 진로와 직업
2015 개정 교육과정: 수학, 인공지능 수학, 수학과제 탐구, 통합과학, 융합과학, 지식 재산 일반, 정보, 진로와 직업

클린 코드의 기술

Christian Mayer | 영진닷컴 | 2023

클린 코드는 읽고 이해하고 고치기 쉬운 코드이다. 이 책은 프로그래머가 따라야 할 클린 코드 작성 원칙을 설명한 책이다. 실무 프로그래머로서 아홉 가지 원칙들을 적용하여 잠재력을 획기적으로 향상되는 방법을 보여 준다. 또한, 더 많은 결과에 집중하는 것이 아닌 복잡성을 줄이고 클린한 코드를 작성하여 한 개의 일을 집중적으로 잘하고 사용자의 피드백에 맞춰 빠르게 제품을 완성시켜야 한다고 말하고 있다.

탐구 주제

주제1 클린 코드는 가독성이 높고 유지보수가 용이한 코드를 말한다. 즉, 코드를 작성할 때 명확하고 간결하며 의도가 분명히 드러나도록 하는 것을 의미한다. 클린 코드 작성이 소프트웨어 유지보수성, 개발 생산성, 품질 등에 어떤 영향을 미치는지 연구하고 분석해 보자.

주제2 성능 최적화는 소프트웨어의 성능을 향상시키는 프로세스이고 80:20 원칙은 전체 결과의 80%는 20%의 노력으로 달성된다는 원칙이다. 성능 최적화에도 80:20 원칙을 적용할 수 있다. 성능 최적화를 위해 80:20 원칙을 활용하는 다양한 기법과 도구를 탐구해 보자.

주제3 소프트웨어 개발 생명주기에서의 복잡성 관리 탐구

주제4 몰입을 향상시키기 위한 다양한 방법 탐구

학생부 기록 예시 (교과세특)

평소 프로그래머에 호기심이 많은 학생으로 좋은 프로그래머가 되기 위한 역량에 대해 탐구활동을 함. 탐구 중 '클린 코드의 기술(Christian Mayer)'을 읽고 실무 프로그래머로서 아홉 가지 원칙들을 적용하여 잠재력을 획기적으로 향상되는 방법을 이해한 뒤 클린 코드 작성이 소프트웨어 유지보수, 개발 생산, 품질 등에 어떤 영향을 미치는지 조사하여 보고서를 작성함. 앞으로 클린 코드 작성 원칙을 자동으로 적용할 수 있는 도구를 개발해 보고 싶다는 포부를 밝힘.

탐구주제 확장 및 심화

클린 코드 작성이 팀 협업에 미치는 영향 분석하기
클린 코드 작성 수준과 팀 협업의 품질, 의사소통의 원활성 등을 분석하고, 클린 코드 작성이 팀 협업을 어떻게 개선할 수 있는지 탐구해 보자.

개발 환경의 몰입 요소 분석하기
개발 환경은 개발자의 몰입에 중요한 영향을 미친다. 개발 도구의 편리성, 사용자 인터페이스의 직관성 등을 분석하여 개발 환경이 몰입에 어떻게 영향을 주는지 탐구해 보자.

관련 논문 소프트웨어 설계 능력 향상과 컴퓨팅 사고력의 관계성 연구(박성빈, 2017)

 이 논문은 소프트웨어 개발 종사자들에게 요구되는 소프트웨어 기반의 신산업분야로의 성공적인 전환뿐만 아니라 그들이 산업의 변화를 주도 하기 위한 방법으로 창의적 사고체계인 컴퓨팅 사고력(Computational Thinking)이 도움이 되는지 알아본다.

관련 도서 《클린 코더》, 로버트 마틴, 에이콘출판
《파이썬 클린 코드》, 마리아노 아나야, 터닝포인트

관련 학과 AI소프트웨어학과, AI융합학과, IT융합학과, 미래융합학과, 소프트웨어학과, 소프트웨어융합학과, 인공지능학과, 정보통신공학과, 컴퓨터공학과, 컴퓨터과학과, 컴퓨터교육과, 컴퓨터응용기계과, 컴퓨터학과

관련 교과 2022 개정 교육과정: 인공지능 수학, 사회문제 탐구, 생애설계와 자립, 정보, 소프트웨어와 생활, 진로와 직업
2015 개정 교육과정: 인공지능 수학, 사회문제 탐구, 융합과학, 공학 일반, 지식 재산 일반, 정보, 진로와 직업

퓨처라마

변완희 | 크레파스북 | 2021

이 책은 전기＋공유＋자율주행 기술과 산업 지형도를 상세히 소개하며, 전기＋공유＋자율주행 자동차가 만들어 낼 미래 도시의 풍경과 변화할 인간의 삶을 설명한다. '도시'라는 관점에서 자율주행 자동차의 가능성에 주목한 독특한 책으로 자율주행 자동차가 도시와 사회에 미칠 영향에 대해 심도 있게 다루고 있다. 자율주행 자동차가 교통, 환경, 도시 공간 등 다양한 측면에서 도시의 변화를 가져올 것으로 예상한다.

탐구 주제

주제1 공유 자동차는 기존의 자동차보다 주차 공간을 적게 차지하기 때문에, 도시의 교통 혼잡을 줄이고 공간을 효율적으로 사용할 수 있다. 공유 자동차가 도시 공간에 어떤 영향을 미치는지에 대한 연구를 통해, 공유 자동차가 도시 공간을 어떻게 변화시킬 수 있는지 탐구해 보자.

주제2 자율주행 자동차, 전기 자동차, 공유 자동차 등 새로운 모빌리티 기술의 등장으로 인해 미래 도시의 교통 체계가 크게 변화할 것으로 예상된다. 미래 도시의 교통 체계 변화가 사회 전반에 미치는 영향에 대한 연구를 통해, 미래 도시의 모습을 미리 상상하고 대비해 보자.

주제3 전기차 충전 인프라의 현재 상황과 문제점 탐구

주제4 자동차 산업의 미래와 일자리 변화 탐구

학생부 기록 예시 (교과세특)

수업 중 미래의 자동차에 대해 배우고 이에 대해 탐구함. '퓨처라마(변완희)'를 읽고 전기, 공유, 자율주행 자동차가 도시와 사회에 미칠 영향에 대해 이해한 후 미래 도시의 교통 체계 변화가 사회 전반에 미치는 영향에 대해 연구하여 보고서를 작성함. 교통 사고 감소, 교통 혼잡 완화, 환경 개선 등의 장점과 일자리 감소, 보안의 문제, 사회적 불평등 심화 등의 문제점에 대해 예상하였고 미래 도시 교통 체계 변화에 대비한 정책과 제도 마련의 필요성을 강조함.

탐구주제 확장 및 심화

공유 자동차와 대중 교통의 통합 방안 탐구하기
도시의 교통 혼잡, 환경 오염, 도시 공간 확보 등을 위해 공유 자동차와 대중 교통 시스템을 통합하여 보다 효율적인 교통 체계를 구축하는 방안을 탐구해 보자.

전기차 충전 인프라와 재생 에너지 연계 탐구하기
전기차 충전 인프라와 재생 에너지 시스템을 연계하면, 전기차 충전 과정에서 재생 에너지를 활용할 수 있다. 이를 통해 지속 가능한 에너지 이용을 촉진하는 방안을 탐구해 보자.

관련 논문 토픽모델링 기반의 국내외 미래 자동차 연구동향 비교 분석 : CASE 키워드 중심으로(정호정 외, 2022)

대다수의 기업들이 전기 자동차, 자율주행자동차로의 전환을 준비하고 있으며, 현시점에서 국내와 국외의 미래 자동차 연구동향을 비교 분석할 필요가 있다. 이 논문은 국내외 미래 자동차 연구동향을 비교 분석하여 정책적 시사점을 제시하고자 한다.

관련 도서 《도시와 교통》, 정병두, 크레파스북, 2020)
《오토 워》, 자동차미생, 이레미디어, 2022)

| 관련 학과 | AI융합학과, 교통공학과, 기계자동차공학과, 도시공학과, 미래모빌리티학과, 미래융합학과, 미래자동차공학과, 배터리학과, 스마트모빌리티학과, 스마트전기자동차과, 인공지능학과, 자동차공학과, 전기공학과 |

| 관련 교과 | 2022 개정 교육과정 : 미적분I, 미적분II, 경제, 인공지능 수학, 물리학, 화학, 융합과학 탐구, 정보, 인공지능 기초
2015 개정 교육과정 : 미적분, 인공지능 수학, 경제, 통합과학, 물리학I, 물리학II, 화학I, 화학II, 공학 일반, 정보 |

프로그래머, 수학의 시대

이재현, 이정설 | 로드북 | 2020

이 책은 수학의 중요성을 얘기하지는 않는다. 수학은 몰라도 되지만, 수학을 알면 더 많은 기회가 생기고 더 나은 도전적인 일을 해낼 수 있다고 이야기하고 있다. 특히 인공지능 시대에는 수학의 중요성이 더욱 커질 것이라고 강조한다. 저자들은 수학이 자신들의 삶에 어떻게 무기가 되었는지를 이야기해주고 있다. 프로그래머에게 수학이 왜 필요한지, 그리고 어떻게 수학을 공부해야 하는지에 대한 궁금증을 해소해 주는 책이다.

탐구 주제

주제1 프로그래밍과 수학은 서로 밀접한 관련이 있는 분야이다. 프로그래밍을 위해서는 수학적인 개념과 원리를 이해해야 한다. 프로그래밍에서 수학적인 원리와 알고리즘을 활용한 사례를 조사하여 수학적인 문제 해결과 프로그래밍의 관련성에 대해 분석해 보자.

주제2 수학은 논리적이고 추론적인 사고력을 키우는 데 도움이 된다. 또한, 다양한 문제를 해결하기 위한 창의적인 사고력을 향상시켜 준다. 수학적 개념이 프로그래밍의 다양한 분야에서 활용되는데 프로그래밍에 적용하는 과정을 통해 사고력과 창의성이 어떻게 향상되는지 탐구해 보자.

주제3 인공지능의 발전에 따른 수학의 활용 방향에 관한 전망 탐구

주제4 프로그래머가 수학 공부하는 방법에 대한 제안을 제시하는 탐구

학생부 기록 예시 (교과세특)

수업 중 수학의 중요성에 대해 배우고 프로그래머에게 수학이 왜 필요한지에 대한 호기심으로 탐구활동을 함. 탐구 중 '프로그래머, 수학의 시대(이재현 외)'를 읽고 프로그래머에게 수학이 왜 필요한지, 그리고 어떻게 수학을 공부해야 하는지를 이해함. 이후 수학적 개념이 프로그래밍에 적용하는 과정을 통해 사고력과 창의성이 어떻게 향상되는지 탐구해 보고서를 작성함. 앞으로 프로그래밍 교육에 수학을 접목할 수 있는 방법을 연구해 보고 싶다고 함.

탐구주제 확장 및 심화

인공지능 분야에서 사용되는 수학적 개념과 원리를 조사하고, 그 활용 방향을 분석하기
딥러닝은 인공지능의 발전을 이끄는 핵심 기술이다. 딥러닝에서 사용되는 수학적 개념을 조사하고, 이를 통해 인공지능의 활용 방향과 발전 방향을 전망해 보자.

프로그래밍에서 수학의 활용 범위를 확장하는 방법 탐구하기
프로그래밍에서 수학은 다양한 분야에서 활용되고 있지만, 앞으로 더욱 다양한 분야에서 활용될 것으로 예상된다. 프로그래밍에서 수학의 활용 범위를 확장하기 위한 방법을 탐구해 보자.

관련 논문 4차 산업혁명 시대를 대비한 미래 수학교육의 방향설정에 대한 연구(한정화, 2021)

이 논문은 4차 산업혁명으로 인해 촉발된 미래 사회의 변화에 능동적으로 대응하기 위해 필요한 역량 및 수학교육의 방향, 핵심 주제 등을 탐구하고, 현재 적용중인 2015 개정 교육과정의 현황 및 현장 적용 현황을 통해 시사점을 도출하고자 한다.

관련 도서 《수학 리부트》, 강중빈, 인사이트
《프로그래머를 위한 수학》, 폴 올랜드, 한빛아카데미

관련 학과 AI소프트웨어학과, 데이터사이언스학과, 데이터정보학과, 빅데이터학과, 소프트웨어학과, 소프트웨어융합학과, 수학과, 응용통계학과, 정보통계학과, 정보통신공학과, 컴퓨터공학과, 컴퓨터과학과, 통계학과

관련 교과 2022 개정 교육과정: 대수, 확률과 통계, 미적분I, 미적분II, 인공지능 수학, 수학과제 탐구, 정보, 진로와 직업
2015 개정 교육과정: 수학, 수학I, 수학II, 미적분, 확률과 통계, 인공지능 수학, 수학과제 탐구, 정보, 진로와 직업

프롬프트, 프롬프트 엔지니어링, 기법, 노하우

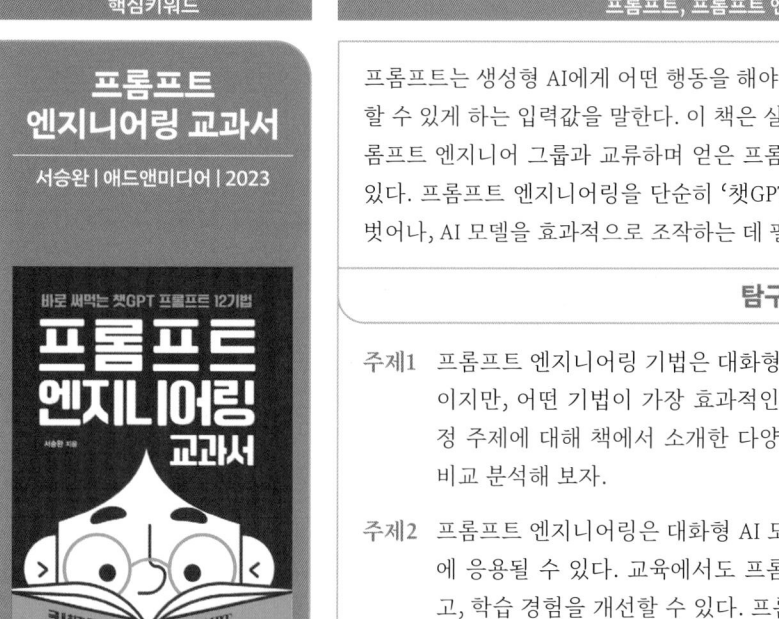

프롬프트 엔지니어링 교과서
서승완 | 애드앤미디어 | 2023

프롬프트는 생성형 AI에게 어떤 행동을 해야 하는지 자연어로 설명해 원하는 결과물을 출력할 수 있게 하는 입력값을 말한다. 이 책은 실제 AI 모델 기반 프로덕트를 개발하고, 해외 프롬프트 엔지니어 그룹과 교류하며 얻은 프롬프트 엔지니어링 노하우와 비법들을 소개하고 있다. 프롬프트 엔지니어링을 단순히 '챗GPT 사용법' 정도로 치부하는 일반적인 시각에서 벗어나, AI 모델을 효과적으로 조작하는 데 필요한 원리와 전략을 제시한다.

탐구 주제

주제1 프롬프트 엔지니어링 기법은 대화형 AI 모델의 응답을 제어하는 데 효과적인 방법이지만, 어떤 기법이 가장 효과적인지는 아직까지 명확하게 밝혀지지 않았다. 특정 주제에 대해 책에서 소개한 다양한 기법의 프롬프트를 작성해본 뒤 각 기법을 비교 분석해 보자.

주제2 프롬프트 엔지니어링은 대화형 AI 모델의 응답을 제어하는 방법으로, 다양한 분야에 응용될 수 있다. 교육에서도 프롬프트 엔지니어링을 활용해 학습 효과를 높이고, 학습 경험을 개선할 수 있다. 프롬프트 엔지니어링을 활용하여 교육 효과를 향상시킬 수 있는 방안을 탐구해 보자.

주제3 프롬프트 엔지니어링의 한계와 개선 방안 탐구

주제4 프롬프트 엔지니어링 기술의 윤리적 문제 탐구

학생부 기록 예시 (교과세특)

수업 중 생성형 인공지능에 대해 배우고 이에 대해 탐구활동을 함. '프롬프트 엔지니어링 교과서(서승완)'를 읽고 프롬프트와 프롬프트 엔지니어링의 다양한 기법에 대해 이해함. 책에서 소개한 다양한 기법의 장단점에 대해 탐구하여 발표함. 각 기법의 장단점에 대해 표를 이용해 친구들이 이해하기 쉽게 설명하여 큰 호응을 얻음. 앞으로 프롬프트 엔지니어링을 더 다양한 분야에 적용하여 활용할 수 있는 방법을 공부해 보고 싶다는 포부를 밝힘.

탐구주제 확장 및 심화

프롬프트 엔지니어링을 악용한 허위 정보의 유포 방지 방법 연구하기
프롬프트 엔지니어링을 악용하여 허위 정보를 유포할 수 있다. 따라서, 프롬프트 엔지니어링을 악용한 허위 정보의 유포를 방지하기 위한 방법을 연구해 보자.

프롬프트 엔지니어링을 활용한 과학 문제 해결 방법 탐구하기
물리, 화학, 생물 등의 문제에 대한 프롬프트를 작성하고, 해당 문제에 대한 정확한 답변을 생성하도록 시스템을 구현한 뒤 과학 문제 해결 능력을 향상시킬 수 있는 방안을 탐구해 보자.

관련 논문 프롬프트 엔지니어링을 활용한 생성적 인공지능 예술 창작 연구(조영각, 2023)

이 논문은 프롬프트 엔지니어링을 활용한 생성형 인공지능 예술 창작에 대한 논문이다. 인공지능이 언어를 통해 이미지화를 하는 과정에서 작용한 부분(시각화된 부분)과 그 나머지의 유추되지 못한 부분을 관찰하고, 이러한 틈에서 예술가의 역할과 창의적 실행의 가능성을 탐구했다.

관련 도서 《챗 GPT 프롬프트 디자인》, 김현종, 빈티지하우스
《프롬프트 엔지니어링》, 반병현, 생능북스

관련 학과 AI소프트웨어학과, AI융합학과, IT융합학과, 데이터사이언스학과, 미래융합학과, 소프트웨어학과, 소프트웨어융합학과, 인공지능학과, 전기전자공학과, 정보통신공학과, 컴퓨터공학과, 컴퓨터교육과, 컴퓨터학과

관련 교과 2022 개정 교육과정 : 대수, 확률과 통계, 인공지능 수학, 통합과학2, 정보, 인공지능 기초, 소프트웨어와 생활
2015 개정 교육과정 : 확률과 통계, 인공지능 수학, 사회문제 탐구, 통합과학, 융합과학, 정보, 인공지능 기초

한눈에 보이는 인공지능 수학 그림책

한선관, 정기민 | 성안당 | 2023

이 책은 인공지능과 수학을 쉽고 재미있게 그림으로 소개하는 책이다. 인공지능의 핵심인 기계학습의 알고리즘을 이해하기 위한 인공지능 수학을 멘사 회원인 정기민 선생님과 한국 인공지능교육학회장인 한선관 교수님이 인공지능과 수학과의 관계를 연관 지어 알기 쉽게 풀어 설명해 준다. 다양한 그림과 일러스트를 통해 수학의 개념을 시각적으로 설명하고, 인공지능과 관련된 예시와 활용 사례를 함께 제시하여 쉽게 이해를 도울 것이다.

탐구 주제

주제1 인공지능은 인간의 지능을 모방하는 학문 또는 기술이다. 다양한 분야에서 활용되고 있으며, 그 중요성이 점차 커지고 있다. 인공지능을 구현하기 위한 수학적 원리들은 인공지능의 발전에 중요한 역할을 하고 있다. 어떤 역할을 하였는지 조사하고 인공지능의 발전을 예측해 보자.

주제2 인공지능 기술의 발전에 기여한 주요 기술들은 수많은 분야에서 존재한다. 인공지능의 발전에 기여한 주요 기술들을 조사하고, 그 기술이 인공지능의 발전에 어떤 영향을 미쳤는지 분석하여 미래에 인공지능의 발전을 가속화할 새로운 기술은 무엇이 있을지 전망해 보자.

주제3 인공지능이 의료 분야에 미치는 영향 탐구하기

주제4 인공지능의 자율성의 문제점을 조사하고, 해결 방안 모색하기

학생부 기록 예시 (교과세특)

수업 중 인공지능을 구현하기 위해서 수학적 원리들이 필요함을 배운 후 호기심을 가지고 탐구활동을 함. '한눈에 보이는 인공지능 수학 그림책(한선관 외)'을 읽고 인공지능을 구현하기 위한 수학적 원리들이 인공지능의 발전에 중요한 역할을 한 것에 대해 알게 됨. 이후 수학적 원리들이 어떤 역할을 하였는지 조사하고 인공지능의 발전을 예측하여 보고서를 작성함. 앞으로 인공지능의 성능 향상과 활용 범위 확장을 위한 공부를 더 해보고 싶다고 함.

탐구주제 확장 및 심화

인공지능의 발전이 수학 발전에 미치는 영향 연구하기
인공지능의 발전은 수학 분야에도 큰 영향을 미치고 있다. 인공지능의 발전으로 인해 새로운 수학적 이론이나 방법이 등장할 가능성을 연구해 보자.

인공지능의 자율성 제어 연구하기
인공지능의 자율성은 인공지능이 스스로 판단하고 행동할 수 있는 능력을 말한다. 인공지능의 자율성에 대한 문제점을 해결하기 위한 윤리적, 법적, 기술적 방안을 탐구해 보자.

관련 논문 인공지능(AI) 역량 함양을 위한 고등학교 수학 내용 구성에 관한 소고(고호경, 2020)

이 논문은 인공지능 시대에 이에 대한 원리를 보다 더 잘 이해하고 이를 적절히 활용할 수 있기 위한 중고등학교 학생들이 경험해야 하는 수학 내용이 무엇인지를 살펴보고자 한다. 향후 개정교육과정에서 어떻게 중고등학교 수학에 적용할 수 있을지에 대한 시사점이 될 수 있을 것이다.

관련 도서 《나의 첫 AI 수학》, 오세준, 맘에드림
《딥러닝을 위한 수학》, 로널드 크노이젤, 제이펍

관련 학과 AI소프트웨어학과, 데이터사이언스학과, 데이터정보학과, 빅데이터학과, 소프트웨어학과, 소프트웨어융합학과, 수학과, 응용통계학과, 정보통계학과, 정보통신공학과, 컴퓨터공학과, 컴퓨터과학과, 통계학과

관련 교과 2022 개정 교육과정: 대수, 확률과 통계, 미적분I, 미적분II, 인공지능 수학, 수학과제 탐구, 정보, 인공지능 기초
2015 개정 교육과정: 수학I, 수학II, 미적분, 확률과 통계, 인공지능 수학, 수학과제 탐구, 정보, 인공지능 기초

MEMO

기계공학

순번	도서명	저자명	출판사명
1	10대에게 권하는 공학	한화택	글담출판
2	10대에게 권하는 물리학	이강영	글담출판
3	1분 물리학	중국과학원 물리연구소	책밥
4	공학의 눈으로 미래를 설계하라	연세대학교 공과대학	해냄
5	공학자의 세상 보는 눈	유만선	시공사
6	과학으로 보는 4차 산업과 미래 직업	이보경	지브레인
7	과학의 역사	윌리엄 바이넘	소소의책
8	교실 밖에서 듣는 바이오메디컬공학	임창환 외	MID
9	기계는 어떻게 생각하고 학습하는가	닉 보스트롬 외	한빛미디어
10	기계는 어떻게 생각하는가?	숀 게리시	이지스퍼블리싱
11	나사의 벌	로버트 워	시그마북스
12	냉장고의 역사를 통해 살펴보는 필요의 탄생	헬렌 피빗	푸른숲
13	누리호, 우주로 가는 길을 열다	오승협	RHK
14	만일 물리학으로 세상을 볼 수 있다면	정창욱	콘택트
15	모든 움직이는 것들의 과학	한근우	사과나무
16	모빌리티 기술혁명 미래보고서 2030	박승대	형설EMJ
17	물리적 힘	헨리 페트로스키	서해문집
18	물리지 않는 물리학	이노키 마사후미	필름
19	물은 H_2O인가?	장하석	김영사
20	미래 모빌리티 UAM에 투자하라	이재광	경향비피
21	세상을 바꾼 과학 이야기	권기균	종이책
22	아주 위험한 과학책	랜들 먼로	시공사
23	알기 쉬운 철도과학	가와베 켄이치	북스힐
24	앨런 튜링: 생각하는 기계, 인공지능을 처음 생각한 남자	짐 오타비아니	푸른지식
25	우주미션 이야기	황정아	플루토
26	우주시대에 오신 것을 환영합니다	켈리 제라디	혜윰터
27	우주탐사 매뉴얼	김성수	위즈덤하우스
28	우주탐사의 물리학	윤복원	동아시아
29	유클리드기하학, 문제해결의 기술	박종하	김영사
30	일론 머스크	월터 아이작슨	21세기북스
31	창의력에 미쳐라	김광희	넥서스BIZ
32	처음 읽는 인공위성 원격탐사 이야기	김현옥	플루토
33	처음 읽는 플랜트 엔지니어링 이야기	박정호	플루토
34	천재들의 과학노트 3: 물리학	캐서린 쿨렌	지브레인
35	커피 얼룩의 비밀	송현수	MID
36	클래식 파인만	리처드 파인만, 랠프 레이턴	사이언스북스
37	플라잉	임재한	어크로스
38	한 번 읽으면 절대 잊을 수 없는 물리 교과서	이케스에 쇼타	시그마북스
39	형태의 기원	크리스토퍼 윌리엄스	이데아
40	환경은 걱정되지만 뭘 해야 할지 모르는 사람들을 위한 과학과 기술	한치환	플루토

10대에게 권하는 공학

한화택 | 글담출판 | 2018

이 책은 상상 그 이상의 세계가 도래할 미래 세대의 주인공이 될 청소년에게 공학이란 무엇인지, 공학이 어떻게 우리 사회를 움직여 왔는지, 공학이 앞으로 만들어 갈 미래 사회는 어떤 모습인지 공학 전반을 설명한다. 우리가 생각하지 못했던 고대의 돌도끼에서부터 매일 쓰는 볼펜 하나하나까지 공학적 산물의 결과임을 밝히고, 정규 교과 과정에서는 배울 수 없어 잘못 알고 있는 사실들도 하나하나 짚어 낸다.

탐구 주제

주제1 공과대학 신입생들은 입학을 앞두고도 공학과 과학의 차이를 잘 알지 못하는 경우가 많다. 하지만 공과대학에 입학하려는 학생들은 늘어나고 있다. 인공지능, 로봇 등 변화하는 사회의 움직임을 공학이 이끌어가고 있기 때문이다. 그렇다면 공학과 과학의 차이가 무엇인지 탐구해 보자.

주제2 요즘 주변에서 코딩교육의 중요성을 강조하는 말을 많이 한다. 프로그래밍에는 다양한 프로세스가 있는데 이 중에서 코딩이란 입력하는 최소한의 단위를 말한다. 책에서는 배운 대로 숙달해 코딩하게 하거나 외워서 코딩하게 하는 것이 불필요하다고 말하는데 그 이유를 탐구해 보자.

주제3 우리 역사를 바꾼 발명품에 대한 탐구

주제4 훌륭한 엔지니어에게 글쓰기가 중요한 이유에 대한 탐구

학생부 기록 예시 (교과세특)

'10대에게 권하는 공학(한화택)'을 읽고, 공학과 과학의 차이에 대해 발표함. 과학은 자연 현상이나 원리를 탐구하고 이해하는 데 중점을 두는 반면에 공학은 과학 및 수학적 원리를 적용하여 구조, 기계 및 시스템을 설계하고 구축하는 것에 중점을 둔다고 설명하면서 공학은 산업과 직접적으로 연결되어 있어서 시대의 요청에 따라 변화한다고 강조하면서 기계공학, 화학공학, 전자공학 등 여러 가지 공학 분야의 특징에 대해 상세히 설명함.

탐구주제 확장 및 심화

발명특허에 대해 알아보기
발명특허란 발명에 대하여 인정되는 국가공인 독점·배타권이자, 지식재산권의 일종이다. 발명의 종류를 조사해 보고 특허의 특징, 심사 절차 등에 대해 알아보자.

외국 고등학교의 공학교육 현황 알아보기
공학교육은 그 중요성에 비해 우리나라 학교 교육과정에서 잘 다루어지지 않는다. 외국에서는 공학교육을 어떻게 실시하고 있는지 조사해 보자.

관련 논문 제4차 산업혁명에 대응하는 인공지능(AI)에 의한 지식재산 시스템에 관한 고찰(김남진 외, 2019)

논문에서는 지적재산권 침해 시 보다 쉬운 분쟁해결 방법을 위하여 트레이싱 방법을 통해 인공지능이 기술 발명, 또는 창작물을 만들 때 사용되었던 디지털 데이터들의 경로 및 출처를 확인하여 추후 발생할 수 있는 지식재산권 침해 분쟁에 대처하는 방안을 제시한다.

관련 도서 《10대에게 권하는 수학》, 이동환, 글담출판
《십대 미래를 과학하라!》, 정재승 외, 청어람미디어

관련 학과 기계공학과, 메카트로닉스 공학과, 신소재공학과, 자동차공학과, 항공기계공학과, 항공우주공학과, 물리학과, 물리천문학과, 우주과학과, 응용물리학과, 지구환경과학과, 천문우주학과, 해양학과

관련 교과 2022 개정 교육과정: 기하, 미적분II, 물리학, 화학, 역학과 에너지, 전자기와 양자, 물질과 에너지
2015 개정 교육과정: 수학I,II, 미적분, 확률과 통계, 기하, 물리학I,II, 화학I,II, 지구과학I,II

10대에게 권하는 물리학

이강영 | 글담출판 | 2023

이 책은 청소년의 눈높이에 맞춘 물리학 입문서다. 흔히 '물리학'이라고 하면 똑똑하고 명석한 사람들만 공부하는 학문처럼 느끼는 경우가 많지만, 물리학은 우리가 사는 세상의 보편 원리를 탐구하는 학문으로 우리 삶과도 긴밀히 연결되어 있다. 막연하고 어렵게만 느껴지는 물리학에서 어떤 연구를 하는지 살펴보고 고전물리학부터 현대물리학까지 기초 지식을 소개한다.

탐구 주제

주제1　2017년 미국 아문센–스코트 남극 기지에 있는 아이스큐브 중성미자 관측소가 고에너지 우주 중성미자의 발원지에 대한 확실한 증거를 발견했다. 이 실험의 특이한 점은 남극 대륙의 거대한 얼음 자체를 실험 매질로 쓰고 있다는 점이다. 아이스큐브 실험이 무엇인지 탐구해 보자.

주제2　LCD란 '액정 디스플레이(Liquid Crystal Display)'의 약자이다. 액정은 액체로 된 결정이라는 뜻이다. 일정한 형태를 가지지 않는 액체와 고체 물질을 이르는 결정을 합친 '액정'이라는 말이 얼핏 들으면 모순처럼 들린다. LCD(액정 디스플레이)의 작동 원리를 탐구해 보자.

주제3　초전도물질이 무엇인지에 대한 탐구

주제4　물리학과 수학의 관계에 대한 탐구

학생부 기록 예시 (교과세특)

과학 시간에 중성미자에 대해 알게 되어 호기심이 가지고 중성미자를 관측하기 위한 아이스큐브 실험에 대해 '10대에게 권하는 물리학(이강영)'과 참고 자료로 탐구함. 물질과 상호작용을 거의 하지 않는 중성미자를 관측하기 위해 남극 대륙의 거대한 얼음을 매질로 활용한 실험과정을 설명하고 경입자족에 속하는 소립자인 중성미자의 성질과 연구의 의의를 밝히면서 대학 진학 후 깊은 연구를 통해 중성미자에 대해 알아보고 싶다는 포부를 표명함.

탐구주제 확장 및 심화

영화에 나타난 중성미자의 성질에 대해 알아보기
영화 '2012'에서는 태양 플레어의 중성미자가 지구의 핵을 가열하여 지각변동이 일어난다고 언급하는데 이런 현상에 실제로 일어날 수 있는지에 대해 조사해 보자.

상온 초전도 물질이 발견된다면 경제에 끼치는 영향 알아보기
일상적인 환경의 온도에서 초전도성을 가지고 있는 물체를 의미하는 상온 초전도체(Room-temperature superconductor)가 발견된다면 경제에 끼칠 영향을 조사해 보자.

관련 논문　상온상압 초전도체(LK-99) 개발을 위한 고찰(이석배 외, 2023)

 이 논문은 기존의 초전도 현상을 바라보는 물리학자들의 생각의 흐름과 한계들을 살펴보고 LK-99의 개발 자료를 보고하며, 세계 최초로 상압에서 임계온도가 97°C를 능가하는 초전도 물질의 특성과 발견에 대해 요약하였다. 이 논문의 발표 이후 진위를 검증하는 과정도 살펴보자.

관련 도서　《양자역학 쫌 아는 10대》, 고재현, 풀빛
　　　　　《청소년을 위한 처음 물리학》, 권영균, 청아출판사

관련 학과　기계공학과, 메카트로닉스 공학과, 신소재공학과, 자동차공학과, 항공기계공학과, 항공우주공학과, 물리학과, 물리천문학과, 우주과학과, 응용물리학과, 지구환경과학과, 천문우주학과, 해양학과

관련 교과　2022 개정 교육과정: 기하, 미적분II, 물리학, 화학, 역학과 에너지, 전자기와 양자, 물질과 에너지
　　　　　2015 개정 교육과정: 수학I,II, 미적분, 확률과 통계, 기하, 물리학I,II, 화학I,II, 지구과학I,II

1분 물리학

중국과학원 물리연구소 | 책밥 |
2021

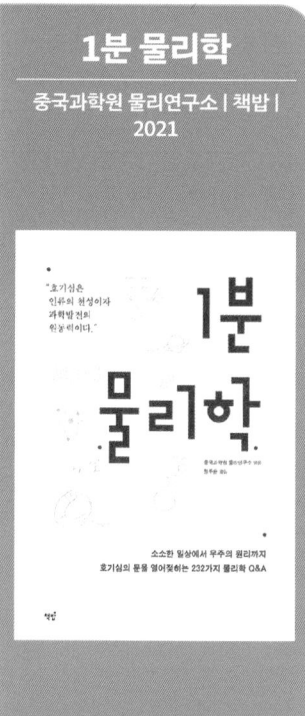

이 책은 중국과학원 물리연구소 위챗 공식 계정 Q&A 칼럼에 올라온 네티즌들의 기발한 질문과 연구원들의 재치있는 답변을 엮어 정리했다. 과학, 그중에서도 물리학은 일반인들이 접근하기 어려운 학문이라 생각하겠지만, 이 책은 우리가 일상에서 접하는 자연현상부터 우주, 양자, 상상 속의 궁금증까지 선생님은 가르쳐주지 않는 안 물어보면 궁금해 미쳐버릴 것 같은 여러 물리 문제에 대한 답을 쉽고 재미있게 설명해 주고 있다.

탐구 주제

주제1 노이즈 캔슬링은 외부 잡음을 차단하는 기술을 의미한다. 지금은 주로 음악 감상 시에 생활 소음을 차단하는 용도로 사용되고 있지만 항공기 조종사와 관제탑과의 교신 시 제트 엔진 소음으로 인한 불편을 해결하기 위해 개발되었다. 그런 노이즈 캔슬링의 원리를 탐구해 보자.

주제2 영하의 날씨에도 한강은 잘 얼지 않는다. 기상청은 한강 결빙 관측을 1906년부터 시작했는데 그 후 110여 년 동안 한강이 얼지 않은 해는 총 9번 정도 관측되었다. 추위에도 흐르는 한강이 얼지 않는 이유를 두 가지 이상의 과학적 원리로 탐구해 보자.

주제3 양자통신의 비밀 절대 보장 원리에 대한 탐구

주제4 왜 딱딱한 물체가 더 쉽게 깨지는지에 대한 탐구

학생부 기록 예시 (교과세특)

이어폰을 끼면 소음이 멈추는 광고를 보고 노이즈 캔슬링의 원리가 궁금하여 논문자료 등을 참고하여 탐구함. 노이즈 캔슬링 기술은 전투기 조종사가 엔진 소음으로 관제탑과 의사소통 문제를 해결하기 위한 군사적 목적으로 개발되었고 파동의 간섭효과 중 상쇄간섭을 이용한 것이라고 설명하면서 자동차의 노면에서 차로 전달되는 소음을 상쇄하는 능동형 노면 소음저감기술까지 나왔으며 앞으로도 더 다양한 방면에서 쓰일 것이라고 발표함.

탐구주제 확장 및 심화

병원에서의 노이즈 캔슬링 활용 방법 찾아보기
치과에서는 치과용 의료기기 소음으로 인해 불편감을 느끼는 사람들이 많은데 치과에서 노이즈 캔슬링 기술을 적용할 수 있는 방법을 조사해 보자.

인공 오로라의 원리 탐구하기
스위스의 유명 설치미술가 댄 아셔는 '한국 국제아트페어(KIAF)'에서 동대문 디자인플라자 하늘에 오로라를 수 놓았는데 인공 오로라를 구현한 원리를 조사해 보자.

관련 논문 양자암호통신의 도입의도에 영향을 미치는 요인에 관한 연구(전대호, 2022)

양자암호통신은 해킹과 도청의 위험으로부터 보안이 중요시되는 공공, 자율주행차, 금융, 의료, 모바일, 군사 분야 등 다양한 분야의 안전망 구축을 위해 꼭 필요한 차세대 기술로 세계의 주목을 받고 있다. 이 논문은 양자암호통신의 도입 의도에 영향을 미치는 요인을 연구했다.

관련 도서 《5분 뚝딱 물리학 수업》, 사마키 다케오, 북스토리
《부분과 전체》, 베르너 하이젠베르크, 서커스

관련 학과   기계공학과, 메카트로닉스 공학과, 신소재공학과, 자동차공학과, 항공기계공학과, 항공기계설계학과, 항공우주공학과, 물리학과, 물리천문학과, 우주과학과, 응용물리학과, 지구환경과학과, 천문우주학과

관련 교과   2022 개정 교육과정: 기하, 미적분II, 물리학, 화학, 역학과 에너지, 전자기와 양자, 물질과 에너지
2015 개정 교육과정: 수학I,II, 미적분, 확률과 통계, 기하, 물리학I,II, 화학I,II, 지구과학I,II

공학의 눈으로 미래를 설계하라

연세대학교 공과대학 | 해냄 | 2019

이 책은 공학의 분야별 전문 기술을 다루면서도 비전공자 혹은 이제 막 공학의 길에 접어든 사람들이 생활과 연결 지어 흥미롭게 이해해 나갈 수 있도록 접근했다. 특히 공학의 다양한 분야를 단순히 전공별로 분류하지 않고 '연결' '지능' '혁신' '새로운 관점' '고찰' 등의 키워드로 묶어 다층적인 시각에서 공학의 주제를 느낄 수 있다. 세상을 바라보는 안목을 높이고 다층적인 시각으로 인사이트를 제공하는 친절한 안내서가 되어 줄 것이다.

탐구 주제

주제1 영화 '해리포터' 시리즈에 등장하는 투명 망토는 실제로 있을 수 있을까? 투명해지기 위한 조건은 빛을 반사·흡수·굴절하지 않고 그대로 통과시켜야 한다. 2006년 초 메타물질에 의한 불완전한 투명 망토가 발명되었다. 그렇다면 완전한 투명 망토의 발명을 위해 필요한 것을 탐구해 보자.

주제2 달걀에서 살충제 성분이 검출되어 사회적 문제를 일으킨 적이 있다. 사물인터넷 기술을 활용하면 이 문제를 해결할 수 있다. 각 산란장에 닭들에게 센서를 설치하여 닭들의 건강 상태와 계란의 신선도를 실시간으로 파악할 수 있다. 사물인터넷의 원리와 다양한 활용법을 탐구해 보자.

주제3 신기술이 만들어 내는 산업의 미래에 대한 탐구

주제4 철이 지구환경에 미치는 영향에 대한 탐구

학생부 기록 예시 (교과세특)

우크라이나에서 인위적으로 빛을 굴절시킬 수 있는 메타물질은 활용한 투명 망토가 개발되었다는 뉴스를 접하고 투명 망토의 원리를 탐구하여 발표함. 인간이 본다는 것은 수백 나노미터 파장의 가시광 빛이 비슷한 크기의 나노구조와 상호작용해서 보여주는 것인데 최근 빛-물질 상호작용을 제어할 수 있는 스마트 메타물질까지 개발되어 투명 망토의 현실화 가능성을 높아졌다고 설명하면서 투명 망토의 원리와 발전 과정을 상세하게 제시함.

탐구주제 확장 및 심화

메타물질의 활용 방안 알아보기
빛-물질 상호작용을 인공적으로 제어할 수 있는 물질인 메타물질을 군사적 목적 이외에 공익적으로 활용할 수 있는 방안에 대해 조사해 보자.

철의 기원에 대해 알아보기
원자번호 26번, 원소기호 Fe로 명명되는 철은 지구 중량의 35%를 차지한다. 철이 탄생한 배경에 대해 다양한 이론이 있는데 어떤 이론이 있는지 조사해 보자.

관련 논문   사물인터넷 기반의 스마트 휴지통(김태국, 2020)

유동 인구가 많은 주말의 도심에서 쓰레기 처리 용량이 쓰레기 배출량을 따라가지 못해 문제가 발생하고 있다. 논문에서는 이러한 문제를 해결하기 위해 쓰레기 압축 기능, 쓰레기양 표시 기능이 있는 스마트 휴지통을 제안하는데 스마트 휴지통에 적용된 사물인터넷 기술을 조사해 보자.

관련 도서   《공대생이 아니어도 쓸데있는 공학 이야기》, 한화택, 플루토
             《공학이 일상으로 오기까지》, 마이클 맥레이, 하이픈

관련 학과	기계공학과, 메카트로닉스 공학과, 신소재공학과, 자동차공학과, 항공기계공학과, 항공우주공학과, 물리학과, 물리천문학과, 우주과학과, 응용물리학과, 지구환경과학과, 천문우주학과, 해양학과
관련 교과	2022 개정 교육과정: 기하, 미적분II, 물리학, 화학, 역학과 에너지, 전자기와 양자, 물질과 에너지 2015 개정 교육과정: 수학I,II, 미적분, 확률과 통계, 기하, 물리학I,II, 화학I,II, 지구과학I,II

공학자의 세상 보는 눈

유만선 | 시공사 | 2020

이 책은 보리차 끓이는 주전자 뚜껑의 덜컹거림에서 증기기관, 선풍기 바람에서 로켓의 제트에 이르기까지 소소한 일상에서 출발해 세상을 바꾼 공학적 발명이나 성과를 찬찬히 설명한다. 우리의 세계관을 바꾸는 것이 과학이라면 우리의 삶을 실제로 변화시킨 것은 기술, 바로 공학이다. 자연과학을 연구하는 과학자와는 다른, 실제 쓰임에서 궁리를 시작해 원리를 적용해 나가며 결과를 도출하는 기계공학자의 관점을 알아보자.

탐구 주제

주제1 고층 건물의 건설 현장에 우뚝 솟아 있는 타워크레인은 사람들의 시선을 끈다. 타워크레인은 수십 톤에 달하는 중량물을 들어 올리며 건설 현장에 없어서는 안 되는 기계 장비이다. 타워크레인이 수십 톤의 무거운 건설 자재를 들어 올릴 수 있는 원리에 대해 탐구해 보자.

주제2 항력은 물체가 유체 내에서 운동하거나 흐르는 유체 내에 물체가 정지해 있을 때 받는 저항력 말한다. 비행기가 나는 데는 뒤에서 미는 힘인 추력, 앞에서 저항하는 힘인 항력, 뜨는 힘을 양력, 떨어지는 힘인 중력이 작용한다. 그중 항력이 비행에 미치는 영향을 탐구해 보자.

주제3 라면을 끓이는 데 적용되는 열역학에 대한 탐구

주제4 공학자가 다리 떨기를 진동이라고 부르는 이유에 대한 탐구

학생부 기록 예시 (교과세특)

건설 현장에서 사용되는 타워크레인의 역학적 원리가 궁금하여 '공학자의 세상 보는 눈(유만선)'을 읽고 탐구함. 타워크레인이 수십 톤의 무거운 건설 자재를 옮길 수 있는 것은 무거운 중량물을 매다는 후크 블록에 움직도르래의 원리를 사용하기 때문이라고 설명하면서 화면에 타워크레인의 구조로 띄워놓고, 도르래를 사용할 때의 역학 관계 '일의 양(W) = 줄을 당긴 힘(F) × 감아올린 줄의 길이(S)'에 대해 알기 쉽게 설명하여 급우들의 경탄을 자아냄.

탐구주제 확장 및 심화

라면을 끓일 때 물의 끓는 점 알아보기
라면 끓일 때 스프를 먼저 넣고 끓여야 한다는 사람들은 스프를 첨가함으로써 물의 끓는점이 올라간다고 주장한다. 스프를 먼저 넣을 때 물의 끓는 점이 얼마나 올라가는지 조사해 보자.

공진에 대한 대책 알아보기
공진은 강제 진동에서 외력이 가진 주파수가 고유 진동수와 일치하여 외력이 계속 가해짐에 따라 진동이 커지는 현상인데 이 공진에 대한 대책을 조사해 보자.

관련 논문 비행탄두 형상 최적화를 이용한 사거리 증대 연구(김진석, 2020)

발사체의 사거리 증대는 중요한 성능개선 목표이다. 일반적으로 발사체 비행탄두의 형상은 공기역학 및 구조적인 요소를 복합적으로 고려하여 선정한다. 발사체 비행탄두 형상 최적화를 이용한 사거리 증대 가능성을 분석하고, 형상 변수 최적화에 의한 사거리 증대 효과를 확인하였다.

관련 도서 《미래에서 온 남자 폰 노이만》, 아난요 바타차리야, 웅진지식하우스
《궤도의 과학 허세》, 궤도, 동아시아

관련 학과 기계공학과, 메카트로닉스 공학과, 신소재공학과, 자동차공학과, 항공기계공학과, 항공우주공학과, 물리학과, 물리천문학과, 우주과학과, 응용물리학과, 지구환경과학과, 천문우주학과, 해양학과

관련 교과 2022 개정 교육과정: 기하, 미적분II, 물리학, 화학, 역학과 에너지, 전자기와 양자, 물질과 에너지
2015 개정 교육과정: 수학I,II, 미적분, 확률과 통계, 기하, 물리학I,II, 화학I,II, 지구과학I,II

과학으로 보는 4차 산업과 미래 직업
이보경 | 지브레인 | 2019

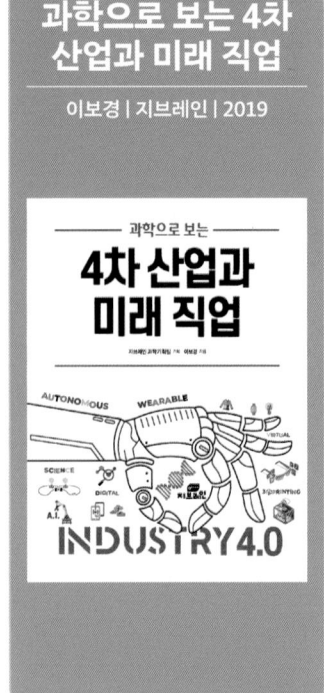

이 책에서는 우리가 맞이하고 있는 4차 산업시대의 직업들은 변화를 탐색한다. 오랜 기간 과학자들이 이룩한 과학의 토대 위에 5G의 환경이 더해지면서 IoT의 세상이 되어 가고 있다. IT(Information Technology)와 DT(Digital Transformation)를 위주로 한 직업들을 소개하고 있는데 기존의 직업들이 사라지고 새로운 직업만 생기는 것이 아니라 존재하던 직업들이 과학과 결합해 블루오션이 되는 것을 확인할 수 있을 것이다.

탐구 주제

주제1 　전 세계가 지구온난화 문제로 골머리를 앓고 있다. 자연스레 친환경 에너지에 대한 관심이 높아지고 있고 그중에서도 수소 연료 전지는 미래환경을 책임질 신재생 에너지로 부상하고 있다. 다가오는 수소 시대를 열어갈 수소 연료 전지 전문가의 직업 전망에 대해 탐구해 보자.

주제2 　완전자율주행차는 머지않아 상용화될 것이다. 완전자율주행의 시대에 열기 위해서는 센서, 카메라, 레이더 등 다양한 기술을 활용하여 자동차가 주변 환경과 사물을 정확히 인식하는 기술을 개발하고 자동차에 적용해야 한다. 이를 위한 자율주행 자동차 전문가에 대해 탐구해 보자.

주제3 　3D 프린팅 관련 직업에 대한 탐구

주제4 　드론 관련 직업에 대한 탐구

학생부 기록 예시 (교과세특)

4차 산업혁명 관련 직업 발표하기 수업에서 정부 차원에서 구상하고 있는 수소경제 활성화와 지구온난화 및 미세먼지 등 기후변화 대책에 필수적인 수소 연료 전지와 관련한 직업을 조사하여 발표함. 수소 연료 전지 전문가는 관련 분야에서 기술 개발을 비롯해 각종 연구와 설비 운영 등을 담당하게 되는데 수소 생산 분야, 전력변환 장치 분야, BOP생산 분야 등 핵심 부품별로 세분화하여 직업을 소개하며 재치 있는 발표로 급우들에게 큰 호응을 받음.

탐구주제 확장 및 심화

3D 프린팅의 적용 범위 조사하기
3D 프린팅은 그 적용 범위를 넓혀 항공우주 및 자동차 분야, 의료기기 분야 등 다양한 산업에 적용되고 있는다. 그중 3D 식품 프린팅에 대해 조사해 보자.

드론 택배의 장애 요인에 대한 조사
드론을 활용한 택배에 대한 가능성이 검토되고 있는데 우리나라 환경에서 드론 택배를 가로막는 장애 요인은 무엇이고 그 해결 방안에 대해 조사해 보자.

관련 논문 　자율주행차 실사고 데이터를 활용한 연관규칙 분석 기반 자율주행차 도심부 사고 시나리오 방법론 개발(이호준 외, 2023)

최근 자율주행차 사고가 계속 발생하고 있어 안전성 및 신뢰성 문제가 대두되고 있다. 이를 해소하기 위해 자율주행차 안전성 평가 시나리오가 활용되고 있으며, 이는 차량의 안전과 직결되어 있다. 이에 이 논문에서는 자율주행차의 도심부 사고 시나리오 생성 방법론을 제안하고 있다.

관련 도서 　《4차산업혁명시대 스마트 직업과 경력개발》, 정보현, 동문사
　　　　　《청소년이 꼭 알아야 할 4차 산업혁명 새로운 직업 이야기》, 이랑 외, 드림리치

관련 학과 　기계공학과, 메카트로닉스 공학과, 신소재공학과, 자동차공학과, 항공기계공학과, 항공우주공학과, 물리학과, 물리천문학과, 우주과학과, 응용물리학과, 지구환경과학과, 천문우주학과, 해양학과

관련 교과 　2022 개정 교육과정 : 기하, 물리학, 화학, 역학과 에너지, 전자기와 양자, 물질과 에너지, 진로와 직업
　　　　　2015 개정 교육과정 : 미적분, 확률과 통계, 기하, 물리학I,II, 화학I,II, 지구과학I,II, 진로와 직업

과학의 역사

윌리엄 바이넘 | 소소의책 | 2023

공학, 방사선, 역학, 지구자기장

이 책은 과학사의 중요 지점을 명쾌하게 다루면서 끊임없는 연구로 폭넓은 지식과 이론을 확립한 과학자들의 이야기를 담고 있다. 고대에는 마법, 종교, 기술, 과학이 혼재했지만 중세 암흑기를 거쳐 다양한 분야로 세분화된 현대에 이르기까지 과학은 눈부신 성과를 거두었다. 지구와 우주를 둘러싼 논쟁, 인체의 구성 요소와 작동 원리, 뉴턴 혁명, 상대성이론, 빅뱅 등 과학은 실로 엄청난 발전을 이룬 과학의 역사를 살펴보자.

탐구 주제

주제1 과학사에서는 1666년을 기적의 해라고 부른다. 아이작 뉴턴은 만유인력의 법칙뿐 아니라 운동의 세 가지 법칙(관성의 법칙, 가속도의 법칙, 작용 반작용의 법칙)을 정리해서 역학의 이론을 만들었다. 뉴턴은 25세의 젊은 나이였다. 과학사에 끼친 뉴턴의 영향력에 대해 조사해 보자.

주제2 고대 그리스 철학자들은 자석과 석판이 천체의 자기를 끌어당기는 현상을 관찰하며 의문을 품었다. 16세기 윌리엄 길버트의 연구로부터 현대적인 연구가 시작되었다. 이후 과학자들이 지구자기장의 극성과 성질을 탐구했다. 지구자기장이 우리 생활에 끼치는 영향에 대해 조사해 보자.

주제3 코페르니쿠스가 과학사에 끼친 영향에 대한 탐구

주제4 뢴트겐이 방사선 현상을 발견한 과정에 대한 연구

학생부 기록 예시 (교과세특)

우리나라 물리천문학 교수가 뉴턴역학이 특정 조건에서 붕괴한다는 연구 결과를 제시했다는 뉴스를 보고 참고 자료 등을 정리하여 발표함. 2만 6,500여 개의 쌍성의 움직임을 관찰한 결과로 장주기 쌍성의 궤도 운동을 뉴턴역학과 일반상대성이론으로 설명하지 못한다는 것을 그래프와 사진 자료 등을 통해 상세하게 설명했으며 만약 이 연구 결과가 다른 데이터 등을 통해 검증된다면 기존의 천체물리학, 기초물리학, 우주론 등에 큰 영향을 끼칠 것이라고 강조함.

탐구주제 확장 및 심화

지구자기장이 사라지면 일어날 일에 관해 탐구하기
영화 '코어'에서는 지구 핵의 회전이 멈추면서 지구자기장이 사라져 벌어지는 일을 다룬다. 만약 실제로 지구자기장 사라지면 벌어질 일에 대해 조사해 보자.

항공기 승무원의 우주 방사선 피폭에 관해 탐구하기
높은 고도에 올라가면 우주방사선의 노출되는 양이 늘어난다. 우주방사선이 북극항로의 운항하는 항공기 승무원의 건강에 끼치는 영향을 조사해 보자.

관련 논문 뉴턴의 〈물체의 궤도 운동에 관하여〉에 대한 고찰(이봉우, 2022)

이 논문은 뉴턴이 쓴 논문인 〈물체의 궤도 운동에 관하여〉의 내용을 살펴보고 여러 관점에서 논문의 의의를 고찰한다. 뉴턴의 타원궤도를 운동하는 행성에 작용하는 구심력이 태양과 행성과의 거리의 제곱에 반비례한다는 것을 밝힌 것으로 케플러 법칙을 증명한 것이다.

관련 도서 《인류 문명과 함께 보는 과학의 역사》, 곽영직, 세창출판사
《전쟁이 발명한 과학기술의 역사》, 도현신, 시대의창

관련 학과 기계공학과, 메카트로닉스 공학과, 신소재공학과, 자동차공학과, 항공기계공학과, 항공우주공학과, 물리학과, 물리천문학과, 우주과학과, 응용물리학과, 지구환경과학과, 천문우주학과, 해양학과

관련 교과 2022 개정 교육과정: 기하, 미적분II, 물리학, 화학, 역학과 에너지, 전자기와 양자, 물질과 에너지
2015 개정 교육과정: 수학I,II, 미적분, 확률과 통계, 기하, 물리학I,II, 화학I,II, 지구과학I,II

교실 밖에서 듣는 바이오메디컬공학

임창환 외 | MID | 2021

이 책은 질병 치료에서부터 인간 증강까지, 바이오메디컬공학을 다루고 있다. 100년 전까지만 해도 우리는 X-레이 기술조차 없어 우리 몸속의 모습을 들여다보고 아픈 곳을 찾아내는 것이 어려운 시대였다. 하지만 이제 바이오메디컬공학은 파킨슨병, 치매와 같이 난치병을 정복하기 위해, 그리고 '로봇 팔'과 같은 첨단 의료기기를 개발하기 위해 달려 나가고 있다. 미래 의료서비스와 인류의 복지를 책임질, '미래 핵심산업기술'을 살펴보자.

탐구 주제

주제1 내시경은 사람 등 동물의 몸 속으로 직접 카메라를 삽입해서 내장 등을 직접적으로 볼 수 있는 도구이다. 일반 내시경 검사에 따르는 고통과 불쾌감 등이 따른다. 내시경 관을 목구멍으로 밀어 넣는 단점을 극복한 캡슐형 내시경에 대해 탐구해 보자.

주제2 신체에서 잃어버린 사람들을 위한 의수나 의족은 긴 역사에 비해 큰 발전을 하지는 못했다. 그러다 '터치 바이오닉스(Touch Bionics)'라는 회사에서 손가락을 전동으로 움직일 수 있는 의수를 만들어 냈다. 전자의수를 가능하게 한 근전 인터페이스를 탐구해 보자.

주제3 웨어러블 헬스케어 기기의 활용 현황에 대한 탐구

주제4 인공망막의 원리에 대한 탐구

학생부 기록 예시 (교과세특)

비수면 위내시경 검사에 불편함을 경험하고 친구를 보며 캡슐형 내시경에 대해 조사함. 캡슐형 내시경은 삼켜서 인체로 들어가면 외부에서 조종해 원하는 위치로 옮기며 미생물을 채취해 장 건강을 확인하고 자기장으로 마이크로로봇을 움직여 암 부위에 정확히 치료제를 뿌릴 수도 있다고 소개함. 캡슐형 내시경의 공통기반 모듈에 대해 영상을 통해 안내하고 앞으로 더 발전된 의료용 마이크로로봇이 상용화되면 의료기술의 큰 발전이 있을 것이라고 강조함.

탐구주제 확장 및 심화

웨어러블 헬스케어 기기의 미래 탐구하기
일반적으로 웨어러블 헬스케어 기기는 심장질환, 고혈압 등 개인의 건강 데이터를 추적하고 모니터링하는 데 사용되는데, 미래엔 어떻게 진화할지 탐구해 보자.

시각장애인을 돕는 첨단 기술 탐구하기
일본 고베시에서는 시각장애인용 지팡이에 전자태그(RFID)를 붙인 뒤 위성항법장치(GPS)를 활용해 길을 안내해 주는 시스템이 운영 중이다. 시각 장애인을 돕는 기술에 대해 탐구해 보자.

관련 논문   형상적응형 파지와 케이징 파지가 가능한 부족구동 기반 로봇 의수 메커니즘 개발(신민기 외, 2022)

이 논문은 실용성과 기능성을 모두 만족할 수 있는 로봇 의수를 위한 새로운 손가락 메커니즘을 제안한다. 제안하는 손가락 메커니즘은 4절 링크 구조와 와이어 구동의 특성을 결합하여 간단한 구조로 높은 내구성과 동작 신뢰성을 가지며 다양한 동작 구현하는 것을 목적으로 한다.

관련 도서   《미래 의학 설명서》, 사라 라타, 매직사이언스
《디지털 헬스케어, 의료의 미래》, 최윤섭, 클라우드나인

관련 학과	기계공학과, 메카트로닉스 공학과, 신소재공학과, 바이오메디컬공학과, 의공학과, 디지털헬스케어학과 , 헬스케어메디컬공학부, 물리학과, 물리천문학과, 바이오메디컬학과, 응용물리학과, 의예과
관련 교과	2022 개정 교육과정: 물리학, 화학, 생명과학, 역학과 에너지, 전자기와 양자, 물질과 에너지, 보건 2015 개정 교육과정: 미적분, 확률과 통계, 기하, 물리학I,II, 화학I,II, 생명과학I,II, 보건

핵심키워드

기계학습, 머신러닝, 윤리, AI

컴퓨터공학

소프트웨어공학

기계공학

로봇공학

전기전자공학

화학공학

기계는 어떻게 생각하고 학습하는가

닉 보스트롬 외 | 한빛미디어 | 2023

이 책은 AI가 과연 진정한 재앙인지 구원인지에 대해 답하고 있다. 미래 언젠가 기계의 지능은 인간 두뇌의 능력을 뛰어넘을 것이다. 이들 기계는 대체 어떻게 생각하고 학습하는 것일까? 닉 보스트롬, 피터 노빅, 토비 월시를 비롯한 AI 전문가들과 뉴 사이언티스트가 손잡고 인공지능의 현재와 미래를 조망한다. 자율주행차, 킬러로봇, 머신러닝, AI 윤리 등 인공지능 시대에 알아야 할 필수 지식을 흥미롭게 살펴본다.

탐구 주제

주제1 호주의 그레이트 배리어 리프에서 산호를 망가뜨리는 불가사리를 없애기 위해 킬러로봇이 투입했다. 불가사리 킬러로봇 코츠봇은 가시왕관 불가사리를 퇴치하기 위해 화학물질을 직접 주입한다. 이런 기계가 삶과 죽음을 결정한다면 우리의 도덕적, 윤리적 규범은 어떻게 될지 탐구해 보자.

주제2 만약 당신이 자율주행 자동차를 타고 있는데 앞에 위험물에 충돌하면 본인이 죽고, 피하면 타인의 목숨을 잃는다면 자율주행 자동차는 어떤 결정을 할까? 자율주행 자동차에는 이런 상황에 대해 프로그래밍이 되어야 한다. 이와 같은 자율주행 자동차의 윤리적 딜레마를 탐구해 보자.

주제3 딥러닝의 개념과 활용에 대한 탐구

주제4 스티븐 호킹이 예언한 AI 아포칼립스에 대한 탐구

학생부 기록 예시 (교과세특)

생활과 윤리 시간에 트롤리 딜레마에 대해 배우고 그런 상황을 자율주행 자동차의 윤리 문제에 어떻게 대응할지 '기계는 어떻게 생각하고 학습하는가(닉 보스트롬 외)'를 참고하여 발표함. 자율주행 자동차가 상용화되기 전에 자율주행 자동차 알고리즘에서의 윤리 문제가 해결이 선결되어야 한다고 강조하며 자율주행 자동차의 제조사, 사용자, 법률가, 정부, 시민단체 등이 모여 자율주행 자동차의 윤리 가이드라인을 함께 만들고 적용하는 방법을 제시함.

탐구주제 확장 및 심화

딥러닝에 대한 부정적 시각에 대한 탐구
딥러닝에 대한 부정적 시각 중 하나는 대부분의 딥러닝 알고리즘이 사용하는 경사 하강법을 제외한 다른 알고리즘은 이론적인 검증이 빈약하다는 것인데 이런 시각에 대해 탐구해 보자.

인간이 사라진 도시에 대해 탐구
머지않은 미래에 인공지능 시스템은 도시 운영 전체에 관여할 것이다. 만약 인공지능 시스템에 도시 운영에 적용된 이후에 인간이 갑자기 사라진다면 도시는 어떻게 될지 탐구해 보자.

관련 논문 킬러로봇에 대한 윤리적 고찰(이연희, 변순용, 2020)

킬러로봇은 '치명적인 자율무기'를 가리킨다. 이는 곧 전쟁터에서 사람의 개입 없이 자동으로 공격할 수 있는 인공지능 기반의 군사형 자율 로봇을 의미한다. 킬러로봇은 현재 우리나라를 비롯하여 미국 등 10여 개 국가에서 개발되고 있는데 이 논문은 킬러로봇을 윤리적으로 고찰한다.

관련 도서 《마스터 알고리즘》, 페드로 도밍고스, 비즈니스북스
《기계 학습을 다시 묻다》, 레슬리 밸리언트, 인사이트

관련 학과	기계공학과, 메카트로닉스 공학과, 신소재공학과, 인공지능공학과, 인공지능소프트웨어학과, 항공우주공학과, 물리학과, 물리천문학과, 우주과학과, 응용물리학과, 지구환경과학과, 천문우주학과

관련 교과	2022 개정 교육과정: 기하, 미적분II, 물리학, 화학, 역학과 에너지, 전자기와 양자, 물질과 에너지
	2015 개정 교육과정: 수학I,II, 미적분, 확률과 통계, 기하, 물리학I,II, 화학I,II, 지구과학I,II

기계는 어떻게 생각하는가?

손 게리시 | 이지스퍼블리싱 | 2019

이 책은 인공지능에 관한 중요한 아이디어를 설명한다. 미래는 벌써 우리 곁에 다가와 있다. 자율 주행차가 도로를 달리고, 알고리즘이 내가 좋아하는 영화와 TV 프로그램을 추천해 주며, 알파고는 이세돌을 꺾었다. 구글 엔지니어링 팀 수석 리더인 손 게리시는 컴퓨터 프로그램을 똑똑하게 만든 인공지능과 기계학습 분야에서 어떤 것을 발견하고 문제를 어떻게 해결해 나갔는지 비전공자도 이해할 수 있는 언어로 쉽게 설명해 준다.

탐구 주제

주제1 주행 기술은 자동차 산업과 교통 분야를 혁신하고 있는 첨단 기술로, 운전자의 개입 없이 자동차가 주행을 수행하는 기술과 시스템의 집합체를 가리킨다. 자율주행 자동차는 자율주행의 필수 기능인 차선 인식(Lane Detection)을 어떻게 학습하는지 탐구해 보자.

주제2 인간의 뇌는 1천억 개 이상의 뉴런들이 서로 연결되어 연결망을 이루고 있다. 과학자들은 인간의 뇌에서 일어나는 과정을 수학적으로 따라 할 수만 있다면 인간의 인지과정까지 따라 할 수 있을 것으로 기대해서 오랜 연구 끝에 만든 인공 신경망 모델에 대해 탐구해 보자.

주제3 이세돌 9단을 이긴 알파고의 한계에 대한 탐구

주제4 영화 추천 알고리즘 대회였던 '넷플릭스 프라이즈'에 대한 탐구

학생부 기록 예시 (교과세특)

미국 샌프란시스코에서 시험 주행 중인 자율주행 로보택시가 많은 문제를 일으키고 있다는 뉴스에 호기심이 생겨 자율주행 자동차가 경로를 인식하는 방법을 조사하여 발표함. 주행 안전성을 높이기 위해 서로 다른 심층 신경망(DNN)과 고화질 지도의 출력을 포함해 주행 가능한 경로를 인식하는 방법을 설명하면서 이러한 작업을 수행의 안정성을 높이기 위해서는 자율주행 자동차의 고성능 컴퓨팅의 중요성이 커지고 있다고 강조함.

탐구주제 확장 및 심화

인공지능과 관련된 수학 원리 알아보기
인공지능에는 다양한 수학적 원리가 적용되어 있는데, 그중 하나로 데이터를 분포로 나타내고, 그 값을 함수의 형태로 표현한다. 이처럼 인공지능과 관련된 수학 원리를 탐구해 보자.

전자상거래 업체의 비밀 가격조정 알고리즘 알아보기
세계 최대 전자상거래업체인 아마존이 2019년까지 '프로젝트 네시'라는 비밀 가격조정 알고리즘으로 수익성 극대화해 왔다. 아마존의 '프로젝트 네시' 알고리즘에 대해 탐구해 보자.

관련 논문 심층강화학습기반 자율주행차량을 이용한 원형도로의 Stop-and-Go Wave 현상 해결 전략 연구(이동수 외, 2021)

 이 논문은 심층 강화학습 알고리즘을 기반으로 한 자율주행차량을 이용하여 원형 도로에서 빈번하게 발생하는 Stop-and-go wave 현상을 해결하여 도로 흐름을 개선하고자 한다. 이를 위해 원형 도로에 적합한 마르코프 의사결정과정 모델을 제안한다.

관련 도서 《AI시대 빅데이터 분석과 기계학습》, 유진은, 학지사
《모두의 딥러닝》, 조태호, 길벗

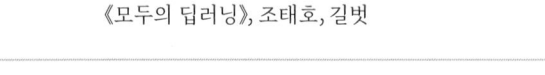

관련 학과 기계공학과, 메카트로닉스 공학과, 신소재공학과, 인공지능공학과, 인공지능소프트웨어학과, 항공우주공학과, 물리학과, 물리천문학과, 우주과학과, 응용물리학과, 지구환경과학과, 천문우주학과

관련 교과 2022 개정 교육과정: 기하, 미적분II, 물리학, 화학, 역학과 에너지, 전자기와 양자, 물질과 에너지
2015 개정 교육과정: 수학I,II, 미적분, 확률과 통계, 기하, 물리학I,II, 화학I,II, 지구과학I,II

컴퓨터공학

소프트웨어공학

기계공학

로봇공학

전기전자공학

화학공학

나사의 벌

로버트 워 | 시그마북스 | 2023

이 책은 고대인들이 상상한 기계 하인부터 앞으로의 삶을 바꿔놓을 첨단 기계까지 로봇공학과 인공지능이 이루어낸 50가지 성과를 시대별로 살펴본다. 휴대전화와 생활가전은 인공지능으로 작동하고, 온라인 구매를 하면 로봇이 물류창고에서 물건을 자동 분류해준다. 머지않아 우주 탐사부터 외과 수술까지 인간이 직접 하기 어렵거나 위험한 작업을 로봇이 대신하게 될 것이다. 인류는 여기까지 오기까지의 과정을 살펴보고 있다.

탐구 주제

주제1 현대 헬스케어 분야에서 로봇 공학의 역할은 점점 중요해지고 있다. 로봇을 활용한 수술은 의료 분야에서 환자의 치료 결과와 안전성 향상에 기여하고 있다. 의사가 직접 수술을 수행하는 것보다 더 높은 정밀도와 안정성을 제공하는 로봇 수술에 대해 탐구해 보자.

주제2 미국 뉴욕시가 타임스퀘어역에서 뉴욕 경찰 소속 로봇 경찰 'K5'를 뉴욕 경찰 1명과 한 조를 이뤄 순찰업무를 맡겼다. 로봇 경찰 'K5'는 4대의 카메라와 1개의 적외선 열화상 카메라를 달고 타임스퀘어역 부근을 순찰하고 있다. 로봇 경찰의 미래에 대해 탐구해 보자.

주제3 기계가 튜링 테스트 통과를 위한 방법에 대한 탐구

주제4 로봇이 반려동물을 대신할 가능성에 대한 탐구

학생부 기록 예시 (교과세특)

중국에서 5,000km 거리에서 5G 초원격 로봇 보조 복강경 신장 수술에 성공했다는 뉴스를 접하고, 로봇 수술을 조사함. 2020년 기준 우리나라에 도입된 다빈치 로봇은 96대에 달할 정도로 널리 쓰이며 로봇이 수행하는 수술은 미세한 조작이 가능하여 의사의 손 떨림이나 피로가 영향을 미치지 않아 미세 수술이 필요한 뇌 수술이나 심장 수술에서 큰 장점을 보인다고 설명하면서 머지않은 미래에는 원격 수술이 보편화될 수 있을 것이라 발표함.

탐구주제 확장 및 심화

로봇세의 도입에 관해 탐구하기
인공지능 로봇의 등장으로 일자리를 잃은 사람들이 늘어날 것이란 우려와 함께 '로봇세'에 대한 관심이 높아지고 있다. 로봇세의 찬반 주장을 살펴보고 본인의 의견을 정리해 보자.

로봇 반려동물 창업계획서 작성하기
고령화로 증가하는 노인 1인 가구의 안전 증진을 위해 실시간 녹화기능이 있고 위급상황을 인식하여 119 신고를 해줄 수 있는 로봇 반려동물 제작회사의 창업계획서를 작성해 보자.

관련 논문 인간과 인공지능, 본질과 모방의 모호한 차이 : 영화〈엑스 마키나〉(2015)와 플라톤의 동굴의 알레고리를 중심으로(노철환, 2023)

'엑스 마키나'는 튜링 테스트라는 소재로 인간의 존재 의미와 인간으로서 사유하는 것이 무슨 의미인지에 대한 질문을 던진다. 이 논문은 '엑스 마키나'의 텍스트에서 엿보이는 영화의 기원과 본질, 인간과 AI의 구분, 물리적 실체와 이미지의 지각 등에 대한 이해를 시도한다.

관련 도서 《덕분에 발명!》, 크리스티안 도리언, 책읽는곰
《발명, 노벨상으로 빛나다》, 문환구, 지식의 날개

관련 학과 기계공학과, 메카트로닉스 공학과, 신소재공학과, 자동차공학과, 항공기계공학과, 항공우주공학과, 물리학과, 물리천문학과, 우주과학과, 응용물리학과, 지구환경과학과, 천문우주학과, 해양학과

관련 교과 2022 개정 교육과정 : 기하, 미적분II, 물리학, 화학, 역학과 에너지, 전자기와 양자, 물질과 에너지
2015 개정 교육과정 : 수학I,II, 미적분, 확률과 통계, 기하, 물리학I,II, 화학I,II, 지구과학I,II

냉장고의 역사를 통해 살펴보는 필요의 탄생

헬렌 피빗 | 푸른숲 | 2021

이 책은 가정용 냉장고를 새로운 관점에서 바라본다. 2012년 영국 왕립학회는 "식품학 역사에서 가장 중요한 발명은 냉장 기술"이라고 밝혔다. 냉장 기술이 현대 사회의 식량 공급, 식량 안보, 식품 안전에 필수라는 이유에서였다. 콜드체인의 발전에 얽힌 과학, 기술, 문화, 경제, 사회적 요소 등을 두루 들여다본다. 한때 사치품이었던 냉장고가 어떻게 필요를 넘어 필수품이 되었는지를 역사적 과정과 기술적 진보를 통해 살펴본다.

탐구 주제

주제1 냉장고 개발의 필요한 과학 기술은 16세기에서 19세기를 거치면서 마련되었다. 과학자들은 다양한 방식으로 열역학과 냉각 기술 분야를 발전시켰고 1830년대부터 1930년대 사이에는 냉각 기술에 관한 특허 신청이 넘쳐났다. 그 당시 냉장고의 탄생과정을 탐구해 보자.

주제2 냉장고의 구조는 시기에 따른 제품의 형태, 기능상 변화와 시대적 관심사를 잘 보여준다. 1920년대 이래 냉장고 구조에 대한 다양한 아이디어가 제시되었고 소비자의 욕구에 부합되지 않는 새로운 기능은 시장에서 사라져갔다. 냉장고가 현재의 구조를 가지기까지의 과정을 탐구해 보자.

주제3 IOT 기술과 결합된 미래의 냉장고에 대한 탐구

주제4 냉장고의 냉매가 환경이 끼치는 영향에 대한 탐구

학생부 기록 예시 (교과세특)

'냉장고의 역사를 통해 살펴보는 필요의 탄생(엘렌 피빗)'을 읽고 냉장고에 필요한 기술의 발달 과정을 조사함. 19세기 열역학과 냉각 기술 분야의 발전으로 냉장고 기술의 토대는 마련되었으나 1862년 런던 만국박람회에서 출시된 시브-해리슨 신형 증기 압축식 제빙기와 페르디낭 카레의 '얼음 제조기'가 현재 냉장고의 원형이 되었다고 설명하면서 흥미 있는 사진 자료를 제시하며 냉장고의 열역학 원리들을 이해하기 쉽게 설명해주어 급우들에게 높은 평가를 받음.

탐구주제 확장 및 심화

냉장고가 여성의 사회참여에 끼친 영향 탐구하기
냉장고는 매일 장을 보고 식사를 준비해야 하는 등 고된 가사 노동에 시달리던 당시 여성의 삶을 변화시켰다. 이처럼 냉장고가 여성의 삶과 사회참여 증가에 끼친 영향을 조사해 보자.

올해 CES에 공개된 냉장고의 신기술 탐구하기
CES(Consumer Electronics Show)는 미국소비자기술협회(CTA)가 주관해 매년 열리는 세계 최대 규모의 가전제품 박람회이다. 올해 CES에 공개된 냉장고의 혁신 기능을 조사해 보자.

관련 논문 냉장고 수축팽창 소음의 발생기구에 대한 실험적 규명 (이명규, 2022)

가정용 냉장고에서 발생하는 수축팽창 소음은 주로 내부부품 사이의 접촉면에서 발생하는 스틱슬립 현상에 의한 것인데 그 요인을 규명하기 위해 마찰실험이 수행했다. 이 논문에서는 가정용 냉장고에서 수축팽창 소음의 원인 및 메커니즘을 파악하고 소음 감소 방법을 제안한다.

관련 도서 《아인슈타인의 냉장고》, 폴 센, 매경출판
《열과 엔트로피는 처음이지》, 곽영직, 북멘토

관련 학과 기계공학과, 메카트로닉스 공학과, 신소재공학과, 자동차공학과, 항공기계공학과, 항공우주공학과, 물리학과, 물리천문학과, 우주과학과, 응용물리학과, 지구환경과학과, 천문우주학과, 해양학과

관련 교과 2022 개정 교육과정: 기하, 미적분II, 물리학, 화학, 역학과 에너지, 전자기와 양자, 물질과 에너지
2015 개정 교육과정: 수학I,II, 미적분, 확률과 통계, 기하, 물리학I,II, 화학I,II, 지구과학I,II

|

누리호, 우주로 가는 길을 열다

오승협 | RHK | 2023

이 책은 누리호 발사 성공의 주역인 한국항공우주연구원의 여정을 속속들이 공개한 책이다. 누리호를 우주로 보내기 위해 국내 우주발사체 인프라를 구축하는 여정은 순탄치 않았다. 그 과정에 있었던 다양한 이야기를 끌어들여 흥미롭게 엮어낸다. 대한민국 우주산업의 흥미로운 이야기들을 한가득 끌어모아 낸 이 책을 읽고 난 사람이라면 우리나라 한국형 발사체의 발전과정을 다른 시선으로 볼 수밖에 없을 것이다.

탐구 주제

주제1 누리호의 발전 준비과정에서 산화제 탱크 센서 이상으로 발사가 연기되었었다. 산화제 탱크 내의 레벨 센서에 문제가 생겼고, 레벨센서를 예비품으로 교체한 후에야 발사할 수 있었다. 그렇다면 누리호의 발사에 산화제가 필요한 이유가 무엇인지 탐구해 보자.

주제2 누리호는 누리호 또는 KSLV-II(Korea Space Launch Vehicle-II)는 한국항공우주연구원이 KSLV 계획에 따라 2022년 개발하여 운용 중인 대한민국 최초의 저궤도 실용 위성 발사용 로켓이다. 누리호를 '한국형 발사체'라고 하는데 그 말의 의미를 탐구해 보자.

주제3 누리호 발사 장치 중 임벌리컬 연결 장치 대한 탐구

주제4 누리호와 나로호의 엔진에 대한 비교 탐구

학생부 기록 예시 (교과세특)

누리호 발사과정에서 산화제 탱크의 센서 이상으로 누리호 발사가 연기되었다는 뉴스를 접하고, 산화제에 대해 조사함. 산화제는 주로 액체 산소인데 우주발사체는 공기가 없는 대기권 밖을 비행하기에 산화제를 싣고 가는데 고체 추진 로켓은 연료와 산화제 성분을 미리 섞어 두는 반면 액체 추진 로켓은 발사 전 연료와 산화제 충전 작업이 필요하다고 설명하면서 누리호의 발사 절차를 영상자료와 함께 상세하고 흥미롭게 해설하여 좋은 평가를 받음.

탐구주제 확장 및 심화

누리호 발사체 후속 사업으로 개발 예정인 한국형 팰콘-9에 대한 탐구
누리호 이후 차세대 위성발사체 개발사업을 통해 장래 한국형 팰콘-9을 개발하려는 중장기 사업이 논의되고 있다. 한국형 팰콘-9이란 무엇인지 탐구해 보자.

한국의 누리호와 북한의 천리마-1형과의 비교
누리호 발사 성공에 자극받아 북한이 서둘러 발사하다가 실패한 것으로 알려진 북한의 천리마-1형과 누리호의 구조와 연료 등의 특징을 비교해 보자.

관련 논문 남북한 우주개발 경쟁에 관한 연구(송근호, 2022)

이 논문은 우주개발 계획 및 기구, 우주발사체 및 인공위성 개발 등 주요 우주개발 요소로 남북한의 우주 개발 과정을 시대적으로 살펴본다. 또한 남북한의 우주력을 평가함으로써 남북한의 우주 개발에 대한 위협과 기회를 어떻게 대응하고 활용할 것인가를 밝히고 있다.

관련 도서 《우주의 문은 그냥 열리지 않았다》, 강진원, 노형일, 푸른영토
《우주로 가는 물리학》, 마이클 다인, 은행나무

관련 학과 기계공학과, 메카트로닉스 공학과, 신소재공학과, 자동차공학과, 항공기계공학과, 항공기계설계학과, 항공우주공학과, 물리학과, 물리천문학과, 우주과학과, 응용물리학과, 지구환경과학과, 천문우주학과

관련 교과 2022 개정 교육과정 : 미적분II, 물리학, 화학, 지구과학, 역학과 에너지, 전자기와 양자, 물질과 에너지
2015 개정 교육과정 : 미적분, 확률과 통계, 기하, 물리학I,II, 화학I,II, 지구과학I,II, 융합과학

만일 물리학으로 세상을 볼 수 있다면

정창욱 | 콘택트 | 2023

이 책은 과학의 관점으로 바라보면 존재하지만 보이지 않는 것을 발견할 수 있다고 말하며, 우리가 사는 삶, 물질, 그리고 우주에 질문을 던진다. 물리학에는 깊고 아름다운 이론이 많지만 우리가 이미 알고 있는 법칙을 조금만 다시 보면 세상을 깊고 아름답게 바라볼 수 있다. 저자는 과학은 정답이 중요한 것이 아니라 말한다. 과학은 '답을 찾아가는 태도' 그 자체이며 물리학은 결국 지식이 아닌 '지혜를 얻는 과정'이라고 강조한다.

탐구 주제

주제1 고대 멕시코에서는 황제가 참관하는 축구 대회를 개최했다고 한다. 대회를 마치면 우승한 팀의 선수 중 한 명의 심장을 적출해 신에게 바치는 의식도 함께 이뤄졌다고 한다. 책에서는 심장을 바치는 의식이 가능했던 이유로 포물선 반사를 의심한다. 포물선 반사가 무엇인지 탐구해 보자.

주제2 추운 겨울 식당에서 뜨거운 물이 담긴 컵을 식탁 위에 놓으면 컵이 스스로 움직이는 현상을 목격한 경험이 있을 것이다. 이 현상을 주의 깊게 관찰하면 물을 마시기 위해 컵에 뜨거운 물을 부을 때 컵이 움직이는 것을 발견할 수 있다. 이러한 현상을 발생하는 이유를 탐구해 보자.

주제3 버스가 과속방지턱을 넘을 때 승객이 받는 충격량을 탐구해 보자.

주제4 등산용품의 밧줄을 꼬아서 만드는 이유를 탐구해 보자.

학생부 기록 예시 (교과세특)

마야문명에서 현대의 축구와 비슷한 경기를 하고 승리 팀 중 한 명의 심장을 바치는 의식을 했다는 것을 알게 돼 그런 의식이 가능했던 이유를 '만약 물리학으로 세상을 볼 수 있다면(정창욱)'을 읽고 탐구함. 마야문명의 축구장에는 황제가 앉은 자리 뒤편에 포물면에 가까운 곡면으로 된 벽이 있는데, 포물면 반사로 황제가 내는 목소리의 세기는 어느 거리에 있든 거의 비슷하게 느껴졌을 것이고 물리 지식을 몰랐던 선수들이 황제가 신이라고 믿었을 것이라고 발표함.

탐구주제 확장 및 심화

성덕대왕신종을 매단 막대기의 재질 탐구
성덕대왕신종을 옮길 때 매우 강한 막대기에 종이 매달려 있다는 사실을 발견했다. 천 년도 더 전에 만들어진 성덕대왕신종 막대기의 제작방식과 재질을 탐구해 보자.

버스 탈 때 어디쯤 앉아야 과속방지턱에서 편안할지에 대한 탐구
버스의 좌석을 앞바퀴 위의 좌석, 4열 좌석, 뒷바퀴 위의 좌석, 맨 뒤의 좌석으로 나누어 과속방지턱을 지날 때 어느 좌석이 가장 편안할지 탐구해 보자.

관련 논문 　상용차량 운전석의 승차감 평가 및 해석기법 연구(권오형, 2021)

운전석의 경우 운전자의 안락한 좌석을 제공하기 위해 시트 서스펜션 기능의 중요성이 강조되고 있다. 이 논문은 상용운전석에 가장 일반적으로 많이 사용하는 공기스프링 방식의 에어 서스펜션을 기준으로 제품을 비교 평가할 때 객관적 평가 기준을 제시하고자 했다.

관련 도서 　《물리학자가 들려주는 물리학 이야기》, 다나카 미유키, 동아엠앤비

　　　　　　《어떻게 물리학을 사랑하지 않을 수 있을까?》, 짐 알칼릴리, 윌북

관련 학과 　기계공학과, 메카트로닉스 공학과, 신소재공학과, 자동차공학과, 항공기계공학과, 항공우주공학과, 물리학과, 물리천문학과, 우주과학과, 응용물리학과, 지구환경과학과, 천문우주학과, 해양학과

관련 교과 　2022 개정 교육과정: 미적분II, 물리학, 화학, 지구과학, 역학과 에너지, 전자기와 양자, 물질과 에너지
　　　　　　2015 개정 교육과정: 미적분, 확률과 통계, 기하, 물리학I,II, 화학I,II, 지구과학I,II, 융합과학

핵심키워드	바퀴, 자전거, 엔진, 잠수함

모든 움직이는 것들의 과학

한근우 | 사과나무 | 2018

이 책은 모든 움직이는 것들에 숨어 있는 과학적 원리를 밝힌다. 우리 주변에서 움직이고, 굴러다니고, 날아다니고 하는 모든 것들에는 과학이 숨어 있다. 그런 '모든 움직이는 것들'에 대해 탄생에서부터 과학적 원리, 인류 문명의 발전에 끼친 영향 등을 풀어내고 있다. 친환경 자동차를 연구하는 저자는 이 책에서 땅, 물, 하늘, 미래에서 움직이는 것들 중 16가지 주제를 뽑아 그것들이 어떻게 인류와 함께 발전해왔나를 살펴본다.

탐구 주제

주제1 잠수함은 물속으로 완전히 잠수해 있는 동안에도 독립적으로 운영할 수 있는 선박이다. 잠수함은 추진동력에 따라 디젤엔진과 축전지로 추진하는 통상형(재래식) 잠수함과 원자력 에너지를 동력으로 사용하는 원자력 잠수으로 구분한다. 그중 원자력 잠수함의 동력에 대해 탐구해 보자.

주제2 바퀴는 불, 문자와 함께 인류가 만들어낸 3대 발명품 중의 하나로 꼽힌다. 바퀴로 인해 대규모 물자수송과 장거리 이동이 가능해졌고 경제, 산업, 기술, 전쟁 등 모든 분야에서 발전을 이룰 수 있었다. 이런 바퀴의 역사에서 바퀴살의 발명이 가지는 의미를 탐구해 보자.

주제3 루돌프 디젤이 발명한 최초의 디젤엔진 발명과정에 대한 탐구

주제4 자전거의 발전과정에 대한 탐구

학생부 기록 예시 (교과세특)

미군의 전략 잠수함이 한국에 입항했다는 뉴스를 접하고, '모든 움직이는 것들의 과학(한근우)'을 읽고 핵잠수함의 동력을 탐구함. 핵잠수함은 방사성 원소인 우라늄이 핵분열하면서 얻어지는 고온의 열에너지가 발생시킨 증기로 터빈을 회전시키는 원리로 작동하는데, 한 번의 연료 공급만으로도 20년 정도 바닷속에서 다닐 수 있어 전략적 가치가 크다고 발표함. 다양한 자료를 활용해 부력탱크, 산소공급 방법 등 잠수함과 관련된 과학원리를 상세하게 설명함.

탐구주제 확장 및 심화

전기차에 적용된 모터 기술 탐구하기
전기 자동차는 내연기관 대신 전기 모터를 사용해 운동 에너지를 얻는다. 전기차의 성능의 핵심인 모터에 대한 컴퓨터 제어 시스템을 탐구해 보자.

자전거의 바퀴가 2개인 이유 탐구하기
자전거는 영어로 'bicycle'이다. 바퀴를 뜻하는 cycle 앞에 2를 뜻하는 bi를 붙여 2개의 바퀴를 이른다. 자전거의 바퀴 수가 3개가 아닌 2개인 이유를 과학적으로 탐구해 보자.

관련 논문 전방향성을 갖는 네 바퀴 이동로봇(강수민, 성영휘, 2022)

전통적인 자동차 또는 전통적인 두 바퀴형 차동 구동 로봇은 기구적인 구조 때문에 이동 동작에 제한이 있다. 자동차 산업에서 내연기관 자동차에 로봇 공학 기술의 적용이 모색되고 있다. 이 논문에서 제안된 로봇은 일반적인 타이어 바퀴를 채택하고도 전방향 이동이 가능하다.

관련 도서 《거의 모든 것의 역사》, 빌 브라이슨, 까치
《사소해서 물어보지 못했지만 궁금했던 이야기》, 사물궁이 잡학지식, arte

관련 학과	기계공학과, 메카트로닉스 공학과, 신소재공학과, 자동차공학과, 항공기계공학과, 항공우주공학과, 물리학과, 물리천문학과, 우주과학과, 응용물리학과, 지구환경과학과, 천문우주학과, 해양학과

관련 교과	2022 개정 교육과정: 기하, 미적분II, 물리학, 화학, 역학과 에너지, 전자기와 양자, 물질과 에너지 2015 개정 교육과정: 수학I,II, 미적분, 확률과 통계, 기하, 물리학I,II, 화학I,II, 지구과학I,II

모빌리티 기술혁명 미래보고서 2030

박승대 | 형설EMJ | 2023

이 책은 4차 산업혁명과 에어모빌리티 물류혁명에 대해 다룬다. 현재 4차 산업혁명과 에어모빌리티 물류혁명에 대한 시선이 달라지고 있고 모빌리티에 기술혁명이 연결되어, 사회 대변혁이 일어날 것을 예고하고 있다. 저자는 모빌리티 기술혁명을 철기시대와 대항해시대 그리고 철도와 자동차 시대를 거치는 기술혁신의 핵심기술로 파악하면서, 4차 산업혁명에 대한 범용기술이 미래모빌리티 핵심기술과 일맥상통한다고 말한다.

탐구 주제

주제1 현재 인류의 미래는 인공지능을 기반으로 하는 딥러닝(Deep Learning)과 자연 언어처리(Natural Language Processing) 등과 관련된 다양한 기술의 발전으로 영화 속에서의 상상을 현실로 구현시키고 있다. 인공지능이 자동차 산업에서 어떻게 활용될지 탐구해 보자.

주제2 도심항공 모빌리티(UAM·Urban Air Mobility)는 도로교통 혼잡, 도시인구 증가 등의 문제를 해결할 미래형 교통수단으로 주목받고 있다. UAM은 eVTOL(전기동력 수직이착륙 항공)을 이용해 도시 권역을 운항하는 항공 교통체계를 의미하는데 evTOL의 기반기술의 대해 탐구해 보자.

주제3 에어모빌리티 활성화되기 위한 정책에 대한 탐구

주제4 금융산업과 연결된 모빌리티 산업에 대한 탐구

학생부 기록 예시 (교과세특)

4차 산업혁명 관련 핵심기술 발표하기 수업에서 도심 항공 모빌리티(UAM)을 핵심으로 선정하고, 도심 항공 모빌리티의 대표적인 형태인 전기 수직이착륙 항공기(eVTOL)의 세부 유형을 조사하여 발표함. 멀티콥터, 리프트 플러스 크루즈, 벡터드 쓰러스트 등 유형에 따른 비행 원리와 장단점에 대해 PPT 정리하여 발표하면서 UAM 대중화의 핵심을 소음 감소로 꼽고 비행소음을 줄이기 위한 다양한 기술에 대해 흥미있게 소개하여 큰 호응을 받음.

탐구주제 확장 및 심화

영화 '아이로봇'의 나오는 자율주행차 탐구하기
2004년 개봉한 영화 '아이로봇'에 나오는 자율주행차의 바퀴는 타이어가 아니라 360도로 회전할 수 있는 '구' 형태이다. 이런 자율주행차의 현실화 가능성을 탐구해 보자.

UAM이 가져올 직업 세계의 변화 탐구하기
UAM 생태계에는 버티포트 운영자, 기체 개발 제작사 등 다양한 사업 주체가 포함될 것이다. UAM의 상용화로 인해 새로 생겨날 직업 등 직업 세계의 변화를 탐구해 보자.

관련 논문 가치기반수용모델 기반의 로보택시 사용자 수용성 분석(김인수 외, 2023)

이 논문은 전기차 기반의 자율주행 택시인 로보택시에 대하여 혜택 요인과 희생 요인을 전반적으로 고려한 가치기반수용모델 기반의 사용자 수용성 영향 요인을 분석했다. 가치기반수용모델 결과를 로보택시 활성화를 위한 서비스 설계에 접목시킬 수 있는 의미가 있다.

관련 도서 《차이나 모빌리티 2030》, 윤재웅, 미래의창
《스마트 모빌리티 지금 올라타라》, 모빌리티 강국 보고서 팀, 매일경제신문사

관련 학과 기계공학과, 메카트로닉스 공학과, 신소재공학과, 자동차공학과, 항공기계공학과, 항공우주공학과, 물리학과, 물리천문학과, 우주과학과, 응용물리학과, 지구환경과학과, 천문우주학과, 해양학과

관련 교과 2022 개정 교육과정: 기하, 미적분II, 물리학, 화학, 역학과 에너지, 전자기와 양자, 물질과 에너지
2015 개정 교육과정: 수학I,II, 미적분, 확률과 통계, 기하, 물리학I,II, 화학I,II, 지구과학I,II

핵심키워드

물리적 힘

헨리 페트로스키 | 서해문집 | 2023

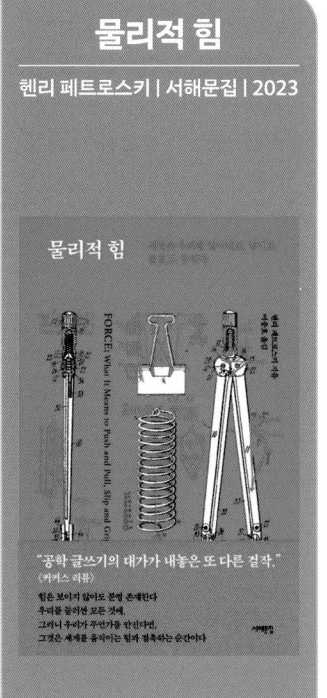

물리적 힘

"공학 글쓰기의 대가가 내놓은 또 다른 걸작."
(커커스 리뷰)

힘은 보이지 않아도 분명 존재한다
우리를 둘러싼 모든 것에.
그러나 우리가 무언가를 받친다면,
그것은 세계를 움직이는 힘과 접촉하는 순간이다

마찰력, 관성 모멘트, 중력, 자기

이 책에서 말하는 힘은 물체를 움직이게 하고, 움직이는 물체의 속도나 운동방향, 형태를 변형시키는 작용을 하는 물리량을 말한다. 볼 수도, 들을 수도, 만질 수도 없지만 힘은 우리를 둘러싼 모든 것에 깃들어 있다. 매일 해가 뜨고 지는 것도, 살랑이는 바람이 우리 귓가를 스치는 것도, 바다에 파도가 치는 것도 전부 힘이 존재하기 때문이다. 저자는 친숙한 일상 속 사물들로부터 출발해 그것을 둘러싼 과학과 공학의 이야기를 들려준다.

탐구 주제

주제1 흔히 낙상사고라고 하면 겨울철 빙판길을 떠올린다. 하지만 비가 자주 내리는 장마철의 경우에도 낙상사고가 많이 발생할 수 있다. 특히나 신발 바닥이 미끄러운 슬리퍼를 신는다면 낙상 위험은 더욱 높아진다. 비오는 날에 낙상사고가 늘어나는 물리학적 이유를 탐구해 보자.

주제2 관성 모멘트는 물체가 회전 운동을 하는 상태를 계속 유지하려는 성질을 의미하고 회전 관성이라고도 부른다. 동일한 물체라도 회전축에 따라 이 값은 달라질 수 있다. 전륜 자동차가 회전할 때 승객의 승차 위치에 따라 어떻게 관성 모멘트가 달라지는지 탐구해 보자.

주제3 외팔보(캔틸레버)가 받는 휨모먼트에 대한 탐구

주제4 벨이 발명한 초창기 전화기 원리에 대한 탐구

학생부 기록 예시 (교과세특)

우천 시 슬리퍼를 신고 걷다가 낙상사고가 증가한다는 보도를 접하고 우천 시 사고 증가 원인에 대해 '물리적 힘(헨리 페트로스키)'을 읽고 탐구함. 우천 시 낙상사고가 증가하는 원인을 마찰력의 감소로 꼽으면서 정지 마찰력, 운동 마찰 등 마찰력의 종류를 설명하고, 운동 마찰력에서 '정지 마찰 계수 > 미끄럼 마찰 계수 > 굴림 마찰 계수'라는 식을 생활 속의 다양한 예시와 함께 쉽고 재미있게 설명해 급우들에게 좋은 평가를 받음.

탐구주제 확장 및 심화

빗면 위의 공에 작용하는 힘에 대해 탐구하기
빗면 위에서 놓인 공의 경우 마찰력이 없다면 둥근 공이라도 구르지 않고 미끄러지기만 하겠지만 실제로는 그렇지 않은데 빗면 위의 공에게 작용하는 힘이 무엇인지 탐구해 보자.

스노우 타이어가 제동력 강한 이유 탐구하기
눈이 많이 쌓이는 겨울철에는 타이어와 지면이 제대로 맞닿지 않아 정상적인 운행이 어렵다. 스노우 타이어는 어떤 원리를 활용하여 마찰력을 높이는지 탐구해 보자.

관련 논문 타이어 접지 형상의 변화에 따른 제동 성능 연구(조인형, 2020)

이 논문은 타이어 특성 중 하나인 접지 형상에 따른 제동 성능에 관한 연구를 진행했다. 마찰력과 접지 면적의 상관성에 관한 연구로서 타이어와 같이 비선형성, 비압축성에 성질을 가진 고무 재질에서는 접지 면적과 마찰력이 상당한 연관성이 있다는 것을 밝히고 있다.

관련 도서 《기초물리사전》, 오가와 신지로, 그린북
《익스트림 물리학》, 엔보쥔, 그린북

관련 학과 기계공학과, 메카트로닉스 공학과, 신소재공학과, 자동차공학과, 항공기계공학과, 항공우주공학과, 물리학과, 물리천문학과, 우주과학과, 응용물리학과, 지구환경과학과, 천문우주학과, 해양학과

관련 교과 2022 개정 교육과정: 기하, 미적분II, 물리학, 화학, 역학과 에너지, 전자기와 양자, 물질과 에너지
2015 개정 교육과정: 수학I,II, 미적분, 확률과 통계, 기하, 물리학I,II, 화학I,II, 지구과학I,II

물리지 않는 물리학

이노키 마사후미 | 필름 | 2021

이 책은 물리학의 최고 이론들을 어렵고 딱딱한 수식 없이 기발한 발상과 유쾌한 비유로 알기 쉽게 서술한다. 책에 소개된 연구 성과는 모두 노벨상을 받은 것들이다. 아인슈타인의 상대성원리, 하이젠베르크의 불확정성 원리, 드브로이의 물질파, 윌슨의 안개상자, 글레이저의 거품상자, 러더퍼드의 원자핵, 앤더슨의 양전자 등 현대물리학의 빛나는 결실을 그야말로 한눈에 감상할 수 있다.

탐구 주제

주제1 진공은 어떠한 물질도 전혀 존재하지 않는 상태를 의미한다. 즉 말 그대로 아무것도 없어야 한다. 고전물리학의 관점에서 진공은 절대적으로 아무것도 없는 공간을 의미하나 양자물리학의 관점은 다르다. 양자물리학적 관점에서 '진공은 무가 아니다.'라는 말의 의미를 탐구해 보자.

주제2 이중 슬릿 실험(Double-slit Experiment)은 물질의 파동성과 입자성을 구분하는 실험으로 두 개의 슬릿에서 나오는 파동들에 회절과 간섭이 작용하여 스크린에 간섭무늬가 나타난다. 이런 이중 슬릿 실험 결과가 가지는 과학적인 의미가 무엇인지 탐구해 보자.

주제3 물질을 구성하는 기본적인 단위 물질인 소립자에 대한 탐구

주제4 원자핵의 반응을 이용하여 만드는 에너지인 원자력에 대한 탐구

학생부 기록 예시 (교과세특)

과학 관련 도서 읽고 발표하기 수업에서 '물리지 않는 물리학(이노키 마사후미)'을 읽고 진공에 대해 발표함. 고전물리학에서는 공기를 모두 빼면 진공이라고 말하는데, 양자물리학에서는 모든 입자들은 반입자를 가지며 입자와 반입자가 충돌하는 양자요동현상은 10초 만에 일어나고 사라지기 때문에 진공이 아무것도 없는 상태인지를 판단하는 것은 어렵다고 발표함. 대학 진학 후 하이젠베르크의 불확정성 원리 등 양자물리학을 깊게 있게 공부하고 싶다는 포부를 밝힘.

탐구주제 확장 및 심화

진공상태에서 금속의 자가 치유에 대한 탐구
손상된 금속이 특정 조건만 갖춰지면 원상태로 스스로 치유할 수 있다는 연구 결과가 나왔다. 엔지니어링 혁명을 불러올 것으로 기대되는 금속의 자가 치유를 탐구해 보자.

영화 '앤트맨'에 나오는 핌 입자와 실제 양자역학과의 관계 탐구
영화에서 핌 입자는 아원자 입자를 연구하던 중 이를 관찰한 뛰어난 과학자 행크 핌 박사에 의해 개발되었다. 이 핌 입자가 허구인 이유를 양자역학의 관점에서 탐구해 보자.

관련 논문 복합물성 물질(Emergent Materials)의 뫼스바우어 연구(김성백, 2021)

두 가지 이상의 복합물성이 발현되는 신소재 물질들은 4차 산업혁명 시대의 신기능성 물질로 주목받고 있다. 이 논문에서는 원자의 입장에서 불확정성 원리를 만족하는 양자역학적 실험 도구인 뫼스바우어 분광 실험을 통하여 연구된 복합물성 물질 연구의 몇 가지 사례를 소개한다.

관련 도서 《불확실성의 시대》, 토비아스 휘터, 흐름출판
《일어날 일은 일어난다》, 박권, 동아시아

관련 학과 기계공학과, 메카트로닉스 공학과, 신소재공학과, 자동차공학과, 항공기계공학과, 항공우주공학과, 물리학과, 물리천문학과, 우주과학과, 응용물리학과, 지구환경과학과, 천문우주학과, 해양학과

관련 교과 2022 개정 교육과정: 기하, 미적분II, 물리학, 화학, 역학과 에너지, 전자기와 양자, 물질과 에너지
2015 개정 교육과정: 수학I,II, 미적분, 확률과 통계, 기하, 물리학I,II, 화학I,II, 지구과학I,II

물은 H₂O인가?

장하석 | 김영사 | 2021

물이 H₂O라는 것은 현대 과학을 조금이라도 접해본 사람이라면 누구나 아는 사실이지만 당시 과학자들은 이 합의에 아주 힘들게 도달했고, 그마저도 정당한 근거가 충분하지 않았다. 저자는 예리하고 풍부한 과학사적 탐구를 바탕으로 현대 과학철학에서 핵심적인 주제인 실재론을 비판적으로 검토하고, 다원주의를 옹호한다. 여전히 정해진 '정답'을 비판의식 없이 받아들이도록 하는 한국의 주입식 과학교육에도 시사하는 바가 크다.

탐구 주제

주제1 이 책의 저자는 '물은 정말로 H₂O일까' 하는 의문에서부터 시작한다. 물이 H₂O로 결정지어지는 초기 화학사적 논쟁을 과학적 근거로 풀어낸다. 이러한 접근과정에서 지속적이고 상대적인 다원주의에 대해 안내하는데 과학에서의 다원주의란 무엇인지 탐구해 보자.

주제2 17~18세기 유럽에서 연소 현상을 비롯한 다양한 화학적 변화를 플로지스톤설로 설명했다. 플로지스톤은 가연성 물질이 타기 쉬운 성질을 가질 수 있게끔 하는 물질로서 연소 현상을 이해하는 핵심 물질로 받아들여졌었다. 라부아지에가 플로지스톤설을 반박하는 과정을 탐구해 보자.

주제3 돌턴의 원자설에 대한 탐구

주제4 물이 H₂O인지 HO인지를 정하는 논쟁 과정에 대한 탐구

학생부 기록 예시 (교과세특)

과학철학 발표하기 수업에서 '물은 H₂O인가?(장하석)'를 읽고, 물이 H₂O인지를 확인하는 과정으로 '아주 간단한 과학상식이라도 그것을 정말로 확신할 수 있는지 생각하는 것이 중요하다'는 것을 물이 HO 또는 H₂O 중 어느 쪽인지를 결정하기 위한 50년에 걸친 미결정성 논쟁을 통해 설명함. 과학적 접근에서는 전문가나 권위자가 하는 말을 무조건 신봉하거나 정답만 가르치는 효율성만을 내세우기보다는 과학적 다원주의에 입각한 사고 과정이 중요함을 제시함.

탐구주제 확장 및 심화

물이 100도에 끓는다는 상식에 대한 탐구

물이 몇 도에 끓는지에 대해 질문하면 대부분 100도라고 답할 것이다. 우리가 라면을 먹기 위해 물을 끓일 때 그 물이 정말로 100도일지 탐구해 보자.

도마뱀은 어떻게 물 표면을 뛰어다닐 수 있을까?

중앙아메리카의 강에 사는 바실리스크 도마뱀은 적이 나타나면 물 위를 빠른 속도로 질주한다. 바실리스크 도마뱀이 물 위를 뛰어다닐 수 있는 과학적인 이유를 탐구해 보자.

관련 논문 문제기반학습(Problem-Based learning) 프로그램에서 과학사 및 과학철학 기반 융합 문제를 해결한 이공계열과 인문사회계열 대학생들의 사례연구(이종혁, 백종호, 2019)

본 연구는 문제기반학습 프로그램에서 과학사·과학철학 기반 융합 문제를 해결한 대학생들의 사례를 살펴보았다. 이공계열 학생들과 인문사회계열 학생들의 문제 구조화 과정과 해결 경험의 의미를 비교함으로써 문·이과 통합 교육을 위한 전략을 모색하고 있다.

관련 도서 《사이버네틱스》, 노버트 위너, ITTA
《객관성과 진리》, 이상원, 한울아카데미

관련 학과 기계공학과, 메카트로닉스 공학과, 신소재공학과, 자동차공학과, 항공기계공학과, 항공우주공학과, 물리학과, 물리천문학과, 우주과학과, 응용물리학과, 지구환경과학과, 천문우주학과, 해양학과

관련 교과 2022 개정 교육과정: 기하, 미적분II, 물리학, 화학, 역학과 에너지, 전자기와 양자, 물질과 에너지
2015 개정 교육과정: 수학I,II, 미적분, 확률과 통계, 기하, 물리학I,II, 화학I,II, 지구과학I,II

미래 모빌리티 UAM에 투자하라

이재광 | 경향비피 | 2022

이 책은 UAM(Urban Air Mobility)의 미래에 대해 이야기한다. UAM은 도심 내 활용이 가능한 항공기를 이용하여 승객이나 화물 운송 등을 목적으로 타 교통수단과 연계하여 운용하는 신개념 항공교통 체계를 뜻한다. 단순히 하늘을 날아다니는 항공기 자체만 지칭하는 것은 아니고, 관련 인프라와 서비스 그리고 운용 시스템 등 전반적인 산업 생태계를 포괄하는 개념이다. 신개념 교통 체계가 어떻게 발전할지 살펴보자.

탐구 주제

주제1   수소연료전지는 화학 반응을 통해 전자를 움직여 전기를 발생시키는데 물을 전기분해하면 수소와 산소가 발생하는 원리를 역으로 이용해, 수소와 산소를 반응시켜 전기를 생성한다. UAM(도심항공모빌리티)의 동력원으로 수소연료전지가 주목받고 있는데 그 이유를 탐구해 보자.

주제2   내연기관차를 전기차로 바꾼다고 우리의 삶이 많이 바뀌진 않을 것이다. 전기차를 이용해도 도시의 교통체증이 없어질 일은 없기 때문이다. 하지만 UAM은 우리의 이동 시간을 획기적으로 줄여 줄 수 있다. 책에서 말하는 진정한 모빌리티 혁명이 무엇을 말하는지 탐구해 보자.

주제3   신개념 항공기인 eVTOL의 특징에 대한 탐구

주제4   자율주행 UAM에 가능성에 대한 탐구

학생부 기록 예시 (교과세특)

'미래 모빌리티 UAM에 투자하라(이재광)'를 읽고 미래 도심형 교통수단으로 주목받고 있는 UAM을 탐구함. UAM 상용화를 위해선 수백 kg의 무게를 들어 올릴 강력한 출력을 최대 2시간은 유지해야 하는데, 이를 위해선 리튬 이온전지보다 에너지밀도가 높아 작고 가벼운 전지로도 높은 출력을 낼 수 있는 수소연료전지가 주목받고 있음을 소개함. 또한 현재 수소연료전지의 원리를 살펴보고 UAM의 에너지원이 되기 위해 해결해야 할 과제를 상세하게 설명함.

탐구주제 확장 및 심화

지역 균형 발전의 해결 방안으로의 UAM에 대한 탐구
우리나라에 해결해야 할 문제 중 하나가 지역 균형 발전이다. 지방 인구감소의 가장 큰 원인으로 불편한 교통 인프라를 들 수 있는데 UAM이 어떻게 활용될 수 있을지 탐구해 보자.

한국형 도심항공교통 그랜드 챌린지(K-UAM GC)에 대한 탐구
한국형 그랜드 챌린지는 도심항공교통(UAM)의 2025년 국내 상용화를 위해 도심 여건에 맞는 UAM 비행체 안전성 등을 통합 운용하는 실증 프로그램인데 그 내용을 탐구해 보자.

관련 논문   한국형 도심항공교통(UAM)용 비행체 개발 방향에 관한 연구(민수홍, 2023)

UAM용 비행체는 그 추진방식에 따라 멀티로터형(Multirotor type), 고정익·회전익 복합형(Lift & Cruise type) 그리고 틸트로터형(Tiltrotor type)으로 분류된다. 이 논문에서는 각 비행체들의 특성을 비교 분석하여 우리나라에 적합한 비행체의 타입과 개발 방향을 제안한다.

관련 도서   《UAM》, 한대희, 슬로디미디어
《모빌리티 미래권력》, 권용주, 오아름, 무블출판사

관련 학과   기계공학과, 메카트로닉스 공학과, 신소재공학과, 자동차공학과, 항공기계공학과, 항공우주공학과, 물리학과, 물리천문학과, 우주과학과, 응용물리학과, 지구환경과학과, 천문우주학과, 해양학과

관련 교과   2022 개정 교육과정: 기하, 미적분II, 물리학, 화학, 역학과 에너지, 전자기와 양자, 물질과 에너지
2015 개정 교육과정: 수학I,II, 미적분, 확률과 통계, 기하, 물리학I,II, 화학I,II, 지구과학I,II

세상을 바꾼 과학 이야기

권기균 | 종이책 | 2021

이 책은 과학을 인문학의 관점에서 풀어낸다. '4차 산업혁명의 도래'와 같은 사회적 패러다임의 변화와 3D 프린팅, 로봇, 인공지능의 발전도 어느새 우리 곁으로 깊숙이 들어와 있다. 이런 변화의 시대를 이해하는 데 도움을 주고 삶의 방향성을 제시해 준다. 이 책의 부제처럼 '과학을 통해 세상 보는 눈을 밝혀'준다. 과학적 소양을 길러 일상의 문제들에 대해 질문하고 궁리해서 해결책을 제시하는 능력을 키워준다.

탐구 주제

주제1 핵분열로 발생하는 막대한 에너지를 활용하려면 반응을 제어하는 장치인 '원자로(핵반응로)'가 필요하다. 원자력 발전에서는 원자로를 이용해 핵분열이 과도하게 일어나지 않게 유지하거나 중지시킨다. 원자로를 만들어 지금의 '원자력 발전 시대'를 연 엔리코 페르미의 업적을 탐구해 보자.

주제2 베릴륨은 주기율표 제2족 알칼리 토금속이며, 자연에서는 순수한 형태로 발견되지 않는다. 베릴륨이 포함된 광물인 녹주석과 에메랄드는 이집트 프톨레마이오스 왕조 이전부터 알려져 있던 것으로 추정된다. 이런 베릴륨의 물리적, 화학적 특징을 탐구해 보자.

주제3 노벨화학상과 노벨평화상을 수상했던 라이너스 폴링에 대한 탐구

주제4 4차 산업혁명 시대에 필요한 인재상에 대한 탐구

학생부 기록 예시 (교과세특)

역사를 바꾼 과학자 탐구 발표하기 수업에서 역사적 과학자로 '엔리코 페르미'를 선정함. 엔리코 페르미는 맨해튼 프로젝트에 참여하여 원자폭탄 개발에 공헌하여 핵전쟁의 공포를 남겼지만, 이를 후회하고 탁월한 과학적 통찰력으로 원자로 제어 및 핵분열 원리의 이해를 크게 전진시켜 안정적이고 효율적인 원자로 개발에 기여했으며, 페르미의 원자력에 관한 연구의 명암은 과학 자체를 어떻게 활용해야 하는지에 관한 고민을 하게 한다고 발표함.

탐구주제 확장 및 심화

2023년 노벨물리학상 수상자의 연구 내용 탐구하기
올해 노벨물리학상은 상상할 수 없을 정도로 짧은 시간인 '아토초' 길이의 빛으로 분자를 조명한 과학자 3명에게 돌아갔다. 100경 분의 1초인 아토초 연구의 의의를 탐구해 보자.

4차 산업혁명 시대 에듀테크의 발전 방향에 대해 탐구하기
에듀테크는 교육(Education)과 기술(Technology)이 합성된 단어이다. 빅데이터, 인공지능, 로봇, 가상현실 등이 앞으로의 교육에 어떻게 활용될지 탐구해 보자.

관련 논문 초소형원자로 세계 시장 예측(이태준, 2021)

이 논문에서는 2030년대 초에 세계적으로 도입·확산될 것으로 전망되는 초소형원자로의 잠재시장 규모를 예측하였다. 이를 위해서 먼저 미래 사회의 에너지 수요와 시장환경 변화를 전망하고 이에 적합한 초소형원자로의 기능과 성능에 관한 시장 요건을 도출하였다.

관련 도서 《1분 과학》, 이재범, 위즈덤하우스
《판타 레이》, 민태기, 사이언스북스

관련 학과 기계공학과, 메카트로닉스 공학과, 신소재공학과, 자동차공학과, 항공기계공학과, 항공우주공학과, 물리학과, 물리천문학과, 우주과학과, 응용물리학과, 지구환경과학과, 천문우주학과, 해양학과

관련 교과 2022 개정 교육과정: 기하, 미적분II, 물리학, 화학, 역학과 에너지, 전자기와 양자, 물질과 에너지
2015 개정 교육과정: 수학I,II, 미적분, 확률과 통계, 기하, 물리학I,II, 화학I,II, 지구과학I,II

아주 위험한 과학책
랜들 먼로 | 시공사 | 2023

이 책은 엉뚱한 질문에 가장 과학적인 답변을 찾아낸다. 사실 질문이 무엇인지는 중요하지 않다. 과학이 멋진 건, 답이 없어 보이는 질문들에 대답할 수 있는 '도구'를 제공하기 때문이고, 과학이라는 도구를 활용해 질문의 답을 찾아가는 '과정' 그 자체에 의미가 있기 때문이다. 60여 개의 질문과 답으로 구성되어 '과학적 사고'가 무엇인지를 확실히 보여주는 책이다. 과학과 친해지고 싶다면, 이 책의 접근 방식을 참고해 보자.

탐구 주제

주제1   그네는 고정된 가로대 밑으로 두 개의 끈을 설치하고, 그 끝에 사람이 올라설 수 있는 발판을 단 놀이기구다. 그 위에 올라서거나 앉아서 전후로 움직이거나, 밀어주면 단진자 운동을 시작한다. 사람이 그네를 잘 타기 위한 과학적인 방법은 무엇인지 탐구해 보자.

주제2   총알은 총구에서 나오는 순간 최고 속도를 보인다. 물론 총알의 속도는 같은 종류의 탄환이라도 총기의 종류에 따라 다르다. 소총의 경우 빠르기는 M16은 초당 1,000m이며 K2는 920m로 측정된다. 이런 총알을 수직으로 발사되었을 때 손으로 잡으려면 어떻게 하면 될지 탐구해 보자.

주제3   MRI 자기장의 영향에 대한 탐구

주제4   지구에서 철 덩어리를 증발시킨다면 어떻게 될지에 대한 탐구

학생부 기록 예시 (교과세특)

생활 속에 과학원리 탐구 발표하기 수업에서 '아주 위험한 과학책(랜들 먼로)'을 참고하여 사람이 그네를 흔들어 가장 높이 올라갈 수 있는 높이는 얼마인지 탐구함. 책의 내용을 참고하여 9m 길이의 그네에서 시도하면 절대 45도 이상으로 올라가지 못한다고 소개함. 다양한 방법으로 직접 그네를 타는 영상을 통해 그네에서 효과적으로 추진력을 얻는 방법을 보여주며 고정주파수모델, 사각파 모델 등 그네의 움직임을 설명하는 과학적 원리를 재미있게 설명함.

탐구주제 확장 및 심화

총의 발사 원리에 대한 탐구
총이 발명된 이후로 총과 화약을 만드는 데 집중했고, 그 결과 과학 기술의 발전 속도는 급격히 빨라졌다고 한다. 이런 총의 구조와 발사 원리를 탐구해 보자.

롤러코스터에 작용하는 물리학 법칙 탐구하기
롤러코스터는 레일 위를 달리며 급커브, 급경사, 급격한 하강을 하도록 설계된 놀이기구의 일종이다. 이 롤러코스터에 작용하는 물리학 법칙은 무엇인지 탐구해 보자.

관련 논문   MRI 검사에서 임플란트 자석 틀니로 인한 영향 평가(정해원 외, 2021)

이 논문은 MRI 검사 시 임플란트 자석 틀니의 자기 유지력 변화와 구조물 간의 금속 인공물을 분석했다. MRI 검사는 임플란트 자석 틀니의 자기 유지력에 영향을 미치지 않으며, 금속 인공물을 줄이기 위해 검사 전 자력을 가지는 삽입물은 제거되어야 한다고 제안한다.

관련 도서   《위대한 과학 고전 30권을 1권으로 읽는 책》, 김성근, 빅피시
                 《마지막 지평선》, 아메데오 발비, 북인어박스

관련 학과   기계공학과, 메카트로닉스 공학과, 신소재공학과, 자동차공학과, 항공기계공학과, 항공우주공학과, 물리학과, 물리천문학과, 우주과학과, 응용물리학과, 지구환경과학과, 천문우주학과, 해양학과

관련 교과   2022 개정 교육과정: 기하, 미적분II, 물리학, 화학, 역학과 에너지, 전자기와 양자, 물질과 에너지
             2015 개정 교육과정: 수학I,II, 미적분, 확률과 통계, 기하, 물리학I,II, 화학I,II, 지구과학I,II

알기 쉬운 철도과학

가와베 켄이치 | 북스힐 | 2022

이 책은 철도의 근원부터 오늘날에 이르기까지, 철도가 어떻게 발달해 왔는지 알기 쉽게 소개한다. 총 7장에 걸쳐 철도에 대한 이해, 철도 차량의 종류와 구조, 고속 철도, 도시 철도와 산악 철도의 차이, 선로의 구조와 종류, 철도의 운전과 운용 등 철도가 발달해 온 다채로운 이야기들을 알기 쉽게 해설한다. 철도에 관심이 있는 누구에게나 친절한 안내서가 되어줄 이 책과 함께 우리의 일상을 조용히 지켜주는 철도에 대해 알아보자.

탐구 주제

주제1 철도는 대용량의 사람이나 물자를 신속하고 효율적으로 나르기 위한 궤도 시설을 일컫는다. 또는 더 나아가 열차를 포함한 운송 체계 전반을 일컫는 말이기도 하다. 이런 철도는 동력방식에 따라 동력집중식과 동력분산식으로 구분된다. 이 두 방식의 차이를 비교해 보자.

주제2 세계가 지속 가능한 사회의 실현을 목표로 하는 가운데, 대량 수송 수단인 철도 또한 청정에너지로 주행시킬 수 있는 차세대 철도 차량이 요구되고 있다. 최근 수소를 주된 에너지원으로 삼는 혁신적인 철도 차량을 개발하려는 시도가 있는데, 하이브리드 철도 차량을 탐구해 보자.

주제3 열차 제동장치의 특징에 대한 조사

주제4 고무 차륜을 사용하는 열차의 장단점에 대한 조사

학생부 기록 예시 (교과세특)

'세상을 바꾼 교통수단의 과학' 발표하기 수업에서 철도의 동력방식을 분석하여 발표함. 철도의 동력방식은 동력집중식과 동력분산식으로 구분되는데, 그중 우리나라 KTX가 채택하고 있는 동력집중식 열차가 동력시스템을 집약 설치해 열차 전체의 부품 수가 적어 차량 가격이 싸다는 등의 장점이 있는 반면, 차축 하중이 커져 궤도파손으로 인한 보수비가 증가한다는 등을 단점이 있다고 설명하면서 미래 철도 엔지니어가 되고 싶다는 포부를 밝힘.

탐구주제 확장 및 심화

남북 철도 연결 시 어려움에 관한 탐구
남북 관계가 개선되면 한반도와 유럽이 철도로 연결되는 한반도종단철도 시대가 올 것이다. 이때를 대비하여 북한의 철도 신호제어 시스템 등 남북 철도 연결 시 해결 과제를 탐구해 보자.

자기부상열차의 작동 원리 탐구
자기부상열차는 자기장을 이용해 열차를 궤도 위로 띄우고 추진하는 최첨단 교통수단이다. 바퀴나 기존 레일이 필요하지 않은 자기부상열차의 작동 원리를 탐구해 보자.

관련 논문 철도차량 운행초기 장애 저감을 위한 제작관리 체계에 관한 연구: 동력분산식(EMU) 고속차량 사례를 중심으로(한기업, 2021)

이 논문은 동력분산식(EMU) 고속차량의 제작과정에서 발굴된 부적합사례를 중심으로 부적합을 개선 조치하면 운행 초기 서비스 장애가 저감 되는 것을 예측하고 분석하였다. 동력집중식 고속차량(KTX-산천) 운영 데이터를 기반으로 서비스 장애 조치내용을 분석하고 연관성을 찾았다.

관련 도서 《움직이는 사물 움직이지 못하는 인간》, 김창균, 노북
《지역사회 발전과 철도의 역할》, 이용상, 임병국, BG북갤러리

관련 학과 기계공학과, 메카트로닉스 공학과, 신소재공학과, 자동차공학과, 항공기계공학과, 물리학과, 물리천문학과, 우주과학과, 응용물리학과, 지구환경과학과, 천문우주학과, 철도교통과, 철도운전과, 철도전기제어과

관련 교과 2022 개정 교육과정: 기하, 미적분II, 물리학, 화학, 역학과 에너지, 전자기와 양자, 물질과 에너지
2015 개정 교육과정: 수학I,II, 미적분, 확률과 통계, 기하, 물리학I,II, 화학I,II, 지구과학I,II

앨런 튜링: 생각하는 기계, 인공지능을 처음 생각한 남자

짐 오타비아니 | 푸른지식 | 2016

인공지능을 최초로 생각한 천재 과학자 앨런 튜링의 삶을 생생하게 풀어낸 책이다. 튜링은 24살에 현대 컴퓨터의 기본 설계도를 완성하고, 제2차 세계대전 때는 암호해독 기계를 만들어 연합군을 승리로 이끌었다. 또한 컴퓨터가 인간과 경쟁하는 날이 올 것이라 확신하면서 인공지능 판별법을 고안해 냈다. 그러나 그는 평생 인정받지 못한 비운의 천재였다. 괴짜, 외골수, 말더듬이에 탁월한 마라토너였던 그의 인간적인 면모를 살펴보자.

탐구 주제

주제1 앨런 튜링은 다양한 분야에서 획기적인 공헌을 한 뛰어난 영국의 수학자, 논리학자 및 컴퓨터 과학자였다. 그의 1950년 논문 <컴퓨팅 기계와 지능>에서 튜링은 현재 유명한 튜링 테스트를 기계 지능의 척도로 제안했다. 튜링 테스트에 대한 튜링의 아이디어를 탐구해 보자.

주제2 앨런 튜링은 컴퓨터의 기초 개념을 제시했다. 튜링이 제안한 튜링 머신은 계산하는 기계의 일반적인 개념을 설명하기 위한 가상의 기계이며 오토마타의 일종이다. 튜링은 이 개념을 'automatic'에서 따온 'a-machine'이라고 불렀는데 이 튜링머신이 현대의 컴퓨터에 끼친 영향을 탐구해 보자.

주제3 컴퓨터과학 분야의 노벨상이라고 불리는 튜링상에 대한 탐구

주제4 앨런 튜링이 보안 통신 프로토콜에 미친 영향에 대한 탐구

학생부 기록 예시 (교과세특)

과학사의 중요 인물 탐구하기 수업에서 앨런 튜링을 탐구함. 인공지능 연구 초기 지능이 무엇인지에 대한 해답이 존재하지 않을 때 인간이 보기에 인간 같은 것을 인간에 준하는 지능이 있다고 간주하기로 하는 아이디어를 제시하여 인공지능 개발에 지대한 영향을 끼쳤으며 개인 생활에서 많은 어려움에 직면했음에도 불구하고 창의적이고 환상적인 아이디어로 컴퓨터 과학, 암호화 및 인공지능 분야에 큰 영향을 끼쳤다고 다양한 사진 자료와 함께 진지한 태도로 발표함.

탐구주제 확장 및 심화

영화 '이미테이션 게임'에 나온 과학원리 탐구하기
영화 '이미테이션 게임'에서는 제2차 세계대전 당시 독일군의 암호 '에니그마'의 해독을 위해 모인 앨런과 팀원들이 끝내 암호 해독에 성공한다. 그 암호 해독 과정을 탐구해 보자.

드론에 적용되는 보안기술 탐구하기
드론이 상용화되면서 드론 통신에 대한 보안의 중요성이 커지고 있다. 원격해킹 제어 및 수집된 데이터 탈취 등의 드론 해킹에 대응하는 기술을 탐구해 보자.

관련 논문   국방분야 인공지능 저변화를 위한 대한민국 국방 인공지능 추진전략(이승목 외, 2021)

주요 강대국은 인공지능을 국방 분야에 적용하고 있지만 한국은 인공지능의 파급력이 낮은 실정이다. 논문은 한국의 국방 분야에 인공지능 파급력을 높이고 인공지능을 성공적으로 추진하기 위한 로드맵 확립, 인력 확보, 인공지능 기반 확립 등 국방 인공지능 추진 전략을 제시한다.

관련 도서   《스톡홀름에서 걸려온 전화》, 스테파노 산드로네, 서울경제신문 서경B&B
《앨런 튜링, 지능에 관하여》, 앨런 튜링, 에이치비프레스

관련 학과   AI빅데이터학부, 기계공학과, 메카트로닉스 공학과, 인공지능학과, 자동차공학과, 컴퓨터공학과, 컴퓨터정보안학과, 항공기계공학과, 항공우주공학과, 물리학과, 물리천문학과, 응용물리학과

관련 교과   2022 개정 교육과정: 기하, 미적분II, 물리학, 화학, 역학과 에너지, 전자기와 양자, 물질과 에너지
2015 개정 교육과정: 수학I,II, 미적분, 확률과 통계, 기하, 물리학I,II, 화학I,II, 지구과학I,II

우주미션 이야기
황정아 | 플루토 | 2022

이 책은 우리나라의 우주 개발사를 종합적으로 짚어 주고 있다. '누리호'와 '다누리'의 연이은 발사 성공으로 우리는 이제 우리나라 땅에서, 우리나라가 만든 인공위성을, 우리나라가 만든 발사체에 실어 우주로 보낼 수 있는 '우주 주권'을 지닌 일곱 번째 나라가 되었다. 저자는 많은 사람들이 호기심을 가지고 있는 실제 인공위성과 로켓을 제작하고 발사하여 우주를 탐사하는 데 어떤 기술과 과정이 필요한지 제대로 이야기하고 있다.

탐구 주제

주제1   로켓은 제트 기관과 같이 반동력을 이용해서 물체를 추진시키는 기관이다. 로켓이 공기저항을 이겨내고 비행하기 위해서는 공기역학적 설계와 추진력을 충분히 제공하는 추진체 기술이 필요하다. 그렇다면 일반적인 비행기의 제트엔진과 로켓과의 차이를 탐구해 보자.

주제2   우주산업은 지구의 궤도를 넘어서는 우주선이나 인공위성의 개발을 포함하여 우주 개발에 필요한 여러 가지 기기를 만드는 산업을 가리킨다. 일부 사람들은 우주산업은 실생활과 동떨어질 미래의 영역이라고 생각한다. 우리나라에 우주산업이 필수적인 이유를 탐구해 보자.

주제3   우리나라 인공위성의 탑재체에 대한 탐구

주제4   우리나라가 로켓 자체기술을 확보해야 하는 이유에 대한 탐구

학생부 기록 예시 (교과세특)

올해의 과학 뉴스 발표하기 수업에서 나로호 발사 성공 뉴스를 꼽으면서 로켓에 관해 조사함. 로켓의 원리는 제트엔진 기관의 기본 원리와 같아 거의 비슷하나, 외부 공기를 공급받지 않는다는 점이 다르고 로켓은 외부공기 흡입 과정이 없어 구조가 비교적 간단하고 고속을 내는 것이 가능하다고 설명하면서 고체로켓, 액체로켓, 하이브리드 로켓 등 연료에 형태의 따른 장단점을 도표와 함께 설명하면서 우리나라 차세대 로켓 개발에 참여하고 싶다고 발표함.

탐구주제 확장 및 심화

임무 수명이 종료된 저궤도 인공위성의 안전한 폐기 방법 탐구
인공위성은 충전식 배터리의 수명이 끝나면 수명을 다하게 된다. 임무 수명이 종료된 저궤도 인공위성이 어떻게 인명피해 없이 안전하게 폐기하고 있는지 탐구해 보자.

AI를 활용한 인공위성 영상분석으로 가능한 일에 대한 탐구
해상도가 높은 저궤도 위성의 경우 도로 위를 달리는 자동차까지 구분한다. 이런 인공위성에 인공지능(AI)을 결합하면 어떤 분야에서 활용할 수 있을지 탐구해 보자.

관련 논문   하이브리드 로켓엔진(N2O/HTPB)을 이용한 수직이착륙기 개발과 고도제어 시연(채동훈, 2022)

하이브리드 로켓 엔진은 산화제 유량조절만으로도 추력 제어가 가능하며 액체로켓에 비해 간단한 구조와 높은 안전성, 소화 및 재점화가 가능한 장점 때문에 GNC(Guidance, Navigation&Control) 기술 시험 플랫폼에 적합한 엔진으로 주목받고 있다. 그 시연 과정을 살펴보자.

관련 도서   《90일 밤의 우주》, 김명진 외, 동양북스
                《로켓의 과학적 원리와 구조》, 데이비드 베이커, 하이픈

관련 학과	기계공학과, 메카트로닉스 공학과, 신소재공학과, 자동차공학과, 항공기계공학과, 항공우주공학과, 물리학과, 물리천문학과, 우주과학과, 응용물리학과, 지구환경과학과, 천문우주학과, 해양학과
관련 교과	2022 개정 교육과정: 기하, 미적분II, 물리학, 화학, 역학과 에너지, 전자기와 양자, 물질과 에너지 2015 개정 교육과정: 수학I,II, 미적분, 확률과 통계, 기하, 물리학I,II, 화학I,II, 지구과학I,II

우주시대에 오신 것을 환영합니다

켈리 제라디 | 혜윰터 | 2022

최근 우리나라 우주과학 분야가 다시 들썩거리기 시작했다. 대한민국은 국내 기술로 개발한 한국형 발사체 누리호를 성공적으로 궤도에 쏘아 올리며 세계 우주 강국으로의 도약을 꿈꾸고 있다. 이미 미국은 국가 주도로 진행하던 우주 프로젝트의 한계를 느끼고 민간 투자 방식으로 전환한 지 오래다. 억만장자들만 누리던 우주여행은 이제 대중이 원하기만 하면 얼마든지 떠날 수 있는 준궤도 우주 관광시대로 빠르게 변화하고 있다.

탐구 주제

주제1 우주관광은 대기권을 기준으로 지구 밖으로 나가는 '준궤도 우주관광'과 '궤도 우주관광'으로 구분할 수 있다. 준궤도 우주관광이란 우주경계선으로 불리는 고도 100km의 카르만라인까지 올라가 몇 분간 무중력 체험을 하고 내려오는 것을 말한다. 준궤도 우주관광에 대해 탐구해 보자.

주제2 2020년대 중반 화성에 인류 정착촌을 건설하겠다고 했던 네덜란드의 벤처기업 '마스 원(Mars One)'이 파산했다. 2015년 화성 이주 희망자 모집에는 한국인을 포함해 무려 20만 명이 넘는 지원자가 몰려들어 후보자 100인을 선정했다. 마스 원의 화성 정착촌 건설계획을 탐구해 보자.

주제3 우주 탐사가 국가주도에서 민간주도로 넘어온 이유에 대한 탐구

주제4 우주의 무기화에 대한 탐구

학생부 기록 예시 (교과세특)

'4차 산업혁명 시대의 새로운 산업 발표하기' 수업에서 민간 우주관광산업을 탐색하여 발표함. 우주여행 중 준궤도 여행은 약 100km의 고도까지 올라가서 몇 분 동안 우주에 머물다가 내려오는 코스인데, 인공위성 궤도까지 올라가진 못하지만 궤도 여행보다 가격이 100분의 1 이하로 싸다는 큰 장점이 있어 우주여행의 대중화가 곧 다가올 것이라고 설명함. 향후 우리나라에 민간 우주여행을 추진할 수 있는 민간 우주기업을 만들고 싶다는 포부를 밝힘.

탐구주제 확장 및 심화

군사 위성의 역할에 대한 탐구
군사 위성은 군사시설의 정찰을 위하여 저고도 목적지 상공을 날며 사진 촬영을 하여 정보를 지구로 송신하거나 공격을 노리는 위성이다. 이런 군사 위성의 다양한 역할을 탐구해 보자.

미국의 우주군에 대한 탐구
미국의 우주군은 육·해·공군에 이어 '제4군'으로 입지를 굳히고 있다. 우주에서 미국의 이익을 보호하고, 우주로부터 오는 침략을 저지한다는 목적을 가진 미국 우주군을 탐구해 보자.

관련 논문 소행성 채광을 위한 우주 산업 및 기술 동향(최요순, 2021)

이 논문에서는 소행성 채광을 위한 우주산업 및 기술 동향을 정리하였다. 소행성 채광 분야의 기업들을 소개하고 기업들의 국가가 다변화되고 있으며, 사업 분야도 우주발사체뿐 아니라 로봇 채광장비, 우주에서의 제조 및 자원처리 기술 등으로 확대되고 있음을 보여주고 있다.

관련 도서 《스페이스 러시》, 크리스토퍼 완제크, 메디치미디어
《우주전쟁 2.0》, 브래드 버건, 드루

관련 학과 기계공학과, 메카트로닉스 공학과, 신소재공학과, 자동차공학과, 항공기계공학과, 항공우주공학과, 물리학과, 물리천문학과, 우주과학과, 응용물리학과, 지구환경과학과, 천문우주학과, 해양학과

관련 교과 2022 개정 교육과정: 기하, 미적분II, 물리학, 화학, 역학과 에너지, 전자기와 양자, 물질과 에너지
2015 개정 교육과정: 수학I,II, 미적분, 확률과 통계, 기하, 물리학I,II, 화학I,II, 지구과학I,II

핵심키워드

| 핵심키워드 | 우주탐사, 우주엘리베이터, 로켓, 인공중력 |

우주탐사 매뉴얼

김성수 | 위즈덤하우스 | 2023

Physical Understanding of Space Exploration

우주탐사 매뉴얼
김성수 지음

다누리 달 탐사선 '광시야 편광 카메라'
NASA CLPS 프로그램 달 표로 3차원 영상 카메라의 과학 책임자
김성수 교수의 우주 물리 활용 가이드

우주탐사는 더 이상 미지의 영역이 아니다. 과학, 공학, 산업이 어우러져 철저한 계산 아래 실제로 진행되고 있는 치열한 현장이다. 천체물리학자인 저자가 쓴 국내 최초 '우주탐사학' 개론으로 천문학, 물리학, 공학, 경제학을 다채롭게 넘나드는 실용 학문으로서의 우주탐사를 경험한다. 우주 공간의 이해부터 행성 간 궤도, 재사용 로켓의 경제학까지 우주과학에 관심 있는 이들이라면 꼭 알아야 할 물리학 지식을 담았다.

탐구 주제

주제1 SF영화와 애니메이션을 보면 종종 우주 엘리베이터가 등장한다. 궤도 엘리베이터라고도 불리는 우주 엘리베이터는 지표면에 엘리베이터 기지를 세우고 하늘에는 정지 궤도상(3만 6000km)에 거대한 우주정거장을 설치한다는 구상이다. 이런 우주 엘리베이터에 관해 탐구해 보자.

주제2 최근 항공우주 이슈의 중심에 선 우주발사체들은 대부분 기다란 원통 모양으로 되어 있다. 겉으로 보기에는 기다란 원통이 하나의 완성체로 보이지만 이 우주발사체들은 여러 개의 소형 로켓으로 이루어져 있는데 왜 우주발사체를 이런 단 구조로 만드는지 탐구해 보자.

주제3 인간이 만드는 중력인 인공중력에 대한 탐구

주제4 로켓의 노즐 구조에 대한 탐구

학생부 기록 예시 (교과세특)

영화 속의 과학원리 발표 수업에서 영화 '승리호'에 나왔던 우주 엘리베이터를 선정하여 조사함. 우주 엘리베이터는 지표면 엘리베이터 기지에서 우주정거장까지 케이블을 이용해 엘리베이터에 가까운 건축물을 만든다는 구상으로 '탄소 나노튜브' 등의 신소재 개발로 실제 제작 가능성이 검토되기도 하지만 아직 기술적인 문제가 많다고 하면서도 로켓에 비해 비교도 되지 않게 저렴한 운송 가격으로 현실화되면 우주산업의 많은 발전을 가져올 것이고 발표함.

탐구주제 확장 및 심화

무중력감압치료에 대해 탐구하기
우주 비행사들이 우주에서 경험하는 무중력 상태를 모방하여 인체에 적용하는 치료 방법이다. 환자의 몸에 압력을 줄여주는 효과를 활용한 무중력감압치료에 대해 탐구해 보자.

우리나라의 민간 우주로켓 스타트업에 대해 탐구하기
현재 국가가 주도하고 있는 나로우주센터와 다르게, 민간 주도의 우주 발사와 연구를 추진하고 있는 기업들이 있다. 어떤 민간 우주로켓 스타트업이 있는지 탐구해 보자.

관련 논문 우주공간의 무중력환경에 특화된 건축공간구조 연구 (구봉진, 2023)

이 논문은 우주 속 무중력 환경의 물리적 특성들을 알아보고, 무중력 환경에 적합한 공간구조를 탐색하는 데에 그 목적이 있다. 우주 건축공간의 이전 사례들을 고찰해 보고 앞으로 적합한 공간구조의 형태들을 조사, 분석, 연구를 통하여 논리적인 하나의 모델을 제시한다.

관련 도서 《창문을 열면, 우주》, 문경수, 시공사
《가장 위대한 모험》, 콜린 버지스, 북스힐

관련 학과 기계공학과, 메카트로닉스 공학과, 신소재공학과, 자동차공학과, 항공기계공학과, 항공우주공학과, 물리학과, 물리천문학과, 우주과학과, 응용물리학과, 지구환경과학과, 천문우주학과, 해양학과

관련 교과 2022 개정 교육과정: 기하, 미적분II, 물리학, 화학, 역학과 에너지, 전자기와 양자, 물질과 에너지
2015 개정 교육과정: 수학I,II, 미적분, 확률과 통계, 기하, 물리학I,II, 화학I,II, 지구과학I,II

우주탐사의 물리학

윤복원 | 동아시아 | 2023

책은 과거, 현재, 가까운 미래, 그리고 아주 먼 미래를 잇는 우주탐사의 긴 여정에서 생각해 봐야 할 과학 지식을 담고 있다. 특히 유인 우주탐사에 관련된 과학 지식을 비중 있게 다룬다. 우리가 중력이라고 느끼는 것은 중력이 아니라는 사실, 자유낙하로 만드는 무중력, 하이퍼루프를 이용한 미래의 무중력 체험, 우주선의 초기 속도와 중력 탈출속도, 공전과 자전이 우주선 발사나 비행에 끼치는 영향 등을 과학 지식에 기반해 꼼꼼히 설명한다.

탐구 주제

주제1 인공중력은 무중력상태에서 인공적으로 만드는 중력이다. 우주에서는 중력이 매우 작아 거의 중력을 느끼지 못하게 된다. 그래서 지상처럼 자유롭게 행동하기가 어려운데 우주정거장 같은 곳에서 어떻게 무중력상태를 제거하는 인공중력을 만들 수 있는지 탐구해 보자.

주제2 2018년에 발사된 태양탐사선 '파커'와 수성탐사선 '베피콜롬보'가 어떻게 목표한 천체에 다가가는지 주목할 필요가 있다. 두 탐사선 모두 비교적 가까운 천체인 태양과 수성을 탐사함에도 약 7년 동안 긴 항해를 한다. 어떻게 탐사선이 방향과 속도를 조절하는지 탐구해 보자.

주제3 로켓 발사의 기본적인 원리인 로켓 방정식에 대한 탐구

주제4 방출된 광자의 운동량을 추력으로 하는 광자 로켓에 대한 탐구

학생부 기록 예시 (교과세특)

영화에서는 우주정거장에 인공중력이 있어 지상과 같이 생활하는데, 그런 인공중력 구현의 실제 가능성을 탐구함. 인공중력을 만드는 대표적인 방법은 원심력을 활용하는 것인데 거대한 회전 구조물이 필요하고 이를 설치하고 유지하는 것은 기술적으로 매우 어렵다고 발표함. 원심력에 의한 인공중력을 설명할 때 양동이의 물을 넣고 회전하는 것을 직접 보여주는 등 열정적인 자세로 알기 쉽게 설명해주어 급우들에게 좋은 평가를 받음.

탐구주제 확장 및 심화

우주 유영을 위한 안전장치 탐구
우주 비행사가 우주복을 입고 우주선 밖으로 나와 우주 공간을 유영하는 작업을 말한다. 작은 실수에도 사망사고로 이어지는 우주 유영을 위한 안전장치를 탐구해 보자.

우주 호텔에 대한 탐구
미국의 한 회사가 2027년 세계 최초로 우주 호텔을 가동할 계획이라고 발표했다. 지구 중력의 6분의 1에 해당하는 인공중력으로 작동될 계획인 이 우주 호텔을 탐구해 보자.

관련 논문 미국과 중국의 우주 경쟁과 우주안보딜레마 (정현주, 2021)

이 논문은 우주 공간에서 미국과 중국의 경쟁에 초점을 두어 우주 모빌리티 기술, 위성 기술, 글로벌항법위성시스템 등 우주 기반 핵심기술의 혁신적 발전과 우주의 군사화 현황을 살펴본다. 우주 공간에서의 안보딜레마, 즉 우주안보딜레마가 악화될 가능성이 농후함을 밝힌다.

관련 도서 《박문호 박사의 빅히스토리 공부》, 박문호, 김영사
《그림으로 보는 시간의 역사》, 스티븐 호킹, 까치

관련 학과 기계공학과, 메카트로닉스 공학과, 신소재공학과, 자동차공학과, 항공기계공학과, 항공우주공학과, 물리학과, 물리천문학과, 우주과학과, 응용물리학과, 지구환경과학과, 천문우주학과, 해양학과

관련 교과 2022 개정 교육과정: 기하, 미적분II, 물리학, 화학, 역학과 에너지, 전자기와 양자, 물질과 에너지
2015 개정 교육과정: 수학I,II, 미적분, 확률과 통계, 기하, 물리학I,II, 화학I,II, 지구과학I,II

유클리드기하학, 문제해결의 기술

박종하 | 김영사 | 2023

많은 학생들이 선행학습으로 진도를 빼고 모범 답안을 외우며 수학을 공부한다. 이 책은 우리가 수학을 배우는 이유에 대해 질문을 던진다. 합동, 회전, 대칭, 평행, 닮음이라는 유클리드 기하학의 강력한 무기를 소개하고 엄선한 153개 문제를 풀며 문제해결력과 스스로 생각하는 힘을 성장시킨다. 한정된 지식으로 수많은 문제를 해결한 고대 그리스의 수학을 통해 학생과 어른 모두에게 수학의 놀라운 재미와 유용성을 일깨워 준다.

탐구 주제

주제1 유클리드 기하학의 시작은 기원전 300년경 그리스 수학자 유클리드(에우클레이데스)의 《원론(Elements)》이란 책에서 시작한다. 유클리드의 방법은 직관적으로 받아들일 수 있는 공리를 참으로 간주한다. 이 책의 저자가 유클리드 기하학으로 제시하는, 수학을 배우는 이유를 탐구해 보자.

주제2 많은 수학자가 유클리드의 원론이 수학사의 고전이 된 이유를 공리체계로 꼽는다. 유클리드는 일정한 공리에서부터 결과를 도출해 내는 논리적인 전개를 펼쳤다. 이 방식이 바로 근대 수학의 근원이라고 할 수 있다. 유클리드가 제시하고 있는 공리 그리고 공준이 무엇인지 탐구해 보자.

주제3 저자가 강조하는 수학적 사고방식에 대한 탐구

주제4 유클리드 문제해결의 기술 중 조작의 기술에 대한 탐구

학생부 기록 예시 (교과세특)

생활 속의 수학 활용 사례 발표하기 수업에서 '유클리드기하학 문제해결의 기술(박종하)'을 읽고 고대 그리스인의 수학 활용 방법을 탐구함. 고대 그리스인들은 땅을 측량하고 집을 짓기 위한 실용적인 목적을 위해 평면도형을 다루는 유클리드 기하학을 활용했고 한정된 지식으로 수많은 문제를 해결했다고 소개함. 유클리드가 창안한 기하학의 공리와 수학 전체에 통용되는 보통 공리를 설명하면서 수학을 배우는 근본적인 이유는 문제해결이라고 강조함.

탐구주제 확장 및 심화

비유클리드 기하학에 대한 탐구
비유클리드 기하학은 유클리드공간이 아닌 공간에서 다루는 기하학이다. 여기에는 쌍곡 기하학, 타원 기하학, 포물 기하학이 포함되는데, 비유클리드 기하학이 무엇인지 탐구해 보자.

유클리드 기하학과 비유클리드 기하학에서의 넓이 개념에 관한 탐구
기하학은 그 어원에서 알 수 있듯이 토지의 측량으로부터 출발했다. 유클리드 기하학과 비유클리드 기하학에서의 넓이 개념의 차이를 탐구해 보자.

관련 논문   유클리드 알고리즘의 활용에 대한 고찰(류현기, 2019)

이 논문은 유클리드 알고리즘의 기원을 살펴보고,《원론》에 담겨 있는 고전적 증명과 오늘날 일반적인 정수론 교재에 담겨 있는 현대적 증명을 알아본다. 그리고 여러 나라에서의 다양한 쓰임을 역사적으로 고찰하여 그 활용에 대한 실마리를 마련한다.

관련 도서   《미적분의 쓸모》, 한화택, 더퀘스트
                《법정에 선 수학》, 레일라 슈넵스, 코랄리 콜메즈, 아날로그

관련 학과   기계공학과, 메카트로닉스 공학과, 신소재공학과, 자동차공학과, 항공기계공학과, 항공우주공학과, 물리학과, 물리천문학과, 수리데이터사이언스학과, 수학과, 수학물리학부, 응용물리학과

관련 교과   2022 개정 교육과정: 기하, 미적분II, 물리학, 화학, 역학과 에너지, 전자기와 양자, 물질과 에너지
              2015 개정 교육과정: 수학I,II, 미적분, 확률과 통계, 기하, 물리학I,II, 화학I,II, 지구과학I,II

일론 머스크

월터 아이작슨 | 21세기북스 |
2023

이 책은 인류의 미래를 바꾸는 이 시대 최고의 혁신가로 알려진 '일론 머스크'의 모든 것을 다룬다. 일론 머스크와의 솔직한 인터뷰를 통해 불가능에 도전하면서도 절대 포기하지 않는 모험가로서의 면모뿐만 아니라 그동안 공개하지 않았던 놀랍도록 사적인 이야기를 들을 수 있다. 인간 일론 머스크뿐만 아니라 테슬라, 스페이스X, 인공지능, 화성 탐사 계획, 그리고 앞으로 그가 우리 눈앞에 가져올 미래에 관해 이야기한다.

탐구 주제

주제1 2021년 테슬라 AI데이에서 옵티머스라는 인간형 로봇이 춤을 추면서 처음 등장해 화제가 되었다. 오토파일럿 개발에 사용된 AI를 활용하는 방안으로 로봇 사업을 택한 것으로 힘든 노동을 대신 하는 로봇으로 소개되었다. 현재까지 테슬라 옵티머스의 장단점을 탐구해 보자.

주제2 스타십은 스페이스X에서 개발 중인 다목적 초대형 우주발사체이다. 단기적으로는 팰컨9과 팰컨 헤비를 대체하며, 완전한 재사용으로 우주 수송 산업의 새로운 경제적 접근을 구축, 확립하고자 설계된 기체이다. 스페이스X가 우주여행 대중화를 위해 개발하는 스타십에 대해 탐구해 보자.

주제3 미국의 뇌·컴퓨터 인터페이스 개발업체인 뉴럴링크에 대한 탐구

주제4 일론 머스크의 화성 이주 계획에 대한 탐구

학생부 기록 예시 (교과세특)

로봇의 미래 발표하기 수업에서 휴머노이드 로봇의 미래를 주제로 정하고 테슬라의 옵티머스를 조사하여 발표함. 테슬라 최고경영자 일론 머스크는 2만 달러 이하로 휴머노이드 로봇 옵티머스를 만들겠다고 하여 화제가 되었지만, 소형 유압 구동장치를 사용하는 보스턴 다이나믹스의 아틀라스에 비하면 기어로 토크가 변환되는 전동기를 사용하는 옵티머스는 운동제어기술에는 부족함이 많지만 AI비전이나 사물 인식 능력에는 우위에 있다고 설명함.

탐구주제 확장 및 심화

뇌·컴퓨터 인터페이스(BCI)칩에 대한 탐구
신체를 자유롭게 움직일 수 없는 마비 환자의 뇌 속에 컴퓨터 칩 이식을 통해 기계를 조작하는 기술을 가능하게 하려는 뉴럴링크의 뇌·컴퓨터 인터페이스(BCI)칩에 대해 탐구해 보자.

테슬라의 슈퍼컴퓨터 '도조'에 대한 탐구
테슬라는 인공지능(AI)의 훈련 속도를 획기적으로 높이고, AI 기반 소프트웨어의 정확성과 성능 향상을 위해 슈퍼컴퓨터 '도조'를 개발했다. 슈퍼컴퓨터 도조에 대해 탐구해 보자.

관련 논문 근골격 모델과 참조 모션을 이용한 이족보행 강화학습(전지웅, 2023)

 이 논문은 이족보행에 대한 모션 캡처를 통해 참조 모션의 데이터들을 기반으로 근골격 캐릭터의 시뮬레이션을 적은 비용으로 높은 품질의 결과를 얻을 방법을 소개한다. 근골격 모델은 기존의 수동으로 설계된 컨트롤러보다 적은 비용으로 높은 품질의 이족보행을 수행할 수 있게 된다.

관련 도서 《테슬라 전기차 전쟁의 설계자》, 박규하, 비즈니스북스
《과학의 기쁨》, 짐 알칼릴리, 윌북

관련 학과 기계공학과, 메카트로닉스 공학과, 신소재공학과, 자동차공학과, 항공기계공학과, 항공우주공학과, 물리학과, 물리천문학과, 우주과학과, 응용물리학과, 지구환경과학과, 천문우주학과, 해양학과

관련 교과 2022 개정 교육과정: 기하, 미적분II, 물리학, 화학, 역학과 에너지, 전자기와 양자, 물질과 에너지
2015 개정 교육과정: 수학I,II, 미적분, 확률과 통계, 기하, 물리학I,II, 화학I,II, 지구과학I,II

핵심키워드 | 창의력, 역발상, 상상력, 고정관념

컴퓨터공학
소프트웨어공학
기계공학
로봇공학
전기전자공학
화학공학

창의력에 미쳐라

김광희 | 넥서스BIZ | 2018

이 책은 창의력 계발 전문가인 저자가 창의력의 계발에 대해 다루고 있다. Part 1에선 창의력이란 대체 무엇이고 왜 필요한 것인지, 창의력의 5대 요소에 대해 간략히 언급한다. Part 2에선 고정관념을 단숨에 깨뜨리고 창의적 상상력을 북돋워 줄 명쾌하고 탁월한 국내외 사례들을 소개한다. Part 3에선 창의력을 말살하는 몇 가지 요인을 짚어본다. 나아가 창의력 계발에 도움을 줄 마음가짐과 이를 실천하기 위한 노하우를 소개한다.

탐구 주제

주제1 프랑스는 2차 세계대전 전에 1930년부터 1940년까지 어마어마한 비용을 투자해, 프랑스와 독일 두 나라의 국경을 가로지르는 750km의 대규모 근대적 요새인 '마지노선'을 구축했다. 마지노선의 사례를 통해 프랑스의 선형적 사고와 독일의 비선형적 사고를 비교해 보자.

주제2 컵라면의 생명은 속도로 짧은 시간에 익어야 하고, 용기는 쉽게 망가져서는 안 되며 절대로 물이 새면 안 된다. 컵라면 개발 초기에는 유통 과정 중에 컵라면 용기가 쉽게 망가져 버리곤 했다. 이런 어려움을 극복한 현재의 컵라면 용기를 왜 최고의 역발상이라고 하는지 탐구해 보자.

주제3 '7 ELEVEN'이 아니라 '7 ELEVEn'이 된 과정 탐구

주제4 저자가 창의력의 중요성을 강조하는 이유 탐구

학생부 기록 예시 (교과세특)

세계사 수업에서 제2차 세계대전 당시 프랑스의 마지노선에 관해 배우고, 그 사례로 선형적 사고와 비선형적 사고를 탐구해 발표함. 프랑스는 제1차 세계대전의 경험을 바탕으로 선형적인 마지노선을 구축했지만, 독일은 마지노선을 우회하여 돌파하고, 비행기를 통해 공격하는 등 비선형적인 전술을 구사하면서 프랑스는 큰 패배를 당함. 과거의 경험에만 집착된 프랑스군의 마지노선의 사례는 고정관념을 깨지 않으면 미래가 없다는 것을 보여준다고 강조함.

탐구주제 확장 및 심화

고정관념의 사례에 대한 탐구
과학적 발견은 과학적 고정관념을 넘어서 새로운 문제를 새로운 관점으로 탐구할 수 있어야 한다. 과학 분야에서 사람들이 흔히 가지고 고정관념을 탐구해 보자.

창의적 발상으로 발전을 이룬 기업에 탐구
미국 경제 전문지 < 포춘 >은 '2023 세상을 바꾸는 혁신기업으로 히트펌프를 만드는 존슨콘트롤즈를 선정했다. 존슨콘트롤즈가 혁신기업에 선정된 이유를 탐구해 보자.

관련 논문 창업기업의 개인 창의성과 외적네트워크가 기업성과에 미치는 영향(김지우 외, 2018)

이 논문은 조직구성원 개인의 창의성과 외적네트워크 역량이 해당 기업의 내부적 혁신문화 및 기술사업화에 어떤 영향을 미치는지를 분석했다. 조직구성원의 개인 창의성과 외적네트워크 역량을 잘 활용할 수 있는 기업문화를 조성하는 것이 창업기업의 중요한 성공요인임을 시사한다.

관련 도서 《과학자들의 자화상》, 헤를린데 쾰블, 북스힐
《미래 관찰자의 살아 있는 아이디어》, 서울대학교 국가미래전략원, 포르체

관련 학과 기계공학과, 메카트로닉스 공학과, 신소재공학과, 자동차공학과, 항공기계공학과, 항공우주공학과, 물리학과, 물리천문학과, 우주과학과, 응용물리학과, 지구환경과학과, 천문우주학과, 해양학과

관련 교과 2022 개정 교육과정: 기하, 미적분II, 물리학, 화학, 역학과 에너지, 전자기와 양자, 물질과 에너지
2015 개정 교육과정: 수학I,II, 미적분, 확률과 통계, 기하, 물리학I,II, 화학I,II, 지구과학I,II

처음 읽는 인공위성 원격탐사 이야기

김현옥 | 플루토 | 2021

인공위성은 지구를 내려다보는 눈이다. 지구 상공 수백 킬로미터 높은 곳에 있는 인공위성은 총알보다 20배나 빠른 초속 7.8킬로미터의 속도로 지구 둘레를 돌며 지구 사진을 찍어 전송한다. 이 책은 인공위성이 찍은 사진에 무엇이 담겨 있는지, 무엇을 꺼내볼 수 있는지, 어떻게 꺼내 볼 수 있는지를 안내하고 '인공위성 원격탐사'의 기본 원리와 쓰임새에 관해 세계의 사회, 농업, 산업, 기후변화 등을 예로 들어 친절하게 설명한다.

탐구 주제

주제1 인공위성의 카메라와 일반 카메라는 방식이 다르다. 빛을 사용하는 방법에 있어 차이가 있다는 것이다. 디지털카메라는 대부분 렌즈로 구성되나 위성 카메라에는 반사경이 주로 사용한다. 인공위성 카메라에서 렌즈 대신 반사경이 쓰이는 이유는 무엇인지 탐구해 보자.

주제2 천리안위성 2B호는 한국항공우주연구원에서 개발한 정지궤도 인공위성 중 하나이다. 천리안위성 2B호는 세계 최초로 환경 탑재체 탑재된 위성으로 전 세계의 주목을 받았고 대기와 해양·환경 변화를 실시간으로 관측한다. 이런 천리안위성 2B호의 필요성과 작동 원리를 탐구해 보자.

주제3 인공위성 데이터를 무료로 제공하는 이유에 대한 탐구

주제4 태양동기궤도 위성의 작동원리 대한 탐구

학생부 기록 예시 (교과세특)

생활을 바꾼 기술 발표하기 수업에서 생활을 바꾼 기술로 인공위성을 선정하고 발표함. 인공위성으로 촬영한 사진을 활용해 많은 생활의 편리를 얻고 있는데, 그 인공위성 카메라의 원리를 조사함. 인공위성의 카메라는 렌즈를 사용하는 디지털카메라와는 달리 반사경을 사용하는데, 반사경은 반사면을 사용해 빛을 꺾을 수 있어 위성의 경량화에 유리하다고 설명하면서 어려운 광학적인 원리를 시각 자료를 활용하여 알기 쉽게 설명해 급우들에게 좋은 평가를 받음.

탐구주제 확장 및 심화

우리나라 인공위성 기술에 대한 탐구
인공위성의 경우 우주선진국으로부터 핵심 기반기술은 기술이전이 거의 불가능하여 자체적인 개발 노력이 필수적이다. 현재 우리나라의 인공위성 기술의 수준을 탐구해 보자.

인공위성에 적용되는 수학적 원리에 대한 탐구
인공위성의 운동은 케플러 법칙에 따라 결정된다. 케플러 법칙은 태양계 천체의 운동을 설명하는 법칙인데 케플러 법칙에 활용되는 수학적 원리에 대해 탐구해 보자.

관련 논문   큐브인공위성과 인공지능을 융합한 북한군 이동식무기체계의 탐지 및 추적에 대한 연구 (구건우, 2020)

이 논문은 그동안 실시간으로 탐지하기 어려웠던 북한군의 이동식 무기체계 및 이동식 미사일발사대를 큐브인공위성의 군집 운용과 인공지능의 융합으로 기존에 사용하던 항공자산과 중, 대형 인공위성을 사용하는 방식보다 더 저렴하고 효과적인 방안을 제시한다.

관련 도서   《우주궤도를 선점하는 글로벌 리더 인공위성개발자》, 김명길, 토크쇼
《우주 쓰레기가 온다》, 최은정, 갈매나무

관련 학과   기계공학과, 메카트로닉스 공학과, 신소재공학과, 자동차공학과, 항공기계공학과, 항공우주공학과, 물리학과, 물리천문학과, 우주과학과, 응용물리학과, 지구환경과학과, 천문우주학과, 해양학과

관련 교과   2022 개정 교육과정: 기하, 미적분II, 물리학, 화학, 역학과 에너지, 전자기와 양자, 물질과 에너지
2015 개정 교육과정: 수학I,II, 미적분, 확률과 통계, 기하, 물리학I,II, 화학I,II, 지구과학I,II

처음 읽는 플랜트 엔지니어링 이야기

박정호 | 플루토 | 2022

이 책은 플랜트에 관한 이야기다. 가끔 정전이 일어나면 한동안 큰 혼란이 겪는다. 그때마다 우리는 현대 사회가 전기에 얼마나 중요한지 느끼곤 한다. 이렇게 중요한 전기뿐 아니라 식품, 자동차, 지하철, 의류 등등 우리가 아침부터 저녁까지 일상생활에서 사용하는 거의 모든 제품이 플랜트를 거쳐 나온다. 플랜트에 대한 다양한 정보를 실생활과 연관된 다양한 예시와 함께 소개했기 때문에 흥미롭게 읽을 수 있다.

탐구 주제

주제1 사람들이 어렴풋이 공장이라고만 이해하는 플랜트를 기능적 측면으로 설명하면, 어떠한 원료나 에너지를 활용하여 우리 일상생활에 필요한 제품이나 또 다른 형태의 에너지를 생산하는 설비를 뜻한다. 전기를 생산하는 플랜트 중에 신재생에너지 플랜트를 탐구해 보자.

주제2 수돗물 탱크에서 아파트까지는 물을 이동시키기 위해 동력이 필요하다. 이때 펌프를 활용하는데 펌프는 마찰손실, 속도, 압력, 높이와 관련된 에너지를 부여하거나 보상해주는 역할을 하는 장치이다. 펌프의 운영과 관련 깊은 유체역학의 '베르누이의 원리'를 탐구해 보자.

주제3 플랜트 기계설계 엔지니어의 직무에 대한 탐구

주제4 플랜트의 공정시스템에 대한 탐구

학생부 기록 예시 (교과세특)

신재생에너지에 대한 발표수업에서 해상풍력발전 플랜트를 주제로 정하여 발표함. 해상풍력발전은 탄소중립을 위한 중요한 에너지기술로 육상풍력발전에 비해 소음 발생이나 경관 훼손 등의 환경적 요인에서 자유로워 발전 플랜트를 대규모로 키울 수 있고, 이를 통해 전력 생산 비용도 절감할 수 있어 빠른 속도로 성장 중이라고 발표하면서 해상풍력발전기의 구조와 발전방식에 대해 상세히 설명하면서 장차 탄소중립을 앞당기는 신재생에너지 엔지니어가 되고 싶다고 발표함.

탐구주제 확장 및 심화

플랜트의 주요 원리 중 열전달 원리에 대한 탐구
플랜트에서는 가열 과정과 냉각 과정을 거치는 경우가 많다. 열전달 원리가 활용되는 대표적인 플랜트 장치는 열교환기다. 이때 적용되는 열전달 원리를 탐구해 보자.

해수 담수화 플랜트에 대한 탐구
해수 담수화 플랜트는 중동 등 물이 부족한 사막 주변 국가라든가 강이 흐르지 않는 국가들에는 상당히 중요하다. 대규모 플랜트에서 해수를 담수화하는 방법을 탐구해 보자.

관련 논문 석유화학 산업 패러다임 전환에 따른 플랜트 사업 Road Map 개선에 관한 연구(이승원, 2022)

 이 논문은 석유화학 플랜트사업에 집중하여 세계 기술현황을 분석하고 우리나라 기업들의 기술적 수준을 분석하였다. 기술분석을 통하여 우리 기업들의 강점과 약점을 정리할 수 있었고, 세계 석유화학 플랜트 시장의 현황과 전망을 통해 기회와 위기를 포착하고자 하였다.

관련 도서 《미래를 꿈꾸는 엔지니어링 수업》, 권오상, 청어람e
《전화기는 어떻게 세상을 바꾸는가》, 한치환, 처음북스

관련 학과 기계공학과, 메카트로닉스 공학과, 신소재공학과, 에너지공학과, 에너지신소재공학과, 에너지환경공학과, 환경공학과, 물리학과, 응용물리학과, 지구환경과학과, 해양과학융합학부, 해양학과

관련 교과 2022 개정 교육과정: 기하, 미적분II, 물리학, 화학, 역학과 에너지, 전자기와 양자, 물질과 에너지
2015 개정 교육과정: 수학I,II, 미적분, 확률과 통계, 기하, 물리학I,II, 화학I,II, 지구과학I,II

컴퓨터공학부 · 소프트웨어공학 · 기계공학 · 로봇공학 · 전기전자공학 · 화학공학

천재들의 과학노트 3: 물리학

캐서린 쿨렌 | 지브레인 | 2016

이 책은 뉴턴, 아인슈타인, 파인만 등 물리학을 새로 쓴 진정한 천재들의 일대기와 흥미로운 과학사 이야기이다. 고전물리학계의 큰 스승인 아이작 뉴턴부터 선구적인 물리학자 알베르트 아인슈타인, 그 외에도 마이클 패러데이, 막스 플랑크, 리제 마이트너 등 물리학사에 남을 10명의 물리학자들을 선정하여 소개한다. 물리학자들의 흥미로운 생애를 읽어나가면 자연스럽게 시대적 배경과 함께 물리학의 탄생과 변천사를 알게 될 것이다.

탐구 주제

주제1 막스 플랑크는 독일의 이론물리학자로 에너지 양자의 발견으로 1918년 노벨 물리학상을 수상한 과학자이다. 막스 플랑크는 흑체복사에 대해 연구하다가 양자역학의 성립에 핵심적 기여를 했으며 플랑크 상수의 발견자이다. 막스 프랑크가 창시 양자이론을 탐구해 보자.

주제2 뉴턴은 사후 296년 된 지금까지 단순 과학자를 넘어 인류 역사의 가장 위대한 지성인 중 하나로 꼽힌다. 뉴턴의 물리학 체계를 집대성한 명저로 F=ma 같은 운동 방정식이 등장하는 '프린키피아(자연철학의 수학적 원리)'가 있다. 뉴턴의 명저 프린키피아를 탐구해 보자.

주제3 리제 마이트너의 핵분열 연구 과정에 대한 탐구

주제4 양자물리학의 비약적인 발전을 이끈 닐스 보어에 대한 탐구

학생부 기록 예시 (교과세특)

세상을 바꾼 과학자를 주제를 탐구활동을 하며 '천재들의 과학노트 3: 물리학(캐서린 쿨렌)'과 논문을 참고하여 막스 플랑크를 조사함. 20세기 초 고전물리학으로 설명할 수 없는 빛의 성질이 큰 수수께끼였는데 막스 플랑크는 빛에너지가 비연속적인 것이라는 아이디어를 생각해내고 빛에너지의 최소 단위를 '양자'라고 명명하기까지의 과정을 꼼꼼히 살펴보고 당시 물리학자 등의 치열한 논쟁 과정을 흥미롭게 재현하여 수업에 흥미를 불어넣어 줌.

탐구주제 확장 및 심화

드 브로이의 파동역학 탐구
루이 드 브로이는 1924년 양자 이론에 관한 연구 논문에서 전자가 파동 성질을 가질 수 있다는 물질파의 개념을 제안했다. 그가 제안한 파동역학이 무엇인지 탐구해 보자.

미국이 중국의 양자컴퓨터 기업을 견제하는 이유 탐구
양자 컴퓨터는 양자역학에서 양자얽힘, 중첩, 텔레포테이션 등의 효과를 이용하는 컴퓨터를 말하는데 미국이 중국의 양자컴퓨터 기업을 견제하는 이유를 탐구해 보자.

관련 논문 양자 컴퓨터 기술 트렌드 예측과 분석(차은주, 장병윤, 2022)

 이 논문은 시장 중심의 기술 분석과 예측을 위하여 양자 컴퓨터 관련 국내 뉴스 기사를 기반으로 중요하게 다뤄지는 양자 컴퓨터 기술들을 분석하고 미래신호 감지와 예측을 수행한다. 이를 통해 양자컴퓨터 시장의 관심 분야 파악과 기술 투자 관련 대응체계 구축에 응용될 수 있다.

관련 도서 《직감하는 양자역학》, 마쓰우라 소, 보누스
《이토록 기묘한 양자》, 존 그리빈, 바다출판사

관련 학과 기계공학과, 메카트로닉스 공학과, 신소재공학과, 자동차공학과, 항공기계공학과, 항공우주공학과, 물리학과, 물리천문학과, 우주과학과, 응용물리학과, 지구환경과학과, 천문우주학과, 해양학과

관련 교과 2022 개정 교육과정: 기하, 미적분II, 물리학, 화학, 역학과 에너지, 전자기와 양자, 물질과 에너지
2015 개정 교육과정: 수학I,II, 미적분, 확률과 통계, 기하, 물리학I,II, 화학I,II, 지구과학I,II

커피 얼룩의 비밀

송현수 | MID | 2018

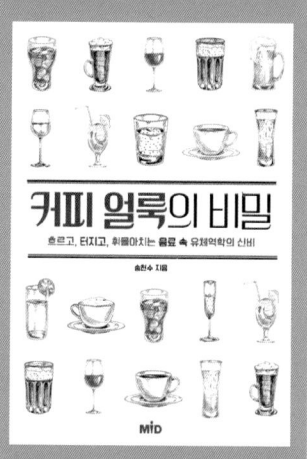

이 책은 '커피 얼룩은 왜 항상 바깥쪽 테두리가 더 진할까?', '맥주 거품은 왜 생겼다가 사라지는 걸까?'와 같은 질문을 던진다. 그리고 이에 대한 답을 찾는 과정에서 표면장력이나 과냉각, 모세관 현상, 코리올리 힘 등 우리가 한 번쯤은 들어 봤을 법한 과학 개념들을 실생활의 경험들과 연관 지어 쉽게 이해할 수 있도록 설명한다. 또 때로는 과학의 울타리를 넘어 예술, 역사, 스포츠, 심리학 등 다양한 이야기를 함께 전하며 재미를 더한다.

탐구 주제

주제1 남자화장실의 소변기에는 파리 하나가 그려져 있는 경우가 많다. 처음 시작은 네덜란드의 한 청소 관리인인 요스 반 베다프가 남자 소변기 중앙에 파리 그림으로 변기 밖으로 튀는 소변의 양이 80% 정도 줄인 것이다. 소변기 파리 그림에 숨어 있는 과학적인 원리를 탐구해 보자.

주제2 책상 위에 실수로 떨어뜨린 커피 한 방울을 다음 날 살펴보면 커피 얼룩에서 흥미로운 사실을 발견할 수 있다. 얼룩이 균일하지 않고 중심은 상대적으로 연한 색이며 바깥 테두리는 진하다. 왜 이러한 현상이 나타나는지에 대한 과학적인 원리를 탐구해 보자.

주제3 사막에서 에너지 없이 마실 물을 얻는 'Dew Bank'에 대한 탐구

주제4 춤추는 물방울 라이덴프로스트 효과에 대한 탐구

학생부 기록 예시 (교과세특)

생활 속의 과학 발표하기 수업에서 남자 소변기의 파리에 숨겨진 과학 원리를 조사함. 플라토-레일리 불안정성 원리를 소개하며 소변이 일정하게 분출되지 않는 것은 소변이 특정 거리를 넘어서면 속도 감소에 따라 표면장력이 달라지기 때문이라고 설명함. 이 원리에 따라 소변 방울들이 소변기 밖으로 튀게 되는데 이를 줄이기 위해 소변기에 파리를 그렸고 그 파리의 위치는 소변이 가장 덜 튀는 위치를 공학적으로 계산한 것이라고 발표하여 급우들의 큰 박수를 받음.

탐구주제 확장 및 심화

전산유체역학에 관한 탐구

전산유체역학은 유체역학의 한 분야로서 컴퓨터로 유체와 가스의 움직임과 그 효과를 묘사하는 방법이다. 전산유체역학이 활용되는 과학 분야를 탐구해 보자.

교통류(Traffic Flow)에 관한 탐구

도로의 자동차들을 보면 불연속적인 점이지만 차량의 수가 많을수록 유체와 비슷하게 행동한다. 교통의 흐름을 유체역학적 관점으로 바라보는 교통류를 탐구해 보자.

관련 논문 빠른 유체 흐름 예측을 위한 순환 신경망(오충협, 2020)

전산 유체 역학은 컴퓨터로 물리적인 현상을 예측하는 기술이다. 본 논문에서 제안하는 순환 신경망 FPredNet은 동영상 시뮬레이션을 위한 PredNet에서 유체의 흐름을 예측하기 위한 지형정보를 전달하기 위한 경로를 추가하고, 프레임을 건너뛰는 방식의 학습 방법을 사용하였다.

관련 도서 《물의 과학》, 제럴드 폴락, 동아시아
《알기 쉬운 유체역학》, 다케이 마사히로, 동양북스

관련 학과 기계공학과, 메카트로닉스 공학과, 신소재공학과, 자동차공학과, 항공기계공학과, 항공우주공학과, 물리학과, 물리천문학과, 우주과학과, 응용물리학과, 지구환경과학과, 천문우주학과, 해양학과

관련 교과 2022 개정 교육과정: 기하, 미적분II, 물리학, 화학, 역학과 에너지, 전자기와 양자, 물질과 에너지
2015 개정 교육과정: 수학I,II, 미적분, 확률과 통계, 기하, 물리학I,II, 화학I,II, 지구과학I,II

클래식 파인만

리차드 파인만, 랠프 레이턴 |
사이언스북스 | 2018

파인만의 수많은 일화를 담고 있는 이 책은 과학자로서 그가 문제에 접근하는 태도의 순수함, 나아가 그의 삶에서의 감정적인 문제들과 여러 시련까지 담고 있다. 그러므로 이 책은 단순한 일화집을 넘어서 파인만이라는 인간에 대한 깊은 이해를 가능케 한다. 때로 자신의 단점까지 스스럼없이 드러내는 파인만은 권위적인 학계의 분위기를 꼬집고 자기 자신에 대한 깊은 이야기까지 털어놓음으로써 파인만이라는 인간의 내부를 보여준다.

탐구 주제

주제1 파인만은 어느 날 강의실에서 학생들에게 질문을 했다. "여러분은 만약에 어떤 문제를 풀어야 하는데, 그 문제의 정답을 7퍼센트만 알고 있다면 어떻게 하시겠습니까?" 이것이 유명한 7퍼센트의 정답 에피소드의 시작이다. 이 에피소드를 통해 파인만의 과학적 사고방식을 탐구해 보자.

주제2 리처드 파인만은 양자전자기학이론으로 1965년 노벨상을 받은 세계적 과학자이지만 전공을 벗어나 '박테리오 파지의 연구'를 하기도 했다. 물론 그 후 물리학으로 돌아왔지만 다른 학문에 열려있는 과학자였다. 파인만의 사례처럼 융합연구가 중요한 이유를 탐구해 보자.

주제3 파인만의 맨해튼 프로젝트에서의 역할에 대한 탐구

주제4 파인만이 추구한 과학의 가치에 대한 탐구

학생부 기록 예시 (교과세특)

인류의 역사를 바꾼 과학자로 위대한 물리학자 중 한 명인 리처드 파인만을 꼽아 '클래식 파인만(리처드 파인만 외)'과 인터넷 자료를 통해 조사함. 파인만의 '7퍼센트의 정답' 에피소드를 소개하며 "7퍼센트를 알고 있다면 그 7퍼센트를 바탕으로 최선의 답을 내놓을 수 있다."라는 대답을 통해 과학은 완벽한 것이 아니라는 것을 인정하고, 항상 새로운 것을 배우고 발전하려는 자세를 가져야 한다는 파인만의 과학적 사고 방법을 알 수 있었다고 발표함.

탐구주제 확장 및 심화

파인만의 다이어그램 탐구
파인만 다이어그램은 양자역학적 계산을 단순화하고, 입자의 상호작용을 직관적으로 이해할 수 있게 해준다. 파인만의 다이어그램의 원리를 탐구해 보자.

파인만과 나노기술에 관한 탐구
파인만은 1959년에 "아래쪽으로 향하는 방향: 새로운 물리학의 가능성"이라는 강연을 통해 나노기술의 개념을 제시했다. 그 강연에서 제시한 파인만의 비전을 탐구해 보자.

관련 논문 대학의 교양교육 융합과학 온라인 프로그램이 이공계열 학생에게 미치는 효과 분석 : 융합인재소양, 과학의 본성 중심으로(유지혜, 2018)

이 논문은 사회에서 요구하는 융합형 인재를 양성하고 과학적 소양을 함양한 과학적 지식인을 기르기 위하여 이공계열 학생들에게 융합과학 교양교육 프로그램을 제공할 필요성이 있으며, 그 프로그램을 운영했을 때의 긍정적 변화가 있다고 제시한다.

관련 도서 《물리법칙의 특성》, 리처드 파인만, 해나무
《과학자의 흑역사》, 양젠예, 현대지성

관련 학과 │ 기계공학과, 메카트로닉스 공학과, 신소재공학과, 자동차공학과, 항공기계공학과, 항공우주공학과, 물리학과, 물리천문학과, 우주과학과, 응용물리학과, 지구환경과학과, 천문우주학과, 해양학과

관련 교과 │ 2022 개정 교육과정: 기하, 미적분II, 물리학, 화학, 역학과 에너지, 전자기와 양자, 물질과 에너지
2015 개정 교육과정: 수학I,II, 미적분, 확률과 통계, 기하, 물리학I,II, 화학I,II, 지구과학I,II

비행기, 유선형, 베르누이 정리, 공기역학

플라잉

임재한 | 어크로스 | 2023

비행은 인간이 자연 상태에서 할 수 없는 행위였으나 과학과 기술의 발전을 통해 가능해졌다. 이 책은 비행에 관한 다양한 분야의 기술과 그 과학적 원리를 쉽고 흥미롭게 설명한다. 항공우주 엔지니어인 저자는 고래의 지느러미와 골프공처럼 전혀 상관없어 보이는 소재에서 비행의 원리에 대한 단서들을 찾고, 눈에 보이지 않는 공기의 흐름을 교통의 흐름에 비유하며 공기역학을 이해할 수 있게 도와주며 새로운 과학의 세계로 안내한다.

탐구 주제

주제1   지구상에서 가장 많이 보이는 비행체는 F-35와 같은 전투기와 보잉777 같은 여객기이다. 공기를 뚫기 위한 전략은 비슷할 것 같지만 다르다. '코' 모양, 즉 노즈콘이 형상이 다르다. 전투기는 대부분 끝이 뾰족하고 여객기는 둥글다. 왜 이런 차이가 나는지 공기역학적으로 탐구해 보자.

주제2   비행기의 엔진 노즐은 엔진에서 생성된 고온, 고압의 가스를 방출하여 비행기에 추력을 주는 장치이다. 노즐의 모양과 크기는 엔진의 추력과 효율에 중요한 역할을 한다. 비행기 엔진 노즐은 연속의 정리와 베르누이의 정리를 기반으로 작동하는데 그 원리를 탐구해 보자.

주제3   항공기의 형상이 유선형이 이유에 대한 탐구

주제4   항공기에서 꼬리날개의 역할과 종류에 대한 탐구

학생부 기록 예시 (교과세특)

전투기와 여객기의 코 부분(노즈콘)의 형상이 다른 것에 호기심을 가지고 조사함. 노즈콘의 형상이 다른 이유를 물체의 모양에 의해 발생하는 형상저항과 유체가 물체에 표면에 달라붙는 점성저항으로 설명하면서 둥근 코는 형상저항에는 불리하나 점성저항은 줄일 수 있어 공기저항 계수가 가장 작다고 설명함. 전투기의 경우에는 음속을 돌파할 때 충격파 저항을 줄이기 위한 뾰족한 코를 달게 된 것을 다양한 사진 자료와 함께 이해하기 쉽게 발표함.

탐구주제 확장 및 심화

항공기의 성능 향상 방안에 대한 탐구
새로운 재료와 기술로 항공기의 성능을 향상시키려는 시도가 계속되고 있다. 우수한 신소재를 기체 적용하려는 시도도 계속된다. 항공기의 성능 향상 방안을 탐구해 보자.

수소연료전지 비행기에 대한 탐구
이산화탄소를 배출하지 않아 친환경적인 비행기인 수소 연료 전지 비행기는 아직 개발 초기 단계이다. 수소 연료 전지 비행기의 장점과 단점을 탐구해 보자.

관련 논문   고정익 날개를 갖은 수직이착륙 무인항공기/플라잉카의 설계 해석 연구(민경무, 2020)

이 논문은 컨벤셔널한 비행체 형태를 기반으로 주익 날개 전방부에 좌우 틸팅 매커니즘을 장착하여 수직 이착륙과 전진 비행의 최적화 형상을 제시한다. 유동해석 및 구조해석 결과를 바탕으로 시제품을 제작하여 실제 비행 성능 실험을 통해 그 효과와 성능을 연구했다.

관련 도서   《하늘의 과학》, 장조원, 사이언스북스
            《누구나 알기 쉬운 비행원리》, 월간항공 편집부, 와스코

관련 학과	기계공학과, 메카트로닉스 공학과, 신소재공학과, 자동차공학과, 항공기계공학과, 항공우주공학과, 물리학과, 물리천문학과, 우주과학과, 응용물리학과, 지구환경과학과, 천문우주학과, 해양학과

관련 교과	2022 개정 교육과정: 기하, 미적분II, 물리학, 화학, 역학과 에너지, 전자기와 양자, 물질과 에너지 2015 개정 교육과정: 수학I,II, 미적분, 확률과 통계, 기하, 물리학I,II, 화학I,II, 지구과학I,II

한 번 읽으면 절대 잊을 수 없는 물리 교과서

이케우에 쇼타 | 시그마북스 | 2023

이 책은 스토리로 이해하는 물리 입문서로, 물리의 기초를 이해하기 위한 참고서 역할을 함과 동시에 위대한 과학의 천재들이 몸과 마음을 다해 이루어 낸 물리의 장대한 역사를 맛보는 읽을거리 역할을 충족한다. 공식을 암기하는 과목이라고 생각해 물리 공부가 고통스러웠던 사람이나, 물리에 등장하는 수식에 당황해 무조건 싫어하던 사람들에게 꼭 필요한 물리책이다. 분명히 물리라는 과목의 이미지가 180도 바뀔 것이다.

탐구 주제

주제1 엔진은 열, 화학, 전기 등의 에너지를 기계적 에너지로 바꾸는 장치이다. 가장 흔한 엔진은 열기관으로 기계적인 동력을 발생시키기 위해 연료를 연소시킨다. 자동차 등에 널리 사용되는 왕복엔진이 대표적인데 엔진에 적용되는 열역학 법칙을 탐구해 보자.

주제2 흔히 탄성력 하면 흔히 용수철을 떠올리지만 모든 물체는 제각기 탄성력을 가지고 있다. 탄성력은 외부에서 가해진 힘에 반대 방향으로 작용하는 힘이다. 탄성체가 변형되면, 탄성체는 원래의 모양으로 되돌아가려는 성질을 가지고 있는데 응력-변형률 관계식인 훅의 법칙을 탐구해 보자.

주제3 도플러 효과에 대한 탐구

주제4 '파동은 입자의 진동인가?'라는 질문에 대한 탐구

학생부 기록 예시 (교과세특)

자동차 엔진의 작동 원리에 대해 궁금증이 생겨 자동차 엔진에 적용되는 열역학법칙에 대해 조사함. 자동차 엔진은 열에너지를 기계적 에너지로 변환하는 장치로 열역학 법칙 중 에너지 보존법칙과 엔트로피 증가 법칙을 이해하는 것이 자동차 엔진의 효율 이해에 중요하다고 설명함. 내연기관과 전기모터를 결합한 하이브리드 자동차를 열역학 법칙을 적용해 효율을 높인 예로 제시하면서 모터의 성능개선을 위해 효율 높은 영구 자석 모터 등이 개발되고 있다고 발표함.

탐구주제 확장 및 심화

태양열 발전의 효율 향상을 위한 열역학적 방법 탐구
태양열 발전은 태양 복사 에너지를 흡수하여 전기에너지로 변환하는 방식이다. 열역학 법칙을 활용하여 태양열 발전의 효율을 높이는 방법을 탐구해 보자.

만유인력의 영향으로 일어나는 현상 탐구하기
만유인력은 질량을 가진 모든 물체끼리 서로 끌어당기는 힘이다. 만유인력의 크기는 두 물체의 질량과 거리에 따라 달라지는데 만유인력이 우리 주변에서 일으키는 현상을 탐구해 보자.

관련 논문 도플러 효과를 기반으로한 내부 소음원의 3차원 위치 추정 (배정호, 2017)

이 논문은 이동 물체에 의한 도플러 효과를 바탕으로 소음원의 3차원 위치 추정 알고리즘을 제안한다. 해상 운항체의 알고 있는 위치에 추가의 음원을 설치하여 예상되는 도플러 중심의 범위와 최단 접근점의 범위를 점차 줄여가며 최소자승법을 통해 내부 소음원의 위치를 추정했다.

관련 도서 《다정한 물리학》, 해리 클리프, 다산 사이언스
《물리발상법》, 이나바 야스히로, 지호락희

관련 학과 기계공학과, 메카트로닉스 공학과, 신소재공학과, 자동차공학과, 항공기계공학과, 항공우주공학과, 물리학과, 물리천문학과, 우주과학과, 응용물리학과, 지구환경과학과, 천문우주학과, 해양학과

관련 교과 2022 개정 교육과정: 기하, 미적분II, 물리학, 화학, 역학과 에너지, 전자기와 양자, 물질과 에너지
2015 개정 교육과정: 수학I,II, 미적분, 확률과 통계, 기하, 물리학I,II, 화학I,II, 지구과학I,II

형태의 기원
크리스토퍼 윌리엄스 | 이데아 |
2023

이 책은 우리가 평소에는 거의 의식하지 못하고 지나치는 현상들 그리고 너무 당연해 보여 주의를 기울이지 않는 것들을 마치 날카로운 메스를 든 외과 의사처럼 정밀하게 파고든다. 모든 평범한 것들을 평범하지 않은 시선으로 바라보고, 주목하지 않은 모든 것에 과학적 통찰을 선보인다. 이 책의 장을 나누는 구분이기도 하는 물질, 구조, 크기, 기능, 세대, 환경 등에 따라 형태가 어떻게 구축되고 변화, 진화되었는지를 살펴본다.

탐구 주제

주제1 하늘을 자유롭게 나는 새를 보면 '새는 어떻게 하늘을 날 수 있을까?'라는 궁금증이 생긴다. 인간들은 하늘을 날 수 있는 새와 곤충들을 부러워하며 비행기를 발명해 냈다. 새의 해부학적인 특징이 어떻길래 중력의 작용에도 불구하고 하늘을 날 수 있는지 탐구해 보자.

주제2 자동차나 건물은 사고나 천재지변 등으로 처참하게 부서진다. 하지만 장난감 자동차나 모형 건물은 같은 비례의 힘을 받아도 심하게 부서지지 않는다. 기하학적으로 형태가 같아도 크기가 크면 상대적으로 취약하기 때문인데 이를 설명하는 '역학적 상사 법칙'을 탐구해 보자.

주제3 유연하면서 가벼운 인장구조에 대한 탐구

주제4 중력의 영향을 받지 않는 형태에 대한 탐구

학생부 기록 예시 (교과세특)

동물에게서 찾는 과학 원리 탐구하기 수업에서 새가 하늘을 날 수 있는 해부학적 특징을 '형태의 기원(크리스토퍼 윌리엄스)'을 읽고 조사함. 새의 몸 구조는 텅 빈 튜브 형태를 띠고 있으며 뼈는 투명할 정도로 매우 얇지만 작은 구슬 모양으로 이뤄져 강도가 높고, 응력을 받는 날개의 뼈는 삼각형 그물망 구조로 되어 비행에 적합하다고 설명함. 새의 전체적인 형태는 유선형으로 되어 있어 날개 위쪽과 아래쪽의 압력 차로 인해 양력을 받기 유리하다고 발표함.

탐구주제 확장 및 심화

생체모방기술에 대한 탐구
생체 모방 기술은 생물이 지닌 여러 가지 기능을 모방해서 이용하는 기술이다. 곤충, 식물, 동물의 우수한 특성과 구조를 적용해서 우리 생활에 적용한 사례를 탐구해 보자.

황금비율에 대한 탐구
'황금비율은 미학적 우수하다.', '황금비율은 과학적이다.'라고 알려져 있다. 하지만 황금비율에 관한 과학적인 주장이 없다는 의견도 많다. 황금비율을 과학적으로 탐구해 보자.

관련 논문 주요 교량형식별 구조안전성 평가(유상선, 2021)

이 논문은 범용성 구조해석 프로그램을 이용하여 PSC(프리스트레스트 콘크리트) I형 거더교, 강박스교, RC(철근 콘크리트) 슬래브교, RC 라멘교에 각각 구조해석을 진행하였다. 설계차량에 비해 강도와 내하율이 얼마나 확보되어야 허가차량이 통행할 수 있는지를 확인하였다.

관련 도서 《자연은 언제나 인간을 앞선다》, 패트릭 아리, 시공사
《역학으로 물리를 말하다》, 켄 쿠와코, 지브레인

관련 학과 기계공학과, 메카트로닉스 공학과, 신소재공학과, 자동차공학과, 항공기계공학과, 항공우주공학과, 물리학과, 물리천문학과, 우주과학과, 응용물리학과, 지구환경과학과, 천문우주학과, 해양학과

관련 교과 2022 개정 교육과정: 기하, 미적분II, 물리학, 화학, 역학과 에너지, 전자기와 양자, 물질과 에너지
2015 개정 교육과정: 수학I,II, 미적분, 확률과 통계, 기하, 물리학I,II, 화학I,II, 지구과학I,II

환경은 걱정되지만 뭘 해야 할지 모르는 사람들을 위한 과학과 기술

한치환 | 플루토 | 2022

이 책은 대표적 친환경 자동차인 전기자동차와 수소자동차가 어떤 과정을 거쳐 탄생하고 발전했는지를 다루고 있다. 전기자동차와 수소자동차의 성장 뒤에는 전기와 발전기의 발명, 배터리 기술의 발전이 있다. 과학자와 기업들의 연구와 개발 사례를 살펴보면서 이들 배터리의 장단점은 무엇인지, 어느 배터리가 친환경 자동차에 가장 적합한지, 산업으로서의 가치와 전망은 어떠한지 등을 일목요연하게 정리했다.

탐구 주제

주제1 그린수소는 신재생 및 원자력 에너지를 이용해 물을 전기분해하여 생산된 수소이다. 재생 가능 에너지로는 태양광, 풍력, 수력, 지열 등이 사용될 수 있다. 탄소중립 사회를 실현하기 위한 핵심 기술로 주목받고 있는 그린수소의 생산 기술을 탐구해 보자.

주제2 태양전지는 태양의 빛에너지를 이용해서 전기를 만드는 장치를 말한다. 실리콘을 웨이퍼로 가공하여 만드는 실리콘 태양전지가 일반적인데 효율은 높아지고 가격은 떨어지고 있어 앞으로 사용이 더 증가할 것으로 예상된다. 이런 태양전지 기술의 미래를 탐구해 보자.

주제3 교류 전력을 사용하는 교류 모터에 대한 탐구

주제4 수소연료전지 자동차의 미래에 대한 탐구

학생부 기록 예시 (교과세특)

지구를 구할 기술 찾기 수업에서 그린 수소 생산기술에 대해 조사함. 그린 수소는 우리나라의 2050 탄소중립 로드맵에 중요한 역할을 차지한다고 소개하면서 그린 수소를 생산하는 수전해 기술로는 고분자전해질막 수전해 기술이 주목받고 있는데 수소이온이 이동할 수 있는 양이온 교환막을 전해질로 이용해서 화합물 없이 물만을 원료로 사용할 수 있다는 장점이 있지만 단위 가격이 높았는데 우리 기술로 저렴한 음이온 교환막 기술을 개발하고 있다고 발표함.

탐구주제 확장 및 심화

광촉매 기반 수소 생산기술에 관한 탐구
광촉매 기반 수소 생산은 태양광에너지를 흡수해 물에서 수소를 만든다. 기존 수소 생산 방식과 달리 이산화탄소 등 온실기체 배출이 없다. 광촉매 기반 수소 생산 기술을 탐구해 보자.

친환경 에너지가 만드는 탄소중립의 미래 탐구
기후 변화는 지구의 미래를 위협하는 가장 큰 문제 중 하나이다. 지구 온난화로 인한 기후 위기를 해결하기 위한 탄소중립의 미래에 관해 탐구해 보자.

관련 논문 궁극의 그린수소 생산을 위한 미생물 전기분해 전지 기술의 동향과 전망(구본영, 정석희, 2022)

미생물 전기분해 셀(MEC)로 생산하는 수소는 에너지 소비가 없는 궁극의 그린 수소로 정의될 수 있다. 이 논문은 MEC 기술의 원리와 타당성, MEC의 구성과 형태, 전극 재료, 다양한 하폐수 성상에 따른 실제 적용 사례에 대해서 심층적인 요약과 분석을 담고 있다.

관련 도서 《수소 자원 혁명》, 마르코 알베라, 미래의창
　　　　　《수소경제》, 이민환, 맥스미디어

관련 학과 기계공학과, 메카트로닉스 공학과, 신소재공학과, 자동차공학과, 항공기계공학과, 항공우주공학과, 물리학과, 물리천문학과, 우주과학과, 응용물리학과, 지구환경과학과, 천문우주학과, 해양학과

관련 교과 2022 개정 교육과정: 기하, 미적분II, 물리학, 화학, 역학과 에너지, 전자기와 양자, 물질과 에너지
　　　　　2015 개정 교육과정: 수학I,II, 미적분, 확률과 통계, 기하, 물리학I,II, 화학I,II, 지구과학I,II

로봇공학

전체 도서 목록

순번	도서명	저자명	출판사명
1	1.4킬로그램의 우주, 뇌	정재승 외	사이언스북스
2	기초 로봇공학	오가와 코이치, 카토 료조	성안당
3	나는 사이보그가 되기로 했다	피터 스콧-모건	김영사
4	다빈치가 된 알고리즘	이재박	MID
5	다윈의 물고기	존 롱	플루토
6	데니스 홍, 상상을 현실로 만드는 법	데니스 홍	인플루엔셜
7	레고로 배우는 기계의 운동원리 152	김창량	메카피아
8	로봇 시대, 인간의 일	구본권	어크로스
9	로봇으로 철학하기	김숙	프리뷰
10	로봇은 교사를 대체할 것인가?	닐 셀윈	에듀니티
11	로봇은 인간을 지배할 수 있을까?	이종호	북카라반
12	로봇을 이기면 행복 지면 불행	일월	정환
13	로봇의 부상	마틴 포드	세종서적
14	로봇의 자리	전치형	이음
15	로켓의 과학적 원리와 구조	데이비드 베이커	하이픈
16	리얼 로봇공학자	박지은	가나출판사
17	메타 도구의 시대	최윤식	넥서스BIZ
18	법정에 출석한 인공지능	양희철	스리체어스
19	봇 이야기	닉 모나코, 새뮤얼 울리	한울아카데미
20	사이보그 시티즌	크리스 그레이	김영사
21	새로운 무의식	레오나르드 믈로디노프	까치
22	새로운 전쟁	폴 사레	커넥팅
23	신과 로봇	에이드리엔 메이어	을유문화사
24	십 대를 위한 영화 속 로봇인문학 여행	전승민	팜파스
25	예술과 인공지능	이재박	MID
26	인간은 필요 없다	제리 카플란	한스미디어
27	인공지능과 로봇의 윤리	고인석	세창출판사
28	인공지능과 미래사회: 인공지능시대 사회.윤리.문화	정보현	동문사
29	인지 도구	세실리아 헤이즈	형주
30	제4의 시대	바이런 리스	쌤앤파커스
31	천 개의 뇌	제프 호킨스	이데아
32	햅틱스	리넷 존스	김영사
33	호모 데우스	유발 하라리	김영사
34	확률론적 로보틱스	세바스찬 스런 외	에이콘출판사
35	휴보, 세계 최고의 재난구조로봇	전승민	예문당
36	휴보이즘	전승민	MID
37	AI 경제	로저 부틀	세종연구원
38	AI로봇과 범죄	송기복	박영사
39	AI의 미래 생각하는 기계	토비 월시	프리뷰
40	SF영화와 로봇 사회학	민경배	커뮤니케이션북스

| 핵심키워드 | 뇌과학, 로봇, 인공지능, 미래 |

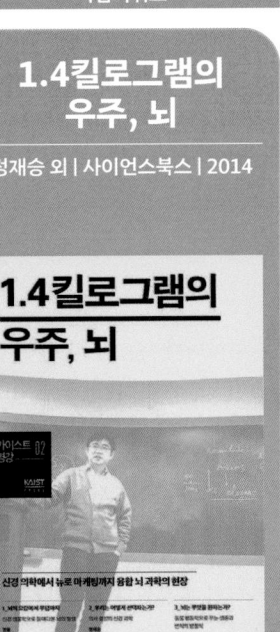

1.4킬로그램의 우주, 뇌

정재승 외 | 사이언스북스 | 2014

로봇공학에 관심이 있다면 뇌 과학을 알아야 한다. 뇌 과학은 로봇의 지능과 행동을 만드는 기본이다. 따라서 인간의 뇌가 어떻게 작동하는지, 인간은 어떻게 생각하고 행동하는지 알아야 한다. 이 책은 뇌의 구조와 기능, 선택과 의사 결정, 생존과 번식 등 뇌 과학의 모든 것을 다루고 있다. 특히 3부에서는 뇌가 목표를 설정하고 행동으로 나타내는 과정을 설명한다. 이 책을 통해 로봇이 어떻게 인간처럼 생각하고 행동하는지 이해할 수 있다.

탐구 주제

주제1 로봇과 인간은 목표를 달성하기 위해 유사한 의사 결정 과정을 거친다. 이 책의 3부에서는 뇌가 어떻게 의사 결정을 내리는지 설명하고 있다. 뇌의 의사 결정 과정을 바탕으로 로봇이 목표를 달성하기 위해 고려하는 의사 결정 과정을 탐구해 보자.

주제2 인공지능 기술의 발전으로 로봇이 점점 더 인간과 비슷한 모습과 행동을 하고 있다. 로봇의 감정과 의식을 다룬 영화, 드라마, 소설 등을 선정하여 로봇이 감정과 의식을 가질 수 있는지에 대한 가능성과 한계를 탐구하고 보고서를 작성해 보자.

주제3 로봇의 감정과 의식을 규제할 법적·윤리적 기준 토의

주제4 뇌의 발달과 학습을 향상하기 위한 방법 논의

학생부 기록 예시 (교과세특)

영화 'Her'을 바탕으로 로봇의 감정과 의식을 탐구하고 평가함. 로봇이 인간과 유사한 감정과 의식을 형성하는 가능성을 조사하고 동시에, 로봇의 육체적 한계와 경험적 한계로 인해 완벽한 감정과 의식 형성에 한계가 있다는 결론을 도출함. 로봇에게 인간과 동등한 권리를 부여해야 하는지에 대한 논쟁을 중심으로 다양한 시각과 윤리적 문제를 검토하며 토론을 진행함. 사회적 윤리와 기술 혁신을 이해하고 로봇의 감정과 의식에 관한 입장을 명확하게 제시함.

탐구주제 확장 및 심화

로봇을 사용하여 학교 환경 개선 아이디어 개발 및 프로그래밍 구현
아두이노 및 스크래치 등과 같은 도구를 사용하여 로봇 청소 서비스, 로봇 도서 배달 서비스, 로봇 안내 서비스 등 학교 환경을 개선하기 위한 로봇 프로젝트를 구현해 보자.

인공지능 게임의 의사 결정 과정 개선 방안
플레이어와 대결하는 스피드 퀴즈게임, 보드게임, 또는 자신이 즐겨 하는 게임을 선택하여, 게임의 의사 결정 과정을 분석하고, 개선할 수 있는 방안을 제시해 보자

관련 논문 로봇윤리 vs. 로봇법학: 따로 또 같이 (김건우, 2017)

이 논문은 자율주행자동차의 예를 들어 로봇 윤리와 로봇 법학의 관계를 설명하고 있다. 로봇 윤리와 로봇 법학을 이해하고, 인공지능 시대에 윤리적 책임을 지는 시민으로서 어떤 역할을 해야 하는지 생각해 볼 수 있는 연구 결과이다.

관련 도서 《나의 첫 뇌과학 수업》, 앨리슨 콜드웰, 미카 콜드웰, 롤러코스터
《이토록 뜻밖의 뇌과학》, 리사 팰트먼 배럿, 더퀘스트

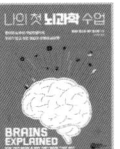 

| 관련 학과 | 로봇공학과, 기계로봇에너지공학과, 휴먼지능로봇공학과, 뇌인지과학과, 의학과, 생명공학과, 컴퓨터공학과, ICT로봇기계공학부, 정보통신과, 데이터사이언스학부, 글로벌바이오메디컬공학과, 심리학과, 철학과, 언어학과 |

| 관련 교과 | 2022 개정 교육과정: 미적분I, 확률과 통계, 기하, 미적분II, 물리학, 화학, 생명과학, 로봇과 공학세계
2015 개정 교육과정: 수학I, 수학II, 미적분, 확률과 통계, 물리학I, 화학I, 생명과학I, 기술·가정 |

기초 로봇공학

오가와 코이치, 카토 료조 | 성안당 | 2021

로봇공학은 최근 4차 산업혁명 시대를 맞아 더욱 주목받고 있는 학문 분야이다. 다양한 산업 분야에서 로봇이 활용되고 있으며, 앞으로도 그 활용 범위는 더욱 확대될 것으로 예상된다. 이 책은 로봇공학을 처음 접하는 사람도 쉽게 이해할 수 있도록 구성되어 있다. 로봇이란 무엇인지, 어떤 구조와 기능을 갖고 있는지, 어떻게 움직이는지를 이해할 수 있다. 또한, 로봇의 제어 원리와 응용 사례까지 폭넓게 다루고 있다.

탐구 주제

주제1 로봇 동역학은 로봇의 움직임을 이해하는 데 필수적인 지식이다. 손, 팔, 혹은 복잡한 암 구조 등 다양한 방식으로 구현될 수 있는 물건 집기 기능에 대해서도 동역학 지식이 필요하다. 따라서 로보틱스 분야에서 효과적인 물건 집기 방법을 탐구하고 보고서를 작성해 보자.

주제2 로봇의 센서는 로봇이 주변 환경을 감지하는 역할을 담당한다. 로봇의 센서를 이해하고 활용하는 것은 로봇공학에서 중요하다. 다양한 종류의 로봇 센서가 존재하며, 각각의 센서는 고유한 특징을 가지고 있다. 로봇 센서의 종류와 특징을 탐구하고 그 결과를 요약하여 발표해 보자.

주제3 자율주행차의 상용화가 가져올 사회 문제에 관한 토론

주제4 로봇의 제어를 이용한 응용 사례를 조사하고 발표

학생부 기록 예시 (교과세특)

'기초로봇공학(오가와 코이치 외)'을 읽고 다양한 주제의 탐구 활동을 통해 로봇의 구조와 작동 원리를 이해하고, 로봇이 활용될 수 있는 다양한 분야를 알게 됨. 또한, 자율주행차의 상용화가 가져올 사회 문제를 토론하면서 로봇공학의 발전이 가져올 부정적인 영향에도 유의해야 함을 깨닫고 사회적 안전망 구축을 위한 대안을 제시. 추가로 로봇공학의 발전이 평등과 불평등에 미칠 영향을 탐구하고, 로봇공학의 윤리적 문제에 관한 토론에 참여하여 로봇공학의 발전에 대한 균형 잡힌 시각을 갖게 됨.

탐구주제 확장 및 심화

학교 축제나 학술제에 로봇 관련 작품 전시회 기획 개최
수업이나 동아리 활동을 바탕으로 학습 결과를 공유하고, 로봇공학에 대한 이해를 높이고자 전시회를 개최해 보자(로봇 조립 키트, 로봇 관련 제품, 연구자료, 전문가 초청 강연 등 포함).

로봇이 사회에 미치는 불평등 영향에 대한 영상 제작 활동
미래 사회를 이끌어갈 주체로서, 사회에 미치는 로봇의 영향에 관심을 갖고 대응 방안을 모색하는 것이 중요하다. 로봇이 교육에 미치는 영향에 대한 영상을 제작해 보자.

관련 논문   모바일 플랫폼 기반 협동로봇의사용자 추종을 위한 초음파 센서 활용 기법 (염승호 외, 2020)

 이 논문은 초음파 센서를 이용하여 사용자의 위치를 추정하는 기술을 제안한다. 이 기술은 초음파 센서를 송신부와 수신부로 분리하여 사용자의 거리와 각도를 측정하는 방식으로 이루어진다. 아직 개발 초기 단계이지만, 다양한 분야에서 활용될 것으로 기대되는 연구 결과이다.

관련 도서   《로봇공학》, 정슬, 교문사
               《로보틱스 알고리듬》, 모르데하이 벤 아리, 프란체스코 몬다다, 에이콘출판사

관련 학과   기계공학과, 전자공학과, 컴퓨터공학과, 항공우주공학과, 조선해양공학과, 로봇공학과, 인공지능학과, 데이터사이언스학과, 철학과, 사회학과, 경제학과, 교육학과, 심리학과, 디자인학과, 체육학과

관련 교과   2022 개정 교육과정: 대수, 미적분I, 기하, 미적분II, 물리학, 생명과학, 현대사회와 윤리, 역학과 에너지
               2015 개정 교육과정: 수학I, 수학II, 미적분, 물리학I,생명과학I, 사회·문화, 생활과 윤리

나는 사이보그가 되기로 했다

피터 스콧-모건 | 김영사 | 2022

로봇공학자 피터 스콧-모건은 루게릭병으로 시한부 선고를 받고, AI와 융합해 사이보그 '피터 2.0'으로 진화한다. 그는 생존을 넘어 인간다움을 지키고, 다른 장애인들에게도 희망을 주고자 한다. 피터의 사이보그 진화는 먼 미래의 일이 아닌 오늘날 우리가 마주한 현실이다. 기술의 진보가 가져올 다양한 선택지를 인간은 어떻게 활용할 것인가, 과학은 인간의 삶과 죽음에 어디까지 개입할 수 있는가에 대한 고민을 던져준다.

탐구 주제

주제1   사이보그가 인간과 구별되지 않으면, 인간의 정체성과 존엄성에 의문을 갖게 될 수 있다. 피터 스콧-모건의 사이보그 진화 프로젝트를 통해 사이보그가 인간과 동등한 권리를 가질 수 있는지와 함께, 서로를 구별하지 않게 되는 기준은 어떤 것일지에 대해 논의해 보자.

주제2   피터 스콧-모건은 태어날 때부터 장애가 있었지만, 자신의 삶으로 인간의 가치와 의미를 일깨워 준 인물이다. 그는 자신의 장애를 극복하고, 과학자, 강연자로 활발하게 활동했다. 피터의 삶과 철학을 통해 인간의 가치와 의미를 탐구하고 본인의 생각을 중심으로 서술해 보자.

주제3   사이보그 기술을 어떻게 활용할 것인지 계획하고 토론

주제4   사이보그 기술을 활용한 장애인 복지 정책 제안

학생부 기록 예시 (교과세특)

사이보그 기술을 어떻게 활용할 것인지 계획하고, 탐구 활동의 목표와 방법을 설정함. 사이보그 기술의 발전과 장애인에 대한 시각에 대한 다양한 정보를 조사하여 탐구하고, 사이보그 기술과 장애인에 관한 보고서를 작성함. 장애인과 비장애인이 함께 살아가는 사회를 만들기 위해서는 장애인에 대한 인식 개선과 사회적 지원이 필요하다는 것을 알고, 로봇공학을 활용하여 장애인을 위한 인공지능 헬스케어 기기 분야를 연구하고 싶다는 자신의 진로 방향을 구체화함.

탐구주제 확장 및 심화

팀별 학교 탐험 게임
학교의 장애인 편의 시설인 장애인 화장실, 점자 블록, 경사로 등을 찾아 사진을 찍고 개선이 필요한 곳을 선정하여 장애인을 위한 로봇 기술에 대한 아이디어를 구상해 보자.

학교에서 장애인을 위한 로봇공학 기술 개발을 위한 아이디어 공모전 개최
메이커봇, 아두이노, 센서, 시뮬레이션 프로그램 등 다양한 방법을 활용하여 장애인의 삶을 윤택하게 만들 수 있는 로봇공학 기술 아이디어를 프로토타입으로 제작해 보자.

관련 논문   포스트휴먼과 사이보그, 이념과 경험 (김휘택, 2021)

이 논문은 사이보그 기술이 가진 가능성과 문제점을 사례를 통해 간략하게 소개한다. 사례를 통해 사이보그 기술의 문제점을 구체적으로 설명하면서 사이보그 기술은 인간의 삶을 변화시킬 수 있는 잠재력을 가지고 있지만, 그에 따른 문제점도 충분히 고려해야 한다는 결론을 제시한다.

관련 도서   《하늘과 바람과 별과 인간》, 김상욱, 바다출판사
《엔드 오브 타임》, 브라이언 그린, 와이즈베리

관련 학과   기계공학과, 전자공학과, 컴퓨터 공학과, 인공지능학과, 로봇공학과, 정보통신공학과, 사이버보안학과, 시각디자인과, 언론정보학과, 사회학과, 문예창작과, 철학과, 심리학과

관련 교과   2022 개정 교육과정: 미적분I, 기하, 미적분II, 물리학, 생명과학, 역학과 에너지, 윤리문제 탐구
2015 개정 교육과정: 수학I, 수학II, 미적분, 물리학I, 생명과학I, 사회문제 탐구, 생활과 윤리

다빈치가 된 알고리즘

이재박 | MID | 2018

이 책은 인공지능이 창의적인 작품을 만들어내는 과정을 이해할 수 있다. 인공지능은 방대한 데이터를 학습하여 새로운 패턴을 발견하고, 그 패턴을 바탕으로 창의적인 결과물을 만들어낸다. 로봇은 인공지능이 창작한 결과물을 현실 세계에 구현하는 역할을 수행한다. 인공지능과 로봇이 함께 새로운 예술을 만들어낼 수 있는 가능성을 상상해 보자. 인간만이 가졌다고 여겨지는 창의성이 기계에도 있다는 가능성을 제시한다.

탐구 주제

주제1   인공지능이 창작하는 예술은 인간의 감정이나 경험에 대한 이해 없이도 창의적인 결과물을 만들어낼 수 있다. 이러한 특성은 기존의 예술 평가 기준에 변화를 가져올 것으로 예상된다. 인공지능이 창작하는 예술의 다양한 사례를 조사하고 분석해 특징과 한계를 보고서로 작성해 보자.

주제2   인공지능과 로봇은 예술 산업에 새로운 기회와 도전을 동시에 제시하고 있어 예술 산업의 미래를 바꿀 수 있는 잠재력을 가지고 있다. 인공지능과 로봇이 예술 산업에 미치는 긍정적이고 부정적인 영향을 주제로 구체적인 사례를 들어 보고서를 작성해 보자.

주제3   인공지능이 창작하는 예술의 윤리적 문제 토의

주제4   인공지능과 로봇이 예술 교육에 미치는 영향 토론

학생부 기록 예시 (교과세특)

인공지능이 창작하는 예술의 특징과 한계를 조사하고 분석해 예술성을 판단하는 기준을 제시하고, 기존의 예술 평가 기준과 비교해 논의함. 이를 통해 예술의 본질과 창의성에 관해 깊은 이해를 함. 인공지능과 로봇이 예술 산업에 미치는 영향과 전망을 조명하고 인공지능이 창작하는 예술의 윤리적 문제와 공공성, 사회적 책임에 대한 다양한 관점을 제시함. 자료 조사와 토론을 바탕으로 인공지능 예술 및 사회 현상에 대한 심화된 이해와 사회적 책임감을 발전시킴.

탐구주제 확장 및 심화

인공지능으로 예술 작품에 신기한 마법 걸기
관심 있는 기존 작품을 선정하여 이미지 처리, 그래픽 디자인 등 다양한 인공지능 기술을 활용하여 기존 예술 작품을 새로운 방식으로 해석하고 예술의 새로운 가능성을 제시해 보자.

인공지능을 활용하여 사회적 메시지 전달 활동
인공지능은 삶의 다양한 영역에 적용되고 있어 영향력이 더욱 커질 것이다. 인공지능을 활용하여 환경 문제, 인권 문제, 인공지능의 윤리적 문제 등 사회적 메시지를 전달하는 다양한 작품을 제작해 보자.

관련 논문   인공지능 예술의 수용 문제(심혜련, 2023)

이 논문은 사진을 중심으로 기계-예술의 수용 문제를 살펴보고, 인공지능 시대에 있어서 예술의 수용 문제를 분석한다. 인공지능을 창작 도구로 볼 것인지, 아니면 독자적인 예술가로 인정할 것인지에 대한 문제를 다루고, 이러한 논쟁의 근거가 되는 예술가와 예술 개념의 한계를 지적한다.

관련 도서   《생성 예술의 시대》, 김대식 외, 동아시아
                《매체 미학》, 유원준, 미진사

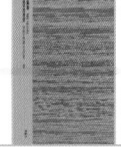

관련 학과   국어국문학과, 영어영문학과, 미학과 , 문화콘텐츠학과, 영상학과, 디자인학과, 컴퓨터공학과, 정보통신공학과, 전자공학과, 음악학과, 미술학과, 연극영화학과, 사회학과, 문예창작과, 심리학과

관련 교과   2022 개정 교육과정: 미적분I, 미적분II, 물리학, 생명과학, 인공지능 수학, 윤리문제 탐구
               2015 개정 교육과정: 수학I, 수학II, 미적분, 확률과 통계, 물리학I, 사회문제 탐구, 생활과 윤리,

다윈의 물고기
존 롱 | 플루토 | 2017

이 책은 로봇 물고기와 진화의 개념을 결합하여 지구의 생명체 진화 과정을 알아가는 과학적 탐구를 다룬다. 저자인 존 롱은 해양생물학자로서 물고기의 진화와 그 원인에 대한 궁금증을 가지게 된다. 이미 멸종된 물고기들은 현재 바다에서 찾아볼 수 없으며, 화석 역시 전체 진화 과정을 완전히 설명하기에 부족하다. 그래서 '로봇 물고기'를 만들어 초기 지구의 바다와 비슷한 환경에서 '진화'시키는 실험을 시도한다.

탐구 주제

주제1 예술과 공학의 융합은 새로운 지식과 기술을 창출하고, 우리 사회의 다양한 문제를 해결하는 데 기여할 수 있다. 디지털 아트, 웨어러블 기기와 같은 예술과 공학의 융합을 통해 개발된 제품이나 서비스의 사례를 조사하고, 예술과 공학의 융합이 사회에 미치는 영향을 논의해 보자.

주제2 인공지능과 로봇은 우리 삶에 다양한 영향을 미치고 있으며, 이러한 영향에는 윤리적 문제와 도전 과제가 포함되어 있다. '다윈의 물고기' 내용을 통해 인공지능과 로봇의 윤리적 문제와 도전 과제를 비판적으로 생각하고 해결하기 위한 방안을 탐구해 보자.

주제3 인공지능이 인간의 존엄성을 침해할 수 있는가에 관한 토론

주제4 인공지능이 인간에게 위협이 될 수 있는지 다양한 관점 논의

학생부 기록 예시 (교과세특)

예술과 공학의 융합을 통해 개발된 제품이나 서비스의 사례를 조사하고, 사회에 미치는 영향을 보고서로 작성함. 특히 디지털 아트 작품을 예시로 새로운 시각적 체험을 제공하여 관람객에게 상호작용성을 제공한다는 장점을 설명함. 다양한 정보와 관점을 조사하고 분석하여 AI는 의료, 환경 등 분야, 로봇은 재난구조, 환자 돌봄 등에서 사회 문제를 해결하는 데 도움이 되는 사례를 조사함. 인공지능의 의사 결정 과정을 투명하게 공개하는 등 노력의 필요성을 강조함.

탐구주제 확장 및 심화

'다윈의 물고기' 스토리텔링 하기
'다윈의 물고기(존 롱)'에 실린 물고기들의 진화를 살펴보고, 그들이 어떻게 진화했는지 다윈의 물고기를 주인공으로 한 이야기를 창작해 보자.

예술과 공학의 융합으로 나만의 디지털 아트 제작
컴퓨터, 태블릿 PC, 스마트폰 등 디지털 기기와 페인트, 붓, 종이, 캔버스 등 미술 재료를 활용하여 친구들과 함께 협력하여 디지털 작품을 완성하고 전시해 보자.

관련 논문 공학 창의성에 영향을 미치는 예술경험의 속성 탐색(신종호 외, 2017)

이 연구는 예술 경험을 가진 공학도는 자아인식, 직관, 한계 극복, 타인지향적 표현, 카타르시스 등 다섯 가지 측면에서 보다 창의적인 모습을 보였다는 내용이다. 예술 경험을 통해 다양한 시각과 사고를 경험하는 것은 창의성 향상에 도움이 될 수 있다는 연구 결과다.

관련 도서 《당신의 꿈은 우연이 아니다》, 안토니오 자드라, 로버트 스틱골드, 추수밭
《김범준의 이것저것의 물리학》, 김범준, 김영사

관련 학과 국어국문학과, 영어영문학과, 미학과 , 문화콘텐츠학과, 영상학과, 디자인학과, 컴퓨터공학과, 정보통신공학과, 전자공학과, 음악학과, 미술학과, 연극영화학과, 사회학과, 문예창작과, 심리학과

관련 교과 2022 개정 교육과정 : 미적분I, 미적분II, 생명과학, 매체 의사소통, 윤리문제 탐구, 기후변화와 환경생태
2015 개정 교육과정 : 수학I, 수학II, 물리학, 화법과 작문, 사회문제 탐구, 융합과학, 생활과 윤리

데니스 홍, 상상을 현실로 만드는 법

데니스 홍 | 인플루엔셜 | 2018

이 책은 일곱 살 때부터 로봇공학자의 꿈을 키워온 로봇공학자 데니스 홍의 도전과 열정의 여정을 담은 책이다. 그는 세계 최초 시각장애인용 자동차, 미국 최초 휴머노이드 로봇, 재난 구조용 로봇 등 누구도 상상하지 못한 기발한 로봇을 개발하며 세계적인 명성을 얻게 되었다. 하지만 데니스 홍도 많은 실패를 경험했지만 포기하지 않고 긍정의 힘으로 다시 일어섰다. 꿈을 향해 도전하는 모든 사람에게 큰 울림을 주는 내용이다.

탐구 주제

주제1 로봇의 원리와 구조는 로봇공학의 기본이 되는 내용으로, 로봇을 이해하고 창의적인 아이디어를 구현하기 위한 기반이 된다. 로봇의 구성 요소, 원리, 구조에 대한 내용을 포함한 로봇의 원리와 구조에 대한 내용을 체계적으로 정리하여 보고서로 작성해 보자.

주제2 로봇은 인공지능을 사용하여 스스로 판단하고 행동할 수 있다. 인공지능은 로봇을 제어하고, 로봇이 수행하는 작업을 최적화하는 데 사용된다. 로봇과 인공지능에 대한 이해를 바탕으로 로봇과 인공지능이 우리 삶을 더 편리하고 안전하게 만들어 줄 방법을 모색해 보자.

주제3 로봇의 오작동으로 인한 피해를 방지할 수 있는 방안 토의

주제4 로봇과 인공지능을 활용한 제품이나 서비스의 미래 예측

학생부 기록 예시 (교과세특)

로봇공학에 대한 기본적인 이해를 바탕으로 다양한 주제의 탐구 활동을 함. 특히 로봇의 원리와 구조에 관한 보고서 작성, 로봇과 인공지능의 미래 예측, 인공지능 로봇의 책임 주체에 관한 논문 요약 등으로 로봇공학에 대한 깊은 관심과 이해를 보여 줌. 또한 로봇의 오작동으로 인한 피해 방지를 위한 방안 토의 활동으로 최신 로봇 기술 연구 동향을 수집하고, 전자 회로, 프로그래밍 언어 등에 대한 지식을 습득함. 로봇공학에 관심과 열정을 가지고 있으며, 자신의 역량을 검증하고 다른 학생들과 교류하는 시간을 가짐.

탐구주제 확장 및 심화

로봇 경주 대회 기획하고 개최하기
학교 축제나 동아리 활동의 일환으로 로봇의 원리와 구조에 대한 기본적인 지식을 습득한 후 로봇 조립 키트를 활용하여 로봇 경주대회를 실제로 진행해 보자.

로봇을 소재로 한 인문학 작품 제작
로봇은 과학기술의 산물이지만, 그 의미와 가치는 인문학적 관점에서도 탐구할 수 있다. 로봇을 소재로 한 문학 소설이나 음악 작품, 미술 작품 등을 제작해 보자.

관련 논문 인공지능 로봇의 오작동에 의한 사고로 인한 불법행위책임(최민수, 2020)

인공지능 로봇이 점점 발전함에 따라 인공지능 로봇의 오작동으로 인한 사고의 위험성도 증가하고 있다. 이 논문은 인공지능 로봇의 오작동으로 인한 사고의 책임 주체를 명확히 하기 위해, 현행 민법상 불법행위책임으로는 어려운 점을 지적하고, 위험책임을 도입하는 방안을 제시한다.

관련 도서 《공학의 눈으로 미래를 설계하라》, 연세대학교 공과대학, 해냄
《거인의 노트》, 김익한, 다산북스

관련 학과 국어국문학과, 영어영문학과, 미학과 , 문화콘텐츠학과, 영상학과, 디자인학과, 컴퓨터공학과, 정보통신공학과, 전자공학과, 음악학과, 미술학과, 연극영화학과, 사회학과, 문예창작과, 심리학과

관련 교과 2022 개정 교육과정: 미적분I, 미적분II, 기하, 매체 의사소통, 윤리문제 탐구, 법과 사회
2015 개정 교육과정: 수학I, 수학II, 물리학, 문학, 사회문제 탐구, 융합과학, 생활과 윤리

핵심키워드 기계운동, 물리학, 창의성, 로봇

레고로 배우는 기계의 운동원리 152

김창량 | 메카피아 | 2023

레고 테크닉 부품을 사용하여 기계의 운동원리를 배우는 이 책은 총 152개의 모형을 소개하고 있다. 각 모형은 평면 운동, 회전 운동, 원호 운동, 직선 운동 등 다양한 기계 운동을 구현하고 있으며, 다양한 응용 분야에서 활용될 수 있도록 설계되었다. 레고 테크닉 부품을 사용하여 다양한 모형을 직접 만들어 보면서 기계 운동의 기본 원리를 이해하고 응용 능력을 키울 수 있다.

탐구 주제

주제1 기계 운동의 기본 원리를 이해하고 이를 응용하는 능력을 키우기 위해서는 다양한 기계 운동을 구현하는 방법을 탐구하는 것이 필요하다. 레고 테크닉 부품을 사용하여 자동차의 바퀴가 움직이는 모형을 제작하고, 기계 운동의 원리를 보고서로 정리해 보자.

주제2 기계 운동에 사용되는 에너지는 대부분 화석 연료에서 얻어지는데, 화석 연료의 사용은 대기 오염, 온실 가스 배출, 기후 변화 등의 환경 문제를 야기한다. 레고 테크닉 부품을 사용하여 기계 운동의 환경 친화성을 높이는 방법을 연구하여 그 결과를 보고서로 작성하자.

주제3 레고테크닉 부품을 사용하여 기계운동의 효율성 높이는 방법 탐구

주제4 레고테크닉 부품을 사용하여 구현한 기계운동의 응용 가능성 토론

학생부 기록 예시 (교과세특)

기계 운동에 대한 이해와 응용 능력을 기르며, 기계 공학과 물리학에 대한 열정을 보임. 자동차의 바퀴가 움직이는 모형 제작을 통해 힘, 운동량, 에너지 등 기계 운동 기본 원리를 탐구하고 레고 테크닉 부품을 활용하여 구현함. 또한, 발표 및 보고서를 통해 결과를 공유하며 지속적인 탐구계획을 밝힘. 후속 탐구에서 에너지 효율과 지속 가능성에 중점을 두고, 화석 연료를 대체하는 재생 가능 에너지로 태양광, 풍력, 수력 등을 활용하는 기계 운동 모형을 레고 테크닉을 활용하여 제작하고 결과를 보고서로 작성하고 발표함.

탐구주제 확장 및 심화

레고 테크닉 로봇 경주 대회
팀 활동으로 레고 테크닉 부품을 활용하여 다양한 기계 운동 원리를 적용한 로봇을 제작하고 경주 대회를 개최해 보자.

친환경 기계 운동을 위한 아이디어 공모전
기계 운동의 환경 친화성을 높이는 방법에 대한 아이디어를 창출하고 발표하며 토론 능력을 키우는 것을 목적으로 친환경 기계 운동을 위한 아이디어 공모전을 기획하고 실행해 보자.

관련 논문 정전 발전 기반 소프트 로봇 응용 최신 기술(성정빈, 최덕현, 2022)

나노발전기(TENG)는 접촉과 마찰에 의해 발생하는 전기를 이용하여 에너지를 수집하는 기술이다. TENG 기반 소프트 로봇은 우리 생활을 보다 편리하고 안전하게 만들어 줄 미래 기술의 한 축으로 촉각 디스플레이, 웨어러블 기기, 인공 전자 피부 등에 적용될 수 있음을 시사한다.

관련 도서 《로봇 팔의 설계 및 제어》, 송재복, 교문사
《핵심이 보이는 제어공학》, 김성중, 한빛아카데미

관련 학과 기계공학과, 로봇공학과, 물리학과, 법학과, 사회학과, 산업공업학과, 소프트웨어학과, 에너지공학과, 인공지능학과, 자동차공학과, 전기공학과, 재료공학과, 정보통신공학과, 컴퓨터 공학과

관련 교과 2022 개정 교육과정: 미적분I, 확률과 통계, 인공지능 수학, 물리학, 역학과 에너지, 물질과 에너지
2015 개정 교육과정: 수학I, 수학II, 미적분, 확률과 통계, 인공지능 수학, 물리학I, 물리학II

로봇 시대, 인간의 일

구본권 | 어크로스 | 2020

4차 산업혁명 시대를 맞이하여 로봇과 인공지능이 빠르게 발전하고 있다. 이러한 기술의 발전은 우리 삶에 많은 변화를 가져올 것으로 예상되는데, 그중에는 인간의 일자리에도 큰 영향을 미칠 것으로 전망된다. 로봇과 인공지능의 발전이 우리 사회의 구조와 문화에 미치는 영향을 다양한 관점에서 분석하고, 인간이 살아갈 미래에 대한 대안을 제시한다. 또한 로봇과 인공지능을 통해 인간이 할 수 있는 새로운 일들에 관해서도 이야기한다.

탐구 주제

주제1　로봇과 인공지능의 발전으로 인해 사라질 일자리가 많아질 것으로 예상된다. 미래 사회에서 살아남기 위해 새로운 기술과 지식을 습득하고, 자신의 역량을 개발해야 한다. 로봇과 인공지능의 발전이 일자리에 미치는 영향을 이해하고, 대응하기 위한 방안을 보고서로 작성해 보자.

주제2　로봇과 인공지능의 발전은 인간의 역할 변화와 책임에 새로운 질문을 제기한다. 기술 발전은 인간의 삶을 근본적으로 변화시키고 있으며, 이 변화 속에서 인간은 어떤 역할을 수행해야 할지, 어떤 책임을 져야 하는지에 관한 논의가 필요하다. 로봇과 인공지능 시대에 인간의 역할과 책임에 관한 생각을 글로 표현해 보자.

주제3　인간과 로봇이 서로 조화를 이루며 공존할 수 있는 방법 토론

주제4　로봇과 인공지능의 미래에 대해 다양한 관점에서 생각하고 토론

학생부 기록 예시 (교과세특)

교과 내용을 단순히 암기하는 데 그치지 않고, 탐구 활동으로 다양한 자료와 정보를 수집하고, 이를 토대로 본인의 생각을 논리적으로 전개하는 능력을 키움. 로봇과 인공지능의 발전이 일자리에 미치는 영향에 관한 탐구를 진행하고 보고서를 작성함. 로봇과 인공지능 시대에 인간의 역할과 책임에 관한 토론을 진행하고, 다양한 관점에서 생각해 합의점을 도출할 수 있는 본인의 생각을 발표함. 이러한 활동으로 로봇과 인공지능 분야에 관한 진로 관심을 더욱 키워나감.

탐구주제 확장 및 심화

블록 로봇을 활용한 교실 공기 오염 측정 및 공기 오염 지도 제작
동아리 시간에 블록으로 조립하는 로봇을 제작하여 교실의 공기 중의 미세먼지 농도를 측정하고, 데이터를 수집해 공기 오염 지도를 제작해 보자.

로봇과 인간의 일자리 대체 현황 조사하여 인포그래픽으로 나타내기
정부, 기업, 연구기관 등이 발표한 로봇과 일자리 관련 보고서를 조사하여 로봇이 일자리에 미치는 영향을 인포그래픽으로 나타내 보자.

관련 논문　인공지능·로봇에 의한 인간 노동의 대체와 로봇세 (이기완, 2023)

이 논문은 최근 인공지능과 로봇의 발전으로 인해 인간의 노동이 대체되고 일자리가 감소함에 따라 소득 불평등이 심화될 우려가 제기되고 있는 가운데, 이를 해결할 방안으로 로봇세 도입 논쟁에 관한 연구이다. 로봇세 도입에 대해 다양한 관점에서 생각해 볼 수 있는 내용이다.

관련 도서　《틀을 깨는 사고력》, 양첸룽, 미디어숲
　　　　　《맥스 테그마크의 라이프 3.0》, 맥스 테그마크, 동아시아

관련 학과　심리학과, 사회학과, 교육학과, 경영학과, 경제학과, 법학과, 컴퓨터공학과, 빅데이터학과, 인공지능학과, 문화콘텐츠학과, 사이버보안학과, 영상학과, 디자인학과, 미술학과, 음악학과

관련 교과　2022 개정 교육과정 : 미적분I, 미적분II, 주제탐구 독서, 문학과 영상, 윤리문제 탐구, 법과 사회
　　　　　2015 개정 교육과정 : 수학I, 수학II, 물리학, 고전과 윤리, 사회문제 탐구, 융합과학, 생활과 윤리

로봇으로 철학하기

김숙 | 프리뷰 | 2021

로봇과 인간의 관계에 던지는
근원적인 질문

로봇 시대, 축복인가?

로봇으로
철학하기

이 책은 첨단 과학기술의 산물인 로봇과 인간의 관계에 대한 인문학적 성찰을 담고 있다. 로봇의 발명과 발전이 인간 사회에 미치는 영향에 대해 깊이 있게 생각해 볼 수 있는 기회를 제공한다. 로봇의 역사, 로봇과 인간의 관계, 로봇의 개념적 위상 변화, 로봇과 인간의 경계 허물기 등 다양한 주제를 다루고 있다. 로봇을 단순히 기술적 대상으로만 보는 것이 아니라, 인간의 삶과 밀접하게 연결된 존재로 바라볼 수 있도록 안내하는 내용이다.

탐구 주제

주제1 과거에는 로봇이 인간의 도구로 여겨졌다면, 오늘날에는 인간과 함께 일하고, 생활하는 동반자로 인식되고 있다. 로봇이 점점 더 인간과 비슷해지면서, 로봇과 인간의 관계는 더욱 복잡해지고 있다. 미래 사회에서 인간과 로봇이 공존할 방안을 모색하고 보고서로 작성해 보자.

주제2 로봇은 사회복지 분야에서 다양한 활용 가능성을 가지고 있으며, 그 중에서도 노인 돌봄 서비스는 로봇을 활용할 수 있는 대표적인 영역이다. 실내 자율주행 로봇을 활용한 노인들의 이동 보조 서비스의 효과와 문제점, 그리고 미래 전망을 제시해 보자.

주제3 로봇이 예술에 미치는 영향과 새로운 예술의 가능성 토론

주제4 감염병 예방, 재난 의료 등 로봇이 의료 분야에 미칠 영향 조사

학생부 기록 예시 (교과세특)

자료 수집과 분석을 통해 논리적인 주장을 전개할 수 있는 능력을 보여줌. 인간과 로봇이 공존할 방안에 대한 모색과 그 결과를 보고서로 작성함. 로봇과 사회복지 분야에서 실내 자율주행 로봇을 활용한 노인들의 이동 보조 서비스에 관한 탐구 결과 다양한 분야에서 활용될 수 있는 잠재력을 제시함. 로봇의 윤리적 문제에 대한 논문을 읽고, 로봇의 발전에 따라 새로운 윤리적 문제들이 발생할 수 있다는 것을 인식하고 해결할 방안을 제시함.

탐구주제 확장 및 심화

로봇과 인간의 관계에 관한 웹툰 제작하기
'로봇은 인간의 도구인가, 동반자인가'를 토론한 후, 로봇이 인간을 구하는 이야기, 로봇과 인간이 함께 성장하는 이야기 등 로봇과 인간의 관계에 대한 관점을 4컷의 웹툰으로 제작해 보자.

로봇과 인간, 함께 살아가는 미래에 대한 창작 활동
로봇과 인간의 관계에 대한 윤리적 문제, 로봇과 인간의 공존 가능성 등 로봇과 인간의 관계에 관한 생각을 자유롭게 표현하는 시를 작성해 보자.

관련 논문 AI 로봇의 도덕적 책임에 관한 윤리학적 연구(김상득, 2023)

이 논문은 AI 로봇이 사고를 일으키거나 피해를 입힐 경우 누구에게 책임을 물을 것인지에 대한 윤리적 문제를 논의한다. AI 로봇의 발전에 따른 책임 문제를 윤리적으로 이해하고 해결하기 위한 중요한 시사점을 제공함으로써 AI 로봇의 윤리적 책임에 대한 논의의 가치를 제시한다.

관련 도서 《사피엔스》, 유발 하라리, 김영사
《AI 전쟁》, 하정우, 한상기, 한빛비즈

관련 학과 철학과, 심리학과, 사회학과, 문화인류학과, 윤리학과, 행정학과, 경영학과, 정치학과, 컴퓨터공학과, 전자공학과, 기계공학과, 정보통신공학과, 인공지능학과, 디자인학과, 미술학과, 무용학과, 음악학과, 연극영화학과

관련 교과 2022 개정 교육과정: 미적분I, 미적분II, 인문학과 윤리, 문학과 영상, 윤리문제 탐구, 인간과 철학
2015 개정 교육과정: 수학I, 수학II, 물리학, 고전과 윤리, 사회·문화, 융합과학, 생활과 윤리

로봇은 교사를 대체할 것인가?

닐 셀윈 | 에듀니티 | 2022

이 책은 인공지능과 자동화 기술이 교육에 미치는 영향을 다룬다. 인공지능과 자동화 기술의 발전으로 인해 직업 변화와 위협이 가속화되고 있는데, 교사 직업의 미래에 대해서도 로봇이 완전히 대체할 수 있는지에 대한 의문이 제기되고 있다. 저자는 로봇이 교사를 완전히 대체할 수는 없지만, 교사의 업무 중 일부를 자동화할 수 있다고 주장한다. 교사는 단순히 지식을 전달하는 사람이 아니라, 학생들의 성장을 돕는 사람이라는 것이다.

탐구 주제

주제1 로봇은 학생들의 개별화된 학습 요구를 충족시킬 수 있지만, 모든 학생들의 수준에 맞는 교육을 제공하기 어렵다. 이로 인해 인공지능과 자동화 기술이 교육 양극화를 심화시킬 수 있다는 우려가 제기되고 있다. 교육 양극화를 심화시킬 수 있는 요인을 찾아 글로 작성해 보자.

주제2 인공지능과 자동화 기술은 교육의 노동 시장에 영향을 미칠 것으로 예상된다. 교사 직업의 수요 감소, 새로운 직업의 창출, 교사의 역할 변화 등이 그 대표적인 영향이다. 인공지능과 자동화 기술이 교육의 노동 시장에 어떤 영향을 미칠 것인지 토의해 보자.

주제3 인공지능과 자동화 기술 발전이 교육의 가치를 변화시킬지 토론

주제4 로봇이 교사의 업무를 대체할 경우, 교육의 질에 미칠 영향 토론

학생부 기록 예시 (교과세특)

인공지능과 자동화 기술이 교육에 미치는 영향을 탐구한 결과, 로봇은 개별화된 학습 요구를 충족시킬 수 있지만, 모든 학생의 수준에 맞는 교육 제공은 어려움을 지적함. 또한 장애 학생을 위한 로봇 교육의 효과와 인공지능이 교사의 역할을 대체할 수 없는 측면 등을 논의함. 인공지능과 자동화 기술로 자동된 평가와 피드백 아이디어를 제시함. 이는 개별 학생들의 강점과 약점 파악에 도움이 되며, 지속적인 성장과 발전을 돕는 교육의 방향성을 제시함.

탐구주제 확장 및 심화

로봇을 활용한 교육의 미래 열기 프로젝트
다양한 DIY 로봇 제작 키트를 활용하여 대기오염, 수질오염 등 관심 분야의 실험을 수행하고, 데이터를 수집하여 결과를 도출하는 DIY 로봇을 설계하고 제작해 보자.

로봇 쌤이 되면 어떤 수업을 할까? 상상해 보기
로봇이 교육에 미치는 영향과 발생 가능한 문제점 등을 조사하고, 만약 나라면 로봇을 교육에 어떻게 활용할지 상상해 보자.

관련 논문   장애 학생을 위한 스캐폴딩 기반 휴머노이드 로봇 교육 프로그램의 개발 및 적용 (고윤미 외, 2023)

이 논문은 장애 학생을 위한 휴머노이드 로봇 교육 프로그램을 개발하고 적용하여 교육 효과를 분석했다. 장애 학생을 위한 로봇 교육의 실증적 사례로 장애 학생을 위한 로봇 교육이 디지털 리터러시 향상에 기여할 뿐만 아니라 정서적 발달에도 도움이 될 수 있음을 알 수 있다.

관련 도서   《하이테크 교실수업》, 정대홍 외, 다빈치books
《예고된 변화 챗GPT 학교》, 송은정, 테크빌교육

| 관련 학과 | 교육학과, 심리학과, 철학과, 사회학과, 경제학과, 문화인류학과, 윤리학과, 행정학과, 문화콘텐츠학과, 미술교육과, 음악교육과, 체육교육과, 컴퓨터공학과, 정보통신공학과, 빅데이터학과, 인공지능학과 |

| 관련 교과 | 2022 개정 교육과정: 독서 토론과 글쓰기, 인공지능 수학, 교육의 이해, 윤리문제 탐구, 인간과 철학
2015 개정 교육과정: 고전과 윤리, 사회·문화, 융합과학, 생활과 윤리, 논리학, 심리학, 교육학 |

로봇은 인간을 지배할 수 있을까?

이종호 | 북카라반 | 2023

인공지능이 만드는 인간의 미래

로봇은 인간을 지배할 수 있을까?
Artificial Intelligence and Robot

인공지능과 로봇의 발전이 가속화되면서, 인간을 지배할 수 있을 것이라는 우려가 커지고 있다. 이 책은 이러한 우려에 대한 답을 제시하는 책이다. 인공지능과 로봇의 발전 과정을 살펴보고, 그 한계와 가능성을 분석한다. 또한, 인공지능과 로봇이 인간의 직업을 얼마나 빼앗을지, 인류에게 어떠한 위협을 가지고 있는지 등 다양한 질문에 명확하게 답을 제시한다. 이 책을 통해 우리는 미래 사회에 대한 시각을 넓힐 수 있을 것이다.

탐구 주제

주제1 인공지능과 로봇의 발전은 많은 직업을 자동화할 것으로 예상된다. 이에 따라 일자리 감소와 실업률 증가 등 사회적 문제가 발생할 수 있다. 인공지능과 로봇의 발전이 일자리에 미치는 영향을 조사하고, 이를 해결하기 위한 방안을 모색하고 이를 바탕으로 보고서를 작성해 보자.

주제2 인공지능과 로봇의 발전은 새로운 기술과 정보에 접근 기회가 제한된 사람들에게 일자리 상실과 실업률 증가로 인한 사회 양극화가 심화될 우려가 있다. 따라서 인공지능과 로봇의 발전으로 인해 새로운 기술과 정보에 접근 기회가 제한된 사람들을 위한 다양한 방안을 모색해 보자.

주제3 인공지능과 로봇의 발전이 윤리적 문제에 미치는 영향 토론

주제4 인공지능과 로봇이 국제 관계에 미치는 영향 조사

학생부 기록 예시 (교과세특)

인공지능과 로봇의 발전에 대한 이해를 바탕으로, 다양한 주제에 대한 탐구 활동을 수행하고, 미래 사회에 대한 비전을 제시함. 자료 조사, 분석, 발표 등 탐구 과정을 체계적으로 수행하고 그 결과를 보고서로 작성함. 추가로 인공지능과 로봇의 윤리적 문제에 관한 토론을 진행함. 윤리적 가이드라인과 정책 개발에 참여하여 인공지능과 로봇의 발전이 사회적으로 지속 가능하고 유익하게 이루어지도록 기여하고 싶다는 자신의 진로를 구체적으로 설정함.

탐구주제 확장 및 심화

로봇과 인간, 그리고 우리, 함께 살아가요! 캠페인 계획
로봇과 인간의 공존에 대한 필요성을 인식하고, 공존이 필요한 이유와 공존의 실천 방안을 담은 포스터 또는 영상을 제작하여 학교 내외에서 홍보해 보자.

로봇과 일자리에 대한 토론회 개최
학생, 교사, 전문가 등이 참여하여, '로봇과 일자리'에 대한 다양한 관점을 이해하기 위한 토론회를 개최하고, 로봇과 일자리에 대한 다양한 의견을 교환해 보자.

관련 논문 인간노동의 구조변화와 사회법제의 대응(서윤호, 2023)

인공지능과 로봇의 발전으로 인간의 노동이 자동화되고 일자리가 감소하고 있다는 사실은 우리 사회에서 심각한 문제로 대두되고 있다. 이러한 문제에 대응하기 위해 기본소득과 로봇세 도입을 비롯한 다양한 정책적 대안이 논의되고 있다는 내용이다.

관련 도서 《4차 산업혁명과 미래 직업》, 이종호, 북카라반
《노동의 종말》, 제러미 리프킨, 더퀘스트

관련 학과 기계공학과, 경제학과, 경영학과, 로봇공학과, 멀티미디어학과, 법학과, 사회학과, 심리학과, 소프트웨어공학과, 인공지능학과 , 전기전자공학과, 정보통신공학과, 컴퓨터공학과, 철학과

관련 교과 2022 개정 교육과정: 대수, 미적분I, 확률과 통계, 도시의 미래 탐구, 로봇과 공학세계, 인공지능 기초
2015 개정 교육과정: 수학I, 수학II, 미적분, 확률과 통계, 정치와 법, 사회·문화, 생활과 윤리,

컴퓨터공학

소프트웨어공학

기계공학

로봇공학

전기전자공학

화학공학

로봇을 이기면 행복 지면 불행

일월 | 정환 | 2023

이 책은 로봇과 경쟁하며 살아가야 하는 사람들이 로봇을 이기고 행복하게 살기 위한 방법을 제시한다. 로봇이 인간의 육체적 능력을 뛰어넘을 수 있지만, 인간만이 가진 지혜와 창의력은 로봇이 대체할 수 없다고 말한다. 따라서 로봇 세상에서 행복하게 살기 위해서는 지혜를 키우고, 자기 삶을 주도적으로 살아가는 것이 중요하다. 삶의 본질을 탐구하며 로봇 세상에서 살아남기 위해 우리는 무엇을 준비해야 하는지 질문을 던진다.

탐구 주제

주제1 로봇 세상에서 인간의 역할에 대한 이해를 높이고, 미래 사회에 대비하는 것이 매우 중요하다. 로봇이 인간의 일자리를 대체하는 다양한 사례를 조사하고 분석하고, 미래 사회에 대비하기 위한 사회 안전망 강화, 새로운 일자리 창출 등 구체적인 방안을 보고서로 작성하고 발표해 보자.

주제2 로봇이 인간의 일자리를 대체하고, AI가 인간의 지능을 넘어서고 있는 시대이다. 로봇 기술의 발전이 사회복지 문제에 미치는 영향을 분석하여, 기존의 사회복지 문제들이 더욱 심화될 가능성을 제기하고, 이를 해결하기 위한 사회복지 정책의 개선 방안을 모색해 보자.

주제3 로봇 세상에서 인간이 더 나은 삶을 살기 위한 창의적 방법 토론

주제4 로봇이 인간의 일자리를 대체할 수 없는 이유 찾기 토론

학생부 기록 예시 (교과세특)

탐구 활동을 통해 로봇 기술의 발전과 사회에 미치는 영향을 이해하고, 로봇과 인간의 공존에 대한 비전을 제시함. 로봇 기술의 발전에 따른 다양한 사회·경제적 변화를 탐구하고 해결 방안을 모색함. 특히 로봇을 통해 인간의 창의성과 상상력을 자극하는 방법들로 로봇을 활용한 새로운 교육 방법, 우주 탐사 로봇 등 방법들을 다양하게 제시하고 본인의 생각을 정리하고 발전시킴. 탐구목적, 방법, 결과 등을 체계적으로 정리하여 보고서를 제출함.

탐구주제 확장 및 심화

자신의 감정을 표현하는 롤플레잉 게임하기
로봇과 어떻게 소통하고 상호작용해야 할지 고민하며, 로봇은 인간의 감정을 이해하고, 인간은 자신의 감정을 표현하는 롤플레잉 게임을 만들어 활동해 보자.

로봇과 인간의 관계를 분석하는 퀴즈와 게임
로봇과 인간이 공존하는 모습을 그린 SF, 로맨스, 코미디 등 다양한 장르의 영화를 감상 후 영화 속 로봇과 인간의 관계를 분석하는 퀴즈나 게임을 진행해 보자.

관련 논문 반려동물과 반려인을 위한 소셜로봇 서비스디자인 제안(이동현 외, 2022)

 최근 핵가족화와 1인 가구 증가로 반려동물과 반려인의 행복한 일상을 실현하기 위한 소셜로봇 서비스디자인이 제안되었다. 인간과 상호 작용하도록 설계된 소셜로봇은 반려동물과 반려인이 함께 행복한 일상을 보낼 수 있는 새로운 가능성을 제시했다는 점에서 의의가 있다.

관련 도서 《나를 이기는 습관》, 전혜림, 다연
《질문 있는 사람》, 이승희, 북스톤

관련 학과 경제학과, 국제관계학과, 데이터과학과, 로봇공학과, 문화인류학과, 사회복지학과, 사회학과, 심리학과
영화예술학과, 인공지능학과, 역사학과, 정치학과, 종교학과, 철학과, 커뮤니케이션학과, 컴퓨터공학과

관련 교과 2022 개정 교육과정: 주제 탐구 독서, 대수, 미적분I, 확률과 통계, 세계 문화와 영어, 인문학과 윤리
2015 개정 교육과정: 언어와 매체, 문학, 수학I, 수학II, 사회문제 탐구, 고전과 윤리, 심리학

로봇의 부상

마틴 포드 | 세종서적 | 2016

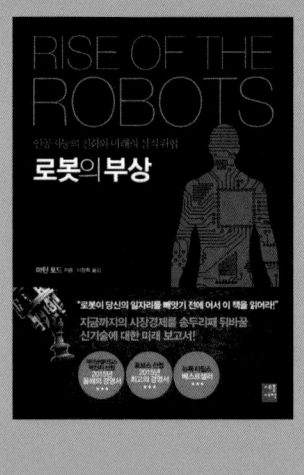

이 책은 로봇의 등장이 사회와 경제에 미칠 영향을 예측하고 대안을 제시한다. 실제로 드론 배송, 무인자동차 등 로봇이 인간을 대체할 수 있는 분야가 일자리와 경제에 미치는 영향을 구체적인 분야별로 분석 제시하였다. 로봇이 인간을 뛰어넘는 수준으로 발전한다면, 생산과 소비를 아우르는 우리의 경제 활동에 큰 변화를 가져올 것이고, 로봇으로 인해 일자리를 잃게 된 사람들을 위한 기본소득 보장제도를 제안하고 있다.

탐구 주제

주제1 이 책은 로봇의 등장이 사회와 경제에 미칠 영향을 예측하고 대안을 제시한 내용이다. 책, 신문, 인터넷 등 다양한 자료를 통해 제조업, 서비스업, 농업 등 다양한 분야에서 로봇의 등장이 우리의 일자리창출과 경제 성장에 미치는 영향을 종합적으로 탐구해 보자.

주제2 로봇의 등장이 일자리와 경제에 미칠 부정적인 영향을 최소화하기 위해서는 다양한 대책이 필요하다. 로봇 등장이 가져올 미래 사회의 변화와 대비 방안을 논의하는 토론을 진행하고, 토론 결과를 종합적으로 분석하여 미래 사회에 대한 통찰력을 키울 수 있는 보고서를 작성해 보자.

주제3 로봇의 등장이 교육과 훈련에 미치는 영향에 관한 토론

주제4 로봇의 등장에 대비한 진로 선택과 준비에 관한 토론

학생부 기록 예시 (교과세특)

로봇의 등장이 사회와 경제에 미칠 영향에 대한 주제를 탐구함. 국내 자동차 제조업에서는 약 10만 개 일자리 감소, 서비스 업무에서 고객 응대, 배송, 청소 분야, 농업 분야에서 로봇이 농작물 수확, 방제 등 다양한 업무에 활용되고 있음을 파악함. 인공지능의 발전으로 인한 일자리 감소와 경제적 영향을 분석하기 위한 보고서를 작성하고, 보고서의 결과를 통해 인공지능의 발전으로 인한 일자리 감소와 경제적 영향의 정도를 보다 명확하게 제시함.

탐구주제 확장 및 심화

로봇의 등장이 일자리와 경제에 미치는 영향 시각화하기
로봇이 대체할 수 있는 일자리의 종류, 일자리의 감소, 로봇의 등장으로 인해 발생할 수 있는 경제적 변화 등을 그래프, 도표, 인포그래픽 등으로 나타내 보자.

로봇과 인간의 공존을 위한 게임 스토리보드 제작하기
로봇의 등장은 인간과 로봇의 공존이 요구된다. 로봇과 인간이 서로 협력하여 어떤 목표를 달성할 수 있을지에 관한 게임 스토리보드를 제작해 보자.

관련 논문   로봇과 인공지능 시대의 시민윤리와도덕교육적 함의(송선영, 2017)

인공지능 로봇이 인간의 일상과 사회에 점점 더 많이 활용되면서, 로봇과 인간의 관계에 대한 윤리적 논의가 필요하다. 이 논문은 로봇을 윤리적으로 개발하고 사용하기 위해서는 어떤 기준이 필요한지, 로봇의 윤리적 책임, 로봇과 인간의 관계 등 다양한 문제들이 제기하고 있다.

관련 도서   《4차 산업혁명 이미 와 있는 미래》, 롤랜드버거, 다산 3.0
《십 대가 알아야 할 인공지능과 4차 산업혁명의 미래》, 전승민, 팜파스

관련 학과   경영학과, 경제학과, 기계공학과, 데이터사이언스과, 디자인학과, 법학과, 사회학과, 심리학과, 역사학과, 음악학과, 재료공학과, 전자공학과, 정보통신공학과, 컴퓨터과학과

관련 교과   2022 개정 교육과정: 기하, 미적분II, 경제 수학, 인공지능 수학, 사회문제 탐구, 금융과 경제생활, 윤리문제 탐구
2015 개정 교육과정: 수학I, 수학II, 사회문제 탐구, 정치와 법, 사회·문화, 생활과 윤리, 융합과학

로봇의 자리

전치형 | 이음 | 2021

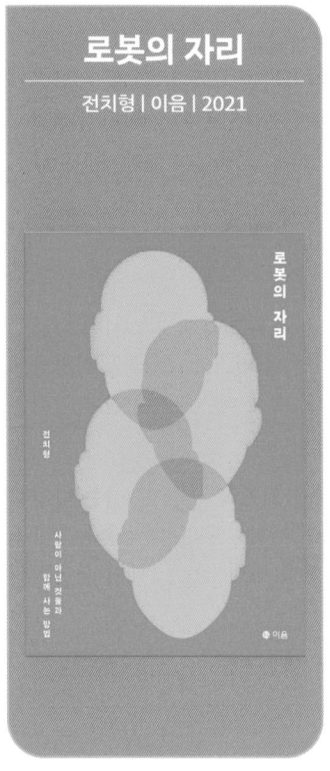

인공지능, 자율주행차, 로봇 등 미래 테크놀로지는 우리의 삶을 더욱 편리하고 풍요롭게 만들 것으로 기대된다. 하지만 그만큼 인간의 삶에 미칠 부정적 영향에 대한 우려도 커지고 있다. 이 책은 미래 테크놀로지의 윤리적 함의를 깊이 있게 다루고 있다. 인공지능의 편향성, 로봇의 노동력 대체 등 다양한 이슈를 통해 미래 사회에서 직면하게 될 다양한 기술적 문제를 미리 고민하고, 올바른 가치관을 형성하는 데 도움이 되는 내용이다.

탐구 주제

주제1 인공지능은 데이터센터, 클라우드 컴퓨팅, 자율주행차 등 다양한 분야에서 사용되고 있으며, 전력 소비, 탄소 배출 등 환경에 부정적인 영향을 미칠 수 있다. 인공지능의 개발과 활용 과정에서 발생하는 환경적 영향을 최소화하기 위한 방안을 모색하고 보고서로 작성해 보자.

주제2 인공지능은 다양한 분야에서 활용되고 있으며, 의료 분야에서도 진단 및 치료를 보조하는 데 활용되고 있다. 데이터에 편향성이 있다면 의사결정에도 편향성이 나타날 수 있다. 인공지능의 편향성이 의료 진단에 미칠 수 있는 부정적인 영향을 탐구하고 보고서로 작성해 보자.

주제3 인공지능과 로봇은 인간의 도덕적 판단을 내릴 수 있는지 토론

주제4 인공지능과 로봇으로부터 인간을 보호하기 위한 방법 모색

학생부 기록 예시 (교과세특)

인공지능의 환경적 영향과 편향성 문제에 대한 이해를 바탕으로 관련 논문 및 자료 조사를 하고 핵심 정보를 파악함. 인공지능 기술의 윤리적 사용에 대한 인식을 바탕으로 공정한 사회를 만드는 데 기여하고자 하는 의지를 가짐. 탐구 과정과 결과를 보고서로 작성하여, 학우들과 공유하고 피드백을 받음. 탐구 과정을 통해 얻은 지식을 바탕으로 인공지능 시스템의 에너지 사용량을 줄이기 위한 지속 가능한 하드웨어 개발 분야의 심화된 연구를 지속적으로 하고자 함.

탐구주제 확장 및 심화

인공지능 윤리 퀴즈 도전하기
'인공지능의 도덕적 판단과 인간의 도덕적 판단 간에 어떤 차이가 있을까요?'와 같은 문항들로 구성된 인공지능 윤리에 대한 퀴즈를 만들어, 인공지능 윤리에 관해 깊게 이해해 보자.

인공지능 윤리 공모전 기획 진행하기
인공지능 윤리에 관한 관심을 높이고, 웹툰, 카드뉴스, 영상 제작 등 자신의 생각을 표현할 수 있는 방법으로 공모전을 기획하고 진행해 보자.

관련 논문 데이터 윤리에서 인공지능 편향성 문제에 대한 연구(변순용, 2020)

이 논문은 인공지능의 편향성 문제를 해결하기 위한 방안을 제시한다. 데이터 객관성과 공정성의 상충 가능성을 지적하며, 빅데이터의 수집과 활용 과정에서 모집단 편향성, 데이터 편향성, 데이터 객관성, 데이터 공정성의 의미를 규정할 필요가 있음을 강조한다.

관련 도서 《아더랜드》, 토머스 할리데이, 쌤앤파커스
《수학의 쓸모》, 닉 폴슨, 제임스 스콧 벨, 더퀘스트

관련 학과 기계공학과, 로봇공학과, 빅데이터학과, 사회학과, 심리학과, 인공지능학과, 에너지공학과, 언어학과, 역사학과, 전기공학과, 정보통신공학과, 정치학과, 철학과, 항공우주공학과, 행정학과, 컴퓨터공학과

관련 교과 2022 개정 교육과정: 대수, 미적분I, 인공지능 수학, 현대사회와 윤리, 기후변화와 지속가능한 세계
2015 개정 교육과정: 수학I, 수학II, 인공지능 수학, 정치와 법, 생활과 윤리, 공학 일반

로켓의 과학적 원리와 구조

데이비드 베이커 | 하이픈 | 2021

로봇의 움직임은 로켓의 원리에 기반을 두고 있기 때문에, 로켓의 과학적 원리와 구조를 이해하는 것은 로봇공학을 이해하는 데 중요한 기초가 된다. 이 책은 로켓의 기본적인 기술적 원리와 구조를 자세히 설명하는데 더불어, 1942년 이후 초기 로켓들의 개발과 발전의 역사도 소개한다. 이를 통해 로켓이 어떻게 작동하는지, 어떻게 발전해왔는지, 그리고 로봇의 움직임과 제어에 어떤 영향을 미치는지에 대한 이해를 얻을 수 있다.

탐구 주제

주제1　로봇의 움직임을 향상시키기 위한 방법 중 하나는 로봇의 추력과 추진 효율을 높이는 것이다. 로켓의 추력은 로봇이 움직이는 원동력이다. 추력이 높을수록 로봇은 더 빠르고 강력하게 움직일 수 있다. 로봇의 움직임을 향상시키는 로켓의 추력과 추진 효율을 높이는 방법을 탐구해 보자

주제2　로켓의 추력과 추진 효율을 높이는 방법 중 하나는 로켓의 구조를 개선하는 것이다. 로켓의 구조는 로켓의 추력을 전달하고, 로켓의 무게 중심을 잘 배치하여 공기역학적으로 안정되도록 하는 역할을 한다. 로켓의 구조와 기능에 영향을 미치는 요인을 탐구하고 보고서로 작성해 보자.

주제3　로켓 기술의 발전이 로봇공학에 미치는 영향 탐구

주제4　로켓을 이용한 새로운 로봇 기술은 무엇이 있을까에 대한 토론

학생부 기록 예시 (교과세특)

로봇의 움직임을 향상시키기 위한 방법으로 로켓의 추력과 추진 효율을 높이는 방법을 탐구함. 연료의 종류와 혼합 비율, 연소 방식 등을 조사하고, 로켓의 구조에 영향을 미치는 요인을 보고서로 작성함. 이어서 로켓 기술의 발전이 로봇공학에 미치는 영향을 탐구하여 로봇의 이동 속도와 거리를 향상시키고, 로봇의 활용 범위를 확대하는데 로켓기술이 기여할 수 있음을 확인함. 로켓을 이용한 새로운 로봇기술에 대한 토론을 통해 로봇공학의 미래 발전 방향을 제시함.

탐구주제 확장 및 심화

로켓의 구조를 개선하기 위한 설계 프로젝트 해 보기
종이, 플라스틱, 목재 등 다양한 재료로 제작된 로켓 모델의 구조를 분석하고, 향상된 비행 성능을 위해 개선할 수 있는 부분을 파악하여 로켓의 설계도를 그려보자.

우주 쓰레기 줄이기 캠페인 실행하기
우주 쓰레기의 발생 원인과 문제점, 해결책을 조사하고, 이를 바탕으로 우주 쓰레기의 심각성을 알리는 홍보 자료를 제작하고 캠페인을 기획하고 실행해 보자.

관련 논문　한국형발사체 액체로켓 연료의 수분관리에 따른 엔진 연료입구필터 차압의 변화(황창환 외, 2020)

이 논문은 로켓 엔진 개발의 어려움을 이해할 좋은 기회다. 로켓 엔진은 연료와 산화제를 혼합하여 연소시켜서 추진력을 얻는 장치이다. 연료의 수분 함유량을 정확하게 측정하고, 수분을 효과적으로 제거하기 위한 방법을 개발하여 엔진 성능을 개선해야 함을 시사하고 있다.

관련 도서　《떨림과 울림》, 김상욱, 동아시아
　　　　　《모든 순간의 물리학》, 카를로 로벨리, 쌤앤파커스

관련 학과	국제관계학, 기계공학, 기술경영학과, 경제학, 데이터사이언스학과, 로봇공학, 법학, 소프트웨어공학, 인공지능학과, 전기공학, 정보통신공학, 재료공학, 컴퓨터공학, 항공우주공학, 창의융합학과
관련 교과	2022 개정 교육과정: 대수, 미적분I, 기하, 미적분II,물리학, 역학과 에너지, 물질과 에너지, 전자기와 양자 2015 개정 교육과정: 수학I, 수학II, 미적분, 확률과 통계, 인공지능 수학, 물리학, 물리학II, 융합과학

리얼 로봇공학자
박지은 | 가나출판사 | 2018

이 책은 세계적인 로봇공학자 한재권 교수의 로봇공학자로서의 삶을 생생하게 보여준다. 어린 시절부터 로봇을 만들고 싶은 꿈을 키워왔고, 기계공학을 전공한 후 미국으로 유학을 떠났다. 로봇컵 대회에서 우승하고, 다르파 로보틱스 챌린지에 도전하고, 로봇 개발을 위한 연구에 몰두하는 한 교수의 모습은 학생들에게 큰 동기부여가 될 것이다. 로봇공학자가 되기 위한 길은 쉽지 않으며, 끊임없는 노력과 도전이 필요하다는 것을 알려준다.

탐구 주제

주제1 4차 산업혁명 시대, 로봇공학은 미래 사회를 이끌 것이다. 로봇은 다양한 산업과 분야에서 활용될 것으로 예상되며, 로봇공학자의 수요도 증가할 것으로 전망된다. 로봇공학의 발전 동향을 조사하여 로봇공학이 미래 사회에서 어떤 역할을 할지 예측하고 자신의 생각을 공유해 보자.

주제2 로봇공학은 미래 사회에 큰 영향을 미칠 것으로 예상된다. 로봇공학자는 로봇을 설계하고 제작하는 역할을 담당하기 때문에, 로봇공학자의 역할과 책임에 대한 이해는 매우 중요하다. 로봇공학자의 역할과 책임에 대한 자신의 생각을 보고서 형식으로 정리하여 발표해 보자.

주제3 로봇공학을 활용한 환경 문제 해결 방안 모색

주제4 로봇공학을 활용한 지속가능한 발전 사례 분석과 평가

학생부 기록 예시 (교과세특)

로봇공학에 대한 높은 관심을 바탕으로 로봇공학 분야에 관해 심화 탐구를 함. 로봇공학 관련 전시회나 박람회를 방문하고, 로봇공학 동아리 활동 등 다양한 방법으로 로봇공학 지식과 경험을 쌓음. 특히 로봇공학과 지속 가능한 환경 보호에 관한 웹사이트나 온라인 강의를 수강하며, 로봇을 활용해 환경오염을 줄이거나 환경을 개선할 수 있는 분야에 관심을 가짐. 이러한 관심을 바탕으로 관련 학과에 진학하여 더 깊이 있는 학습을 하고 싶다는 목표를 가짐.

탐구주제 확장 및 심화

내가 흥미를 느끼는 로봇공학 분야 찾기
로봇공학은 첨단 기술 분야에서 다양하게 활용되고 있어, 미래 유망분야로 주목받고 있다. 로봇공학 분야에서 나만의 흥미 있는 분야를 파악하여 그 결과를 포트폴리오로 작성해 보자.

로봇공학을 위한 진로 및 진학 설계하기
로봇공학에 대한 흥미와 진로 결정에 도움을 주는 로봇공학 진로 설계를 통해, 로봇공학자로 나아가기 위한 진로와 진학 계획을 자세히 이해하고, 나만의 진로를 설계해 보자.

관련 논문 인공지능, 도덕적 기계, 좋은 사람(맹주만, 2020)

인간의 도덕적 자율성은 행위의 동기와 의도, 목적을 스스로 생성하고 산출할 수 있는 능력이다. 반면에 인공지능의 자율성은 프로그램에 의해 제한된 범위 내에서 행위를 수행할 수 있는 능력에 불과하다. 이 논문은 인공지능의 윤리적 문제를 이해하는 데 도움이 될 수 있다.

관련 도서 《로봇공학자 마스터플랜》, theD마스터플랜연구소, 더디퍼런스
《공학을 생각한다》, 헨리 페트로스키, 반니

관련 학과	국제학과, 기계공학과, 경제학과, 디자인학과, 데이터사이언스학과, 로봇공학과, 문예창작학과, 법학과, 사회학과, 시각디자인학과, 소프트웨어공학과 인공지능학과, 에너지공학과, 컴퓨터공학과
관련 교과	2022 개정 교육과정: 대수, 미적분I, 확률과 통계, 기하, 미적분II, 사회문제 탐구, 기후변화와 환경생태 2015 개정 교육과정: 수학I, 수학II, 미적분, 확률과 통계, 사회·문화, 생활과 윤리, 물리학I, 물리학II

메타 도구의 시대

최윤식 | 넥서스BIZ | 2021

메타 도구란 기존 도구의 한계를 넘어 새로운 가능성을 열어주는 도구를 말한다. 대표적인 메타 도구로는 인공지능, 나노 기술, 유전자 기술 등이 있다. 이 책은 메타 도구가 미래 사회에 미칠 영향에 대해 분석하고 있다. 인공지능이 일자리와 사회 구조를 어떻게 변화시킬지, 나노 기술이 의료와 환경에 어떻게 활용될지, 유전자 기술이 인간의 삶을 어떻게 변화시킬지 등 다양한 주제를 다루고 있다.

탐구 주제

주제1 한국은 인공지능, 나노 기술, 유전자 기술 등 분야에서 세계적인 기술력을 보유하고 있다. 한국 기업의 인공지능 분야 메타 도구 활용 사례 중, 자율주행, 로봇, 서비스 로봇 등 분야를 중심으로 조사하고, 이를 통해 메타 도구 분야의 최신 기술 동향을 파악해 보자.

주제2 디지털 기술은 우리의 삶을 더욱 편리하고 풍요롭게 만들고 있다. 그러나 디지털 기술의 발전은 사회적 갈등과 문화적 혼란을 야기하기도 한다. 디지털 기술이 사회 갈등과 문화적 혼란을 야기할 수 있는 다양한 위험 요소와 이를 예방하기 위한 방안을 을 모색해 보자.

주제3 메타 도구의 시대, 새로운 시장은 어떻게 형성되는지 탐구

주제4 강한 인공지능의 등장이 인류에게 미칠 영향 토론

학생부 기록 예시 (교과세특)

한국 기업의 인공지능 분야 메타 도구 활용 사례를 탐구하고 디지털 기술의 발전이 가져올 미래 모습을 예측함. 그 과정에서 발생할 수 있는 사회적 갈등과 문화적 혼란을 분석함. 자율주행 기술의 발전은 교통사고 감소, 운전 편의성 향상 등의 긍정적인 효과와 사고 책임 소재 문제, 운전직 일자리 감소 등의 사회적 갈등을 야기할 가능성을 제시함. 디지털 기술에 대한 교육과 홍보를 강화하여, 사회적 갈등과 문화적 혼란 방지를 위한 방안을 모색하고 보고서를 작성함.

탐구주제 확장 및 심화

인공지능 활용 학교 에너지 절약 프로젝트하기
오픈 소스 하드웨어 플랫폼을 활용하여 학교의 에너지 사용량을 측정하고 분석하는 도구를 제작하고 실행하여, 학교의 에너지 절약 방안을 모색해 보자.

미래 사회에 대비하기 위한 실천 방안 찾기
급변하는 기술과 사회 변화로 미래 사회는 현재와는 매우 다른 모습일 것으로 예상된다. 이에 따라 미래 사회에 대비하기 위한 자신만의 역량을 개발할 수 있는 실천 방안을 모색해 보자.

관련 논문 AI가 적용될 메타버스 시대를 위한 확장된 공감의 역할(이현정, 2021)

이 연구는 AI가 메타버스에 적용된 환경에서는 인간-인간 관계와 AI-인간 관계가 서로 영향을 미칠 것으로 예측되었다. 이러한 변화에 대응하기 위해 디지털 시대, 인간의 가치가 존중된 미래사회를 만들기 위한 새로운 개념인 '디지털 휴먼 공감'을 제안한다.

관련 도서 《인공지능은 게임을 어떻게 움직이는가?》, 미야케 요이치로, 이지스퍼블리싱
《나노 기술, 축복인가 재앙인가?》, 루이 로랑, 민음인

관련 학과 국어국문학과, 기계공학과, 경제학과, 공연예술학과, 문예창작학과, 법학과, 소프트웨어공학과, 사회학과, 산업공학과, 심리학과, 역사학과, 정보통신공학과, 재료공학과, 철학과, 화학공학과

관련 교과 2022 개정 교육과정: 대수, 미적분I, 확률과 통계, 기하, 미적분II, 인공지능 수학, 현대사회와 윤리, 물리학
2015 개정 교육과정: 수학I, 수학II, 미적분, 확률과 통계, 인공지능 수학, 사회·문화, 생활과 윤리

법정에 출석한 인공지능

양희철 | 스리체어스 | 2018

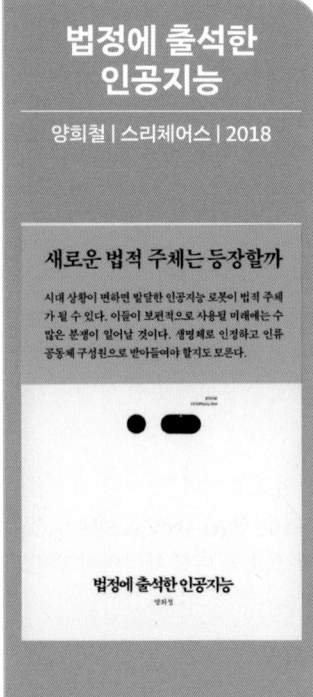

새로운 법적 주체는 등장할까

시대 상황이 변하면 발달한 인공지능 로봇이 법적 주체가 될 수 있다. 이들이 보편적으로 사용될 미래에는 수많은 분쟁이 일어날 것이다. 생명체로 인정하고 인류 공동체 구성원으로 받아들여야 할지도 모른다.

이 책은 인공지능과 인간의 공존에 대해 생각해 보도록 한다. 인공지능 로봇에게 법인격을 부여하는 것이 시기상조라는 의견도 있지만, 현실적 필요성이나 정책적 고려에 따라 법적 책임을 지는 주체는 달라질 수 있다고 주장한다. 인공지능 로봇은 앞으로 인간의 삶에 다양한 형태로 관여할 것이며, 인류 공동체에서 담당하는 역할도 변화할 것이기 때문이다. 인공지능과 인간의 공존에 대한 다양한 관점을 제시한다.

탐구 주제

주제1 인공지능 로봇은 알고리즘에 내재된 편향성이 인공지능 로봇의 판단과 행동에 반영될 수 있다. 이러한 편향성은 차별, 불평등과 같은 윤리적 문제와 사회갈등을 야기할 수 있다. 인공지능 로봇의 편향성이 발생하는 구체적인 원인을 분석하고 해결하기 위한 구체적인 대안을 제시해 보자.

주제2 인공지능 로봇의 소유권은 인공지능 로봇과 인간의 관계를 규정하는 중요한 문제이다. 인공지능 로봇이 점차 복잡하고 고도화되면서, 인공지능 로봇의 소유권에 대한 논의가 활발히 이루어지고 있다. 인공지능 로봇의 소유권에 대한 개념과 유형을 탐구하고 보고서로 작성해 보자.

주제3 인공지능 로봇의 전쟁 사용 찬반 토론

주제4 인공지능 로봇이 가져올 미래에 대한 전망과 가능성 논의

학생부 기록 예시 (교과세특)

인공지능 로봇의 편향성을 발생시키는 구체적인 사례를 조사하고, 이를 정리하여 보고서를 작성함. 특히 알고리즘에 내재된 편향성과, 학습 데이터에 내재된 편향성, 운영 환경 등 다양한 요인에 의한 편향성의 사례를 조사하고 차별, 불평등, 사회적 갈등 등의 문제점을 야기할 수 있어 이를 방지하기 위한 노력의 필요성을 발표함. 탐구 과정을 통해 인공지능 로봇의 윤리적 문제를 해결하기 위한 인공지능 기술을 연구하는 분야의 진로 계획을 구체화함.

탐구주제 확장 및 심화

인공지능 로봇과 함께 살아가는 사회를 위한 캠페인하기
인공지능 로봇의 발전으로 인해 발생할 수 있는 윤리적 문제와 사회 갈등을 예방하고, 이를 해결할 방안을 모색하기 위한 캠페인 활동을 실행해 보자.

인공지능 로봇의 윤리적 문제와 사회 갈등에 대한 이해
《헝거게임》,《다이버전트》와 같은 SF 소설에서 등장하는 인공지능 로봇의 윤리적 문제와 사회 갈등을 분석해 발표해 보자.

관련 논문 인공지능 로봇은 법인격을 가질 수 있는가? (송호영, 2021)

인공지능 로봇이 발전하면서, 인공지능 로봇과 관련된 법적 문제들이 중요해지고 있다. 이 논문은 인공지능 로봇의 법적 지위 중 인공지능 로봇의 법인격을 다루고 있다. 인공지능 로봇의 법적 지위에 대해 이해하고, 인공지능 로봇과 관련된 법적 문제를 생각해 볼 수 있을 것이다.

관련 도서 《인간을 진화시키는 AI》, 리드 호프만, 알에이치코리아
《인공지능, 법에게 미래를 묻다》, 정상조, 사회평론

관련 학과 기계공학과, 경제학과, 디자인학과, 로봇공학과, 미술학과, 법학과, 사회학과, 산업공학과, 심리학과, 인공지능학과, 전기공학과, 전자공학과, 정보통신공학과, 컴퓨터공학과, 철학과

관련 교과 2022 개정 교육과정: 대수, 미적분I, 확률과 통계, 기하, 미적분II,법과 사회, 역학과 에너지, 로봇과 공학세계
2015 개정 교육과정: 수학I, 수학II, 미적분, 확률과 통계, 물리학I, 화학I, 정치와 법

봇이야기

닉 모나코, 새뮤얼 울리 |
한울아카데미 | 2023

인공지능, 로봇, 윤리, 미래

이 책은 봇이 우리의 삶에 끼치는 영향이 계속해서 증가하고 있는 현상을 강조하며, 봇을 더 유익하게 활용하는 방안을 제시한다. 우선, 봇의 발전 역사를 개괄하여 1960년대 이후로 이어진 봇의 다양한 활용을 살펴보고, 봇이 사회, 경제, 정치, 문화 등의 다양한 영역에서 어떻게 활동하고 있는지를 다루고 있다. 마지막으로, 봇의 윤리적 과제를 논의하며, 봇의 잠재적 위험을 인식하고 최소화하기 위한 노력의 중요성을 강조한다.

탐구 주제

주제1 봇이 어떻게 탄생하고 발전해 왔는지, 그리고 봇 기술이 어떻게 변화해 왔는지 조사하면 봇을 이해할 수 있다. 이를 통해 봇의 현재와 미래를 예측하고, 봇을 보다 효율적인 활용 방안을 모색할 수 있다. 봇의 역사와 발전 과정을 조사하여, 봇이 우리 삶에 미치는 영향을 분석해 보자.

주제2 봇은 우리 삶의 다양한 영역에 활용되고 있으며, 그 영향력은 더욱 커질 것으로 예상된다. 따라서 봇의 윤리적 과제에 대한 이해와 대응은 매우 중요하다. 봇의 편향성, 봇의 오용 등 윤리적 과제에 대해 조사하고, 봇을 윤리적으로 활용하기 위한 방안을 제시해 보자.

주제3 봇의 다양한 응용 분야 조사하고, 사회에 미치는 영향 평가

주제4 봇의 활용을 위한 법적, 사회적 제도 탐구

학생부 기록 예시 (교과세특)

폭넓은 봇에 대한 이해를 기반으로, 봇의 역사와 발전 과정, 봇이 우리 삶에 미치는 영향과 윤리적 과제 등을 종합적으로 분석하는 능력을 보임. 특히 봇의 윤리적 활용 방안을 제시하는 과정에서 자신의 의견을 논리적으로 전개하는 능력이 매우 인상적임. 봇의 개발과 활용에서 윤리적 고려가 필수적이라는 점을 강조하고, 이를 위해 사회적, 법적 장치 마련이 필요하다는 주장이 돋보이며 봇 분야에서 윤리적 책임을 다하는 인재로 성장할 가능성을 보여 줌.

탐구주제 확장 및 심화

봇을 활용한 새로운 서비스나 제품 기획하기
봇은 우리의 삶을 더욱 편리하고 풍요롭게 만들 수 있는 잠재력을 가지고 있다. 봇을 활용한 새로운 서비스나 제품을 기획해 보자.

봇과 관련된 정책 제안서 작성하기
봇 기술은 현재 우리 삶의 다양한 영역에서 활발히 활용되고 있으며, 더욱 그 영향력이 커질 것으로 예상된다. 윤리적이고 효과적인 활용을 위한 봇과 관련된 정책 제안서를 작성해 보자.

관련 논문 인공지능 챗봇을 활용한 웹 기반 코딩학습 지원도구 프로토타입 개발(김민지, 허선영, 2021)

코딩은 필수 역량이지만, 학습 난이도로 인해 중도 탈락률이 높다. 이 연구는 인공지능 챗봇을 활용한 코딩학습 지원도구가 코딩학습의 중도 탈락률을 방지하고 효과적인 학습을 지원하는 데 도움이 되는 것으로 나타났다. 코딩 학습 지원도구의 개발에 중요한 시사점을 제공한다.

관련 도서 《로봇윤리란 무엇인가?》, 변순용, 송선영, 어문학사
《완전한 인간》, 발타자르 그라시안, 교보문고

관련 학과 인공지능학과, 데이터사이언스학과, 로봇학부 AI로봇전공, IT미디어공학과, 기계공학과, 전기전자공학과, 미디어소프트웨어학과, 컴퓨터공학과, 통계학과, 산업공학과, 심리학과, 사회학과, 광고홍보학과

관련 교과 2022 개정 교육과정: 대수, 미적분I, 확률과 통계, 기하, 미적분II, 물리학, 생명과학, 인문학과 윤리
2015 개정 교육과정: 수학I, 수학II, 미적분, 확률과 통계, 물리학I, 생명과학I, 정보, 윤리와 사상

사이보그 시티즌

크리스 그레이 | 김영사 | 2016

인공지능과 사이보그 기술의 발전으로 인해 인간과 기계의 경계가 점점 더 모호해지고 있는 오늘날, 우리는 이러한 기술이 우리 사회에 어떤 영향을 미칠지, 그리고 이에 대한 윤리적 책임은 무엇인지에 대해 고민해볼 필요가 있다. 사이보그화의 다양한 측면을 다루면서, 사이보그 기술이 우리 사회에 가져올 수 있는 잠재적 위험과 기회를 함께 살펴본다. 또한 우리 사회가 이러한 기술을 책임감 있게 활용하기 위한 방안을 모색할 수 있도록 돕는다.

탐구 주제

주제1 '사이보그 시티즌'에서 저자는 사이보그를 '기계 장치를 생물에 이식한 결합체'라고 정의하지만, 또한 예방접종을 한 사람부터 인공장기나 보철을 한 사람들까지 모두 사이보그라고 정의한다. 사이보그와 인간의 정의에 대한 다양한 관점을 비교하고 분석한 결과를 보고서로 작성해 보자.

주제2 '사이보그 시티즌'에서 저자는 사이보그 시민을 '사이보그 기술을 이용하여 자신의 삶을 주체적으로 개조하는 사람'이라고 정의한다. 다른 관련 책자, 논문, 기사 등을 참고하여 사이보그 시민의 개념에 대한 다양한 관점을 파악하고 미래 사회에서 시민의 역할과 책임에 대해 생각해 보자.

주제3 사이보그 기술은 예술과 문화에 미치는 영향 탐구

주제4 전쟁과 평화에 사이보그 기술은 어떤 영양을 미칠 것인지 토론

학생부 기록 예시 (교과세특)

사이보그와 인간의 정의에 대한 다양한 관점을 비교하고 분석하는 탐구를 함. 사이보그 시민의 개념에 대한 다양한 관점을 파악하고 미래 사회에서 시민의 역할과 책임에 대해 생각하는 심화된 연구를 수행함. 특히 사이보그 기술을 이용하여 자신의 신체를 강화하거나 외모를 바꾸는 사람들에 대해 토론함. 사이보그 기술을 이용은 개인의 자유와 선택 문제이면서 윤리적 문제에 직면할 수 있다는 점을 지적하면서 사회에서 차별을 받지 않도록 해야 한다는 점을 주장함.

탐구주제 확장 및 심화

사이보그 기술을 이용하여 이루고 싶은 것 상상해 보기
사이보그 기술은 인간의 신체와 기계를 결합해 새로운 능력을 부여하는 기술이다. 자신의 외모를 바꾸고, 새로운 능력을 얻는 등 사이보그 기술을 이용하여 무엇을 하고 싶은지 상상해 보자.

사이보그 기술을 이용한 사회 문제 해결 구상하기
사이보그 기술은 장애인의 일상 지원과 재난 현장에서의 구조 활동에 효과적으로 활용될 것으로 기대된다. 사이보그 기술로 사회 문제를 해결하기 위한 계획을 세워 보자.

관련 논문 인공지능 시대 인간의 신체와 문학적 형상화(박소영, 2019)

인공지능 기술의 발전은 의료 분야에서도 혁신을 가져오고 있다. 인공지능을 이용한 의료적 실천은 인간의 신체에 대한 새로운 개념 변화를 야기하고 있다. 이 논문은 미래 인간 신체에 대해 논의하고, 이러한 신체들의 가능성이 공상과학소설《뉴로맨서》에서 형상화되는 양상을 연구한다.

관련 도서 《사이보그가 되다》, 김초엽, 김원영, 사계절
《진화하는 언어》, 닉 채터, 모텐 H 크리스티안센, 웨일북

관련 학과 교육학과, 경영학과, 기계공학과, 디자인학과, 로봇공학, 법학과, 사회학과, 신경공학, 생명공학과, 언론정보학과, 의학과, 인공지능학과, 전자공학과, 철학과, 컴퓨터 공학과

관련 교과 2022 개정 교육과정: 미적분I,기하, 미적분II,인공지능 수학, 법과 사회, 물리학, 화학, 생명과학, 융합과학 탐구
2015 개정 교육과정: 수학I, 수학II, 미적분, 확률과 통계, 정치와 법,사회·문화, 생활과 윤리, 물리학I

새로운 무의식
레오나르드 믈로디노프 | 까치 | 2013

뇌과학은 뇌의 구조와 기능을 연구하는 학문으로, 뇌의 활동을 측정할 수 있는 다양한 방법을 개발했다. 이러한 방법을 통해 과학자들은 무의식이 의식 아래에서 어떻게 작동하는지 객관적으로 밝혀내기 시작했다. 이 책은 뇌과학의 발전을 바탕으로 무의식에 대한 새로운 시각을 제공함으로써, 뇌과학에 대한 흥미를 유발할 수 있다. 또한, 우리의 행동과 사고에 무의식이 얼마나 큰 영향을 미치는지 이해하는 데 도움이 될 것이다.

탐구 주제

주제1 이 책에서 무의식을 이해하면 인공지능을 보다 창의적이고 인간적인 존재로 만들 수 있다고 한다. 무의식과 인공지능의 관계에 대한 문헌 조사를 통해, 무의식이 인공지능의 창의성, 의사결정, 학습 등에 어떤 영향을 미칠 수 있는지 탐구 결과를 정리하여 보고서로 작성해 보자.

주제2 무의식은 선택과 사고의 과정에 다양한 방식으로 영향을 미친다는 연구 결과가 있다. 무의식은 의식하지 못하는 정보와 경험이 선택과 사고를 결정하는 주된 요인이다. 무의식의 선택과 사고에 대한 영향력 연구 결과를 문헌 조사하고 그 결과를 보고서로 작성해 보자.

주제3 무의식은 어떻게 작동하는지 탐구

주제4 무의식을 이해하는 것이 중요한 이유 토론

학생부 기록 예시 (교과세특)

무의식이 인공지능의 창의성, 의사 결정, 학습 등에 미치는 영향을 탐구함. 무의식과 인공지능의 관계에 관한 기존 연구 결과를 조사하고, 인공지능이 예술 작품을 창작할 때, 무의식은 기존의 예술 작품과는 다른 새로운 작품을 창작하는 데 도움이 될 수 있다는 예시를 다양하게 제시함. 인공지능이 인간의 능력을 뛰어넘는 수준으로 발전할 경우, 인간의 일자리가 대체되고, 인간의 존엄성이 훼손될 수 있는 심각한 우려를 제기하여 정부, 기업, 시민사회가 협력하는 구체적인 방안을 제시함.

탐구주제 확장 및 심화

무의식 카드 게임해 보기
욕망, 두려움, 기억, 상상, 자아 등의 카드를 뽑아 그에 해당하는 생각과 감정을 자유롭게 표현하는 무의식 카드 게임을 즐겨 보자.

무의식에 대한 롤플레잉 진행해 보기
폭력행동 유발 무의식, 생각과 감정을 표현하지 못하는 무의식 등 서로 다른 무의식의 역할을 맡아 롤플레잉을 통해 자신의 행동과 사고에 무의식이 어떻게 영향을 미치는지 경험해 보자.

관련 논문 뇌는 인공지능처럼 언어를 학습하는가? (이혜문, 2023)

인공지능의 모델인 인공신경망은 인간의 뇌와 유사한 방식으로 작동한다는 사실이 밝혀지고 있다. 인공신경망의 학습 과정은 인간의 뇌가 언어를 학습하는 과정과 유사하다고 설명한다. 인공지능과 뇌과학의 통합을 통해 언어학습에 대한 더 깊은 이해가 가능해질 수 있다.

관련 도서 《나를 다 안다는 착각》, 카렌 호나이, 페이지2북스
《기억의 뇌과학》, 리사 제노바, 웅진지식하우스

관련 학과 국어국문학과, 광고홍보학과, 기계공학과, 경제학과, 뇌과학과, 로봇공학과, 사회학과, 신경과학과, 심리학과, 인공지능학과, 언론정보학과, 인지과학과, 전자공학과, 정신건강의학과, 화학공학과

관련 교과 2022 개정 교육과정: 대수, 미적분I,확률과 통계, 인공지능 수학, 현대사회와 윤리, 윤리문제 탐구, 인간과 심리
2015 개정 교육과정: 수학I, 수학II, 인공지능 수학, 화법과 작문, 생활과 윤리, 사회문제 탐구,심리학

새로운 전쟁

풀 사례 | 커넥팅 | 2021

이 책은 자율무기의 시작과 현재, 그리고 미래에 대해 분석한 책이다. 2001년 9.11 테러 이후, 미군은 넓은 전쟁 지역을 인력만으로 감당하기 어려워졌다. 그 결과, 자율무기가 개발되기 시작했고, 전쟁의 양상은 크게 변화했다. 자율무기는 인간이 직접 위험을 무릅쓰고 싸울 필요를 줄였고, 뛰어난 적 탐지 능력과 적진 침투 능력으로 전쟁의 판도를 바꾸었다. 이 책은 미래 전쟁과 로봇의 역할에 대해 통찰을 제공할 것이다.

탐구 주제

주제1   자율무기는 인간의 개입 없이 스스로 목표물을 식별하고 공격할 수 있는 무기를 말한다. 자율무기는 인공지능, 로봇공학, 센서 기술 등의 발전으로 인해 빠르게 발전하고 있다. 도서, 논문, 신문 기사 등 다양한 문헌을 참고로 자율무기의 발전이 로봇공학에 미치는 영향을 탐구해 보자.

주제2   자율무기는 기존의 무기체계와는 달리, 개발과 확산이 비교적 쉽다는 특징이 있다. 이러한 특성으로 인해, 자율무기의 개발과 확산은 국제 정세에 큰 영향을 미칠 것으로 예상된다. 자율무기의 개발과 확산이 국제 정세에 미치는 영향을 탐구하고 보고서로 작성해 보자.

주제3   자율무기의 개발과 확산에 대한 개인의 역할에 대한 토론

주제4   자율무기의 개발과 확산이 국제안보에 끼치는 위협에 대한 토론

학생부 기록 예시 (교과세특)

자율무기의 발전과 확산에 대한 심도 있는 탐구를 수행함. 자율무기의 기술적 특징, 발전 동향, 그리고 국제 정세에 미치는 영향을 분석하고, 이를 바탕으로 자율무기의 발전이 로봇공학에 미치는 영향을 종합적으로 정리함. 또한 추가로 자율무기와 관련된 분야에 대한 지속적인 관심을 가지고 자율무기의 개발과 확산이 국제 정세에 미치는 다양한 영향을 이해하고, 이를 바탕으로 자율무기의 윤리적, 법적 문제에 대한 고민을 보여주는 보고서를 정리하고 요약 발표함.

탐구주제 확장 및 심화

새로운 전쟁의 미래 시나리오 제작

인공지능이 스스로 의식을 갖게 되면서 인류에 대한 위협이 되는 새로운 전쟁의 미래 시나리오를 구상하고, PPT, 동영상, 웹툰 등 다양한 방식으로 표현해 보자.

새로운 전쟁의 윤리적, 법적 문제에 대한 토론

영화 '터미네이터'에서 인공지능이 스스로 의식을 갖게 되면서 인류를 위협하게 되는 내용을 바탕으로 토론하면서 새로운 전쟁에 대한 윤리적, 법적 문제에 대한 토론회를 개최해 보자.

관련 논문   러시아 대 우크라이나 사이버 전쟁의 교훈과 시사점(이용석, 정경두, 2022)

러시아의 우크라이나 침공은 전쟁의 양상을 근본적으로 변화시켰다. 러시아는 사이버 공격을 전쟁의 한 수단으로 적극 활용했고, 이로 인해 사이버전의 중요성이 더욱 부각됐다. 이 논문은 사이버전의 중요성을 분석하고, 사이버 공격에 대응할 수 있는 역량의 중요성을 시사하고 있다.

관련 도서   《사이버전의 모든 것》, 박동휘, 플래닛미디어
              《미래 권력의 조건》, 데이비드 S. 에이브러햄, 동아엠앤비

관련 학과   군사학과, 국제관계학과, 기계공학과, 로봇공학과, 법학과, 사회학과, 심리학과, 인공지능학과, 윤리학과, 정치외교학과, 전기전자공학과, 철학과, 화학공학과, 항공우주공학과, 컴퓨터공학과

관련 교과   2022 개정 교육과정: 대수, 미적분I, 확률과 통계, 기하, 미적분II, 인공지능 수학, 창의 공학 설계
              2015 개정 교육과정: 수학I, 수학II, 미적분, 확률과 통계, 인공지능 수학, 기하, 세계사, 융합과학

신과 로봇

에이드리엔 메이어 | 을유문화사 |
2020

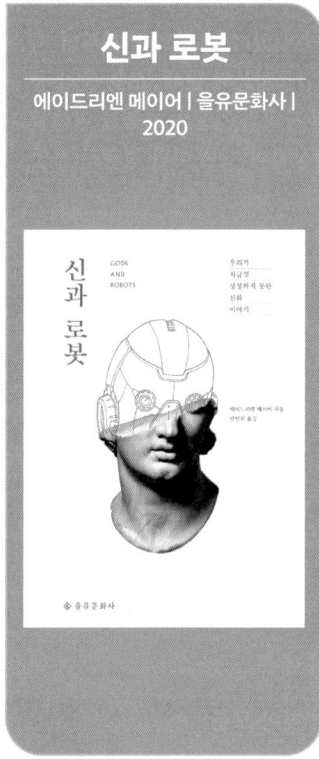

이 책은 그리스 신화 속 탈로스 신화를 비롯한 여러 옛날이야기 속에 숨겨진 과학적 상상력을 살펴보면서 자유 의지, 노예제, 악의 기원, 인간의 한계 등 기술과 윤리에 관한 다양한 질문을 던진다. 특히, 탈로스 신화를 통해 인공지능의 딜레마를 다루는 부분은 인공지능이 인간의 욕망을 이해하고 이를 조종할 수 있다면 어떤 일이 벌어질지 생각할 기회를 제공한다. 흥미로운 옛날이야기 속에서 인공지능에 대한 통찰력을 얻을 수 있을 것이다.

탐구 주제

주제1 '신과 로봇'의 알렉산드로스 대왕이 다이빙 벨과 비행 기계를 조종하는 그림은 인간의 우주 탐사에 대한 꿈과 열망을 보여주는 하나의 예이다. 알렉산드로스 대왕이 다이빙 벨과 비행 기계를 조종하는 그림과 현대 우주 탐사의 연결점과 차이점을 조사하고 비교해 보자.

주제2 로봇은 인간의 명령에 따라 행동할 수도 있지만, 인간의 통제를 벗어나 위험을 초래할 수도 있다. '신과 로봇'에서 판도라의 설정은 로봇의 윤리성에 대한 상징적인 의미를 지닌다. 판도라의 설정을 바탕으로 로봇의 윤리성에 대한 긍정적인 시각과 부정적인 시각을 제시해 보자.

주제3 로봇의 일자리 대체가 경제와 사회에 미치는 영향 탐구

주제4 인공지능을 활용한 사회문제 해결 방안 모색

학생부 기록 예시 (교과세특)

'신과 로봇(에이드리엔 메이어)'로 우주 탐사와 로봇 윤리성에서의 통찰력을 보여줌. 알렉산드로스 대왕이 다이빙 벨과 비행 기계를 조종하는 그림과 현대 우주 탐사의 연결점과 차이점을 조사하고 비교함. 인간이 과거와 현재에 걸쳐 우주 탐사를 꿈꾸고 열망하고 있음을 이해하고, 현대 우주 탐사의 기술적 발전과 도전 과제를 이해함. 로봇의 윤리성을 위한 구체적인 실천 방안을 제시하고 로봇과 인간의 공존을 위한 토대를 마련하는 로봇 윤리학을 지속해서 탐구함.

탐구주제 확장 및 심화

탈로스와 메데이아의 캐릭터 분석
탈로스 신화는 인공지능이 인간의 욕망을 이해하고 조종 가능성에 대한 경고의 메시지를 담고 있다. 탈로스와 메데이아 두 캐릭터를 분석하고 두 캐릭터의 딜레마 상황을 토론해 보자.

인공지능의 잠재적 위험성: 황금 거위 이야기의 비유
황금거위 이야기는 가난한 농부가 황금 알을 낳는 거위를 발견하고, 거위를 키우면서 벌어지는 일을 다룬다. 이 이야기를 토대로 인공지능의 잠재적 위험성과 이를 줄이기 위한 구체적인 방안을 토론해 보자.

관련 논문   인공지능(AI) 시대의 인간 정체성 탐구 및 고전서사의 역할(이민희, 2022)

아감벤의 '몸(신체)의 사용' 개념을 바탕으로, 고전서사 작품에서 비인간적 존재와 인간의 관계를 살펴본 연구이다. 고전서사에는 인간과 비인간적 존재의 관계를 탐구하는 다양한 설정이 등장한다. 이러한 설정은 인공지능 시대의 인간과 비인간적 존재의 관계 설계를 고민하게 한다.

관련 도서   《무자비한 알고리즘》, 카타리나 츠바이크, 니케북스
《어떻게 인간과 공존하는 인공지능을 만들 것인가》, 스튜어트 러셀, 김영사

관련 학과	기계 공학과, 뇌과학과, 로봇공학과, 물리학과, 빅데이터학과, 수학과, 산업공학과, 소프트웨어 공학, 생물학과, 인공 지능학과, 전자 공학과, 조선해양공학과, 컴퓨터 공학과, 생물환경학과
관련 교과	2022 개정 교육과정: 대수, 미적분I, 확률과 통계, 기하, 미적분II, 인공지능 수학, 주제 탐구 독서, 윤리문제 탐구 2015 개정 교육과정: 수학I, 수학II, 미적분, 확률과 통계, 고전 읽기, 사회·문화, 생활과 윤리

컴퓨터공학부

소프트웨어공학

기계공학

로봇공학

전기전자공학

화학공학

십 대를 위한 영화 속 로봇인문학 여행

전승민 | 팜파스 | 2020

이 책은 로봇에 대해 쉽고 재미있게 이해할 수 있도록 구성되어 있다. 로봇의 역사부터 시작하여, 로봇의 기본 개념, 로봇 기술의 현재와 미래, 로봇과 인공지능의 관계, 로봇 윤리 등 다양한 주제를 영화와 함께 탐구한다. 또한, 로봇을 통해 미래 사회와 기술의 흐름을 이해할 수 있도록 도와준다. 영화 속에 등장하는 다양한 로봇들을 감상하며, 로봇이란 정확히 무엇인지 알려주고, 로봇 기술의 현재와 미래를 생생하게 살펴본다.

탐구 주제

주제1 영화 '아이언맨'은 로봇을 소재로 한 대표적인 영화로, 영화 속 로봇의 기술적 근거가 현실의 로봇 기술과 비교하여 매우 흥미롭고 다양한 측면을 보여준다. 영화 속 로봇과 현실의 로봇 기술의 차이를 탐구하고 이 차이가 인간과 로봇의 공존에 어떤 영향을 미칠 수 있는지 토론해 보자.

주제2 영화 속 로봇의 예술적 가치는 미래 사회의 로봇과 인간의 공존을 위한 비전 제시에 기여한다. 영화 '아바타' 속 로봇은 인간과 나비족의 공존을 상징한다. 영화 속 로봇의 외형과 감정 표현이 예술 작품으로서의 가치를 갖는 이유는 무엇인지 토론해 보자.

주제3 로봇의 사회·경제적 영향을 탐구하고 미래 사회 변화 예측

주제4 영화 '터미네이터'에 등장하는 로봇의 윤리적 문제점 찾아 토론

학생부 기록 예시 (교과세특)

영화 속 로봇의 기술적 근거와 예술적 가치를 분석하여 로봇의 발전 방향과 미래 사회에서의 가능성을 깊이 탐구함. 아이언맨 슈트는 위험한 작업이나 재난 상황에서 인간을 보호하거나, 장애인을 도울 수 있고, 나비족은 인간과 로봇이 상호작용하여, 새로운 문화를 창조하거나, 환경 문제를 해결할 수 있음. 이와 같이 미래 사회에서 로봇이 지닐 수 있는 가능성과 미래 사회의 변화에 대한 기대를 논리적으로 설명함. 로봇 관련 진로 탐색과 로봇과 인간의 공존 연구를 지속할 것으로 기대되는 학생임.

탐구주제 확장 및 심화

'생각하는 로봇'은 사람의 적일까, 친구일까? 토론하기

영화 '엑스 마키나'는 생각하는 로봇과 인간의 관계를 다룬 영화다. 영화 속 로봇과 인간의 상호작용을 분석하고, 이에 대한 본인의 생각을 토론하며 공유해 보자.

미래의 로봇 사회를 상상해 보기

로봇 기술은 빠르게 발전하고 있으며 일상과 사회에 큰 변화를 가져올 것이다. 로봇 윤리를 중심으로 자율주행차의 안전성 확보 방안을 제안하고, 이를 포스터, 영상 등으로 제작해 보자.

관련 논문 　인간, 인공지능 그리고 사랑(천현순, 2022)

 이 논문은 영화를 분석하여 인간과 인공지능의 사랑의 문제를 탐색한다. 이러한 분석을 바탕으로 21세기 포스트휴먼 시대 인간과 인공지능의 공생 가능성에 대해 고찰한다. 또한 인공지능 기술의 발전과 인간과 인공지능의 관계에 대한 인문학적 성찰을 제공한다.

관련 도서 　《십대를 위한 미래과학 콘서트》, 김성완 외, 청어람미디어
　　　　　　　《정재승의 과학 콘서트》, 정재승, 어크로스

관련 학과 　기계공학과, 로봇공학과, 문예창작과, 물리학과, 빅데이터학과, 수학과, 산업공학과, 에너지공학과, 인공지능학과, 전자공학과, 정보통신공학과, 커뮤니케이션학과, 컴퓨터공학과, 화학과, 철학과

관련 교과 　2022 개정 교육과정: 대수, 미적분I, 확률과 통계, 기하, 미적분II, 물리학, 화학, 생명과학, 인문학과 윤리
　　　　　　　2015 개정 교육과정: 수학I, 수학II, 미적분, 확률과 통계, 물리학I, 화학I, 생명과학I, 생활과 윤리

예술과 인공지능

이재박 | MID | 2021

이 책은 인공지능이 예술에 미치는 영향을 다루고, 이를 통해 예술가와 과학자들에게 던지는 메시지를 제시한다. 인공지능이 일상 곳곳에 자리 잡은 시대, 예술에도 인공지능의 영향이 미치고 있다. 인공지능은 이미 작곡, 미술, 문학 등 다양한 분야에서 인간과 함께 예술을 만들어가고 있다. 저자는 인공지능이 창의성을 가진 예술가로 성장할 수 있으며, 예술가와 인공지능이 협력한다면 새로운 예술의 지평을 열 수 있다고 주장한다.

탐구 주제

주제1 인공지능은 다양한 분야에서 인간과 함께 예술을 만들어가고 있다. 예술가와 인공지능의 협력은 예술의 미래를 바꿀 수 있는 잠재력을 가지고 있다. 작곡, 미술, 문학 등 다양한 분야에서 예술가와 인공지능의 협업 사례를 찾고, 새로운 예술의 가능성에 대한 분석 보고서를 작성해 보자.

주제2 인공지능을 활용한 작곡 프로그램은 인간 작곡가 못지않은 수준의 음악을 작곡할 수 있고, 이미지 생성 프로그램은 인간이 그릴 수 없는 현실과 비현실의 경계를 넘나드는 이미지를 생성한다. 인공지능의 발전이 예술가의 역할에 어떤 변화를 가져올지 토론하고 보고서를 작성해 보자.

주제3 인공지능의 발전이 예술의 윤리적 문제에 미치는 영향 토론

주제4 인공지능의 발전이 예술의 민주화를 가져올 수 있을지 여부 토론

학생부 기록 예시 (교과세특)

예술과 인공지능의 협력에 대한 새로운 시각을 제시하고, 인공지능의 발전이 예술가의 역할에 미치는 영향에 대해 심도 있게 탐구함. AI가 그린 미켈란젤로의 명작 <The Creation of Adam>, 고흐 풍의 <별이 흐르는 밤> 작품을 분석해 인공지능과 예술 협력의 중요성을 인식하고 기존 작품을 새로운 방식으로 재해석함. 인공지능은 예술가의 창의성을 확장하고 새로운 예술적 표현을 가능하게 하며, 예술의 대중화와 사회적 영향력 확대에 기여할 수 있다는 본인의 생각을 논리적으로 발표함.

탐구주제 확장 및 심화

인공지능 이미지 생성 툴로 사회문제에 목소리 내보기
인공지능 이미지 생성은 새로운 시각적 경험을 제공할 수 있는 가능성을 가지고 있다. 이를 활용하여 인공지능 이미지 생성 툴로 기후변화나 환경오염과 같은 사회문제에 목소리를 내보자.

인공지능으로 만들어보는 미래 학교
학교 문화에 대한 설문조사나 인터뷰를 통해 개선해야 할 부분을 파악한 후 인공지능을 활용하여 미래 학교의 건축물, 교육 방식, 학생 생활 등을 그림, 영상, 음악 등으로 표현해 보자.

관련 논문 인공지능 창작 작품의 예술성 평가 (박주연 외, 2023)

연구진은 온라인 실험을 통해 인공지능에 대한 태도에 따라 인공지능 작품에 대한 평가가 달라지는 경향이 있다고 밝혔다. 이 연구 결과는 인공지능 작품에 대한 평가를 높이기 위해서는 인공지능에 대한 부정적인 인식을 개선하는 것이 중요하다는 것을 시사한다.

관련 도서 《AI 시대, 엔터테인먼트의 미래》, 한정훈, 페가수스
《아티스트 인 머신》, 아서 I. 밀러, 컬처북스

관련 학과	공연예술학과, 뇌과학과, 디자인학과, 디지털아트학과, 데이터사이언스학과, 로보틱스학과, 미술학과, 문예창작학과, 사회학과, 심리학과, 인공지능학과, 음악학과, 컴퓨터미디어학과, 컴퓨터공학과
관련 교과	2022 개정 교육과정: 대수, 미적분I, 기하, 미적분II, 문학과 영상, 현대사회와 윤리, 인문학과 윤리, 미술 창작 2015 개정 교육과정: 수학I, 수학II, 미적분, 인공지능 수학, 고전과 윤리, 사회·문화, 미술 창작

인간은 필요 없다
제리 카플란 | 한스미디어 | 2023

저자는 인공지능 분야의 세계적인 전문가로 인공지능 기술이 인간의 일상과 노동 방식을 어떻게 변화시킬지 예측하고, 이로 인해 발생할 수 있는 문제점과 해결책을 제시한다. 인공지능 기술의 발전으로 인해 일자리를 잃을 가능성에 대한 우려가 존재하며, 이는 노동시장의 불안과 소득 불평등을 심화시킬 수 있다. 저자는 인공지능 기술의 발전을 억제하는 것이 아니라, 사회 전체의 이익을 위해 이를 적극적으로 활용해야 한다고 주장한다.

탐구 주제

주제1 인공지능 기술이 발전함에 따라 인간이 수행하던 일들이 점차 기계로 대체될 것이며, 이는 노동시장의 불안과 소득 불평등을 심화시킬 수 있는 사회 문제로 이어진다. 인공지능 기술로 인해 발생할 수 있는 노동시장의 불안과 소득 불평등을 해결하기 위한 방안을 탐구해 보자.

주제2 인공지능 기술의 발전은 우리 사회에 큰 변화를 가져올 것이다. 비판적 사고를 통해 미래 사회를 대비할 수 있다면, 더 나은 미래를 만들어 가는 데 기여할 수 있다. 인공지능 기술의 발전으로 인간이 필요 없는 사회가 될 것인가?라는 주제로 찬반 토론을 하고, 자신의 생각을 정리해 보자.

주제3 인공지능 기술을 활용하여 사회에 기여할 수 있는 방법 탐구

주제4 인간의 삶과 사회에 미칠 인공지능 기술의 긍정적인 영향 토론

학생부 기록 예시 (교과세특)

인공지능 기술 발전으로 인한 노동시장 변화에 대비한 탐구 활동을 수행함. 인공지능 기술의 발전으로 대체될 수 있는 직업과 그에 따른 영향을 조사하고, 노동시장의 재편에 대비할 수 있는 교육 및 정책 방안을 제시함. 또한, 인간이 필요 없는 사회가 될 것인지에 대한 찬반 토론을 통해, 인공지능 기술의 긍정적, 부정적 측면에 대한 비판적 사고를 펼침. 인공지능 기술의 윤리적 사용을 위한 정책 제안을 함으로써, 사회적 책임을 다하는 자세를 확고히 함.

탐구주제 확장 및 심화

인공지능 기술을 활용한 새로운 일자리 창출 아이디어
인공지능 기술을 활용하여 새로운 일자리에 대한 아이디어를 글, 그림, 동영상, 시나리오 중 원하는 방법을 선택하여 자유롭게 표현해 보자.

인공지능 기술을 활용한 자율학습 지원 프로젝트
자신의 학습에 대한 주도권을 가지고 학습할 수 있도록 컴퓨터 프로그래밍, 데이터 분석 등의 기술을 활용한 학생들의 학습 습관과 성향을 분석하는 자율학습 지원 프로젝트를 기획해 보자.

관련 논문 인공지능은 인간의 일자리를 얼마나 대체할 것인가 (송성수, 2022)

이 논문은 인공지능의 일자리 대체 가능성을 검토했다. 또한 인공지능이 계속 발전한다 해도 대체하기 어려운 인간의 능력에 대해 논의했다. 인공지능이 대체하기 어려운 인간의 능력도 존재하기 때문에, 인간만이 할 수 있는 일들에 주목하고 역량을 키워야 할 것을 시사한다.

관련 도서 《AI 쇼크, 다가올 미래》, 모 가댓, 한국경제신문
《화폐의 미래》, 에스와르 S. 프라사드, 김영사

관련 학과 건축학과, 게임공학과, 기계공학과, 경제학과, 도시공학과, 디자인학과, 데이터과학과, 로봇공학과, 법학과, 사회학과, 사회복지학과, 산업공학과, 심리학과, 인지과학과, 인공지능학과, 철학과, 컴퓨터공학과

관련 교과 2022 개정 교육과정: 미적분Ⅰ, 확률과 통계, 인공지능 수학, 실용 통계, 도시의 미래 탐구, 법과 사회
2015 개정 교육과정: 수학Ⅰ, 수학Ⅱ, 미적분, 인공지능 수학, 정치와 법, 사회·문화, 생활과 윤리,

인공지능의 윤리, 로봇의 윤리, 윤리적용, 기술의 윤리

인공지능과 로봇의 윤리

고인석 | 세창출판사 | 2022

이 책은 인공지능과 로봇이 인간에게 미치는 영향에 대한 윤리적 문제를 다루는 내용이다. 1부에서는 인공지능의 존재 지위, 인공지능이 자율성을 가진 존재일 수 있는지 여부를 다루고, 2부에서는 로봇윤리의 기본 원칙과 로봇 존재론, 3부에서는 인공지능과 로봇 윤리의 미래를 다룬다. 인공지능과 로봇이 인간에게 미칠 수 있는 윤리적 문제를 이해하고, 인공지능과 로봇의 윤리적 사용을 위한 방안을 모색할 수 있을 것이다.

탐구 주제

주제1 인공지능은 인간이 만든 기술이지만, 점차 인간과 구별하기 어려워지고 있다. 인공지능이 인간과 동등한 존재로 인정된다면, 인공지능에게도 윤리적 책임을 물을 수 있을지 인공지능의 존재 지위와 윤리적 책임에 대한 토론을 진행하고 그 결과를 보고서로 작성해 보자.

주제2 인공지능은 인간이 만든 데이터를 기반으로 학습하기 때문에, 인공지능 자체에 편향성이 내재될 수 있다. 이러한 편향성은 인공지능이 의사결정을 내릴 때 오류를 유발할 수 있으며, 사회적으로 부정적인 영향을 미칠 수 있다. 인공지능의 편향성을 방지하기 위한 방법을 모색해 보자.

주제3 인공지능이 개인정보를 보호할 수 있는 방안 모색

주제4 인공지능과 전쟁의 미래에 대한 윤리적 논의

학생부 기록 예시 (교과세특)

인공지능의 윤리적 책임과 편향성을 고려한 사회 영향 탐구를 진행함. 편향성의 원인과 영향에 대해 분석하고, 방지하는 방법을 모색하는 과정에서 문제 해결 능력을 발휘함. 또한, 탐구 결과를 바탕으로 인공지능 기술의 윤리적 사용에 대한 제안을 제시하여 공동체에 기여할 수 있는 역량을 보임. 보고서 작성 과정에서 활동의 결과를 체계적으로 정리하고, 타인의 의견을 존중하며 토론하는 능력을 키움. 추가로 인공지능 윤리의 주요 이슈에 대한 심층 연구를 진행함.

탐구주제 확장 및 심화

인공지능과 개인정보 침해 예방을 위한 캠페인

뉴스 기사, 블로그, SNS 등 다양한 매체를 활용하여 개인정보 침해 사례를 조사하고, 개인정보 보호 가이드라인을 작성하거나, 개인정보 침해를 예방하기 위한 캠페인을 진행해 보자.

인공지능 무기의 미래에 대한 시나리오 작성

인공지능 무기의 종류와 특징, 영향, 윤리적 문제에 대한 조사를 바탕으로 민간인 피해를 줄일 방법을 모색하는 시나리오를 작성하고, 제시된 방법을 바탕으로 친구들과 토론해 보자.

관련 논문 인공지능 윤리와 로봇 윤리, 차이와 연속성(허유선 외, 2020)

이 논문은 2016~2018년의 문헌을 분석하여 인공지능과 로봇의 밀접한 관계를 바탕으로 로봇 윤리와 인공지능 윤리의 연결 및 혼용이 증가하고 있음을 보여준다. 따라서 인공지능 윤리와 로봇 윤리는 서로 밀접한 관련이 있다는 점을 알 수 있다는 연구 내용이다.

관련 도서 《인공지능의 존재론》, 이중원 외, 한울아카데미
《AI 이후의 세계》, 헨리 A. 키신저 외, 월북

관련 학과 기계공학과, 경제학과, 로봇공학과, 메카트로닉스학과, 빅데이터공학과, 산업공학과, 소프트웨어공학과, 인류학과, 응용소프트웨어공학과, 전자공학과, 정보공학과, 인공지능학과, 컴퓨터공학과, 철학과

관련 교과 2022 개정 교육과정 : 미적분I, 확률과 통계, 인공지능 수학, 물리학, 화학, 생명과학, 현대사회와 윤리, 법과 사회
2015 개정 교육과정 : 수학I, 수학II, 미적분, 확률과 통계, 인공지능 수학, 기하, 생활과 윤리, 철학

인공지능과 미래사회: 인공지능 시대 사회·윤리·문화

정보현 | 동문사 | 2022

인공지능은 우리 삶에 없어서는 안 될 필수 기술이 되었다. 인공지능의 발전은 우리의 삶을 편리하게 해주고, 새로운 미래를 열어 주지만, 한편으로는 미래 일자리 감소, 윤리적 문제, 사회적 갈등 등 다양한 사회·문화적 문제를 야기하고 있다. 이 책은 인공지능의 개념과 발전, 윤리, 사회에 미치는 영향 등을 종합적으로 다룬다. 인공지능에 대한 이해를 넓히고, 인공지능 시대를 위한 고민을 시작하는 데 도움이 될 것이다.

탐구 주제

주제1   인공지능은 의료, 제조, 운송, 금융, 교육 등 다양한 분야에서 인간의 삶을 더욱 편리하고 효율적으로 만들어 줄 수 있지만, 윤리적 문제를 야기할 수도 있다. 인공지능의 윤리적 원칙과 제도적 기반 마련을 위한 방안을 탐구하고 과정과 결과를 체계적으로 정리하여 보고서로 작성해 보자.

주제2   인공지능의 발전은 앞으로 더욱 가속화될 것이며, 예술, 교육, 노동, 문화 등 우리 사회의 모든 영역에 영향을 미칠 것이다. 인공지능을 활용한 맞춤형 학습, AI 교사, 교육 콘텐츠 등을 조사하고, 인공지능이 교육에 미칠 영향을 분석하고 보고서로 작성해 보자.

주제3   인공지능의 발전과 미래 사회의 일자리 변화 탐구

주제4   인공지능 기술의 윤리적 책임에 대해 토론

학생부 기록 예시 (교과세특)

인공지능의 윤리적 원칙과 교육에 미치는 영향을 탐구하고 보고서 작성 과정으로 인공지능에 대한 이해와 분석 능력을 향상시킴. 인공지능 기술의 사회적 책임에 대한 인식을 높이고, 가상현실과 증강현실을 구현하여 학생들이 마치 실제 현장에 있는 것처럼 학습할 수 있는 미래 교육 비전을 제시함. 교육의 혁신과 학생들의 학습 경험 개선을 도모할 수 있다는 점에서 의미가 있음. 탐구내용에 지속적인 관심과 탐구를 통해 자기주도적 학습 능력을 향상시킴.

탐구주제 확장 및 심화

인공지능이 발전한 미래 사회에서 자신의 삶 상상해 보기
인공지능이 발전한 미래 사회에서 자신이 어떤 일을 하고, 어떤 삶을 살고 싶은지 상상해 보고 자신의 생각을 그림이나 글, 혹은 영상으로 표현하고 친구들과 공유해 보자.

인공지능 관련 뉴스와 정보 찾아보기
"의료 분야의 인공지능"; "운송 분야의 인공지능"; "교육 분야의 인공지능"과 같은 주제를 선정하여 인공지능의 최신 기술과 동향을 조사하고, 결과를 포스터로 제작하는 활동을 진행해 보자.

관련 논문   인공지능과 노동의 미래: 우려와 이론과 사실 (허재준, 2019)

이 논문은 인공지능 기술이 일자리에 미치는 영향을 다루고 있다. 인공지능 기술이 기존 업무를 대체하더라도 경제 전체적으로 일자리 감소를 초래한다는 증거는 찾기 어렵다. 오히려, 인공지능 기술은 새로운 일자리 창출의 기회가 될 수 있다는 연구 내용이다.

관련 도서   《인공지능의 시대, 인간을 다시 묻다》, 김재인, 동아시아
               《메타인지의 힘》, 구본권, 어크로스

관련 학과	교육학과, 기계공학과, 게임공학과, 광고홍보학과, 디지털콘텐츠과, 미디어광고학과, 멀티미디어공학과, 로봇공학과, 사회학과, 소프트웨어공학과, 언론홍보학과, 자동차공학과, 전자공학과, 컴퓨터공학과
관련 교과	2022 개정 교육과정: 미적분I, 확률과 통계, 기하, 미적분II, 인공지능 수학, 현대사회와 윤리, 법과 사회, 문학 2015 개정 교육과정: 수학I, 수학II, 미적분, 확률과 통계, 인공지능 수학, 정치와 법, 생활과 윤리

인지 도구

세실리아 헤이즈 | 형주 | 2023

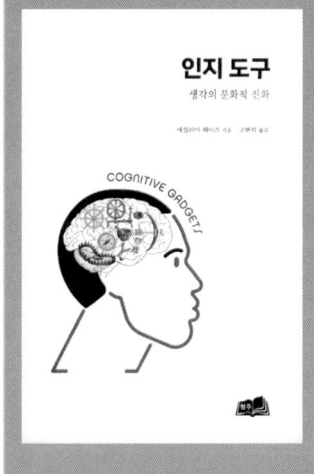

인간은 다른 동물들과 비교해 뛰어난 기술, 지식, 능력을 보유하고 있다. 인간이 특별한 이유가 무엇일까? 저자는 인간의 마음에서 비롯되어 진화한 "인지 도구"에 있다고 주장한다. 인지 도구란 인간이 다른 동물들과 비교해 더 복잡하고 유연한 사고를 하도록 돕는 정신적 도구다. 이러한 인지 도구가 인간의 문화적 진화의 결과라고 주장한다. 인간의 특별함을 설명하는 데 있어서 문화의 중요성을 강조한다는 점에서 의미 있는 내용이다.

탐구 주제

주제1 인지 도구는 인간의 마음이 다른 동물의 마음과 비교해 더 복잡하고 유연한 사고를 할 수 있게 해주는 정신적 도구이다. 인과관계 이해, 모방, 언어, 규범적 사고 등이 모두 사례이다. 인지 도구의 종류와 기능을 조사하고, 인간의 삶에 미치는 영향을 정리하여 보고서로 작성해 보자.

주제2 인지 도구는 문화적 진화의 결과로 나타난다. 예를 들어, 유목민 문화권에서 발달한 추적 능력은 그 문화권에서 중요한 생존 기술과 관련이 있을 것이다. 특정 문화권에서 발달한 인지 도구의 사례를 조사하고, 특정 문화권의 인지 도구와 문화적 특성을 비교·분석해 보자.

주제3 인지 도구 발달의 생물학적, 환경적 요인 분석

주제4 인공지능의 발달로 인한 인지 도구의 변화 분석

학생부 기록 예시 (교과세특)

인지 도구의 개념과 종류, 기능, 인간의 삶에 미치는 영향을 탐구하고 정리하기 위해 다양한 사례를 분석하고, 토론을 통해 의견을 공유함. 특정 문화권에서 발달한 인지 도구의 사례를 조사하기 위해 해당 문화권의 역사, 문화, 사회 등을 조사함. 문화적 특성과 비교·분석하는 과정에서 문화적 다양성에 대한 이해와 공감 능력을 키움. 탐구 과정에서 다른 학생들과 협력하고, 함께 성장하는 모습을 보이며, 로봇 분야에 필요한 문제 해결력과 창의적 사고력을 함양함.

탐구주제 확장 및 심화

인지 도구 퀴즈 대회

인지 도구는 학습, 문제 해결, 의사소통 등 다양한 지적 활동을 수행하는 데 필요한 능력을 말한다. 좋아하는 영화나 책을 소재로 한 퀴즈를 출제하여 인지도구 퀴즈 대회를 진행해 보자.

타인의 감정에 공감하는 활동하기

인공지능 시대에 공감 능력 향상을 위해 타인의 시각에서 세상을 보는 연습이 도움이 된다. 자신이 좋아하는 연예인, 존경하는 사람, 혹은 다른 경험을 한 사람의 시각에서 글을 써 보자.

관련 논문　상상력 교육에서 문해성 인지도구의 활용 방안(정인숙, 2021)

문해 환경 변화로 인해 기초학력 부진이 심화되고 있다. 이 논문은 문해성 인지도구를 활용하여 기초학력을 향상시키는 방안을 제시한다. 연구 결과, 문해성 인지도구를 활용하면 학습자의 흥미와 동기를 촉진하고, 기초학력 향상에 기여할 수 있는 것으로 나타났다.

관련 도서　《기계 속의 악마》, 폴 데이비스, 바다출판사
　　　　　　《로봇과 AI의 인류학》, 캐슬린 리처드슨, 눌민

관련 학과	교육학과, 뇌과학과, 로봇공학과, 멀티미디어공학과, 사회학과, 소프트웨어공학과, 심리학과, 언어학과, 인공지능학과, 인지과학과, 인지심리학과, 전자공학과, 컴퓨터공학과
관련 교과	2022 개정 교육과정: 대수, 미적분I, 확률과 통계, 사회와 문화, 현대사회와 윤리, 사회문제 탐구, 인간과 심리 2015 개정 교육과정: 수학I, 수학II, 확률과 통계, 인공지능 수학, 사회·문화, 생활과 윤리, 심리학

제4의 시대

바이런 리스 | 쌤앤파커스 | 2020

이 책은 제4의 시대는 인공지능과 로봇공학의 발전이 인류 사회에 미칠 영향에 대해 다루고 있다. 인공지능이 인간의 지능을 뛰어넘는 슈퍼인공지능의 시대가 도래할 것이라는 예측에 대해, 우리가 인공지능에 의해 지배당할 것이라는 두려움의 실체가 무엇인지 지난 10만 년의 인류 역사를 근거로 설명한다. 또한, 인공지능의 발전 역사, 인공지능이 사회에 미치는 영향, 인공지능 시대를 대비하기 위한 전략 등을 다루고 있다.

탐구 주제

주제1 자율주행은 로봇공학의 기술적 원리 중 하나로 교통 사고 감소, 교통 체증 해소, 이동의 편리성을 향상할 것으로 기대된다. 자율주행은 센서, 컴퓨터, 통신 등의 기술이 복합적으로 적용되어 구현된다. 자율주행의 원리와 작동 방식을 이해하고, 탐구 내용을 요약한 보고서를 작성해 보자.

주제2 인공지능과 로봇공학은 우리 삶의 많은 부분을 변화시키고 있다. 인공지능과 로봇공학의 발전은 이점과 윤리적 문제를 동시에 야기하지만, 윤리적 문제의 책임 소재는 모호하다. '인공지능과 로봇공학의 윤리적 문제는 누구의 책임인가?'라는 주제로 토론할 수 있는 토론문을 작성해 보자.

주제3 인공지능과 로봇공학의 역사 탐구 후 미래에 대한 비전 제시

주제4 인공지능과 로봇공학의 사회, 경제적 영향에 대한 탐구

학생부 기록 예시 (교과세특)

인공지능과 로봇공학의 발전에 따른 윤리적 문제에 대한 이해와 해결방안 모색이라는 주제로 탐구함. 인공지능과 로봇공학의 발전은 우리 삶을 변화시키지만, 그 과정에서 발생하는 윤리적 문제는 개발자, 사용자, 사회 모두의 책임이라고 제시함. 인공지능과 로봇공학의 발전에 따른 윤리적 문제 이해와 자율주행의 원리와 작동 방식 이해를 바탕으로, 센서, 컴퓨터, 통신 등의 기술을 활용하여 자율주행 차량의 동작을 설명하고 그 과정을 보고서로 작성함.

탐구주제 확장 및 심화

빅데이터를 활용한 분석 활동

학교 내에서 발생하는 폭력 문제, 지역사회의 교통 문제, 환경 문제 등 문제의 원인과 현황 데이터를 수집하고 분석하여 문제 해결 정책이나 제안을 제시하는 포스터를 제작해 보자.

디지털 리터러시 퀴즈 활동

디지털 리터러시 교육은 디지털 기술을 올바르게 이해하고 활용하는 능력을 키우는 교육이다. 디지털 윤리와 관련된 다양한 주제를 선정해 퀴즈나 게임 문제를 구성하고 진행해 보자.

관련 논문 기계의 메타 윤리학(김상득, 2020)

 이 논문은 AI 로봇의 의사 결정에 관한 내용으로 AI 로봇의 윤리적 의사 결정에 대한 이해를 넓히는 데 도움이 될 것이다. 또한, AI 로봇이 도덕적 의사 결정을 내릴 수 있다는 주장을 뒷받침하는 논증을 제시함으로써 AI 로봇의 윤리적 의사 결정에 대한 논의를 심화시킨다.

관련 도서 《시대예보: 핵개인의 시대》, 송길영, 교보문고
《챗GPT, 이미 온 미래》, 이재성, 마이북하우스

관련 학과	교육심리학과, 공공정책학과, 광고학과, 기계공학과, 전자공학과, 물리학과, 사회복지학과, 산업공학과, 심리학과, 생물학과, 의학과, 언론정보학과, 정보통신공학과, 토목공학과, 화학공학과, 컴퓨터공학과
관련 교과	2022 개정 교육과정: 대수, 미적분I, 확률과 통계, 인공지능 수학, 물리학, 역학과 에너지, 융합과학 탐구 2015 개정 교육과정: 수학I, 수학II, 미적분, 확률과 통계, 물리학I, 화학I, 생활과 과학, 융합과학

천 개의 뇌

제프 호킨스 | 이데아 | 2022

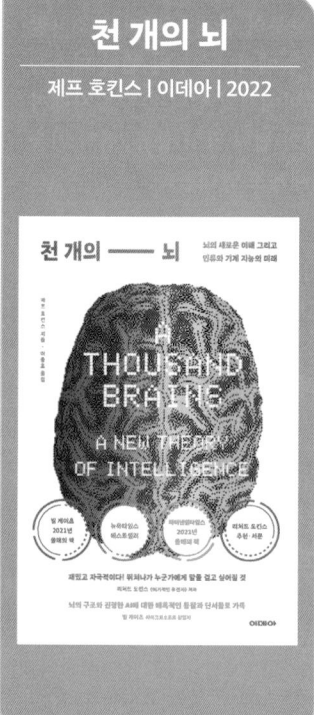

이 책은 뇌의 구조와 기능, 그리고 지능에 대한 획기적인 이론을 제시한다. 이 책은 크게 세 부분으로 구성되어 있다. 인간의 뇌는 생존과 지능을 위한 두 부분으로 나뉜다. 뇌의 지능 영역은 신피질에 있으며, 15만 개의 피질 기둥으로 구성된다. 지금까지의 AI는 '새로운 뇌'를 모방하지 못해 지능을 갖지 못했다. 이 책을 통해 뇌의 구조와 기능에 대한 이해를 높이고, 미래 AI의 발전 방향에 대해 생각해 볼 수 있을 것이다.

탐구 주제

주제1 호킨스는 뇌의 작동 방식을 민주주의에 비유한다. 뇌의 민주주의를 이해하기 위해서는 피질 기둥의 연결망과 협력 메커니즘을 탐구할 필요가 있다. 이 책을 바탕으로 피질 기둥의 연결망과 협력 메커니즘을 탐구하고 그 결과를 보고서로 정리해 보자.

주제2 뇌과학의 발전은 인간의 삶을 근본적으로 변화시킬 잠재력이 있다. 뇌를 이해하고 조절함으로써 우리는 더 나은 삶을 살 수 있게 될 것이다. 이 책을 바탕으로 뇌과학의 발전이 인간 사회에 미칠 영향에 대한 자신의 생각을 근거와 함께 보고서로 작성해 보자.

주제3 인간 지능의 한계와 개선 방안 탐구하고 토론

주제4 기계 지능이 인간의 지능을 뛰어넘을 수 있을지 토론

학생부 기록 예시 (교과세특)

뇌과학의 핵심 개념인 뇌의 민주주의를 이해하고, 뇌과학의 발전이 인간 사회에 미칠 영향에 대해 심도 있게 탐구함. '천 개의 뇌(제프 호킨스)'를 읽고 뇌의 민주주의가 다양한 신경 세포가 서로 협력하여 작동하는 방식임을 이해함. 또한 뇌과학 발전의 미래 시나리오를 작성하여 뇌과학의 인간 삶에 대한 영향에 대한 통찰을 제시함. 뇌를 이해하고 조절함으로써 인간 사회의 다양한 문제 해결에 기여할 수 있을 것이라는 자신의 생각을 제시함.

탐구주제 확장 및 심화

인간의 뇌 vs. AI의 뇌, 과연 누가 더 똑똑할까?

인간 뇌는 복잡하고 유연한 구조를 가지고 있으며, AI 뇌는 단순한 인공 신경망으로 구성되어 있다. 인간 뇌와 AI 뇌는 어떤 점이 다른지 PPT, 포스터 등 시각적으로 표현해 보자.

AI가 진정한 지능을 갖기 위한 창의적인 제안하기

AI가 진정한 지능을 갖는 방법은 아직 명확하게 밝혀지지 않았다. 제안과 토론을 통해, AI가 진정한 지능을 갖기 위한 방법을 함께 고민하고 방안을 제안해 보자.

관련 논문 뇌과학적 관점에서 본 민주시민교육(오기성, 2013)

뇌과학적 관점에서 민주시민교육은 감정과 이성의 통합을 강조한다. 감정은 타인을 이해하고 공감하는 데 중요하며, 이성은 문제 해결과 판단에 중요하다. 따라서 학교폭력 예방을 위해서는 감정과 이성을 함께 발달시킬 수 있는 민주시민교육의 필요성을 강조한다.

관련 도서 《운동의 뇌과학》, 제니퍼 헤이스, 현대지성
《마음을 돌보는 뇌과학》, 안데르스 한센, 한국경제신문

관련 학과 기계공학과, 교육학과, 뇌과학과, 로봇공학과, 사회학과, 신경과학과, 심리학과, 생명공학과, 생물학과, 인지과학과, 인공지능학과, 전기공학과, 재활의학과, 철학과, 특수교육학과, 컴퓨터공학과

관련 교과 2022 개정 교육과정: 미적분I, 인공지능 수학, 생명과학, 현대사회와 윤리, 윤리문제 탐구, 인간과 철학
2015 개정 교육과정: 수학I, 수학II, 인공지능 수학, 생명과학I, 융합과학, 철학, 논리학, 심리학

햅틱스
리넷 존스 | 김영사 | 2020

햅틱스는 피부로 느끼는 촉각을 의미하며, 로봇공학에서는 로봇이 물체를 만지고 조작할 때 필요한 감각을 구현하는 기술을 나타낸다. 촉각의 생리학적 메커니즘부터 햅틱 디스플레이, 의수와 로봇 손, 원격 조종, 가상현실, 게임 등 다양한 분야에서의 햅틱스 활용 사례까지 다룬다. 촉각 정보 수용 및 뇌 전달 방법, 다양한 응용 분야의 햅틱 장치 종류, 햅틱 기술의 도전 과제 등에 관한 질문에 답하여 신비로운 감각의 과학 세계로 안내한다.

탐구 주제

주제1   햅틱 디스플레이는 사용자에게 현실적인 촉각 피드백을 제공하여 가상현실이나 증강현실의 몰입도를 향상하는 데 활용된다. 햅틱스 기술의 기본 원리와 다양한 분야에서의 활용 사례를 다룬 도서 및 논문을 조사하고 그 결과를 보고서로 작성해 보자.

주제2   로봇의 손 그리핑 메커니즘, 감각 센서, 기계 학습 알고리즘을 통합하여 안정성과 유연성을 개선하며, 다양한 물체에 대한 물체의 다양한 특성을 고려하여 조작하는 방법을 연구한다. 로봇이 현실 세계에서 높은 실용성을 가지는 응용 분야를 탐구하고 이를 보고서로 정리해 보자.

주제3   원격 조종과 가상현실에서의 햅틱스 활용 가능성 탐구

주제4   다양한 촉각 센서와 구동기의 특성 비교

학생부 기록 예시 (교과세특)

햅틱 디스플레이는 사용자에게 물리적인 느낌을 전달하는 디스플레이로 정의 명확하게 정의함. 이 기술은 가상현실, 증강현실, 게임, 교육 등 다양한 분야에서 활용 사례를 조사함. 조사 및 분석을 통해 햅틱 디스플레이의 다양한 종류와 특징을 이해하고, 사용자 경험을 향상하는 방법을 탐구함. 이를 통해 관심 분야의 지식을 확장하고, 문헌 조사 및 보고서 작성 능력을 향상시킴. 팀 프로젝트를 통해 협력하면서 문제 해결의 중요성을 깨닫게 됨.

탐구주제 확장 및 심화

로봇 손 그리핑 챌린지
직접 로봇 손을 DIY로 제작하고 구현하여 로봇 손 그리핑 메커니즘을 실제로 경험해 보자. 이를 통해 로봇 손의 그리핑 메커니즘을 이해하고, 다양한 물체를 잡아보는 챌린지를 해 보자.

로봇 손 예술 작품 전시회
로봇 손의 안정성과 유연성을 향상한 결과물을 활용하여 예술 작품을 제작하고, 이를 통해 로봇 손의 미적인 기능과 창의성을 강조하는 전시회를 개최해 보자.

관련 논문   로봇 의수 설계 및 근전도 기반의 손동작 인식(장호명, 손정우, 2020)

상업용 웨어러블 EMG 센서를 사용하여 근전도 신호를 측정하고, 로봇 손이 손을 잡는 동작을 흉내 내는 프로스테틱 로봇 손을 만들었다. 3D 프린팅과 서보 모터를 사용한 프로토타입은 근전도와 학습을 통해 실제로 효과적인 그립 동작을 수행함을 실험적으로 입증한 연구다.

관련 도서   《공감각:뇌에서 일어나는 놀라운 감각 결합의 세계》, 리처드 사이토윅, 김영사
                《신경가소성》, 딥 앤 베이직, 김영사

관련 학과   인공지능학과, 데이터사이언스학과, 로봇학부 AI로봇전공, IT미디어공학과, 기계공학과, 전기전자공학과, 미디어소프트웨어학과, 컴퓨터공학과, 통계학과, 산업공학과, 심리학과, 사회학과, 광고홍보학과

관련 교과   2022 개정 교육과정: 대수, 미적분I, 확률과 통계, 기하, 미적분II, 물리학, 생명과학, 인공지능 기초
                2015 개정 교육과정: 수학I, 수학II, 미적분, 확률과 통계, 물리학I, 생명과학I, 정보, 논리학

호모 데우스

유발 하라리 | 김영사 | 2023

이 책은 호모 사피엔스가 종의 지배자로 자리 잡은 지 얼마 되지 않아, 우리는 이제 호모 데우스, 즉 신과 같은 존재가 될 수 있는 길에 들어섰다고 이야기한다. 호모 사피엔스가 지구를 지배하고, 과학 기술의 발전으로 신과 같은 존재가 될 가능성을 다룬 이 책은 인류의 미래에 대해 다양한 가능성을 제시한다. 이러한 가능성에 대해 생각함으로써, 우리는 인류의 미래를 스스로 결정할 수 있는 능력을 갖게 될 것이다.

탐구 주제

주제1 　유발 하라리는 AI의 발전이 인류의 지배력을 초월할 것이라 주장하고 있다. AI의 발전으로 인간과 기계의 관계는 새로운 차원으로 변화할 것으로 예상된다. AI의 발전이 인류의 지배력을 초월할 가능성을 다양한 측면에서 조사하고, 이에 대한 결론을 도출하는 보고서를 작성해 보자.

주제2 　AI가 인류의 지배력을 넘어서게 될 것인지에 대한 탐구는 인류의 미래에 대한 통찰력을 제공할 수 있다. AI의 발전 현황과 전망을 바탕으로, AI의 발전 속도와 잠재력을 분석하고 AI의 발전을 윤리적으로 이끌고, 부정적 영향에 대응하기 위한 정책을 제시해 보자.

주제3 　AI의 발전이 인류 사회에 미칠 영향 토론

주제4 　인류의 미래에 대한 유발 하라리의 주장에 대한 비판적 분석

학생부 기록 예시 (교과세특)

AI의 발전이 인류의 지배력을 초월할 가능성을 다양한 측면에서 조사하고, 이에 대한 결론을 도출하는 보고서를 작성함. 보고서에 AI의 발전 현황과 전망을 분석하고, AI의 발전 속도와 잠재력을 정확하게 파악함. 또한, AI 기술을 활용하여 로봇을 더욱 안전하고 효율적으로 만들 수 있을 것을 제안함. 로봇공학의 발전을 위해 AI 기술을 어떻게 활용할 수 있을지, AI 기술의 윤리적 사용을 위해 로봇공학이 어떠한 역할을 할 수 있을지 등을 지속해서 탐구함.

탐구주제 확장 및 심화

AI 윤리 포스터 만들기

AI의 발전은 인간의 삶에 큰 영향을 미칠 것이므로, 윤리적으로 이끌어 가는 것이 중요하다. AI의 발전을 윤리적으로 이끌 방안을 모색하고, 이를 포스터로 표현해 보자.

AI 기술의 활용 방안 시제품 제작하기

AI 기술은 의료, 제조, 서비스 등 다양한 분야에서 활용될 수 있다. 관심 있는 분야를 선정해 AI 기술의 활용 가능성을 탐구하고, 창의적인 아이디어를 구체화하여 시제품을 제작해 보자.

관련 논문　인공지능 혁신에 대한 기대와 불안 요인 및 영향 연구(이창섭, 이현정, 2019)

이 논문은 인공지능 혁신에 대한 태도에 영향을 미치는 기대와 불안 요소들을 알아보았다. 연구 결과는 인공지능이 인류에게 긍정적인 영향을 미치기 위해서는 인공지능의 긍정적인 측면을 강조하고, 부정적인 측면에 대한 우려를 해소하는 노력이 필요하다는 것을 시사한다.

관련 도서　《유토피아》, 토머스 모어, 을유문화사
　　　　　《인간이 만든 물질, 물질이 만든 인간》, 아이니사 라미레즈, 김영사

관련 학과　교육학과, 기계공학과, 나노과학과, 로봇공학과, 물리학과, 사회학과, 수학과, 생물학과, 생명공학과 , 심리학과, 인공지능학과, 인류학과, 전자공학과, 철학과, 화학과

관련 교과　2022 개정 교육과정: 미적분I, 확률과 통계, 인공지능 수학, 현대사회와 윤리, 물리학, 생명과학, 인간과 철학
　　　　　2015 개정 교육과정: 수학I, 수학II, 미적분, 확률과 통계, 인공지능 수학, 생활과 윤리, 철학, 논리학

확률론적 로보틱스

세바스찬 스런 외 | 에이콘출판사 |
2020

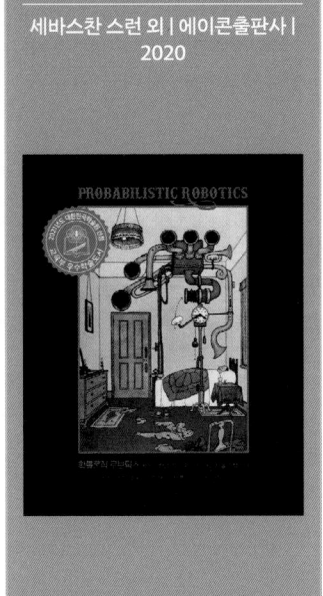

이 책은 로봇공학의 한 분야인 확률론적 로보틱스에 관한 내용을 다루고 있다. 확률론적 로보틱스는 불확실한 환경에서 로봇을 제어하고 인식하는 기술을 연구하는 분야이다. 불확실한 실제 세계에서 로봇을 완벽하게 제어하고 인식하려면 확률론을 이용해야 한다. 이 책은 확률론, 통계학, 선형 대수 등 다양한 수학적 지식을 바탕으로 확률론적 로보틱스의 최신 동향과 주요 기술과 알고리즘을 소개한다.

탐구 주제

주제1 SLAM 알고리즘은 로봇이 주변 환경을 탐색하고 자신의 위치를 파악하는 데 사용되는 알고리즘이다. 불확실한 환경에서 SLAM 알고리즘은 성능이 저하될 수 있다. 이를 개선하기 위해 센서 정보를 활용하여 불확실성을 줄이고, 확률적 성능을 분석하여 개선 방안을 제시해 보자.

주제2 확률론적 로보틱스는 실제 환경에서 발생하는 불확실성을 고려하여 로봇을 제어하고 인식하는 기술이다. 확률론적 로보틱스의 수학적 개념과 알고리즘을 이해하고, 이를 응용하여 실제 환경에서 로봇을 제어하고 인식하는 실습 프로젝트를 수행하고, 그 결과를 분석해 보자.

주제3 Particle filter 알고리즘을 이용한 로봇의 장애물 회피 테스트

주제4 로봇의 불확실성을 모델링하고, 이를 해소할 방법 연구

학생부 기록 예시 (교과세특)

SLAM 알고리즘의 불확실성 원인을 연구한 결과, 센서 오차와 주변 환경의 변화가 주요 원인임을 발견함. 이를 개선하기 위해 센서 정보를 종합적으로 활용하는 방법을 연구하고, 이를 구현하여 약 20%의 불확실성 감소를 확인함. 확률론적 로보틱스의 수학적 개념과 알고리즘을 학습한 후, 실내 로봇의 자율 주행을 위한 프로젝트를 수행함. 또한, 확률론적 로보틱스의 발전 방향으로 안정적인 로봇 제어와 환경 인식을 위한 기술 개발을 제안함.

탐구주제 확장 및 심화

로봇을 활용한 재난 구조 방안

최근 기후 변화로 인해 자연재해가 증가하고 있다. 재난 구조는 인명과 재산을 보호하는 데 매우 중요한 역할을 한다. 로봇을 활용하여 재난 구조의 효율성을 높이는 방안을 탐구해 보자.

로봇을 활용한 의료 서비스 탐구

인구 고령화로 의료 서비스 수요 증가, 의료진 업무 보조 및 환자 안전 확보를 위한 로봇 개발이 필요하다. 로봇을 활용하여 의료 서비스의 질을 높이는 방법을 탐구해 보자.

관련 논문 혁신저항, 만족 및 도입 성과에 대한 연구 (윤성철 외, 2021)

RPA는 반복적이고 규칙적인 업무를 자동화하여 업무의 정확도와 효율성을 개선하는 기술이다. RPA 도입은 4차 산업혁명 시대의 필수적인 기술로 연구 결과 RPA 도입에 대한 직원들의 만족도가 높을수록 조직 성과가 높아지는 것으로 나타났다.

관련 도서 《인공지능 로보틱스 2/e》, 로빈 R. 머피, 에이콘출판
《모던 로보틱스》, 케빈 M. 린치, 에이콘출판

관련 학과 경영학과, 기계공학과, 경제학과, 데이터과학과, 로봇공학과, 물리학과, 수학과, 산업공학과, 생명공학과, 심리학과, 의공학과, 인공지능학과, 전자공학과, 통계학과, 컴퓨터공학과

관련 교과 2022 개정 교육과정: 대수, 미적분I, 확률과 통계, 기하, 미적분II,현대사회와 윤리, 역학과 에너지, 인간과 철학
2015 개정 교육과정: 수학I, 수학II, 미적분, 확률과 통계, 기하, 인공지능 수학, 생활과 윤리, 철학,

재난구조로봇, 머신러닝, 자율주행, 응급구조

휴보, 세계 최고의 재난구조로봇

전승민 | 예문당 | 2017

이 책은 2012년 미국 방위고등연구계획국(DARPA)에서 개최한 로봇 경연 대회인 DRC(DARPA Robotics Challenge)의 우승 스토리를 담고 있다. DRC는 재난 현장에서 인간을 대신해 구조 활동을 수행할 수 있는 로봇을 개발하는 대회이다. 연구진들은 DRC의 까다로운 과제들을 완수하기 위해 수년 동안 밤낮으로 연구에 매진했다. 연구진들의 노력과 고뇌를 통해 로봇 기술의 발전과 재난 구조 로봇의 중요성을 이해할 수 있다.

탐구 주제

주제1 DRC 대회에서 휴보는 10개의 과제를 수행해야 했다. 이 과제들은 재난 현장에서 로봇이 수행할 수 있는 다양한 작업을 포함하고 있다. DRC 대회의 과제와 휴보의 대응 전략을 조사하고 분석하여, 재난 구조 로봇이 갖추어야 할 요구 사항을 도출하고 보고서로 작성해 보자.

주제2 휴보는 DRC 대회에서 우승을 차지하기 위해 다양한 핵심 기술을 개발했다. 휴보의 핵심 기술은 이동, 힘 제어, 환경 인식, 인공지능으로 크게 구분할 수 있다. 이를 통해 재난 구조 로봇의 핵심 요소를 파악하고, 휴보의 핵심 기술이 어떻게 구현되었는지를 보고서로 작성해 보자.

주제3 휴보의 현재와 미래를 조사하고 로봇의 발전 방향 탐구

주제4 재난구조로봇의 필요성과 역할을 조사하고 재난 대비 방법 토의

학생부 기록 예시 (교과세특)

DRC 대회의 과제와 휴보의 대응 전략을 조사하고 분석하여, 재난 구조 로봇이 갖추어야 할 요구 사항을 도출하고 보고서로 작성함. DRC 대회의 과제를 통해 재난 현장에서 로봇이 수행할 수 있는 다양한 작업을 파악하고, 휴보의 대응 전략을 분석하여 재난 구조 로봇이 갖추어야 할 요구 사항을 구체적으로 파악함. 보고서를 통해 논리적이고 체계적으로 정리하여 생각을 효과적으로 전달하고, 재난 구조 로봇을 연구하고 개발하는 분야의 진로 방향을 구체화함.

탐구주제 확장 및 심화

휴보의 핵심 기술을 활용한 사고 대응 방안
휴보는 이동, 힘 제어, 환경 인식, 인공지능 등의 핵심 기술을 보유하고 있다. 기술을 활용하여 '인명 구조와 불길 진압을 위한 효율적인 대응 방안' 시나리오를 구성해 보자.

재난 구조 로봇의 활용 방안을 위한 시제품 제작
재난 구조 로봇은 아직 개발 초기 단계에 있으며, 다양한 활용 방안이 연구되고 있다. 재난 구조 로봇의 활용 방안을 구체적으로 생각해 보고, 이를 시제품으로 제작해 보자.

관련 논문 복합 재난을 위한 장갑형 로봇의 차체 설계 (박상현 외, 2018)

이 논문은 복잡한 재난 현장에서 화재, 폭발, 유독 가스로부터 사람을 보호하고, 운전자가 긴급 상황에 대응할 수 있도록 장갑차의 차체 설계가 제안되었다. 복잡한 재난 상황에서도 안전하게 운행할 수 있도록 설계되어 큰 도움이 기대 된다.

관련 도서 《로봇의 세계》, 고자키 요지, 북스힐
《WE : ROBOT 우리는 로봇이다》, 데이비드 햄블링, 미래의창

관련 학과 기계공학과, 건축공학과, 도시공학과, 로봇공학과, 물리학과, 전기공학과, 전자공학과, 정보통신공학과, 재료공학과, 소프트웨어공학과, 산업공학과, 인공지능학과, 컴퓨터공학과, 항공우주공학과

관련 교과 2022 개정 교육과정: 대수, 미적분I,확률과 통계, 기하, 미적분II, 물리학, 역학과 에너지, 융합과학 탐구
2015 개정 교육과정: 수학I, 수학II, 미적분, 확률과 통계, 물리학I, 물리학II, 사회문제 탐구

휴보이즘

전승민 | MID | 2019

이 책은 휴보의 탄생과 성장 과정을 중심으로, 전 세계 로봇 산업의 현황과 미래를 다룬다. 휴보의 탄생 비화부터 걷기, 달리기, 춤추기 등 다양한 기술 개발 과정을 생생하게 전달하며, 휴보 연구팀의 노력과 열정을 느낄 수 있다. 또한, 휴보 이외에도 세계적으로 주목받는 인간형 로봇들을 소개하고, 로봇 산업의 발전 방향을 전망한다. 로봇 산업의 최전선에서 일어나는 일들을 생생하게 접할 수 있는 기회가 될 것이다.

탐구 주제

주제1   이 책을 읽고, 더 안정적이고 효율적인 걷기 기술을 개발하거나, 더 다양한 동작을 표현할 수 있는 춤추기 기술을 개발하는 방법을 연구해 볼 수 있다. 휴보의 걷기 안정성, 에너지 효율성, 속도 등을 개선할 방법을 탐구하고 기술 개선을 위한 제안서를 작성해 보자.

주제2   로봇이 인간 사회에 미칠 수 있는 윤리적 문제는 매우 중요하며, 이를 미리 예측하고 대비하는 것이 중요하다. 로봇이 인간의 일자리를 대체할 수 있다는 우려를 바탕으로, 로봇과 인간의 협업을 통해 새로운 일자리를 창출하는 방안을 탐구하고 그 결과를 보고서로 작성해 보자.

주제3   로봇 개발의 어려움과 극복 방법에 관한 토론

주제4   로봇 개발에 필요한 새로운 기술, 새로운 트렌드 탐구

학생부 기록 예시 (교과세특)

로봇의 하드웨어, 제어, 인공지능 등 다양한 분야에 대한 지식을 습득하고, 이를 종합적으로 활용하는 능력을 보임. 또한, 휴보의 걷기 기술을 개선하기 위한 창의적인 아이디어를 제시함으로써, 로봇공학 분야에서 잠재력을 보여줌. 로봇과 인간의 협업을 통해 새로운 일자리를 창출하는 방안을 제시함으로써 로봇공학이 사회에 미치는 영향에도 관심을 가짐. 로봇공학 분야의 연구개발에 자신의 역량을 발휘할 수 있을 것으로 기대됨.

탐구주제 확장 및 심화

휴보와 함께하는 사회탐구

휴보이즘 도서를 읽고 로봇의 사회에 미치는 영향을 이해한 후, 로봇이 일자리에 미치는 영향을 조사하기 위해 통계 자료를 조사하고, 로봇이 일자리를 대체하는 사례를 조사해 보자.

로봇과 인간의 관계를 표현하는 예술 작품

영화 '바이센테니얼 맨'은 로봇과 인간의 관계에 대한 다양한 생각을 하게 하는 작품이다. 영화를 보고 그림, 음악, 글쓰기, 퍼포먼스 등 다양한 방법으로 본인의 생각을 표현해 보자.

관련 논문   의료로봇의 현재와 미래: 수술로봇을 중심으로(송미옥, 조용진, 2021)

 최근 수술로봇의 인공지능화와 범용화 연구가 활발하다. 이 논문은 수술로봇의 미래를 이해하는 데 중요한 정보를 제공한다. 특히, 수술로봇이 인공지능과 빅데이터 기술을 통해 더욱 정밀하고 안전하게 발전해 나갈 것이라는 점을 시사한다.

관련 도서   《AI 시대에 꼭 필요한 뉴 로봇 원칙》, 프랭크 파스콸레, 동아엠엔비

         《로봇 시대 살아남기》, 염규현, 지식의숲

관련 학과	기계공학과, 로봇공학과, 산업공학과, 생명공학과, 인공지능학과, 의공학과, 의학과, 자동차공학과, 재료공학과, 전기공학과, 조선해양공학과, 컴퓨터과학과, 화학공학과, 항공우주공학과
관련 교과	2022 개정 교육과정: 대수, 미적분I, 확률과 통계, 기하, 미적분II, 물리학, 화학, 생명과학, 현대사회와 윤리 2015 개정 교육과정: 수학I, 수학II, 미적분, 확률과 통계, 물리학I, 화학I, 생명과학I, 융합과학

AI 경제

로저 부틀 | 세종연구원 | 2020

이 책은 로봇 시대가 제기하는 매혹적인 경제 문제를 명쾌하게 다루며, 경제성장, 생산성, 부와 권력의 분배, 일자리, 복지 등이 인공지능으로 인해 어떻게 변화할지 살펴본다. 또한 우리가 어떻게 학습하고 일하며 여가시간을 보낼지에 대한 전망을 제시하며, 인공지능이 가져올 미래에 대한 다양한 시각을 제공한다. 낙관론과 비관론을 모두 고려해 인공지능이 우리에게 더 나은 삶을 제공할지 아니면 위협이 될지를 깊이 있게 생각해 볼 수 있다.

탐구 주제

주제1   과거의 기술 혁명은 산업, 정보, 통신 등 다양한 분야에서 다양한 영향을 미쳤으며, 인공지능의 발전도 자율주행, 의료진 보조, 언어 처리 등 다양한 분야에서 사회에 큰 영향을 미칠 것으로 예상된다. 과거에 있었던 기술 혁명의 사례를 조사하고, 그로부터 인공지능의 미래를 예측해 보자.

주제2   AI 기반 얼굴 인식 기술은 편견으로 인해 잘못된 판정을 내릴 수 있다는 문제가 제기되고 있다. 인공지능 기술의 발전이 인간의 편견과 차별, 윤리적 문제를 야기할 수 있는 사례를 조사하고, 인공지능 기술 발전의 규제 필요성에 대한 논리적 근거를 보고서로 작성해 보자.

주제3   인공지능 기술의 발전을 규제할 필요성에 대한 논의

주제4   인공지능의 발전으로 인한 소득 불평등 심화 가능성에 대한 분석

학생부 기록 예시 (교과세특)

과거의 기술 혁명과 인공지능의 발전을 비교하기 위해 다양한 사례를 분석함. 증기 기관의 발명은 산업혁명을 가져왔고, 인터넷의 발명은 정보혁명을 가져왔으며, 인공지능의 발전도 사회의 다양한 분야에 큰 영향을 미칠 것으로 파악함. 또한, 인공지능 기술의 발전이 윤리적 문제를 야기할 수 있는 사례를 조사함. 특히 AI 기반 얼굴 인식 기술이 편견으로 인해 잘못된 판정을 내릴 수 있다는 문제를 제기하고, 인공지능 기술의 윤리적 사용을 위한 방안 모색을 함.

탐구주제 확장 및 심화

일과 여가의 조화로운 삶을 위한 방안 모색
인공지능의 발전으로 인해 일자리의 변화가 예상됨에 따라, 일과 여가의 조화로운 삶을 위한 방안 모색이 필요함. 미래 직업 세계에서 일과 여가를 조화롭게 누릴 방법을 탐색해 보자.

로봇을 권장할까, 세금을 매기고 규제할까? 인공지능 윤리 포럼 개최
인공지능 윤리 탐구 활동을 진행하여 로봇을 권장할지, 세금을 매기고 규제할지에 대한 문제를 탐구하고 인공지능 기술의 윤리적 사용을 위한 방안을 모색해 보자.

관련 논문   AI와 고용, 경제성장, 불평등: 최근 문헌 개관과 정책 함의(김영식, 2019)

이 논문은 인공지능이 거시경제에 미치는 영향으로 자동화와 재고용 효과로 인한 일자리 변화, 자동화 부문의 성장과 불평등 심화 가능성, 그리고 불평등 완화를 위한 재분배 정책의 필요성에 대해 설명하고 있다. 이를 바탕으로 미래 사회를 전망하는 데 도움이 될 수 있을 것이다.

관련 도서   《로봇의 지배》, 마틴 포드, 시크릿하우스
               《인간과 똑같은 로봇을 만들 수 있을까?》, 아녜스 기요, 장아르카디 메이에르, 민음인

관련 학과   교육학과, 기계공학과, 경제학과, 경영학과, 로봇공학과, 물리학과, 법학과, 사회학과, 소프트웨어학과, 심리학과, 생물공학과, 인공지능학과, 언론정보학과, 정보통신공학과, 컴퓨터공학과

관련 교과   2022 개정 교육과정: 대수, 미적분I, 확률과 통계, 인공지능 수학, 법과 사회, 현대사회와 윤리, 사회문제 탐구
               2015 개정 교육과정: 수학I, 수학II, 미적분, 확률과 통계, 인공지능 수학, 사회문제 탐구, 정치와 법

AI로봇과 범죄

송기복 | 박영사 | 2021

이 책은 자율형 AI로봇의 범죄 주체성을 인정하고 법 제도적 대응 방안을 제시한다. 법적 인격의 확장과 트랜스휴머니즘적 관점에서 자율형 AI로봇의 법적 인격을 인정하는 방법을 제시하며, 자율형 AI로봇이 초래할 위험에 대비하는 방법론을 단계별로 제시한다. 또한 현행 형사사법 제도와 시스템이 자율형 AI로봇의 행동을 규율하고 사회의 안전을 확보하는 데 적합한지를 검토하고, 개선 과제와 입법 방향에 관한 의견을 제시한다.

탐구 주제

주제1 자율형 AI로봇의 범죄로 피해를 입은 사람들의 구제와 사회의 안전을 확보하기 위해서는 범죄 주체성을 인정할 필요가 있다. 그러나 자율형 AI로봇의 범죄 주체성을 인정받을 수 있는지에 대한 의견은 다양하다. 자율형 AI로봇의 범죄 주체성 인정 여부와 법적 대응 방안을 모색해 보자.

주제2 자율형 AI로봇의 범죄로 인해 피해를 입은 사람들의 구제는 사회정의의 실현과 피해자의 회복을 위해 필요하다. 자율형 AI로봇이 폭력을 행사하거나, 재물을 절취하여 피해를 입힌 경우 자율형 AI로봇의 범죄로 인해 피해를 입은 사람들을 구제하기 위한 방안을 모색해 보자.

주제3 자율형 AI로봇의 범죄와 관련된 국제적 논의 조사

주제4 자율형 AI로봇의 범죄에 대한 사회적 인식 토론

학생부 기록 예시 (교과세특)

자율형 AI로봇의 범죄주체성 인정 여부와 법적 대응 방안에 대한 체계적인 탐구 과정을 설계하고, 인공지능 법률과 윤리 관련 분야에 대한 이해와 분석 능력을 향상시킴. 이를 통해 자율형 AI로봇의 범죄로 인한 피해 구제와 사회 안전 확보를 위한 법적 대안을 모색하며, 창의적인 사고력과 의사소통 능력을 발전시킴. 탐구 결과를 정책 제안서로 작성하며, 인공지능 법률, 윤리, 기술 분야의 진로에 대한 구체적인 계획을 수립함.

탐구주제 확장 및 심화

자율형 AI로봇의 법적인격 인정 여부에 대한 모의 법정
"학교에서 청소와 안내를 담당하는 로봇이, 장난을 치는 학생을 때렸다"라는 사건을 소개하고, 자율형 AI로봇의 법적 인격 인정 여부에 대한 모의법정을 진행하고 판결을 내려보자.

자율형 AI로봇의 범죄에 대한 창의적 아이디어
인공지능 기술의 발전으로 인해 자율형 AI로봇의 범죄가 증가할 가능성이 늘어나고 있다. 학교 현장에서 발생할 수 있는 자율형 AI로봇의 범죄 예방을 위한 아이디어를 제시해 보자.

관련 논문 AI의 책임능력 (정혜욱, 2021)

이 논문은 인공지능의 법적 지위에 대한 연구다. 인공지능이 발전하면서 인공지능의 범죄, 인공지능의 규제 등 다양한 법적 문제가 대두되고 있다. 이 논문은 인공지능이 강한 인공지능의 단계에 도달하게 되면, 인공지능이 형사책임의 주체가 될 수 있는지에 대한 문제를 다루고 있다.

관련 도서 《인공지능과 법》, 한국인공지능법학회, 박영사
《인공지능 혁명과 법》, 양천수, 박영사

관련 학과 교육학과, 기계공학과, 경영학과, 경제학과, 로봇공학과, 법학과, 사회학과, 산업공학과, 심리학과, 소프트웨어공학과, 인공지능학과, 인류학과, 언론정보학과, 전자공학과, 철학과, 컴퓨터공학과

관련 교과 2022 개정 교육과정: 대수, 미적분I, 확률과 통계, 인공지능 수학, 법과 사회, 사회문제 탐구, 윤리문제 탐구
2015 개정 교육과정: 수학I, 수학II, 미적분, 확률과 통계, 정치와 법, 사회문제 탐구, 심리학

AI의 미래 생각하는 기계

토비 월시 | 프리뷰 | 2018

이 책은 AI의 미래에 대한 비판적 전망을 제시한다. 작가는 AI가 인간의 지능을 능가하는 "기술적 특이점"이 언제 일어날지 예측하기 어렵다고 말한다. 하지만 기술적 특이점이 일어날 경우, AI는 인간의 삶을 완전히 바꿔놓을 것이라고 경고한다. AI의 발전은 인류에게 엄청난 기회와 위험을 동시에 제공한다. AI의 발전이 인류에게 미칠 영향에 대해 이해하고, 자신의 생각을 정리할 수 있는 기회를 얻을 수 있다.

탐구 주제

주제1 자율주행 자동차는 인간의 개입 없이 스스로 운전할 수 있기 때문에, 운전기사의 일자리가 대체될 가능성이 높다. 또한, 자율주행 자동차 보급으로 인한 유지 보수 수요 및 관련 일자리 감소가 예상된다. 자율주행 자동차의 등장으로 인한 사회적 문제와 대응 방안을 고려해 보자.

주제2 이 책에 따르면 로봇 스포츠팀 등장으로 인해 기존 스포츠팀의 경쟁력이 저하될 가능성이 높다고 소개된다. 또한, 로봇 스포츠팀 등장으로 스포츠 관람객 감소와 관련 일자리 축소가 예상된다. 로봇 스포츠팀의 등장으로 인해 스포츠 산업은 어떻게 변화가 될지 전망해 보자.

주제3 AI 발전으로 인한 사이버 범죄와 무인 공격 증가 토론

주제4 AI 발전의 환경 영향 조사와 보호 방안 모색

학생부 기록 예시 (교과세특)

자율주행 자동차의 등장으로 운전기사 일자리 대체 가능성이 높아짐. 따라서, 운전기사의 재교육 및 직업 재활 지원을 위한 구체적인 방안으로 자율주행 자동차 기술 교육 제공, 새로운 직업 전환 지원 프로그램 마련 등 방안을 제시함. 로봇 스포츠팀 등장으로 기존 스포츠팀 경쟁력 저하 가능성 높을 수 있어 로봇 스포츠팀의 성적 평가 기준 마련, 참여 제한 등 규제를 제시함. 추가로 로봇의 윤리적 사용과 사회적 문제 해결 방안을 모색함.

탐구주제 확장 및 심화

AI의 발전이 인권에 미치는 영향 탐구

로봇이 뉴스를 제작하고 보도한다. AI의 발전으로 인해 뉴스의 편향성과 왜곡이 심해질 수 있다. AI의 발전이 인권에 미치는 영향을 조사하고, 이에 따른 인권 보호 방안을 모색해 보자.

AI의 발전이 사회 양극화에 미치는 영향

AI 의사의 등장으로 의료 서비스 비용은 낮아지고 접근성은 향상되지만, 의료의 질 저하 우려도 있다. AI 의사의 등장이 사회 양극화에 미치는 영향을 조사하고, 대책을 모색해 보자.

관련 논문   진화의 끝, 인공지능? (이태수, 2019)

인공지능(AI) 기술은 빠르게 발전하고 있다. 인공지능 기술의 발전이 초지능을 가져올 수 있다는 우려가 있다. 초지능은 인간의 지능을 초월하기 때문에, 인류의 존재에 위협이 될 수 있다. 따라서 AI 기술 개발은 안전하고 유익한 방향으로 진행되어야 함을 시사한다.

관련 도서   디지털 트렌드 2024 (김지혜, 책들의정원, 2023)
AI 2024 트렌드&활용백과 (김덕진, 스마트북스, 2023)

관련 학과   기계공학과, 전기공학과, 전자공학과, 데이터과학과, 로보틱스학과, 로봇공학과, 메카트로닉스공학과, 물리학과, 산업공학과, 인공지능학과, 제어계측공학과, 정보통신공학과, 컴퓨터공학과

관련 교과   2022 개정 교육과정: 대수, 미적분I, 확률과 통계, 미적분II, 물리학, 생명과학, 역학과 에너지, 융합과학 탐구
2015 개정 교육과정: 수학I, 수학II, 미적분, 확률과 통계, 인공지능 수학, 물리학I, 생명과학I

SF영화와 로봇 사회학

민경배 | 커뮤니케이션북스 | 2016

이 책은 로봇 사회학의 출발점으로, 로봇 기술의 미래를 생생하게 보여 주는 대표적인 SF영화들을 통해 앞으로 제기될 주요한 사회적 과제들을 진단하고 전망한다. 인공지능 로봇의 발전과 사회적 영향에 대한 관심으로 인해 로봇 사회학이라는 새로운 학문이 등장하고 있다. 로봇사회학은 로봇 기술이 사회에 미치는 영향을 연구하는 학문으로, 로봇의 도입이 사회 구조와 문화, 가치관 등에 어떤 변화를 가져올지 살펴본다.

탐구 주제

주제1 인공지능 로봇의 노동력 활용이 일자리 감소로 이어질 수 있다는 우려가 있다. 영화 '리얼 스틸'은 로봇이 인간의 노동력을 대체해 경기 침체를 초래한다는 점을 보여 준다. 인공지능 로봇의 노동력 활용이 사회에 미칠 영향을 분석하고, 이에 대한 대응 방안을 모색해 보자.

주제2 영화 '로봇 앤 프랭크'는 인공지능 로봇이 인간에게 정서적 위안과 도움을 줄 수 있음을 보여 준다. 인공지능 로봇의 사회적 역할이 사회에 미칠 영향을 분석하고, 인공지능 로봇의 개발과 활용에 있어서 인간의 존엄성과 안전을 보장하기 위한 윤리적 가이드라인을 제시해 보자.

주제3 인공지능 로봇 사용이 사회 양극화와 불평등에 미치는 영향 탐구

주제4 인공지능 로봇의 범죄 가능성이 사회에 미치는 영향 토의

학생부 기록 예시 (교과세특)

인공지능 로봇의 노동력 활용과 사회적 역할에 대한 논리적 이해와 대응 방안을 모색함. 노동력 활용을 위해 교육, 새로운 일자리 창출, 기술 보급의 중요성을 강조하며, 사회적 역할로는 삶의 질 향상, 고립 해소 등의 긍정적 영향도 가능하나, 윤리적 문제에도 주목해야 함을 언급하고 인간 존엄성 존중, 악용 방지, 안전성 강화 등의 윤리적 가이드라인을 제시함. 미래 사회를 전망하고 의견을 토론하여 자신의 생각을 전달하고 타인의 의견을 수용하는 능력을 강화함.

탐구주제 확장 및 심화

미래를 상상하며 자신만의 로봇 사회 표현하기
로봇과 인공지능의 역할과 상호작용에 대한 창의적 사고와 상상력을 발휘하여 자신만의 로봇 사회에 대한 비전을 그림, 소설, 미래 도시 모형 등 다양한 매체로 표현해 보자.

로봇의 역사와 미래 스토리텔링
로봇이 탄생하고 발전해 온 과정을 소설의 형식으로 구성하거나, 로봇이 미래 사회에서 어떤 역할을 수행하게 될지 상상력을 발휘하여 이야기를 만들어 보고 발표해 보자.

관련 논문 영상 예술에 나타난 인공지능(로봇) 양상 연구(강성애, 2022)

이 논문은 한국 영상 예술에 나타난 인공지능 양상을 크게 인공지능 프로그램을 소재로 한 작품과 인공지능 로봇을 주인공으로 한 작품으로 나누어 분석한다. 인공지능과 인간의 관계에 대한 다양한 관점을 제시함으로써 사고를 확장하는 데 기여할 수 있을 것이다.

관련 도서 《로보스케이프》, 김기홍 외, 케포이북스
《로봇과 함께 살기》, 폴 뒤무셀 외, 희담

관련 학과 교육학과, 기계공학과, 경제학과, 경영학과, 로봇공학과, , 미디어콘텐츠학과, 법학과, 사회학과, 사회교육학과, 산업공학과, 심리학과 , 언론방송학과, 전자공학과, 철학과, 컴퓨터공학과, ICT 융합학과

관련 교과 2022 개정 교육과정: 대수, 미적분I,확률과 통계, 인문학과 윤리, 사회와 문화, 음악과 미디어, 미술과 매체
2015 개정 교육과정: 수학I, 수학II, 미적분, 확률과 통계, 사회·문화, 생활과 윤리, 음악, 미술, 연극

MEMO

전기전자공학

순번	도서명	저자명	출판사명
1	과학은 어렵지만 양자 역학은 알고 싶어	요비노리 다쿠미	한스미디어
2	그랜드 퀘스트 2024	이정동 외	포르체
3	그리드	그레천 바크	동아시아
4	기술전쟁	윤태성	위즈덤하우스
5	김상욱의 양자 공부	김상욱	사이언스북스
6	넥스트 레볼루션	리처드 다베니	부키
7	데이터 인문학	김택우	한빛미디어
8	떨림과 울림	김상욱	동아시아
9	마법에서 과학으로: 자석과 스핀트로닉스	김갑진	이음
10	문과생도 이해하는 전기전자수학	야마시타 아키라	한빛아카데미
11	물질의 물리학	한정훈	김영사
12	미래의 물리학	미치오 카쿠	김영사
13	미술관에 간 물리학자	서민아	어바웃어북
14	미적분의 힘	스티븐 스트로가츠	해나무
15	반도체 삼국지	권석준	뿌리와이파리
16	반도체 오디세이	이승우	위너스북
17	반도체 인사이트 센서 전쟁	주병권 외	교보문고
18	반도체 제국의 미래	정인성	이레미디어
19	세상에서 가장 쉬운 과학 수업: 양자혁명	정완상	성림원북스
20	세상에서 가장 쉬운 과학 수업: 특수상대성이론	정완상	성림원북스
21	세상에서 가장 쉬운 양자역학 수업	리먀오	더숲
22	세상에서 가장 쉬운 재미있는 물리	미사와 신야	미디어숲
23	수식 없이 술술 양자물리	쥘리앙 보르로프	북스힐
24	수학이 필요한 순간	김민형	인플루엔셜
25	아는 만큼 보이는 세상: 물리편	가와무라 야스후미	유노책주
26	양자역학 쫌 아는 10대	고재현	풀빛
27	양자역학이란 무엇인가	마이클 워커	처음북스
28	어떻게 물리학을 사랑하지 않을 수 있을까?	짐 알칼릴리	월북
29	자율주행차와 반도체의 미래	권영화	이코노미북스
30	재밌어서 밤새읽는 물리 이야기	사마키 다케오	더숲
31	전기차 첨단기술 교과서	톰 덴튼	보누스
32	전자 정복	데릭 청, 에릭 브랙	지식의날개
33	진짜 하루만에 이해하는 반도체 산업	박진성	티더블유아이지
34	청소년을 위한 이것이 인공지능이다	김명락	슬로디미디어
35	최리노의 한 권으로 끝내는 반도체 이야기	최리노	양문
36	칩 대결	인치밍	알에이치코리아
37	칩워, 누가 반도체 전쟁의 최후 승자가 될 것인가	크리스 밀러	부키
38	퀀텀스토리	짐 배것	반니
39	포스트 모빌리티	차두원 외	위즈덤하우스
40	해킹 일렉트로닉스	사이먼 몽크	제이펍

과학은 어렵지만 양자 역학은 알고 싶어

요비노리 다쿠미 | 한스미디어 | 2022

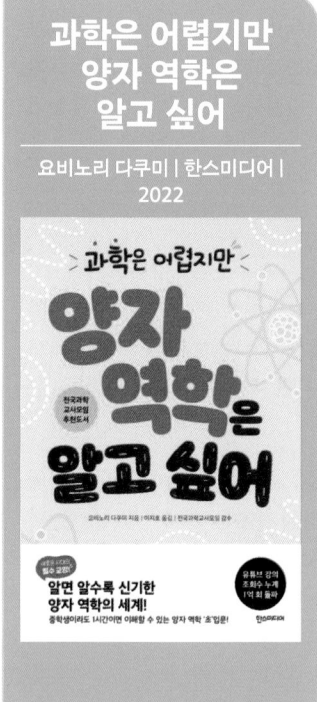

양자 역학은 미시적인 물질세계를 설명하는 현대 물리학의 기본이론으로 고전 물리학에 익숙한 사람들에게는 여전히 낯설고 어렵게 느껴진다. 하지만 최근 '양자 컴퓨터'나 '양자 전송' 같은 말을 뉴스에서 자주 듣게 될 정도로 스마트폰이나 컴퓨터의 개발 등에 양자 역학의 지식이 당연하다는 듯이 활용되면서 주목받고 있다. 이 책에서는 여러 친근한 예를 통해 양자 역학의 본질을 맛볼 수 있도록 대화식으로 쉽고 재미있게 설명하고 있다.

탐구 주제

주제1 양자 역학은 19세기에 완성된 역학, 전자기학, 열역학 등 고전 물리학으로는 설명하기 어려웠던 '미시 세계'의 물리 현상들의 원인을 파고든 결과로 탄생했다고 볼 수 있다. 이러한 양자 역학의 가장 주요한 특징 4가지를 분석하고 정리하여 보고서를 써 보도록 하자.

주제2 양자 역학의 원리들은 의료 분야의 MRI나 제조 분야의 레이저 기술 등에서 이미 이용되고 있다. 0과 1의 가능성이 중첩된 상태인 양자 비트를 이용한 '양자 컴퓨터'나 양자 얽힘을 이용한 정보 전달 기술인 '양자 전송' 등이 그렇다. 이외에도 주변에서 활용되는 예를 조사해 발표해 보자.

주제3 입자와 파동의 성질 및 특성 분석

주제4 양자 역학의 불확정성 원리 조사

학생부 기록 예시 (교과세특)

이 책으로 학교에서 일반적으로 배우던 고전 역학과 상충되는 면이 없지 않아 있다고 볼 수 있는 양자 역학의 개념의 토대를 마련함. 특히 물질의 '입자'와 '파동'에 관한 설명 부분에 대해 특별한 흥미를 느낌. 양자 역학을 다루는 미시 세계에서는 어떨 때는 입자가, 어떨 때는 파동의 성질을 보이는 신기한 현상이 관측되는 부분에 심도있는 추가적인 이해를 더 하고 싶어 해서 관련 도서를 더 읽고 내용을 요약해 구조화하여 제출함.

탐구주제 확장 및 심화

양자 역학에 관한 이론들을 친구들에게 직접 설명해 보기

책에 설명된 난해하고 생소한 여러 양자 역학에 관련된 개념들을 분석하고 이해하여 알기 쉬운 언어로 친구에게 자신이 이해한 개념을 설명해 보도록 하자.

'양자 지우개'에 관한 정보 추가 조사해서 정리해 보기

양자의 세계에서는 관측의 여부가 아니라 정보가 남는지 아닌지가 본질에 가깝다고 한다. 일단 관측한 정보를 지우는 실험을 '양자 지우개'라고 하는데, 이에 대해 추가 조사를 해 보자.

관련 논문 개념적 혼성 관점의 가능성에 대한 이론적 탐색(정용욱, 2018)

이 논문에서는 개념적 혼성 관점을 입자파동 이중성의 개념분석에 적용하여, 비유에 대한 통상적 관점과 비교할 때 개념적 혼성 관점의 가능한 장점을 이론적으로 탐색하였다. 이를 위해 먼저 개념적 혼성을 간단히 소개하고 비유, 은유와 어떻게 다른지를 간단히 정리하였다.

관련 도서 《세계 그 자체》, 울프 다니엘손, 동아시아
《상대성이론의 결정적 순간들》, 김재영, 현암사

관련 학과 글로벌신재생에너지학과, 물리교육과, 물리학과, 바이오소재과학과, 양자시스템공학과, 양자원자력공학과, 전기시스템공학과, 전기전자공학과, 전기전자교육과, 전기전자융합학과, 컴퓨터공학과

관련 교과 2022 개정 교육과정: 통합과학1, 통합과학2, 물리학, 역학과 에너지, 전자기와 양자, 융합과학 탐구
2015 개정 교육과정: 통합과학, 과학탐구 실험, 물리학 I, 물리학 II, 생활과 과학, 융합과학

그랜드 퀘스트 2024
이정동 외 | 포르체 | 2023

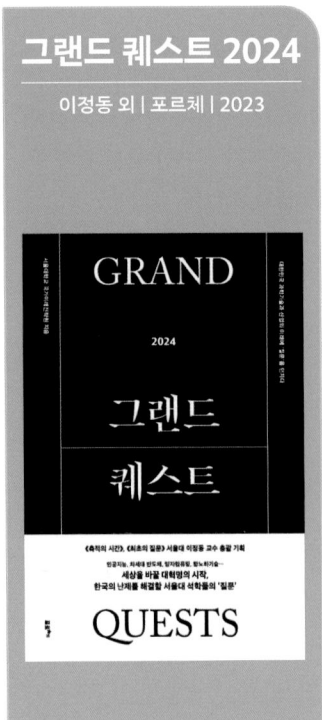

'그랜드 퀘스트'란 각 분야에서 오랜 시간 해결하지 못했으나, 해결하는 순간 대한민국과 온 세상의 패러다임을 뒤바꿀 난제들을 의미한다. 이 책에서는 그랜드 퀘스트 프로젝트에서 학계 전문가들이 논의하고, 질문하고, 그에 대한 답을 이야기한다. 국내 최고의 석학들이 함께 도출한 10개 분야의 그랜드 퀘스트로 미래 산업을 예견하고 지속 가능한 세계를 만들고자 하는 모든 이들에게 훌륭한 길잡이의 역할을 하고 있다.

탐구 주제

주제1 저자에 의하면 우리나라는 인적 자원과 물적 자원이 부족하므로 경제 분야에 집중하는 경향이 있는데, 이는 장기적으로 국가 경쟁력을 저하시키므로 국가 차원에서의 계획과 투자가 필요하다고 한다. 이에 대학, 정부기관, 연구자 등에 필요한 지원과 나아가야 할 방향을 모색해 보자.

주제2 배터리는 전자 제품부터 전기차에 이르기까지 폭넓게 사용되고 있지만 기존의 배터리 구조상 충전 용량을 늘리는 동시에 수명을 연장하기에는 한계가 있다. 한 번 충전에 10년 쓸 수 있는 궁극의 배터리를 만들기 위한 방안 및 발전이 필요한 분야를 조사해 보자.

주제3 제프리 힌턴의 말에 따른 인공지능의 위험성 분석

주제4 노화 세포의 탐색 및 제어 방법 모색

학생부 기록 예시 (교과세특)

답이 아닌 질문에 대한 화두를 던지는 이 책을 통해 21세기에서 나아가 다음 세기까지를 논하는 질문들을 보면서 미래를 고민하는 방법을 배움. 전 세계적으로 많은 석학들의 고민의 현주소를 새로이 인식하고, 세계 질서를 재편할 기술 선진국이 되기 위해 우리나라가 가진 문제점과 반드시 해결해야 할 과제들이 무엇인지를 생각하게 됨. 특히, 체화된 인공지능이 보여주는 미래는 위험 요소와 불안도 가지고 있다는 점에 흥미를 느껴 그에 관해 후속 조사를 진행함.

탐구주제 확장 및 심화

미래를 향한 자신만의 '마이 그랜드 퀘스트'를 만들어 보기
석학들이 내놓은 그랜드 퀘스트를 보고 난 후, 내가 생각하는 미래의 그랜드 퀘스트는 어떤 것이 있을지 미래를 예측하고 상상하며 만들어 보자.

혁신이 자랄 수 있는 환경을 만들기 위해 필요한 것들 생각해 보기
단순한 생각만으로는 혁신이 이루어지지 않는다. 혁신에는 적절한 환경이 뒷받침되어야 하는데, 대한민국이 바꾸어야 할 프레임이 무엇인지 고민하여 적절한 질문과 답을 찾아보도록 하자.

관련 논문 지각자의 특성에 따른 체화된 인공지능(EAI) 로봇에 대한 평가(박우승, 2023)

현재 체화된 인공지능 로봇의 활용 범위는 예술 영역까지 확장되며 인간과 인공지능 사이의 상호작용에 관한 연구의 필요성은 날이 갈수록 증가하고 있다. 이 논문은 의인화 이론에 기반하여 사회적 외로움과 마음 지각, 그리고 로봇에 대한 연주평가 사이의 관계에 대해 알아본다.

관련 도서 《미래 관찰자의 살아 있는 아이디어》, 서울대학교 국가미래전략원, 포르체
《4차 산업혁명 시대의 메타버스와 e 커머스》, 최경주, 에이드북

관련 학과 글로벌신재생에너지학과, 물리교육과, 물리학과, 바이오소재과학과, 양자시스템공학과, 양자원자력공학과, 전기시스템공학과, 전기전자공학과, 전기전자교육과, 전기전자융합학과, 컴퓨터공학과

관련 교과 2022 개정 교육과정: 통합과학1, 통합과학2, 정보, 인공지능 기초, 데이터 과학, 소프트웨어와 생활
2015 개정 교육과정: 통합과학, 생활과 과학, 융합과학, 정보, 공학 일반, 지식 재산 일반

그리드

그레천 바크 | 동아시아 | 2021

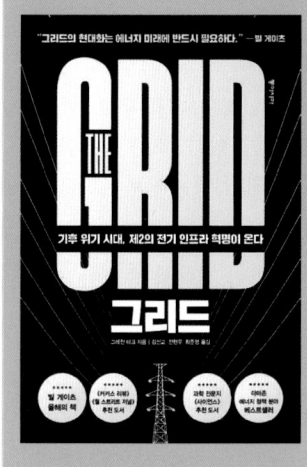

그리드는 스마트폰 배터리부터, 입출력포트, 충전기, 플러그, 콘센트, 전선, 변압기, 전봇대, 저전압 배전선, 변전소, 싱크로페이저, 스위치, 퓨즈, 고압 송전선 그리고 발전소에 이르는, 그야말로 모든 곳에 뻗어 있는 인프라다. 이 책은 전력 수요 및 재생에너지 반전량의 증가, 전력 산업의 탈중앙화, 분산형 전원의 확대를 둘러싸고 오늘날 그리드가 가진 문제점이 무엇인지에 대해서, 그리고 앞으로 나아가야 할 방향에 대해 논하고 있다.

탐구 주제

주제1 기후 위기 시대에는 화석연료가 아니라 재생에너지가 에너지의 미래라는 사실이 명확해지고 있고, 탄소중립은 기후 위기를 막아내기 위해 실현해야 하는 인류의 시대적 사명이다. 이로 인해 앞으로 나타날 전기 인프라 혁명과 그에 따른 기술 및 산업의 변화 방향을 탐구해 보자.

주제2 재생에너지는 정치적으로도, 경제적으로도 더 합리적인 선택이 되어가고 있다. 그러나 이렇게 '녹색' 에너지를 더 많이 사용할수록, 그리드는 더 취약해진다. 이와 같은 점에 착안하여 재생에너지와 그리드의 상관관계를 밝히고 그로 인한 현재의 문제점에 대해 보고서를 써 보자.

주제3 구글과 애플의 그리드 발전 현황 조사 및 연구

주제4 탄소중립과 기후 위기 측면에서 그리드가 가지는 의의 모색

학생부 기록 예시 (교과세특)

이 책을 읽고 인류가 지금과 같이 탄소 배출을 지속할 경우 21세기 말에 지구 기온은 4.5도 상승하고, 탄소 배출을 당장 중단하더라도 우리는 2도 수준의 지구 가열에 직면한다는 것을 깨달음. 지속가능한 발전을 위해서라도 그리드의 안정화가 반드시 필요하다는 것을 새로이 알게 됨. 이에 후속 탐구를 위해 미래 에너지 관련 논문을 찾아보고 그에 관한 자신의 생각과 그리드 문제점 및 한국의 전력 에너지 생산의 방향성에 대해 급우 앞에서 발표해 봄.

탐구주제 확장 및 심화

내가 원하는 지구의 미래에 그리드의 필요성을 생각해 보기
그리드의 현재 문제점을 생각해 보고, 자신이 생각하는 가장 이상적인 미래 에너지를 상상 및 예측하여 그에 대한 글을 구체적으로 분석하여 써 보도록 하자.

학교 및 일상생활 속에서 '직접 실천하는 탄소중립 캠페인'으로 주변의 참여 유도하기
일상 생활속에서 무심코 낭비하는 에너지를 찾아내서 탄소중립에 실제로 참여하고 해당 사례를 공유하고 탄소배출 줄이기를 실천해 보자.

관련 논문 미래 에너지로서 태양에너지와 풍력에너지의 비교-태양에너지의 미래 잠재력을 중심으로(주빈, 2016)

유엔은 새로운 엘니뇨현상이 이미 형성된다는 보고를 발표했다. 따라서 환경은 다시 위협을 받고 있다. 신 에너지를 발전하는 것은 세계적인 화제로 떠오르고 있다. 이 논문은 미래 에너지의 필요성을 논하고 여러 대체에너지 중 태양에너지의 미래 잠재력을 중점적으로 논하고 있다.

관련 도서 《기후위기 부의 대전환》, 홍종호, 다산북스
《뉴 맵》, 대니얼 예긴, 리더스북

관련 학과 AI·빅데이터학과, AI소프트웨어학과, 글로벌신재생에너지학과, 신소재공학과, 신소재화학과, 바이오소재과학과, 전기시스템공학과, 전기전자공학과, 전기전자교육과, 전기전자융합학과, 컴퓨터공학과

관련 교과 2022 개정 교육과정: 통합과학1, 통합과학2, 융합과학 탐구, 생활과학 탐구, 정보, 지식 재산 일반
2015 개정 교육과정: 통합과학, 생활과 과학, 융합과학, 정보, 공학 일반, 지식 재산 일반

기술전쟁

윤태성 | 위즈덤하우스 | 2023

이 책은 이미 치열하게 진행 중인 기술전쟁의 현실을 6개의 장으로 나누어 소개하고 있다. 한국이 반드시 키를 쥐고 있어야 할 3가지 분야를 소개하고, 그 외에도 한국이 살아남아야 하는 분야에 대해 저자가 세계의 상황을 전망한 분석을 내놓는다. 발전을 위해 끝없이 노력 해야하는 현실과 국익 앞에서 적이 달라지는 치열한 기술전쟁 속에서, 이 책은 한국이 나아 갈 방향을 함께 고민할 수 있는 기회를 진지한 시각으로 제공하고 있다.

탐구 주제

주제1 모든 방패를 뚫는 창이 있고 모든 창을 막아내는 방패가 있다면 이를 두고 '모순' 이라 일컫는데, 반도체 기술과 시장은 마치 이 모순처럼 움직인다. 모든 시장을 뚫 는 기술이 있고 모든 기술을 막는 시장이 있다. 이에 착안하여 중국과 미국의 기술 전쟁의 구도를 탐구해 보자.

주제2 저자는 모든 기술에 맞서는 무기는 시장이라고 말한다. 그런 점에서 중국이 가진 힘이 자동차, 반도체 분야에서 나오게 된다. 기술전쟁에서 중국이 가지는 의미를 되새겨 보기 위해 관련 데이터를 찾아 분석해 보고, 이에 맞설 우리나라의 전략에 대해 자신의 생각을 글로 써 보자.

주제3 구글과 애플이 개발하고 있는 그리드 분야 탐구

주제4 우리나라의 과학기술 혁신의 방향성 탐구

학생부 기록 예시 (교과세특)

도서 '기술전쟁(윤태성)'을 읽고 난 후, 이 순간에도 기술과 특허권을 둘러싼 소리 없는 전쟁이 계속 진행되고 있으며, 이제 기술경쟁력 은 국가와 기업의 생존과 직결된 문제가 되었다. 나아가 대외 영향력을 좌우하는 중요한 영역이 되었다는 사실에 대해 새롭게 인식하고 경각심을 가지게 됨. 대외적으로 우리나라만이 가질 수 있는 기술 개발이 필요하다는 것을 알게 된 후, 관련 자료를 더 찾아보고 후속 탐구를 진행하여 급우들 앞에서 발표함.

탐구주제 확장 및 심화

우리나라만이 가진 기술 강점 생각해 보기

인적 자원이 거의 유일한 대한민국이 치열한 기술전쟁에서 살아남을 방도에 대해 4차 산업혁명 이후 발전될 산업 분야 위주로 생각해 보고 발표해 보자.

기술전쟁의 중심에 있는 나라와 그 나라들의 기술 강점 구도 그려보기

현재 세계적으로 기술전쟁의 최전선에 있는 나라들을 꼽아보고 그 나라들이 가진 기술 강점, 그리고 앞으로의 판도 변화 등을 분석하여 구조도로 표현해 보자.

관련 논문 신재생에너지 융·복합 현황과 경제성 제고 방안 연구(강경구, 2019)

기후온난화의 원인을 제거하기 위한 노력과 해결 과제의 일환으로 부각되는 것이 바로 신재생 에너지다. 이 논문은 미래 에 활용될 신재생 에너지의 활용 방안과 경제적으로 효율적으로 이용될 수 있도록 현 상태를 진단하고 경제성을 제고할 수 있는 방안을 연구한다.

관련 도서 《2024 대한민국 대전망》, 이영한 외, 지식의 날개
《새로운 인류 알파세대》, 노가영, 매일경제신문사

| 관련 학과 | AI·빅데이터학과, AI소프트웨어학과, 글로벌신재생에너지학과, 인공지능공학과, 인공지능소프트웨어학과, 전기시스템공학과, 전기전자공학과, 전기전자교육과, 전기전자융합학과, 컴퓨터공학과 |
| 관련 교과 | 2022 개정 교육과정: 통합과학1, 통합과학2, 정보, 인공지능 기초, 데이터 과학, 소프트웨어와 생활
2015 개정 교육과정: 통합과학, 생활과 과학, 융합과학, 정보, 공학 일반, 지식 재산 일반 |

양자 역학, 원자, 양자 컴퓨터, 양자 다중 우주

김상욱의 양자 공부

김상욱 | 사이언스북스 | 2017

사람들의 인식 속에 어렵기만 하다고 외면해 온 분야이지만 전 세계는 지금 양자 역학의 중요성을 실감하고 있다. '양자 우위'를 두고 벌이는 세계 각국의 경쟁은 본격적 양자 시대를 열었다고 볼 수 있게 한다. 따라서 새로운 사회 구성원들은 어렵다고 치부하고 외면해 온 양자 공부를 당장 시작해야만 한다. 이 책은 양자 역학의 탄생부터 현재에 이르기까지 어렵지만 재미있는 양자 역학의 이야기를 총망라하고 있다.

탐구 주제

주제1 슈뢰딩거의 고양이는 양자 역학의 코펜하겐 해석을 비판하기 위하여 슈뢰딩거라는 과학자가 고안한 실험이다. 이 슈뢰딩거의 고양이 실험의 과정을 간략히 설명하고, 코펜하겐 해석을 슈뢰딩거의 관점에서 비판해 본 후, 이 실험이 가지는 의의를 글로 써 보도록 하자.

주제2 양자 역학에서 '다중 세계'는 양자 역학에서 나타나는 여러 역설적인 상황을 해결하기 위해 개발된 양자 역학의 해석이다. 다중세계 해석은 양자 역학의 역설들을 간단하면서도 극단적인 방법을 제시한다. 이 양자 다중 세계의 개념을 알아보고, 장단점을 분석해서 보고서를 써 보자.

주제3 빛 알갱이를 활용한 양자암호통신 활용 방안 모색

주제4 양자 도약의 발전 배경을 조사하고 의의 모색하기

학생부 기록 예시 (교과세특)

이 책을 통해 세상에서 일어나는 모든 일을 이해하기 위해서는 그 모든 것을 이루고 있는 '원자'에 대해 이해해야 하는데, 이 원자 세계에서 일어나는 현상을 설명하는 과학이 바로 양자 역학임을 새롭게 이해함. 개념 이해 자체가 난해하고 쉽지 않았지만 책을 통해 양자 역학에 대해 얼개를 잡을 수 있는 계기가 됨. 나아가 이러한 양자 역학이 인간의 의식과의 연관성도 가진다는 사실을 직접 찾아보고 읽어본 논문을 통해 이해함.

탐구주제 확장 및 심화

일상생활 속에서 찾아볼 수 있는 양자 역학 작동 원리 찾아보기

이론으로만 존재하고 나와는 상관없다고 생각되는 양자 역학의 원리가 실생활에서 적용된 사례를 찾아 그림이나 글로 나타내 보도록 하자.

스티븐 호킹마저도 해결을 포기한 기묘한 사고 실험 '슈뢰딩거의 고양이' 설명해 보기

양자 역학은 핵심 개념인 '중첩'을 빼놓고 설명할 수 없다. 머리를 지끈하게 만드는 양자 역학 이해의 기본이 되는 이 실험에 대해 직접 급우에게 설명해 보자.

관련 논문   양자역학적 관점에서 해석된 물질과 의식의 관계 (송정민, 2015)

양자 역학적 관점에서 물질과 의식의 관계를 알아보는 논문이다. 물질이 갖고 있는 양자 역학적 본성을 의식의 발생 과정에서도 찾을 수 있었고, 이전의 여러 과학자들은 이 둘의 관계를 별개로 보았으나 실제로는 어떠한 '관계성'이 있다고 보고 그 관계성을 찾아가고 있다.

관련 도서   《문과 남자의 과학 공부》, 유시민, 돌베개
《일어날 일은 일어난다》, 박권, 동아시아

관련 학과   글로벌신재생에너지학과, 물리교육과, 물리학과, 바이오소재과학과, 양자시스템공학과, 양자원자력공학과, 컴퓨터공학과, 전기시스템공학과, 전기전자공학과, 전기전자융합학과, 전기전자교육과

관련 교과   2022 개정 교육과정: 통합과학1, 통합과학2, 물리학, 역학과 에너지, 전자기와 양자, 융합과학 탐구
2015 개정 교육과정: 통합과학, 과학탐구 실험, 물리학 I, 물리학 II, 생활과 과학, 융합과학

넥스트 레볼루션
리처드 다베니 | 부키 | 2018

이 책에서 저자는 제조업체가 이번 기술혁명에서 구글, 아마존과 같은 IT기업보다 앞서갈 것으로 예측하고 있음을 밝히고 있다. 새로운 제조 기술의 도입은 일반적으로 개념 채택, 초기 채택, 주류 채택, 전면 채택의 4단계로 진행되는데, 저자는 오늘날 각각의 산업이 현재 어느 위치에 있는지 여러 자료를 통해 상세히 보여주며 한국 제조업이 당면한 문제를 해결하는 데 여러 시사점과 앞으로 나아가야 할 방향에 대해 논하고 있다.

탐구 주제

주제1 저자에 의하면 세계 유수의 기업들은 AM 기술의 도입 등 '제조의 디지털화'를 발 빠르게 추진하는 중이라고 한다. 디지털 혁명은 '규모의 경제'뿐만 아니라 '범위의 경제'도 달성하게 해 준다. AM 기술과 산업 플랫폼의 결합에 성공하는 기업이 일으킬 변화에 대해 탐구해 보자.

주제2 한국 제조업에 대해 위기론이 한창이다. 실제로 위기는 기정사실로 인정하고, 해결책을 놓고 논쟁 중이라고 해도 과언이 아니라고 하는데, 이와 같은 현실 속에서 한국의 기존 제조업계의 디지털화가 필요한 이유와 앞으로 나아가야 할 방향성에 대해 글로 써 보자.

주제3 AM 기술이 가지는 여러 장점 모색

주제4 구글, 아마존 등 플랫폼 선두주자들의 산업 변화 방향 탐구

학생부 기록 예시 (교과세특)

도서 '넥스트 레볼루션(리처드 다베니)'을 통해 디지털 기술이 세상을 어떻게 변화시킬지에 대해 새로이 알게 됨. 또한 생소한 개념이었던 적층 가공에 대해 알게 되었으며 적층 가공 기술이 풍부한 정보를 갖춘 산업 플랫폼과의 결합을 통해 글로벌 제조업의 다음 세대를 이끌어 갈 것이라는 예측을 하게 됨. 한국 제조업이 위기를 맞고 있다는 정보를 알게 된 후 관련 기사를 찾아보고 플랫폼과 제조공정의 스마트화가 필요하다는 본인의 생각을 글로 써냄.

탐구주제 확장 및 심화

이미지로만 존재하는 모형을 직접 3D 프린터 기계로 만들어 보고 의미를 되새겨 보기

3D 프린팅 기술이 전 세계의 디자인과 제조업계의 디지털 전환에서 어떻게 핵심적 역할을 하게 될지 미래를 예측하여 분석하고 그 의미를 되새겨 보자.

'거대 소프트웨어 기업 VS 거대 제조기업 미래' 상상해 보기

앞으로 10년 후, 거대 제조기업의 미래가 지금의 소프트웨어 기업에 비해 어떤 점에서 대등한 지위 혹은 더 앞서나가는 위치가 될지 비교하며 상상해 보자.

관련 논문 스마트공장 플랫폼과 설비제어시스템 구현을 위한 요소기술 도출(배복환, 2020)

 이 논문은 스마트플랫폼이 제조공정의 효율화를 도모하는 내용을 담고 있다. 스마트공장에 대한 수요가 증가하면서 공급자와 수요자 및 산업현장에서도 스마트공장의 실현을 위한 기술적용에 많은 투자가 이루어지고 있으나 실제 적용 가능한 기술이 무엇인가에 대한 고민을 이야기한다.

관련 도서 《특허 빅데이터》, 송완감 외, 비제이퍼블릭
《최신 기술 동향으로 알아보는 ICT와 4차 산업혁명》, 김용태 외, 한빛아카데미

관련 학과 AI·빅데이터학과, AI소프트웨어학과, 바이오소재과학과, 글로벌신재생에너지학과, 신소재화학과, 신소재공학과, 전기시스템공학과, 전기전자공학과, 전기전자융합학과, 전기전자교육과, 컴퓨터공학과

관련 교과 2022 개정 교육과정: 통합과학1, 통합과학2, 정보, 인공지능 기초, 데이터 과학, 소프트웨어와 생활
2015 개정 교육과정: 통합과학, 생활과 과학, 융합과학, 정보, 공학 일반, 지식 재산 일반

데이터 인문학

김택우 | 한빛미디어 | 2019

4차 산업혁명 시대의 핵심은 데이터라고 할 수 있다. 데이터 없이는 인공지능, 빅데이터, 사물인터넷(IoT), 블록체인 등 4차 산업혁명의 핵심 기술 또한 존재하지 못했다고도 볼 수 있을 정도다. 그러나 이전까지의 데이터에 대한 설명이 너무 기술적이었기 때문에 데이터의 중요성을 인식하게 했지만, 이를 이해하기란 쉬운 일이 아니었다. 이 책은 비로소 우리의 일상에 녹아들고 있는 데이터에 대해 쉽게 이해할 수 있게 해 줄 것이다.

탐구 주제

주제1 저자에 의하면 데이터는 최근의 것이 아니라 역사적으로 이어져 내려왔다고 한다. '자산어보'는 조선 최초의 해양 생물학 사전으로 데이터를 수집해 체계적으로 분류하여 탄생하였다. 이에 착안하여 데이터 분류의 중요성과, 분류와 데이터 수집의 목적성의 연관성을 탐구해 보자.

주제2 데이터는 단순한 어떤 자료를 뜻하는 것이 아니라 우리의 삶과 밀접하게 관련이 있는 정보이다. 데이터가 가치를 발휘하기 위해서는 과학자의 시각으로 해석 해야 한다고 저자는 말하는데, 첫 장에 소개된 '뉴욕의 교도소 사건'의 데이터를 과학자의 시각으로 재해석해 보자.

주제3 이순신 장군이 승리를 위해 적용했던 데이터 분석 방법 탐구

주제4 미래 사회에 데이터가 가지는 의의 모색

학생부 기록 예시 (교과세특)

이 책을 통해 데이터가 어떻게 경영 및 실생활에 접목될 수 있는지에 대해 구체적으로 알게 됨. 아무리 중요한 데이터라도 분석하는 능력이 없으면 그저 데이터를 소비하는 사람이 될 수밖에 없다는 것을 알고 과학자의 시각으로 데이터를 재해석하고, 데이터가 가진 의미와 분석의 목적을 가지는 것의 의의를 되새김. 학급 내에서 주제를 정하여 실제로 데이터를 수집하고 수집된 데이터가 가지는 의미를 분석하는 활동을 하는 적극성을 보임.

탐구주제 확장 및 심화

가정에서 일어나는 일에 대한 데이터를 수집해서 해석해 보기
직접 가정에서 일어나는 특정 데이터를 수집하고, 그 데이터가 가지는 의미를 분석하여 과학자의 시각으로 데이터를 재해석하는 경험을 해 보자.

역사 속에서 데이터 분석이 작용한 사례를 찾아보기
데이터는 새로운 것이 아니라 아주 오래전부터 수집되고, 목적성을 띠고 해석이 되었다. 이에 해당하는 사례를 찾아 분석해 보도록 하자.

관련 논문 빅데이터 비즈니스 모델 분석 연구 : 플랫폼 모형을 중심으로(술렌한드체렌, 2019)

빅데이터의 활용이 점점 증가함에 따라 현재 빅데이터를 제공하는 서비스에 따라 각각 플랫폼 비즈니스로 발전하고 있다. 이 논문에서는 빅데이터 비즈니스로 발전하고 있는 미국 IT 업체들의 비즈니스 모델을 분석한 뒤 빅데이터 비즈니스에 어떠한 영향을 끼쳤는지 원인을 밝힌다.

관련 도서 《노코드 빅재미로 배우는 데이터분석》, 강지영, 아이리포
《한번에 끝내는 빅데이터 분석 및 인공지능 기초》, 정은미, 도서출판 홍릉

관련 학과 AI·빅데이터학과, AI소프트웨어학과, 데이터정보학과, 빅데이터응용통계학과, 수학통계학과, 응용통계학과, 전기전자교육과, 정보통계학과, 통계학과, 통계데이터사이언스학과, 컴퓨터공학과

관련 교과 2022 개정 교육과정: 통합과학1, 통합과학2, 융합과학 탐구, 생활과학 탐구, 정보, 지식 재산 일반
2015 개정 교육과정: 통합과학, 생활과 과학, 융합과학, 정보, 공학 일반, 지식 재산 일반

떨림과 울림

김상욱 | 동아시아 | 2018

이 책을 통해 저자는 빛, 시공간, 원자, 전자부터 최소작용의 원리, 카오스, 엔트로피, 양자 역학, 단진동까지 물리에서 다루는 핵심 개념들을 설명하며, '물리'라는 새로운 관점에서 우리의 존재와 세계를 바라볼 수 있도록 안내한다. 저자에 의하면 원자의 기준으로는 탄생과 죽음이 단지 원자들의 이동에 지나지 않는다고 이야기하면서 엄밀한 과학의 정답을 제시하는 대신 물리학자만이 안내할 수 있는 새로운 시선을 제시하고 있다.

탐구 주제

주제1   우리의 몸과 마시는 공기, 발을 딛고 서 있는 땅과 흙, 그리고 매일 마주하는 노트북 모니터와 스마트폰까지 세계의 모든 존재는 모두 '원자'라는, 바이러스보다 훨씬 작은 단위로 이루어져 있다. 원자의 관점에서 생명의 '죽음'이 어떤 의미가 있는지 물리학적으로 탐구해 보자.

주제2   저자는 우리가 보고 느끼는 거시세계는 뉴턴의 고전 역학으로, 아주 작은 원자 단위의 미시세계는 양자 역학으로 기술한다고 하고, 양자 역학이 대상으로 하는 것은 원자라고 말한다. 이 책을 통해 알 수 있는 원자의 구성 및 이동 특성에 대한 보고서를 써 보자.

주제3   시간에 시작점이 있다면 그 시작점 이전 시간의 의미 모색

주제4   과학은 무지를 인정하는 것이라는 저자의 생각에 관한 토의

학생부 기록 예시 (교과세특)

이 책을 통해 물리학이 단순히 과학적 지식에 머무르는 것이 아니라 우리 존재와 삶, 죽음의 문제부터 타자와의 관계, 세계에 관한 생각까지 새로운 관점으로 바라볼 수 있게 한다는 점을 인식함. 세계는 우리가 아직 직관적으로 이해할 수 없는 무수한 이야기로 가득 차 있다는 새로운 사실을 알게 돼 연구 의지를 다짐. 특히 생명체라는 것은 결국 원자의 '이동'이라는 저자의 관점에 흥미를 느끼고 관련 도서를 더 찾아 읽고 본인의 생각을 글로 써 제출함.

탐구주제 확장 및 심화

'시공간' 이외의 방식으로 세계를 바라보는 방법을 찾아 보기
우리는 기본적으로 시공간이라는 프레임으로 세상을 바라보고 살아가는데, 시공간이 아닌 다른 방식으로 세계를 바라보는 방법을 찾아 보자.

물리학자에게 '우연'이란 어떤 의미가 있는지 탐구하고 추측해 보기
이 책에 소개된 '픽션들'을 통해 우연이라는 것의 과학적 의미를 탐구하고 구체적으로 상상하여 급우 앞에서 이에 대해 직접 설명해 보자.

관련 논문   초기우주의 열역학적 특성 (임상훈, 2019)

이 논문에서는 우리 우주의 초기 인플레이션 직후의 시기부터 우주의 나이가 약 3분이 될 때까지 우주의 모든 입자가 어떻게 생성되고 소멸이 되는지를 조사하여 밝히고 있다. 원자의 의미를 되새기는 이 책의 내용에 맞춰 깊이 있는 인식을 유도할 수 있는 논문이다.

관련 도서   《판타 레이》, 민태기, 사이언스북스
             《부분과 전체》, 베르너 하이젠베르크, 서커스

관련 학과   AI·빅데이터학과, AI소프트웨어학과, 바이오소재과학과, 글로벌신재생에너지학과, 신소재화학과, 신소재공학과, 전기시스템공학과, 전기전자공학과, 전기전자융합학과, 전기전자교육과, 컴퓨터공학과

관련 교과   2022 개정 교육과정: 통합과학1, 통합과학2, 물리학, 역학과 에너지, 전자기와 양자, 융합과학 탐구
             2015 개정 교육과정: 통합과학, 과학탐구 실험, 물리학 I, 물리학 II, 생활과 과학, 융합과학

컴퓨터공학

소프트웨어공학

기계공학

로봇공학

전기전자공학

화학공학

핵심키워드	자석, 스핀트로닉스, 물리학, 전기

마법에서 과학으로: 자석과 스핀트로닉스

김갑진 | 이음 | 2021

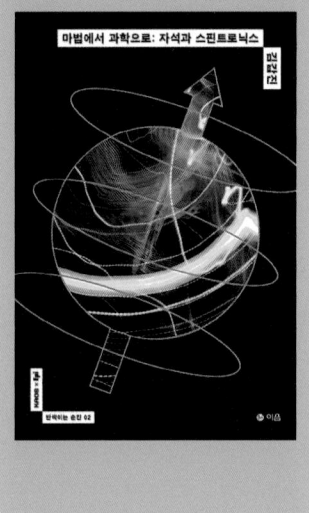

이 책을 읽으면 다양한 질문을 따라가게 된다. 그리고 그 질문에 대한 답을 구하는 과정, 그 과정 속에서 다시 생기는 질문, 그렇게 질문에 대한 답과 다시 생기는 질문을 따라가다 보면 자연스럽게 물리학의 발견과 연구, 고대 중국 나침반의 원리부터 최신 메모리까지, 맥스웰의 방정식, 양자 역학에 대한 이해까지 갖추게 된다. 물리학이 어렵다는 편견은 사라지고, 어려운 물리가 어느새 친근한 이야기의 주인공이 되는 경험을 제공하는 책이다.

탐구 주제

주제1 막대자석은 붉은색이 N극이고, 파란색이 S극이니, 붉은색과 파란색의 가운데를 잘라보면 N극과 S극이 따로따로 분리되지 않는다. 이와 같이 잘라도 잘라도 계속해서 N극과 S극으로 분류되는 이유를 원자의 '스핀'개념과 관련하여 탐구해 보고 보고서를 써 보도록 하자.

주제2 파울리의 배타원리란 전자가 도는 궤도에 최대 2개의 전자만이 들어갈 수 있고, 이때 전자는 업스핀과 다운스핀이라는 정반대방향의 전자 2개가 들어갈 수 있다는 것인데 이에 따라 물질들을 5종류로 나누어 분석하고 각 종류에 해당하는 대표적인 물질을 찾아 글을 써 보자.

주제3 자석에 관한 연구 방향과 발전 정도 탐구

주제4 자석에 전류를 흘렸을 때의 반응 탐구

학생부 기록 예시 (교과세특)

이 책을 통해 무심코 알고 있었던 자석의 성질, 그리고 매일 쓰지만 깊이 생각하지 않았던 전기의 편리함 속의 과학에 대해 새로운 사실을 알게 됨. 특히 자석은 반으로 자르고 또 잘라도 계속하여 N극과 S극이 생기고, 계속 자르다 보면 원자가 남는데 그 원자조차도 N극과 S극이 여전히 존재한다는 점에 특별한 관심을 가짐. 이에 스핀의 배타원리를 깊이 탐구하고자 관련 도서를 더 찾아보고 자성을 기준으로 물질 분류 체계를 도식화하여 나타냄.

탐구주제 확장 및 심화

인류가 만들어 왔던 자석 종류의 역사 표를 만들어 보기
인류는 오래전부터 자석을 그 성질에 따라 이용을 달리했는데, 흐름을 한눈에 볼 수 있도록 표와 간단한 그림을 곁들여 정리해 보도록 하자.

컴퓨터 하드디스크는 어떤 원리로 작동하는지 조사해 보기
늘 가까이하고 사용하고 있는 컴퓨터가 어떤 원리로 작동하는지 이 책을 읽으면서 새롭게 알게 된 사실을 정리하고, 나아가 새로운 정보를 찾아 추가해 보자.

관련 논문 자기 스커미온: 물리적 기초와 스핀트로닉스 소자 응용 (정대한, 이기석, 2021)

'자기 스커미온'은 새로운 물리와 효율적인 차세대 스핀트로닉스 소자 응용에 대한 잠재력으로 인해 활발히 연구되고 빠르게 발전하고 있는 분야이다. 이 논문에는 스커미온에 대한 물리적 정의를 고찰하고, 스커미온을 활용한 잠재적인 응용 소자에 대해 다룬다.

관련 도서 《한 번 읽으면 절대 잊을 수 없는 물리 교과서》, 이케스에 쇼타, 시그마북스
《양자역학》, 신상진, 경문사

관련 학과 글로벌신재생에너지학과, 물리교육과, 물리학과, 바이오소재과학과, 양자시스템공학과, 양자원자력공학과, 전기시스템공학과, 전기전자공학과, 전기전자교육과, 전기전자융합학과, 컴퓨터공학과

관련 교과 2022 개정 교육과정: 통합과학1, 통합과학2, 물리학, 융합과학 탐구, 역학과 에너지, 과학의 역사와 문화
2015 개정 교육과정: 통합과학, 생활과 과학, 물리학 I, 물리학 II, 융합과학, 과학사

문과생도 이해하는 전기전자수학

야마시타 아키라 | 한빛아카데미 | 2017

처음 전기전자공학을 배우는 사람이라면 낯선 수학 용어나 기호, 계산 때문에 어려움을 겪을 수도 있다. 이 책은 전기전자공학을 배우는 데 꼭 필요한 수학에 관해 쉽게 접근할 수 있도록 안내하고 있다. 수학은 공학의 언어인 만큼, 수학에서 막혀 버리면 공부가 힘들어지기 때문에 공학 속 수학의 중요성은 두말할 필요가 없을 것이다. 책의 머리말에 각 장에 대한 개요와 관련 조언이 있어서 자신에게 부족한 부분에 대해 미리 알 수 있는 책이다.

탐구 주제

주제1   유효숫자는 수의 정확도에 영향을 주는 숫자이다. 전기·전자공학에서 변화하는 전압 또는 전류의 표시 방법에 유횻값이 있는데 이러한 유효숫자의 개념 및 정의를 정확하게 정리해 보고, 유효숫자를 확인할 수 있는 예를 조사하여 정리해 발표해 보도록 하자.

주제2   라플라스 변환은 수학자 라플라스의 이름을 따서 지어진 개념이다. 라플라스 변환에는 미분 방정식을 푸는 데 매우 유용한 도구가 되는 중요한 속성과 정리가 많이 있기에 매우 중요하다. 이 책을 통해 알게 된 라플라스 변환의 원리와 구하는 방법을 탐구해 보자.

주제3   푸리에 급수와 푸리에 변환 개념 및 원리 설명해 보기

주제4   복소수의 활용에 이용되는 직교좌표와 극좌표 원리 탐구

학생부 기록 예시 (교과세특)

도서 '문과생도 이해하는 전기전자수학(야마시타 아키라)'을 통해 전기전자분야와 수학이라는 분야가 떼려야 뗄 수 없는 긴밀한 관계임을 새롭게 알게 되고, 공학을 위한 수학 개념의 기초를 다짐. 학교에서 배우던 개념 외에 라플라스 변환 및 푸리에 급수 등에 대한 지식에 특별히 관심을 가지는 모습을 보였음. 또한 이에 관한 전문 서적을 따로 더 찾아보고 직접 찾아와 심화 내용의 질문을 하는 등의 적극성을 보임. 수학 분야의 학문 탐구 의지를 되새기고 자신의 진로 설계에 반영함.

탐구주제 확장 및 심화

'공학적 수학'의 공통점과 차이점을 찾아 정리해 보기
교과서에서 보던 수학의 개념 및 내용과 이 책을 통해 본 공학을 위해 필요한 수학의 개념이 어떻게 다른지 구체적으로 조사해서 알아보자.

수학자의 시각으로 문제를 바라보는 경험을 해 보기
새롭게 개념과 원리를 발견하는 수학자로서의 시각으로 평소에 알고 있던 수학의 공식 및 개념을 살펴보고 그에 대한 소감을 써 보도록 하자.

관련 논문   전기전자공학분야에서 수학/통계 내용분석 (이승우, 2008)

이 논문은 전기전자공학의 학부 과정에서 세부 전공 트랙을 작성하여 전공교과목에서 필요한 수학·통계의 내용을 분석한 것이다. 각 전공 트랙별로 수학·통계의 역할과 중요성을 파악하였고 수학·통계와 연계할 수 있는 트랙도 선정했기에 공학에 필요한 수학의 중요성을 알 수 있다.

관련 도서   《MSE 공학 핵심수학》, 함남우, 한빛아카데미
               《최소한의 수학》, John Bird, 한빛아카데미

관련 학과   글로벌신재생에너지학과, 물리교육과, 물리학과, 바이오소재과학과, 양자시스템공학과, 양자원자력공학과, 전기시스템공학과, 전기전자공학과, 전기전자교육과, 전기전자융합학과, 컴퓨터공학과

관련 교과   2022 개정 교육과정: 공통수학1, 공통수학2, 대수, 미적분 I, 미적분 II, 실용 통계, 수학과제 탐구
               2015 개정 교육과정: 수학, 수학 I, 수학 II, 미적분, 확률과 통계, 실용 수학, 기하, 수학과제 탐구

물질의 물리학

한정훈 | 김영사 | 2020

저자는 고대 그리스의 4원소설부터 현대 양자물리학의 위상물질에 이르기까지 '물질' 개념의 진화를 물리학자들의 삶과 시대 정황, 자신의 체험을 곁들여 흥미롭게 서술하고 있다. 현대물리학에서 가장 많은 과학자가 다루는 대상은 '물질'인데 국내 물리학 교양서 대부분은 '우주'와 '입자'가 차지하고 있는 현실에서, 현대물리학의 최신 흐름을 알고 싶어 하는 독자들에게 이 책은 친절하고도 재미있는 안내자가 될 것이다.

탐구 주제

주제1 이 책에 소개된 개념인 '절대 영도'는 물리학에서 거시적으로 이론적인 온도의 최저점을 말한다. 이러한 절대 영도의 특징을 조사하고 절대 영도는 실제로 구현 가능한 것인지, 또 절대 영도보다 낮은 온도가 나타날 수 있는지 탐구하여 보고서를 써 보도록 하자.

주제2 이 책에는 양자 역학이 탄생하기 직전 유행했던 헬름홀츠, 소용돌이 원자론 등 흥미로운 원자론들이 소개되어 있다. 제시된 내용을 참고하여 원자론의 변천사를 학자별로 분류하여 분석해 보고, 결국 양자 역학이 탄생하게 된 계기를 조사하여 발표해 보도록 하자.

주제3 초전도체와 힉스 입자 조사 탐구

주제4 블로흐의 증명과 MRI의 물리학적 원리 탐구

학생부 기록 예시 (교과세특)

이 책을 통해 평소 까다롭고 어렵게만 생각하던 현대 물리학의 근간 이론인 양자물리학에 대해 전반적으로 이해함. 특히, 에너지의 모양은 측정 가능한 현상이고, 이를 이용해서 만들어지는 '위상 물질'은 19세기에 정립된 전자기학만큼이나 인류 문명에 획기적인 변화를 가져올 것이 분명하다는 점에 흥미를 느끼고 위상 물질에 대한 후속 조사를 진행하여 보고서를 제출함. 평소 탐구 의지가 많은 학생이라 이와 같은 분야에 대한 흥미를 자신의 진로 설계에 반영함.

탐구주제 확장 및 심화

내가 이 책의 '파울리 호텔'에서 하루를 보낸다고 상상해 보기
책 속의 파울리 호텔에서 하루를 지내면서 양자 역학적으로 물질을 구분하는 방법을 알게 되는 과정을 구체적으로 상상하는 글을 써 보도록 하자.

'빛도 물질인가?'에 대한 답을 내어 보기
빛과 물질의 성질은 구분하기가 어려웠다. 빛과 물질은 서로 다른 대상이란 통념이 어떻게 깨졌는지 서술하고, 이에 대해 친구들에게 설명해 보자.

관련 논문 응집물질물리분야 연구데이터 관리 방안 연구(김성욱, 2020)

이 논문에서는 가장 활발하고 학제적인 분야인 응집물질물리학 분야의 연구자료를 체계적으로 관리할 수 있는 방법을 제안하였다. 나아가 응축물질물리학, 자료수집 및 제작, 자료사전 분야의 연구자료 특성에 관한 9개의 문제점을 도출하고 해결방안을 제시하고 있다.

관련 도서 《고양이와 물리학》, 블라트코 베드럴, 알에이치코리아
《마지막 지평선》, 아메데오 발비, 북인어박스

관련 학과 글로벌신재생에너지학과, 물리교육과, 물리학과, 바이오소재과학과, 양자시스템공학과, 양자원자력공학과, 전기시스템공학과, 전기전자공학과, 전기전자교육과, 전기전자융합학과, 컴퓨터공학과

관련 교과 2022 개정 교육과정: 통합과학1, 통합과학2, 물리학, 역학과 에너지, 전자기와 양자, 융합과학 탐구
2015 개정 교육과정: 통합과학, 과학탐구 실험, 물리학 I, 물리학 II, 생활과 과학, 융합과학

미래의 물리학
미치오 카쿠 | 김영사 | 2012

저자는 미래 세계를 지배할 과학의 거대하고 경이로운 도전을 최신 물리학의 여러 이론과 개념을 탁월한 비유와 위트를 통해 쉽게 전달하며, 물리학적 검증과 거대한 지식을 통해 밝혀내고 있다. 이 책에서 우리는 100년 후의 미래를 내다볼 수 있다. 가까운 미래인 지금부터 2030년까지, 조금 먼 미래인 2030년부터 2070년까지 그리고 먼 미래인 2070년부터 2100년까지 여덟 가지 분야에 따라 어떻게 변해갈 것인지 이야기를 들려준다.

탐구 주제

주제1   저자에 의하면 20세기 전기의 시대를 지나 21세기의 물리학자들은 또 하나의 성배를 찾기 위해 혼신의 힘을 기울이고 있는데, '상온에서 작동하는 초전도체'가 바로 그것이라고 한다. 자기력과 초전도체를 활용하여 변화될 자동차의 미래를 구체적으로 상상해 글을 써 보자.

주제2   만능복제기란 말 그대로 이 세상 모든 물건을 똑같이 복제하는 장치로서, 이와 같은 장치 안에 기본원료를 넣고 단추를 누르면 수조 개의 나노봇들이 원료에 들러붙어 복잡한 임무를 수행한다. 이러한 만능복제기를 긍정적으로 활용할 방안을 모색해 보도록 하자.

주제3   인간보다 더 인간적인 로봇과 인간의 공존 방안 토의

주제4   미래에 물리학의 발전으로 인해 유망해질 직업 모색

학생부 기록 예시 (교과세특)

이 책을 통해 미래 과학의 발전에 대한 구체적인 모습을 그려 봄. 분자의학의 발달로 모든 유전병은 종적을 감추게 되고, 수백만 개의 DNA 센서가 우리 몸을 돌아다니며 병을 치료하고, 유전공학은 노화를 멈추게 된다는 저자의 예측이 단순한 상상이 아니라 곧 다가올 현실임을 깨닫고 변화될 미래에 대비해야 한다는 경각심을 가지게 됨. 인공지능의 발달로 인간의 모습을 한 인간보다 더 인간적인 로봇이 등장하는 세상에서 조화롭게 공존하는 방법을 논하는 글을 써냄.

탐구주제 확장 및 심화

인공지능 로봇이 넘보지 못할 나의 능력치를 올려 보기
과학기술의 발전에 따라 인간만의 영역을 침범하는 로봇들이 생겨나기 시작했다. 로봇의 기술이 발전해도 침범받지 않을 나만의 영역을 생각해 보자.

초전도체가 일상화된 미래 모습을 상상하여 간단히 그림으로 표현해 보기
초전도체가 우리의 일상에 들어오게 되면 많은 것이 변하게 될 것이다. 그 모습을 구체적으로 상상하여 간단하게 그림으로 표현해 보도록 하자.

관련 논문   유도만능줄기세포의 현재와 전망(김영진, 2014)

 이 논문에서는 미래에 과학 유망 분야인 최근까지의 유도만능줄기세포 및 리프로그래밍 기술에 대한 연구들의 리뷰를 통해 유도만능줄기세포의 메커니즘, 현재까지의 연구 진행 단계 및 한계점을 분석하고 이를 통해 앞으로의 가능성을 전망해 보는 것을 목표로 하고 있다.

관련 도서   《초공간》, 미치오 카쿠, 김영사
《기초 물리 사전》, 오가와 신지로, 그린북

관련 학과	글로벌신재생에너지학과, 물리교육과, 물리학과, 바이오소재과학과, 양자시스템공학과, 양자원자력공학과, 전기시스템공학과, 전기전자공학과, 전기전자교육과, 전기전자융합학과, 컴퓨터공학과
관련 교과	2022 개정 교육과정: 통합과학1, 통합과학2, 물리학, 융합과학 탐구, 역학과 에너지, 과학의 역사와 문화 2015 개정 교육과정: 통합과학, 생활과 과학, 물리학 I, 물리학 II, 융합과학, 과학사

미술관에 간 물리학자

서민아 | 어바웃어북 | 2020

이 책은 명화에서 물리학의 핵심 개념과 원리를 찾아 이야기한다. 예를 들어 샤갈의 성 슈테판 교회 스테인드글라스에는 퀀텀닷과 나노입자의 과학, 다빈치의 〈모나리자〉에는 '꿈의 전자파'라 불리는 테라헤르츠파의 과학 등의 내용이 담겨 있다. 이처럼 그림에서 찾아낸 물리법칙은 수식으로 설명하는 것보다 훨씬 쉬울 뿐만 아니라 아름답다. 이 책은 '프리즘'처럼 좀처럼 알아채기 힘든 물리학의 아름다움을 보여주고 있는 책이다.

탐구 주제

주제1 "누군가는 내 그림에서 시(詩)를 보았다고 하지만, 나는 오직 과학만 보았다."라고 점묘법을 개발한 신인상주의 화가 쇠라가 말했다. 쇠라는 광학과 물리학을 집요하게 탐구했는데, 그의 그림 <그랑드 자트 섬의 일요일 오후>의 캔버스에 적용된 물리학을 탐구해 보자.

주제2 물감이 퍼져나가는 방향 및 속도는 예측할 수 없다. 이러한 우연의 중첩 효과에 기반을 둔 폴록의 페인팅 기법은 양자 역학을 이해하는 핵심 개념인 불확정성의 원리와 맞닿아 있는데, 이 불확정성의 원리를 조사하고 폴록의 그림에 재현된 모습을 설명해 보자.

주제3 물리학과 미술의 상호작용으로 잉태된 작품 조사

주제4 현재 활용되고 있는 다양한 파장대의 빛의 모습 탐구

학생부 기록 예시 (교과세특)

이 책을 통해 만물의 이치를 탐구하는 과학 학문인 물리학이 예술이라는 영역에 어떻게 표현되고, 명화에 숨어 있었는지를 새롭게 알게 됨. 특히, 화가들이 '빛'이라는 현상에 집중하여 광학의 도움을 받은 경우가 많았으며, 이를 통해 인상주의 화가들은 빛에 의해 시시각각 달라지는 자연 현상을 그대로 캔버스에 재현하여 여러 예술사조를 탄생시켰다는 부분에 흥미를 느낌. 이에 따라 여러 명화를 두고 '빛'의 분석이 어떻게 드러나 있는지 직접 과학적 원리를 찾아봄.

탐구주제 확장 및 심화

엑스선, 적외선, 테라페르츠파 등의 파장으로 미술품을 분석한 예 조사해 보기
광학기술의 발전으로 예술가들이 빛의 파장을 다양하게 미술품 분석에 활용하고 있다. 직접 여러 빛의 파장을 조사하고 이 조사 방법을 통해 작품이 분석된 예를 조사하여 보자.

물리학자의 시선으로 그림을 감상해 보기
미술 작품을 단순히 미술의 관점으로 바라보는 것이 아닌 물리학자의 시선으로 적어도 두 작품 이상에 적용된 과학 법칙 탐구 및 현상 관찰을 해 보도록 하자.

관련 논문 　 20세기 상대성이론과 미술의 관계의 논의를 통한 과학교육에 대한 시사점(조헌국, 2014)

이 논문은 20세기 상대성이론과 초현실주의 미술의 탄생 배경을 살펴보고, 당시 미술 작품을 상대성이론의 관점에서 분석하였다. 20세기 화가들이 그린 미술 작품을 통해 동시성의 상대성, 시간 지연 효과, 길이 수축 효과, 중력렌즈 효과 등을 살펴볼 수 있다.

관련 도서 　 《빛이 매혹이 될 때》, 서민아, 인플루엔셜
《세상물정의 물리학》, 김범준, 동아시아

관련 학과 　 AI·빅데이터학과, AI소프트웨어학과, 나노전자물리학과, 데이터정보물리학과, 물리학과, 반도체물리학과, 응용물리학과, 전자물리학과, 전기시스템공학과, 전기전자교육과, 전기전자융합학과

관련 교과 　 2022 개정 교육과정: 통합과학1, 통합과학2, 물리학, 융합과학 탐구, 미술감상과 비평
2015 개정 교육과정: 통합과학, 생활과 과학, 물리학 I, 물리학 II, 융합과학, 미술감상과 비평

미적분의 힘

스티븐 스트로가츠 | 해나무 | 2021

미적분이 가진 위력과 원리, 그리고 미적분의 발전 과정을 흥미진진하게 풀어낸다. 고대 그리스의 아르키메데스부터 시작해 아랍과 인도의 수학자들, 갈릴레이, 케플러, 페르마, 뉴턴과 라이프니츠 등 빛나는 지성들이 미적분학의 탄생에 기여했다. 이후에 저자의 미적분학의 대서사시를 따라가면서 자연스럽게 미적분학의 존재를 느끼게 되며, 이로 인해 우리의 일상이 수천 년 동안 미적분학의 영향을 받았음을 자연스럽게 알게 되는 책이다.

탐구 주제

주제1 아르키메데스가 불멸의 명성을 누리는 진짜 이유는 수학에 남긴 업적 때문인데, 이는 그가 적분학의 기초를 닦았기 때문이다. 이러한 아르키메데스의 연구에서는 2개의 전략이 반복적으로 나타나는데, 이 전략들을 조사하고 분석해 보도록 하자.

주제2 갈릴레이는 단순히 권위자의 주장을 인용하거나 의자에 앉아 이론만 생각하는 대신에 세심한 관찰과 창의적인 실험, 나아가 수학 모형을 사용해 자연을 심문하였다. 갈릴레이의 가장 놀라운 발견인 홀수에 숨겨진 낙체의 법칙에 대해 분석하고 조사해서 발표해 보자.

주제3 미적분학의 탄생 배경 조사 및 연구

주제4 미적분학을 이용한 우주에 관한 이해 방법 토의

학생부 기록 예시 (교과세특)

도서 '미적분의 힘(스티븐 스트로가츠)'을 읽고 단순히 수학 계산 방법으로서의 미적분이 아닌 새로운 학문 분야로 인식을 꾀할 수 있었음. 특히 미적분학은 어렵고 복잡한 문제를 잘게 쪼개서 단순한 문제로 바꾼 뒤, 단순한 문제의 답을 다시 합쳐서 원래의 문제에 대한 해답을 찾는 과정이라는 인식을 새로이 할 수 있었고 이를 무한의 원리라고 명명하는 데에 흥미를 느낌. 미적분학의 역사를 간단히 도식화 시켜 정리하였고, 심화 탐구를 위해 관련 논문을 찾아보고 내용을 요약하여 제출함.

탐구주제 확장 및 심화

미적분학이 인도할 미래 방향 생각해 보기

미적분학은 인류 문명의 근간을 이루고 있고, 우주를 설명하는 가장 강력한 도구이다. 그 핵심 원리를 알고, 앞으로 미적분학이 변화시킬 수 있는 미래를 상상해 보자.

미적분학과 관련하여 뉴턴과 라이프니츠의 업적 조사해 보기

이전의 여러 학자가 미적분학의 발전에 어떻게 기여했는지 간략히 찾아보고, 마침내 뉴턴과 라이프니츠가 미적분을 완성한 과정 및 업적을 조사해 보자.

관련 논문   미적분학에 대한 역사적 고찰(서주희, 2003)

 이 논문에서는 역사적 수학발달 과정에서 출현된 미적분학의 발생적 원리에 관해 고찰한다. 미적분학의 기원이 된 아르키메데스의 구적법을 연구하고 수학사에서의 미적분학 구성의 교수학적 원리를 탐색하는 이 논문이 이 책의 내용을 심화시켜 줄 것이다.

관련 도서   《기묘한 수학책》, 데이비드 달링, 아그니조 배너지, MID

               《숫자는 어떻게 생각을 바꾸는가》, 폴 굿윈, 한국경제신문

관련 학과   기계공학과, 데이터응용수학과, 수학과, 수학통계학과, 전기시스템공학과, 전자물리학과, 정보수학과, 정보통계학과, 전기전자공학과, 전기전자교육과, 전기전자융합학과, 컴퓨터통계학과

관련 교과   2022 개정 교육과정: 공통수학1, 공통수학2, 대수, 미적분 I, 미적분 II, 실용 통계, 수학과제 탐구

                  2015 개정 교육과정: 수학, 수학 I, 수학 II, 미적분, 확률과 통계, 실용 수학, 기하, 수학과제 탐구

반도체 삼국지

권석준 | 뿌리와이파리 | 2022

이 책의 저자 권석준은 2019년 이후 글로벌 반도체 산업과 반도체 가치 사슬이 재편되고 있다고 한다. 미국은 중국을 봉쇄하려고 하고 중국은 2025년까지 반도체 자급률을 높이려고 노력하고 있다. 이 책은 반도체를 이야기하며 한국 경제를 말한다. 한국, 일본, 그리고 중국 반도체 산업의 현황과 역사, 그리고 앞으로의 구도와 전방을 기술 전략적 관점에서 풀어내는 명쾌하고도 흥미진진하게 전해주고 있는 책이다.

탐구 주제

주제1 중국 정부의 강력한 추진과 세계 최대 규모의 내수시장, 엄청난 인적 자원과 미국의 견제 역시 우리나라가 헤쳐나가야 할 상황이다. 2010년대 들어 극심해지는 미국과 중국의 반도체 기술 전쟁 속에서 살아남을 수 있도록 우리나라의 반도체 발전 방향성을 모색해 보도록 하자.

주제2 일본에 이어 반도체 산업을 주도하고 있는 우리나라의 입장에서는 일본의 반도체 산업 몰락을 남일이라 생각할 수 없는 처지에 놓여있다. 일본의 반도체 산업의 내리막길의 원인을 다각도로 분석해 보고, 이를 통해 우리나라가 특히 조심해야 할 부분을 탐구해 보자.

주제3 반도체 분야의 한국의 시급한 과제 연구 조사

주제4 반도체 산업에 대한 인력 양성 정책 모색

학생부 기록 예시 (교과세특)

가까운 나라 일본이 1980년대부터 1990년대 초반까지 세계 반도체 기업 상위 10개사 중 6개를 가지고 있었음에도 2020년, 상위 10개사에 일본 기업은 없는 현실이 한국의 반도체 산업의 미래가 될 수 있다는 사실에 경각심을 크게 느낌. 반도체 산업에 있어서 미국의 전략과 중국의 전략이 어떻게 다른지를 읽고, 대한민국의 반도체 산업이 나아가야 할 방향에 대해 진지하게 고민하는 모습을 보였음. 관련 기사와 논문을 읽고 본인의 생각을 덧붙여 글을 써 제출함.

탐구주제 확장 및 심화

중국의 '반도체 굴기 2025'의 허와 실 알아보기

중국의 반도체 산업은 2010년대 이후 매년 20~30퍼센트씩 급성장해 왔지만, 반도체 자급률은 낮은 편이다. 중국의 상태와 관련 정책을 우리나라가 나아가야 할 방향과 함께 알아보자.

'내가 만약 반도체 산업을 연구하는 과학자라면?' 생각해 보기

일본은 한국의 미래가 될 수 있고, 중국의 위험이 한국의 미래를 결정지을 수 있는 현실에서 우리나라가 헤쳐나가 돌파구를 찾을 수 있는 방법을 제시해 보도록 하자.

관련 논문 포스트 코로나와 반도체 산업 : 코로나19로 촉발된 반도체 밸류체인 분리 위험과 한국 반도체 산업의 대응전략(김기섭, 2020)

반도체 산업의 밸류체인 분리는 특정 국가와 기업이 가치 사슬에 고도로 전문화되어 독점하는 구조인 반도체 산업에 큰 충격을 줄 가능성이 있다. 이에 이 논문에서는 코로나19 이후에 재점화된 미국, 중국 간 반도체 밸류체인 단절 위험과 한국 반도체 기업의 대응 전략을 다룬다.

관련 도서 《디지털 트렌드 2024》, 김지혜, 책들의정원
《거대한 충격 이후의 세계》, 서영민, 위즈덤하우스

관련 학과 바이오소재과학과, 반도체과학기술학과, 반도체디스플레이학과, 반도체산업융합학과, 반도체설계학과, 반도체시스템공학과, 신소재공학과, 신소재화학과, 전기시스템공학과, 전기전자교육과, 전기전자융합학과

관련 교과 2022 개정 교육과정 : 통합과학1, 통합과학2, 정보, 인공지능 기초, 데이터 과학, 소프트웨어와 생활
2015 개정 교육과정 : 통합과학, 생활과 과학, 융합과학, 정보, 공학 일반, 지식 재산 일반

반도체 오디세이
이승우 | 위너스북 | 2023

이 책의 저자는 반도체라는 조그마한 칩이 탄생하기까지 인류가 어떤 궤적을 그려왔는지, 기술의 발달 그 한가운데에서 어떤 인물들이 새로운 역사를 써왔는지를 재미있는 서사시를 들려주듯 전해준다. 호기심과 지적 탐구로 컴퓨터를 발명시켜온 인물들의 이야기를 따라 읽다 보면 자연스레 반도체의 제조공정에 관한 이야기도 만나게 된다. 또한 반도체를 둘러싼 현재의 세계정세와 빠질 수 없는 AI기술에 대해서도 설명하고 있다.

탐구 주제

주제1 반도체 산업의 기본적인 발전 방향은 더 많은 트랜지스터를 단일 칩에 집어넣을 수 있도록 더 작은 크기로 만들어 내는 것이다. 이것을 가능하게 한 수십 년간 컴퓨팅 성능의 기하급수적 성장을 가능하게 한 핵심인 무어의 법칙을 조사하여 글로 표현해 보자.

주제2 애플은 공식적으로 반도체 기업이 아니다. 반도체 매출도 집계되지 않는다. 그러나 비공식적으로는 이미 가장 중요한 반도체 업체 중 하나라 할 수 있는데 이와 같은 현상이 벌어지는 이유를 분석하고 한국의 반도체 산업이 나아가야 할 방향을 모색해 보자.

주제3 우리나라의 반도체의 수직적, 수평적 통합을 강화 방안 고찰

주제4 범용 컴퓨터의 기본 아키텍쳐를 확립한 폰 노이만 업적 탐구

학생부 기록 예시 (교과세특)

도서 '반도체 오디세이(이승우)'를 읽고 컴퓨터의 시초인 기계식 계산기의 발달부터 전기의 발견으로 인한 트랜지스터의 발명까지, 반도체가 탄생하게 된 기술사적 흐름을 훑어봄. 나아가 앨런 튜링과 폰 노이만 등 컴퓨터 개발사의 굵직한 인물들에 대해 새로이 알게 됨. 특히 반도체 지형에 지울 수 없는 흔적을 남긴 선구자, 혁신가, 개척자들의 이야기에 등장한 '강대원 박사'의 놀라운 업적을 알게 되어 박사의 연구 과정을 관련 기사를 통해 추적해 보는 경험을 함.

탐구주제 확장 및 심화

TSMC의 미국과의 상호 협력적 관계 구도 파악해 보기

대만은 미국의 반도체 업체들과 경쟁하지 않는다는 원칙을 강조한다고 한다. 이로써 미국과 대만이 얻게 되는 이점을 각각 조사하고, 우리나라가 나아가야 할 방향을 모색해 보자.

한국의 반도체 시장의 강점 찾아 발전시킬 방안 모색해 보기

한국 반도체 산업의 경쟁력은 알려진 것보다 훨씬 더 취약하다. 한국의 반도체 산업은 어쩌면 모래 위에 지어진 성일지도 모른다는 걱정을 잠식시킬 수 있는 강점을 찾아보자.

관련 논문 한국 반도체산업의 성장사: 메모리 반도체를 중심으로(김수연 외, 2015)

이 논문에서는 한국 메모리 반도체 산업의 역사를 태동기(1965년~1981년), 성장기(1982년~1991년), 성숙기(1992년~1996년), 위기극복기(1997년~2006년), 재도약기(2007년~현재)의 5단계로 구분하여 시기별 특성과 전략을 분석하고 있다.

관련 도서 《반도체 경제를 쉽게 읽는 책》, 김희영, 갈라북스
《문과생도 알아두면 쓸모있는 반도체 지식》, 이노우에 노부오, 구라모토 다카후미, 동아엠앤비

관련 학과 글로벌신재생에너지학과, 물리교육과, 물리학과, 바이오소재과학과, 양자시스템공학과, 양자원자력공학과, 전기시스템공학과, 전기전자공학과, 전기전자교육과, 전기전자융합학과, 컴퓨터공학과

관련 교과 2022 개정 교육과정: 통합과학1, 통합과학2, 정보, 인공지능 기초, 데이터 과학, 소프트웨어와 생활
2015 개정 교육과정: 통합과학, 생활과 과학, 융합과학, 정보, 공학 일반, 지식 재산 일반

컴퓨터공학

소프트웨어공학

기계공학

로봇공학

전기전자공학

화학공학

핵심키워드

반도체 인사이트 센서 전쟁

주병권 외 | 교보문고 | 2023

자율주행차가 스스로 장애물을 피해 운전할 수 있는 것도, AI 로봇이 스스로 딥러닝하게 만드는 것도, 소비자 패턴을 파악해 마케팅에 유의미한 빅데이터를 축적하는 것도 모두 센서가 있기에 가능한 일이다. 이 책에서 저자들은 성장 가능성이 큰 센서 시장의 현재와 미래를 조망하고 있다. 인공지능과 사물인터넷의 활용부터 제로 에너지 빌딩 등의 곧 펼쳐질 미래까지 반도체 센서 기술에 관한 광범위한 내용이 이 책에 담겨 있다.

탐구 주제

주제1 반도체 센서가 활용되는 분야가 확대되면서 데이터도 늘어나는데, 이렇게 생성된 데이터를 정보로 만들기 위해서는 초연결 및 초지능을 가능하게 하는 여러 기술이 필요하다. 여기서 필요한 기술들은 4차 산업혁명의 핵심이기도 한데, 이 기술들에 대해 분석하고 탐구해 보도록 하자.

주제2 미래 모빌리티는 전동화를 통해 움직이는 다양한 이동 수단이 서로 긴밀하게 연결돼, 최적의 이동 경로를 통해 시간을 단축시킴으로써 이동하는 경험이 즐거움이 될 수 있는 방향으로 진화하고 있다. 미래 모빌리티의 발전 방향을 예측하여 보고서를 써 보자.

주제3 미래 바이오 테크 발전 모습 모색

주제4 변화될 교육 플랫폼의 방향 탐구 토의

학생부 기록 예시 (교과세특)

도서 '반도체 인사이트 센서 전쟁(주병권 외)'을 읽고 반도체가 중요한 동시에 반도체 '센서'가 중요하다는 것을 새로이 인식함. 나아가 이는 시스템 반도체 시장 예상 규모의 4배에 달하는 수치를 기록하고 있어 발전이 시급하다는 경각심을 느낌. 이 책에서 특히 4차 산업혁명에서 더 나아가 5차 산업혁명을 논할 때 인간과 로봇과의 공존에 대한 예측에 흥미를 크게 느끼고 관련 논문과 신문 기사를 요약하여 자신의 생각을 덧붙여 앞으로의 반도체 센서의 발전 방향에 대해 발표함.

탐구주제 확장 및 심화

기존 리테일 매장과 비교하여 베타 스토어의 변화 모습 표현해 보기
기존 리테일 매장은 제품 판매를 강조하지만, 베타 스토어는 고객 데이터 수집에 집중한다. 이와 같은 베타 스토어의 개략적인 특징을 조사하여 글과 그림으로 표현해 보자.

한국에 고포워드를 정착시킬 수 있는 방향 모색해 보기
고포워드는 AI를 이용한 원격 의료기관인 테크노클리닉이다. 미래의 병원은 치료보다 예방 중심, 직접 진료보다 원격 진료로 나아간다. 한국에 바람직하게 정착시킬 방안을 모색해 보자.

관련 논문 디지털트윈을 이용한 예측 기반 공급망 최적화에 관한 연구(김동훈, 2023)

이 논문에서는 공급망 모니터링, 예측 이상 상황 대응을 통해 구성원 전체의 운영 효율성을 높일 수 있는 공급망 디지털트윈 방법론을 제안하고 있다. 이를 위하여 디지털트윈 애플리케이션 운영을 위한 프로세스도 정의하고 있다. 나아가 자동차 차체에 생산 회사에도 접목시키고 있다.

관련 도서 《2030 반도체 지정학》, 오타 야스히코, 성안당
《표류하는 세계》, 스콧 갤러웨이, 리더스북

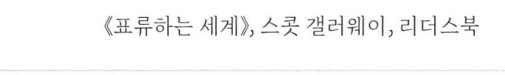

관련 학과 바이오소재과학과, 반도체과학기술학과, 반도체디스플레이학과, 반도체산업융합학과, 반도체설계학과, 반도체시스템공학과, 신소재공학과, 신소재화학과, 전기시스템공학과, 전기전자교육과, 전기전자융합학과

관련 교과 2022 개정 교육과정: 통합과학1, 통합과학2, 정보, 인공지능 기초, 데이터 과학, 소프트웨어와 생활
2015 개정 교육과정: 통합과학, 생활과 과학, 융합과학, 정보, 공학 일반, 지식 재산 일반

반도체 제국의 미래
정인성 | 이레미디어 | 2024

반도체 산업의 발전과 변화 속도는 어떤 분야와도 비교할 수 없을 만큼 빠르다. 저자의 날카로운 시선으로 각 기업이 구사한 전략의 구체적이고 생생한 사례, 데이터와 전문지 등을 기반으로 한 근거와 전망, 합리적인 미래 예측까지 안내한다. 기업계 최신 동향을 덧붙여 혼란스러운 패권 다툼 속 산업의 향방을 추측할 수 있도록 돕고 있고, 반도체 산업의 과거와 현재를 한눈에 돌아보고 미래를 전망하고 있다.

탐구 주제

주제1 이 책은 반도체 설계부터 제조까지의 전 공정과 패키징 같은 후공정까지 전반적인 공정을 자세히 설명하고 있는데, 반도체 제조 과정은 크게 시장조사, 설계, 제조, 테스트, 패키징으로 구성된다. 각 제조과정에 대해 구체적으로 분석하고 탐구해 보도록 하자.

주제2 반도체 설계가 전문화되어 있는 회사를 팹리스 회사라고 한다. 팹리스 관점에서 파운드리 사업이 무엇인지 알아보고 급변하는 파운드리 시장에서 반도체 업계의 양강 구도를 구축하고 있던 삼성전자, TSMC 앞에 어떤 변화의 바람이 불지 고찰해 보도록 하자.

주제3 세계 반도체 시장의 거시적 구도와 전망 예측

주제4 반도체를 활용하고 있는 산업 종류 조사

학생부 기록 예시 (교과세특)

이 책을 통해 반도체를 둘러싼 산업 구조에 대한 이해의 기반을 넓히고, 반도체 산업의 확장된 흐름을 살펴볼 수 있었음. 반도체 산업은 그 어느 산업보다 역동적이고 치열하다는 경각심을 느낌. 특히 미국 백악관이 발표한 반도체 공급망 보고서로 한층 더 치열해진 반도체 시장 각축전에서 한국이 제대로 자리매김하기 위해 어떤 노력을 해야 하는지 생각해 보고 앞으로 나아가야 할 방향, 발전을 가로막고 있는 부분의 문제점 해결 방안 등을 생각해 내어 발표함.

탐구주제 확장 및 심화

삼성전자 반도체 산업을 조사해 보기
한국의 반도체 산업의 대표주자는 단연 삼성전자라 할 수 있다. 삼성전자가 성공한 반도체 산업 시장에서의 무모한 도전의 역사를 조사해 간단히 정리해 보자.

미국과 중국 이외에 대만의 반도체 회사 TSMC 경쟁력 향후 전망해 보기
미국과 중국 양국의 혁신도 헤쳐나가야 할 과제지만, 대만도 무섭게 추격하고 있다. 각종 자료를 활용해 대만 반도체 시장의 방향성을 전망하고, 우리가 나아가야 할 길을 찾아보자.

관련 논문 미중 반도체 경쟁과 한국의 대응전략 모색(정해정, 2022)

이 논문은 미국과 중국 간의 반도체 경쟁이 격화되는 구조적 원인을 규명하고, 향후 전망을 예측함으로써 한국의 대응 전략을 모색하고 있다. 이를 위해 기존의 기술혁신과 패권 이행에 관한 국제정치이론을 고찰하였고, 양국의 반도체 산업 현황 및 지원 정책을 분석하고 있다.

관련 도서 《반도체가 그렇게 중요한가요?》, 김보미, 채인택, 서해문집
《낯선 기술들과 함께 살아가기》, 김동광, 풀빛

관련 학과	바이오소재과학과, 반도체과학기술학과, 반도체디스플레이학과, 반도체산업융합학과, 반도체설계학과, 반도체시스템공학과, 신소재공학과, 신소재화학과, 전기시스템공학과, 전기전자교육과, 전기전자융합학과
관련 교과	2022 개정 교육과정: 통합과학1, 통합과학2, 융합과학 탐구, 생활과학 탐구, 정보, 지식 재산 일반 2015 개정 교육과정: 통합과학, 생활과 과학, 융합과학, 정보, 공학 일반, 지식 재산 일반

컴퓨터공학

소프트웨어공학

기계공학

로봇공학

전기전자공학

화학공학

물리학, 양자, 플랑크, 열역학

세상에서 가장 쉬운 과학 수업: 양자혁명

정완상 | 성림원북스 | 2023

이 책의 저자는 플랑크의 양자론에 초점을 맞추었다. 플랑크가 양자론 최초의 논문을 완성한 시점에서 이 논문을 쓰기 위해 공부했던 열역학 이야기를 역사적으로 재미있게 풀었다. 동시에 플랑크가 사람들에게 알려주고 싶어 했던 것을 그의 오리지널 영문 논문으로 자세히 소개한다. 또한 위대한 발견을 한 과학자들의 에피소드와 함께 수식이 등장한다. 어렵다고 느낄 필요 없이 고등학교 수준의 수학 내용만 알면 이해할 수 있는 책이다.

탐구 주제

주제1 플랑크 양자론을 논한 논문의 영향으로 기존의 물리 이론은 수정되었고, 핵물리학이나 소립자물리학도 양자론을 채택하는 등 고체물리학 역시 양자론의 개념을 받아들이게 된다. 플랑크 논문은 양자시대를 활짝 열었다는 평가를 받는데, 이 논문이 이후의 과학사에 끼친 영향을 탐구해 보자.

주제2 부분적분법은 곱의 미분법에 대응되는 적분법으로, 두 함수의 곱으로 표현된 함수의 적분을 구하는 데 유용한 적분법이다. 이 개념을 팩토리얼과 연결한 내용이 플랑크의 논문 본문에 등장한다. 이 개념을 분석하고 간략하게 내용을 설명해 보자.

주제3 플랑크의 논문을 완성한 아인슈타인 광전 효과 내용에 대한 토의

주제4 양자의 존재를 밝힌 강력한 콤프턴 효과에 대한 분석

학생부 기록 예시 (교과세특)

이 책을 통해 노벨상 수상이라는 큰 업적을 이룬 과학자의 논문을 일대일 수업을 듣는 듯이 친숙하게 받아들일 수 있는 기회를 가짐. 특히, 플랑크의 양자론 첫 번째 논문을 통해 흑체복사 실험의 해석부터 양자라는 입자의 증명까지의 역사적 흐름을 한눈에 읽어 봄. 한국은 많은 학생이 우수함에도 아직 노벨과학상 수상자가 배출되지 않았다는 사실에 안타까움을 느끼고 자신의 과학자로서의 길에 필요한 탐구 및 연구 의지를 다지며 진로 설계에 이를 반영함.

탐구주제 확장 및 심화

플랑크 이외의 다른 노벨과학상 수상자의 논문 살펴보기

요즘에는 의지만 있다면 손쉽게 노벨상 수상자의 논문을 직접 살펴볼 수 있다. 이 책에 소개된 과학자 이외에 다른 과학자의 논문을 살펴보고 내용을 요약해 보자.

특정한 물리 이론 한 가지를 정하고, 그 이론의 역사적 배경 및 탄생 살펴보기

위대한 과학 이론 한 가지를 선택하여 탄생의 역사적 배경과 에피소드를 찾아보고, 과학에 관한 관심과 흥미를 높여보는 활동을 해 보도록 하자.

관련 논문 플랑크 흑체 복사 이론의 설명 방식 분석을 통한 물리교사 교육에의 시사점 탐색(권상운, 김홍빈, 2021)

흑체 복사 이론은 흔히 양자물리학의 시작이라고 여겨지며, 대부분의 양자 역학 교육에서 가장 먼저 다루는 내용이다. 이 논문을 통해 플랑크의 흑체 복사 공식 및 양자 개념의 형성과정과 함께 그의 흑체복사 이론이 물리학 맥락에서 어떤 구조와 의미가 있는지 이해할 수 있다.

관련 도서 《물리적 힘》, 헨리 페트로스키, 서해문집
《물리·화학대백과사전》, 사와 노부유키, 동양북스

관련 학과 글로벌신재생에너지학과, 물리교육과, 물리학과, 바이오소재과학과, 양자시스템공학과, 양자원자력공학과, 전기시스템공학과, 전기전자공학과, 전기전자교육과, 전기전자융합학과, 컴퓨터공학과

관련 교과 2022 개정 교육과정: 통합과학1, 통합과학2, 물리학, 역학과 에너지, 전자기와 양자, 융합과학 탐구
2015 개정 교육과정: 통합과학, 과학탐구 실험, 물리학 I, 물리학 II, 생활과 과학, 융합과학

세상에서 가장 쉬운 과학 수업: 특수상대성이론

정완상 | 성림원북스 | 2023

이 책은 26세 청년 아인슈타인의 특수상대성이론 최초의 논문에 초점을 맞추었다. 첫 번째 만남에서 갈릴레이와 뉴턴 역학을 다루었고, 두 번째 만남에서는 광속을 측정한 사람들과 에테르를 믿었던 과학자의 이야기를 한 후세 번째 만남에서 아인슈타인의 논문 1부를 강의하고 네 번째 만남에서 전자기학의 역사, 다섯 번째 만남에서 맥스웰 방정식을 논의했다. 여섯 번째 만남에서 논문 2부를 강의하였고 마침내 $E = Mc^2$ 공식에 도달한다.

탐구 주제

주제1 특수 상대성이론, 또는 특수상대론은 빛의 속도에 견줄 만한 속도로 움직이는 물체들을 다루는 역학 이론이다. 특수 상대성 이론은 기본적으로 두 개의 가정에서 시작한다. 이 두 개의 가정의 내용을 설명하고, 특징을 분석하는 보고서를 써 보도록 하자.

주제2 시간 팽창은 과학자 아인슈타인이 주창한 일반 상대성 이론의 결과물 중 하나로, 시간 기준계가 절대적이라는 기존의 가정을 부정하고 상대적 시간기준계를 제시한 이론이다. 절대 시간과 상대 시간의 용어를 조사 및 정리해 보고 시간 팽창을 뒷받침하는 내용을 탐구해 보자.

주제3 파동의 진동수를 다르게 느끼게 하는 도플러 효과 조사

주제4 광속으로 움직이는 빛의 파동 조사 및 탐구

학생부 기록 예시 (교과세특)

도서 '세상에서 가장 쉬운 과학 수업 : 특수상대성이론(정완상)'을 읽고 어렵다고만 생각해 왔던 특수상대성이론이 나오기까지의 방대한 물리학 지식 형성 과정을 새로이 알게 됨. 특히 논문 해설을 직접 볼 수 있어서 이론을 발견한 과학자에 대해서도 자세히 알 수 있었던 점과 새로운 발견에 대한 에피소드에 대한 정보에 흥미를 느낌. 시간이 절대적인 것이 아니라는 이론에 관심을 가지고 관련 내용에 대한 추가 논문 및 도서를 찾아 읽고 내용을 요약하여 발표함.

탐구주제 확장 및 심화

거대한 자석으로서의 지구, 자기장에 관해 연구해 보기
지구는 그 자체로 커다란 자석이라고 볼 수 있다. 지구 안의 어떤 성분과 힘이 그러한 역할을 하고 있는지 조사하고 탐구해 보도록 하자.

앙페르의 법칙을 찾아보고 발표해 보기
전류와 전류 사이에 작용하는 힘을 설명한 법칙이 앙페르의 법칙이다. 이 법칙의 관련 개념과 활용 방법을 조사하고 정리해 보자.

관련 논문 특수상대성이론과 칸트의 시간이론(김필영, 2011)

특수상대성이론에 따르면 운동에 따라 시간의 속도는 느려지며, 어떤 관찰자에게 동시 사건이 다른 관찰자에게 동시 사건이 아니다. 이 글의 목적은 이미 검증되어 예측 가능한 특수상대성이론의 현상이 어떠한 철학적 함축을 가지는지를 검토하는 것이다.

관련 도서 《양자역학의 세계》, 가다야마 야수히사, 전파과학사
《클래식 파인만》, 리처드 파인만, 사이언스북스

관련 학과	글로벌신재생에너지학과, 물리교육과, 물리학과, 바이오소재과학과, 양자시스템공학과, 양자원자력공학과, 전기시스템공학과, 전기전자공학과, 전기전자교육과, 전기전자융합학과, 컴퓨터공학과
관련 교과	2022 개정 교육과정 : 통합과학1, 통합과학2, 물리학, 융합과학 탐구, 역학과 에너지, 과학의 역사와 문화 2015 개정 교육과정 : 통합과학, 생활과 과학, 물리학 I, 물리학 II, 융합과학, 과학사

세상에서 가장 쉬운 양자역학 수업

리먀오 | 더숲 | 2018

이 책은 마윈의 과학 스승이자 중국 최고의 천체 물리학자 리먀오 교수가 청소년에게 이야기로 들려주는 양자 역학 이야기이다. 어렵고 다가가기 어려울 수도 있는 물리학 개념을 흔히 볼 수 있는 일상적인 대상에 빗대어 설명하고 있다. 나아가 물리학사에 등장하는 아인슈타인, 막스 플랑크, 베르너 하이젠베르크 등의 많은 과학자들을 친근하게 소개할 뿐만 아니라, 다채로운 그림을 담아 쉽게 이해할 수 있도록 하고 있다.

탐구 주제

주제1　우리는 주위에서 흔히 복사기를 볼 수 있다. 사진이나 글씨가 가득한 종이를 복사기에 대면 똑같은 글씨나 그림이 인쇄된 종이가 출력된다. 거시 세계에서는 어떤 물건이든 복사할 수 있다. 이와 대비하여 미시 세계에서의 양자 복제의 가능성 여부를 판단하고 탐구하는 글을 써 보자.

주제2　인간의 대뇌를 컴퓨터에 비유해서 설명을 하는 경우가 많다. 우선 인간의 대뇌를 컴퓨터의 처리 과정에 빗대어 그 과정을 설명해 보고 그것이 고전 컴퓨터인지 양자 컴퓨터인지, 다시 말해 뉴런은 어떤 것을 닮았는지 조사 및 분석하여 글을 써 발표해 보도록 하자.

주제3　물질이 안정성을 유지하는 방법 정리 및 모색

주제4　레이저와 양자 역학의 공통점 분석 정리

학생부 기록 예시 (교과세특)

도서 '세상에서 가장 쉬운 양자역학 수업(리먀오)'으로 뉴턴이 만든 고전 역학이 우리 일상생활의 거시적 세계에만 적용되는 데 반해, 양자 역학은 원자, 분자, 소립자 등의 미시적 대상에 적용되는 역학이라는 사실을 새로이 인식함. 특히 복사기와 컴퓨터에 빗대어 양자를 이해하는 부분을 통해 양자에 대해 깊은 이해를 꾀함. 양자는 복제가 불가능하지만 전송은 가능하다는 사실을 알게 된 후, 관련 내용에 대해 질문하고 답을 찾아가는 활동을 해서 내용을 정리해 제출함.

탐구주제 확장 및 심화

레이저와 눈사태의 공통점 찾아보기
레이저와 눈사태가 공통점을 가지고 있다고 한다. 어떠한 점에서 공통점이 있는지, 또한 그 현상이 어떤 의미가 있는지 여러 서적을 통해 찾아보도록 하자.

물질의 안정성을 탐구해 보기
물질의 안정성을 무도회에서 사람들이 춤을 추는 상황에 빗대어, 어떤 원리로 이 세계의 모든 물질이 폭파하지 않고 유지를 할 수 있는지를 탐구해 보자.

관련 논문　양자기술을 이용한 양자컴퓨터와 양자점 디스플레이의 응용(홍수진, 2022)

양자 기술은 양자 고유의 특성인 얽힘과 중첩 등을 활용하여 기존 기술의 한계를 뛰어넘는 양자컴퓨팅과 양자통신, 양자센서를 가능하게 하는 혁신기술이다. 이 논문은 양자점의 양자구속효과를 이용하여 양자점을 발광층으로 사용하여 양자점 디스플레이에 응용되는 기술을 논한다.

관련 도서　《모든 순간의 물리학》, 카를로 로벨리, 쌤앤파커스
　　　　　　《괴짜 교수 크리스 페리의 빌어먹을 양자역학》, 크리스 페리, 김영사

관련 학과　글로벌신재생에너지학과, 물리교육과, 물리학과, 바이오소재과학과, 양자시스템공학과, 양자원자력공학과, 전기시스템공학과, 전기전자공학과, 전기전자교육과, 전기전자융합학과, 컴퓨터공학과

관련 교과　2022 개정 교육과정: 통합과학1, 통합과학2, 물리학, 융합과학 탐구, 역학과 에너지, 과학의 역사와 문화
　　　　　　　2015 개정 교육과정: 통합과학, 생활과 과학, 물리학 I, 물리학 II, 융합과학, 과학사

세상에서 가장 쉬운 재미있는 물리

미사와 신야 | 미디어숲 | 2023

이 책의 저자는 누구나 품을 법한 세상만사에 관한 호기심을 시작으로 복잡한 수식 없이도 자연스럽게 독자를 물리의 세계로 안내한다. 우리 일상생활에서 한 번쯤 궁금증을 품을 법한 질문에 간명한 물리 법칙으로 해답을 주면서 우리의 잠자는 이과 지능을 일깨운다. 힘과 운동, 일과 에너지, 열과 온도, 빛과 파동, 전자와 전기까지 기본 물리 개념이 담겨 있고, 일상 속 궁금증을 풀어가며 흥미진진하게 기본 지식을 알려준다.

탐구 주제

주제1 강물에 떠내려간 사람을 구조하기 위해 튜브를 던지는 상황을 가정해 보도록 하자. 한 개는 사람 위치보다 상류, 다른 한 개는 하류 쪽으로 튜브를 던졌다. 이 사람이 조금이라도 빨리 구조되기 위해 어디로 헤엄쳐야할 지를 물리학적 관점에서 고찰하여 탐구해 보자.

주제2 화상을 입는 상황을 가정해 보자. 온도가 같은 상태에도 단순히 뜨거운 '물'에 화상을 입을 때에 비하여 '된장국'에 화상을 입게 된 상황이 피해가 더 크다. 물과 된장국의 분자의 크기를 고려하여 그 이유를 물리학적 관점에서 조사하여 보고서를 써 보도록 하자.

주제3 달릴 때 팔을 굽히고 달리는 이유 모색

주제4 브레이크를 밟는 것만으로 무거운 차가 멈추는 원리 탐구

학생부 기록 예시 (교과세특)

이 책을 통해 우리가 흔히 보는 자연 현상뿐만 아니라 일상에 도움을 주는 기기의 작동 원리 등 다양한 문제를 물리 법칙을 이용해 흥미롭게 보는 법을 새로 익히게 됨. 일상 속에서 흔히 접하게 되는 상황과 쉽게 떠올릴 수 있는 질문에 대한 답으로 이루어져 있는데 특히 운석이 떨어지면 폭풍이 발생하는 이유, 지구의 자기장은 이미 몇 번이나 역전해 왔다는 사실 등에 흥미를 느낌. 답을 바로 읽지 않고 자신만의 생각으로 추측하여 적극적인 읽기를 행함.

탐구주제 확장 및 심화

N극만 있거나 S극만 있는 자석의 존재 가능성 파악해 보기
자석의 원리를 조사하여 N극과 S극 중 한쪽만으로 이루어진 자석이 존재할 수 있는지를 파악하고 그 이유와 원리를 조사해 보도록 하자.

전자기파를 사용하여 신체 내부를 볼 수 있는 원리 조사해 보기
전자기파를 활용하면 몸속을 관찰할 수 있다고 한다. 이 원리를 조사하여 가능케 하는 원리에 대해 간략히 글로 정리해서 발표해 보자.

관련 논문 우주공간의 무중력환경에 특화된 건축공간구조 연구 (구봉진, 2023)

우주는 우리가 사는 지구의 환경과 다른 차원의 제약들이 있다. 이는 우리에게 익숙한 건축과는 다른 모습일 것이다. 이 논문의 연구 주제는 그러한 우주 속 무중력 환경의 물리적 특성들을 알아보고, 무중력 환경에 적합한 공간구조를 탐색하는 데에 그 목적이 있다.

관련 도서 《양자역학 쫌 아는 10대》, 고재현, 풀빛
《물리 오디세이》, 이진오, 한길사

관련 학과	물리학과, 양자시스템공학과, 양자원자력공학과, 컴퓨터공학과, 물리교육과, 바이오소재과학과, 글로벌신재생에너지학과, 전기전자공학과, 전기시스템공학과, 전기전자교육과, 전기전자융합학과
관련 교과	2022 개정 교육과정: 통합과학1, 통합과학2, 물리학, 역학과 에너지, 전자기와 양자, 융합과학 탐구 2015 개정 교육과정: 통합과학, 과학탐구 실험, 물리학 I, 물리학 II, 생활과 과학, 융합과학

컴퓨터공학

소프트웨어공학

기계공학

로봇공학

전기전자공학

화학공학

핵심키워드	물리학, 이중성, 양자화, 불확정성 원리

수식 없이 술술 양자물리

쥘리앙 보브로프 | 북스힐 | 2023

이 책의 저자는 양자물리학에서 가장 중요한 개념들을 과감한 삽화와 참신한 비유를 통해 이해하기 쉽게 설명하고 있다. 파동함수, 양자화, 불확정 원리, 터널 효과, 결잃음, 양자 얽힘 등 양자물리학에서 기본적이며 가장 중요한 개념들을 총망라하고, 양자 컴퓨터, 초전도성, 양자 생물학 등 이 분야 최신 기술을 소개할 뿐만 아니라, 양자물리학이 생물과 미래, 인류에게 미치는 영향 또한 이야기하고 있다.

탐구 주제

주제1 저자에 의하면 양자 컴퓨터의 수많은 잠재적 사용 분야 중 가장 큰 영향을 미칠 수 있는 것은 분자 시뮬레이션일 것이라고 한다. 이 슈퍼컴퓨터는 화학공업의 새로운 촉진제로서 자리매김할 것이라고 하는데, 양자 컴퓨터가 무엇인지와 그 역할을 조사하여 보고서를 써 보자.

주제2 입자가 자신이 갖는 에너지보다는 높은 장벽을 어느 확률로 뚫고 나가는 현상을 양자 역학 분야에서는 터널 효과라고 한다. 터널 효과는 파동적 성격이 있는 입자에서 공통적으로 볼 수 있는데, 이 터널 효과가 가능한 종류와 활용 범위를 탐구해 보자.

주제3 텔레파시를 주고 받는 입자들의 '얽힘'에 관한 연구

주제4 양자 물리학이 생물, 미래 그리고 인류에게 미치는 영향 탐구

학생부 기록 예시 (교과세특)

도서 '수식 없이 술술 양자물리(쥘리앙 보브로프)'를 읽고 현대 물리학의 역사를 전체적으로 조망할 수 있었으며, 현재를 이해하고 미래의 전망까지 살펴봄. 특히 베토벤이 전혀 듣지 못하는 상태에서 최고의 교향곡 '합창'을 작곡한 배경에 양자 물리학이 있었다는 사실에 크게 흥미를 느낌. 이와 관련하여 소리의 파동과 양자 물리학과의 관계를 다른 도서 및 논문을 통해 찾아보고 이해한 내용을 요약해 제출함. 일상 곳곳에 숨어 있는 양자 물리학의 원리를 찾아보는 적극성을 보임.

탐구주제 확장 및 심화

스마트폰에 숨은 양자물리학 원리 찾아보기

양자물리학은 우리 일상 생활 곳곳에 숨어 있다. 친숙한 물건 중 하나인 스마트폰에 숨은 양자물리학의 원리를 찾아 급우 앞에서 발표해 보도록 하자.

원자는 어떻게 생겼는지 상상해 보기

과연 세상을 이루고 있다고 해도 과언이 아닌 원자는 어떻게 생겼을까? 우선 조사하기 전 미리 상상하여 모양을 그려본 후, 조사된 모양을 그려 그림으로 비교해 보자.

관련 논문 불확정성 원리에 대한 고등학생의 개념구조(김희웅, 2022)

 이 논문에서는 고등학생들이 불확정성 원리를 학습할 때 형성하는 정신모형을 토대로 지식과 신념을 분석하고 개념구조를 제시하는 것을 연구 목표로 하였다. 불확정성의 원리와 개념구조 및 이를 교육할 때 참고할 요인과 이론적 요인을 알아보고 있다.

관련 도서 《양자역학 이야기》, 팀 제임스, 한빛비즈
《어떻게 물리학을 사랑하지 않을 수 있을까?》, 짐 알칼릴리, 월북

관련 학과 물리학과, 양자시스템공학과, 양자원자력공학과, 컴퓨터공학과, 물리교육과, 바이오소재과학과, 글로벌신재생에너지학과, 전기전자공학과, 전기시스템공학과, 전기전자교육과, 전기전자융합학과

관련 교과 2022 개정 교육과정: 통합과학1, 통합과학2, 물리학, 역학과 에너지, 전자기와 양자, 융합과학 탐구
2015 개정 교육과정: 통합과학, 과학탐구 실험, 물리학 I, 물리학 II, 생활과 과학, 융합과학

수학이 필요한 순간
김민형 | 인플루엔셜 | 2018

이 책의 저자는 이 시대에 필요한 수학적 사고에 관한 깊은 탐구와 메시지를 오롯이 담았다. 노벨 경제학상을 받은 게일 섀플리 이론, 애로의 불가능성의 정리, 오일러의 수나 내면 기하처럼 물리학과 수학의 경계를 넘나드는 현대 수학의 개념들까지도 쉬운 언어로 쓰여 있어 누구든 쉽게 이해할 수 있게 구성되어 있다. 마치 강의실에 앉아 있는 듯 질문과 답으로 구성된 이 책을 따라가면 차근차근 생각의 온도가 높아질 것이다.

탐구 주제

주제1   하이드파크에서 10명이 살해되었다. 이 일은 큰일일까? 한 사람이라도 죽으면 안 되지만 수만 명을 죽음으로 몰 수도 있었던 테러를 막는 과정이었다면? 이러한 윤리적인 판단 속에서도 수학의 확률이 작동하고 있다. 이 상황에 대해 분석하고 자신의 생각에 대한 타당성을 말해 보자.

주제2   답이 없어도 좋다고 말하는 저자는, 대표자를 선출하는 방법에는 수십 가지가 있지만 어떤 것도 완벽할 수는 없다고 한다. 여러 사회문화적 사항을 고려해야 하고 현실적 딜레마를 무릅쓰고 적당한 답을 찾는 과정에 본질에 다가선다. 이를 통해 '수학의 본질'에 대해 고찰해 보자.

주제3   수학이라는 분야에 있어서의 '효율성'에 관한 고찰

주제4   정답이 아닌 좋은 질문을 찾는 것의 중요성 토의

학생부 기록 예시 (교과세특)

이 책을 통해 익숙하게 사용하는 연산, 매일 이야기하는 확률, 쉽게 그리는 좌표 등도 한때는 전문가들에게는 복잡한 난제였다는 사실을 새로이 인지함. 지금 어려운 수학 이론도 언젠가는 자연스럽게 떠올리는 상식이 될 수 있고 그 과정에는 수학적 사고라는 중요한 개념이 필요하다는 것을 알게 됨. 수학을 대할 때 늘 정답을 빨리 찾는 과정에 관한 생각만 해오던 자신을 반성하고 좋은 질문을 던지려는 연습을 해 보고, 질문 리스트를 만들어 제출함.

탐구주제 확장 및 심화

틀린 증명, 틀린 정리를 조사하고 과정 분석해 보기
수학사에는 틀린 증명과 틀린 정리가 많았다. 그런데 오히려 그 수많은 실패가 현상을 이해하게 하는 데 더 큰 도움을 주곤 했다. 이를 찾아 조사하여 분석해 보자.

'우주가 휘어졌다'라는 말의 의미를 고찰해 보기
일반 상대성 이론에 따르면, 중력을 느낀다는 것 자체가 시공간의 곡률을 느끼는 과정이라고 본다. 공간과 우주가 휘어서 중력을 느낀다면 그 휘어짐이 뜻하는 바를 생각해 보자.

관련 논문   수학, 철학, 그리고 인공지능(이상욱, 2019)

 수학과 철학은 지식과 진리에 이르기 위한 인식론으로 이해할 수 있다. 이러한 인식의 기저에는 논리라는 개념이 내재되어 있고, 논리 체계는 인공지능의 개발에도 적용된다. 이 연구는 쉽게 이해할 수 있는 쉬운 언어로 수학과 철학 그리고 인공지능의 관점에서 수학을 논하고 있다.

관련 도서   《다시, 수학이 필요한 순간》, 김민형, 인플루엔셜
               《보이는 세상은 실재가 아니다》, 카를로 로벨리, 쌤앤파커스

관련 학과   기계공학과, 데이터응용수학과, 수학과, 수학통계학과, 전기시스템공학과, 전자물리학과, 정보수학과, 정보통계학과, 전기전자공학과, 전기전자교육과, 전기전자융합학과, 컴퓨터통계학과

관련 교과   2022 개정 교육과정: 공통수학1, 공통수학2, 대수, 확률과 통계, 경제 수학, 수학과제 탐구, 수학과 문화
           2015 개정 교육과정: 수학, 수학 I, 수학 II, 확률과 통계, 기본 수학, 경제 수학, 수학과제 탐구

물리학, 양자, 빛, 물질

아는 만큼 보이는 세상: 물리 편

가와무라 야스후미 | 유노책주 | 2023

물리학은 어렵고 지루하다고 생각하는 사람이 많을 것이다. 그러나 이 책은 누구나 어릴 적, 혹은 일상을 살며 한 번쯤은 궁금하고 알고 싶다고 생각해 보았을 쉽고 재미있는 질문들을 엄선하였다. 무슨 말인지 이해하기 어려운 물리책에 지친 사람, 물리에 관심이 없어도 자연을 보며 어떻게 그런 현상이 일어나는지 궁금했던 적이 있는 사람, 재미있게 궁금증을 해결하는 과학책을 읽어 보고 싶었던 사람이라면 이 책이 도움이 될 것이다.

탐구 주제

주제1 액체는 형태를 자유롭게 바꿀 수 있지만 어느 정도 뭉치려는 성질이 있다. 각 물질 분자들이 서로 끌어당기는 '분자간 힘'을 가지고 있기 때문이다. 유체처럼 움직이는 물질에 작용하는 힘의 개념과, 그 중에서도 물의 힘을 분석하여 왜 물방울의 모양이 동그란지를 설명해 보자.

주제2 비행기는 날개가 받는 양력 덕분에 하늘을 난다. 비행기가 앞으로 움직일 때, 날개 앞부분에 부딪힌 공기는 날개의 위쪽과 아래쪽으로 나누어 흐른다. 이 때 공기의 속도의 움직임과 밀도의 관계에 착안하여 비행기가 하늘을 날 수 있는 이유를 분석하여 발표해 보자.

주제3 기둥이 없어도 무너지지 않는 아치형 다리의 원리 모색

주제4 탄환이 휘지 않고 똑바로 날아가는 이유 토의

학생부 기록 예시 (교과세특)

이 책을 통해 물리라는 학문 분야가 어렵다는 편견을 없애고, 이전부터 궁금했던 질문들에 대한 답을 찾으며 물리적 원리를 파악하는 데에 흥미를 느낌. 특히, 눈에 보이지 않는 힘으로 가득한 세상 속의 거대하고 무거운 비행기나 헬리콥터가 하늘을 나는 진짜 이유부터 시작해 오로라가 생기는 이유, 번개가 치는 이유, 다이아몬드의 형성 과정 등 흥미로운 현상의 핵심을 물리적 분석을 통해 알 수 있는 데에 흥미를 느끼고 관련 후속 탐구를 진행하였음.

탐구주제 확장 및 심화

노란색이 노란색으로 보이는 이유를 알아보기

세상 모든 색을 보는 데는 '빛의 반사'라는 원리가 숨어 있다. 태양 빛과 빛의 흡수를 조사하여 색깔이 제 색으로 비칠 수 있는 원리를 찾아보도록 하자.

지구에서 별까지의 거리 계산해 보기

지구의 위치와 별까지의 거리를 계산하여 지구에서 보이는 별의 빛은 언제의 빛인지 알아보고, 지구와 각 별까지의 거리를 계산해 보도록 하자.

관련 논문 피드백 선형화를 이용한 쿼드로터의 자이로 효과 제어(김영민, 백운보, 2020)

이 논문에서는 쿼드 회전 에너지 효과를 제거할 피드백 선형화를 소개하고, 쿼드 회전을 제어하기 위해 자이로 효과가 어떻게 나타나는지, 그 효과를 어떻게 제어하는지를 연구하고 있다. 탄환이 휘지 않고 똑바로 날아가는 이유를 분석할 때 참고할 만한 논문이다.

관련 도서 《카오스》, 제임스 글릭, 동아시아

《양자 역학》, Griffiths, David J.외, 텍스트북스

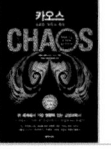 

관련 학과 글로벌신재생에너지학과, 물리교육과, 물리학과, 바이오소재과학과, 양자시스템공학과, 양자원자력공학과, 전기시스템공학과, 전기전자공학과, 전기전자교육과, 전기전자융합학과, 컴퓨터공학과

관련 교과 2022 개정 교육과정: 통합과학1, 통합과학2, 물리학, 역학과 에너지, 전자기와 양자, 융합과학 탐구
2015 개정 교육과정: 통합과학, 과학탐구 실험, 물리학 I, 물리학 II, 생활과 과학, 융합과학

양자역학 쫌 아는 10대

고재현 | 풀빛 | 2023

이 책의 저자는 막스 플랑크부터 아인슈타인에 이르기까지 양자 세계를 이해하고자 기존의 물리학적 고정관념을 버리고 과감하고 도전적으로 연구한 과학자들의 이야기를 담아 전하고 있다. 이들의 연구 과정과 성과를 따라가며 양자 역학의 원리를 알고 우리와 세상, 나아가 우주를 이해하는 핵심 개념으로서 이해할 수 있도록 돕는다. 양자 역학이 적용되는 미래 과학 기술들을 미리 만나보면서 과학적 사고의 틀을 넓히는 기회를 제공한다.

탐구 주제

주제1 분자는 양자 역학적 규칙에 따라 행동하여 양자 컴퓨터는 바로 전자들의 중첩 상태를 큐비트로 직접 구현할 수 있고 분자 속 전자의 움직임을 효과적으로 묘사할 수 있다. 분자의 성질을 효과적으로 파악하여 이를 이용해 발전시킬 수 있는 분야에 대해 보고서를 써 보자.

주제2 우주 공간이라도 특정한 분자의 에너지 구조를 확인할 방법이 있다면 우린 거기에 직접 가 보지 않고도 어떤 분자들이 존재하는지 알 수 있는데, 이것이 천문학자들이 우주를 탐구할 때 사용하는 중요한 방법이다. 이때 알아야 할 분자의 성질에 대해 조사해 보자.

주제3 슈뢰딩거 방정식을 분자에 적용해서 푸는 방법 탐구

주제4 양자 컴퓨터의 기대되는 미래 전망 조사

학생부 기록 예시 (교과세특)

이 책을 통해 원자로 이루어진 물질의 성질은 원자에 대한 학문인 양자 역학을 통해서만 정확히 이해될 수 있다는 점을 새로이 인식함. 고전 역학에 비해 모호하고 이해하기 어려운 부분이 있음에도 해당 책을 다독하며 개념을 다짐. 일상과 멀다고만 생각하던 양자 역학이 사실은 내가 살아가는 모든 세상의 기초가 된다는 점에 흥미를 느끼고 원자, 분자에서 나아가 파동 및 입자 등 각 개념을 자신의 언어로 요약해 급우에게 설명하고 기초 개념 이해에 도움을 줌.

탐구주제 확장 및 심화

영화 '아이언맨', '앤트맨' 등에 등장한 양자 역학 개념 찾아보기

영화 '아이언맨', '앤트맨'에는 입자가속기나 순간 이동과 같은 양자 역학적 현상이 구체화 되어있다. 고전 물리학으로 설명할 수 없는 것을 설명하는 영화 속 양자 역학 개념을 찾아보자.

슈뢰딩거와 아인슈타인, 보어, 막스 플랑크 등 과학자 중 한 명을 골라 분석하기

이 책에는 여러 양자 역학 관련 과학자들이 등장하는데, 가장 인상 깊은 과학자를 한 명 선택하여 그 과학자의 업적과 양자 역학 안에서 어떤 틀을 마련했는지를 분석해 보자.

관련 논문   예비 물리교사들의 고전역학과 양자역학의 기초개념 이해 비교(임성민, 김재경, 2014)

이 논문에서는 예비 물리교사들의 고전역학 및 양자 역학의 기초개념에 대한 이해를 조사하고 비교함으로서 물리 교사 교육에서 양자 역학 지도에 대한 정보를 제공하고자 하였다. 이를 위해 예비 물리교사 40명을 대상으로 고전역학 및 양자 역학의 기초개념에 대한 이해를 조사했다.

관련 도서   《김범준의 이것저것의 물리학》, 김범준, 김영사
《진격의 물리학》, 이광진, 북트리거

관련 학과   글로벌신재생에너지학과, 물리교육과, 물리학과, 바이오소재과학과, 양자시스템공학과, 양자원자력공학과, 전기시스템공학과, 전기전자공학과, 전기전자교육과, 전기전자융합학과, 컴퓨터공학과

관련 교과   2022 개정 교육과정: 통합과학1, 통합과학2, 물리학, 융합과학 탐구, 역학과 에너지, 과학의 역사와 문화
2015 개정 교육과정: 통합과학, 생활과 과학, 물리학 I, 물리학 II, 융합과학, 과학사

물리학, 양자, 플랑크, 원자

양자역학이란 무엇인가

마이클 워커 | 처음북스 | 2023

이 세상은 원자로 이루어져 있다. 원자의 세계는 확률이 지배하는 양자 역학의 세계이다. 그러므로 이 세상은 양자 역학이 지배하는 세계이다. 이 책의 저자는 양자 역학이 탄생한 배경부터 최첨단 응용까지, 원자부터 우주까지 모든 것을 말해 본다. 또한 양자 역학의 역사적 의의는 물론, 그 덕분에 우리가 누리고 있는 기술적 발전과 응용까지 자세히 설명하고 있다. 현대물리학자의 유연한 마음가짐으로 이 책을 들여다보면 좋은 책이다.

탐구 주제

주제1   초전도 전이온도라고 하는 특정 온도 이하에서 모든 전기 저항을 상실하는 물질을 초전도체라고 한다. 초전도체의 정의 및 수송 방법과 약품, 컴퓨터 분야에서의 응용 및 활용되는 방법, 전력 생산 및 전송 분야에 대한 활용 상태 등을 탐구하여 보고서를 써 보자.

주제2   그래핀은 탄소의 동소체 중 하나이며 탄소 원자들이 모여 2차원 평면을 이루고 있는 구조이다. 그래핀 나노 소재는 다양한 성능과 파급효과를 가지며 이를 이용한 부품 및 완제품 등 응용 분야가 무궁무진한데, 그래핀이 다양한 산업에 활용되는 현황과 각광 받는 이유를 모색해 보자.

주제3   핵융합 발전과 국방에 사용되는 레이저 탐구

주제4   스핀과 자기력에 대한 조사 연구

학생부 기록 예시 (교과세특)

도서 '양자역학이란 무엇인가(마이클 워커)'를 읽고 이해하게 어려웠던 양자 역학의 개념에 대해 새로이 알게 되어 생각의 지평을 넓히는 계기가 됨. 우리가 사는 세계가 양자적 특성을 가지고 있고, 그에 관한 연대기를 알게 됨. 나아가 양자 역학이 현실에서 매우 유용하게 사용되고 있고 앞으로도 그럴 것이라는 점에 매력을 느낌. 특히 초전도체에 관한 정의 및 현재 활용되고 있는 상황과 앞으로의 전망에 흥미를 느껴 관련 산업을 조사하여 요약하여 보고서를 제출함.

탐구주제 확장 및 심화

확률로 세상이 돌아가고 있다는 문장에 대해 생각해 보기

아인슈타인은 "신은 주사위 놀이를 하지 않는다."라는 말로 확률로만 존재하는 세계를 부정했지만 현대 물리학은 확률론적 세계를 증명하고 있다. 이에 대해 본인의 생각을 표현해 보자.

역학의 시작점을 찾아보기

빛은 회절과 간섭을 한다. 입자가 어떻게 그게 가능한 것일까? 현상을 목격한 플랑크마저 이해할 수 없었던 비밀이 양자로 풀리기 시작하는데, 그 시작점을 더 깊게 파헤쳐 보자.

관련 논문   양자 컴퓨터 기술 트렌드 예측과 분석(차은주, 장병윤, 2022)

이 논문은 양자 컴퓨터 관련 기술 트렌드 분석과 예측을 하고 있다. 기존 양자 컴퓨터 기술 분석 관련 연구는 주로 기술 특징을 중심으로 응용 가능 분야에 집중되었다. 본 논문은 시장 중심의 기술 분석과 예측을 위하여 양자 컴퓨터 관련 국내 뉴스 기사를 기반으로 중요하게 다룬다.

관련 도서   《불확실성의 시대》, 토비아스 휘터, 흐름출판
《실재란 무엇인가》, 애덤 베커, 승산

관련 학과	글로벌신재생에너지학과, 물리교육과, 물리학과, 바이오소재과학과, 양자시스템공학과, 양자원자력공학과, 전기시스템공학과, 전기전자공학과, 전기전자교육과, 전기전자융합학과, 컴퓨터공학과
관련 교과	2022 개정 교육과정: 통합과학1, 통합과학2, 물리학, 역학과 에너지, 전자기와 양자, 융합과학 탐구 2015 개정 교육과정: 통합과학, 과학탐구 실험, 물리학 I, 물리학 II, 생활과 과학, 융합과학

어떻게 물리학을 사랑하지 않을 수 있을까?

짐 알칼릴리 | 월북 | 2022

저자는 복잡한 수식이나 알아들을 수 없는 전문용어를 사용하지 않고, '그가 사랑해 마지않는' 물리학이 어떻게 이 세상의 근본과 원리를 규명하는지, 또 가장 최신의 물리학이 도달한 성취가 어디에 와 있는지를 이야기한다. 현대 물리학의 3대 기둥인 양자 역학, 상대성이론, 열역학이 이뤄낸 물리학의 성과와 통합 및 통일의 이론까지 망라하지만, 비전공자도 이해할 수 있도록 쉬운 언어로, 그리고 그 기초부터 들려주고 있다.

탐구 주제

주제1 미시적 양자세계와 거시적 고전세계 사이의 경계 설정 문제 같은 논쟁거리는 슈뢰딩거에 의해 처음으로 유명해졌다. 당시 슈뢰딩거는 사고 실험을 고안했다. 이 슈뢰딩거의 실험을 조사하고, 결과의 의미를 분석하여 양자 역학의 의미를 생각해 보도록 하자.

주제2 19세기가 저물 무렵에는 물리학이 완성되는 듯해 보였다. 여전히 학교에서 배우는 내용은 주로 고전 물리학이라고 할 수 있는데 이처럼 뉴턴역학, 전자기학, 열역학을 이해하게 하는 '고전 물리학'이 설명하는 세계를 분석하고, 고전물리학의 한계를 조사해 보자.

주제3 암흑물질과 암흑에너지 조사 분석 연구

주제4 양자컴퓨터와 21세기 과학의 발전 방향성 모색

학생부 기록 예시 (교과세특)

이 책을 통해 '학문'은 한곳에 머물러 있는 것이 아니라는 점을 알고, 특히 현대 물리학은 지금도 끝없이 변화하고 연구를 거듭해 나가고 있는 학문이라는 것을 새롭게 인식함. 답이 있는 것을 찾아내면 끝이라고 생각하면 될 것이 아니라 답을 찾아가는 그 과정 자체가 과학적인 학문 연구 활동임을 알게 됨. 과학의 진정한 가치는 확실성에서 나오기 보다 불확실성에 대한 개방성으로부터 나온다는 것을 인식하여 물리학에 관해 열린 마음을 가질 것을 다짐함.

탐구주제 확장 및 심화

물리학 이론이 어떻게 발전해 왔는지 한눈에 볼 수 있게 도표로 정리해 보기
저자는 단순히 물리학의 이론과 개념을 설명하기보다 물리학 이론이 어떻게 발전해 왔느냐에 집중한다. 여러 과정을 핵심을 찾아 흐름을 요약해 보도록 하자.

과학에 있어 '의심을 수용하는 개방성'에 관한 본인의 생각 표현해 보기
자신이 믿는 것이 근본적으로 언제든 바뀔 수 있음을 염두에 두는 태도, 다른 의견에 개방성을 가지는 자세가 과학이라는 학문에 얼마나 중요한지를 생각해 보자.

관련 논문 초기 우주의 급팽창과 현재 우주의 가속 팽창(윤용준, 2020)

본 논문에서는 우리 우주의 탄생과 진화를 이해하기 위해서, 프리드만 방정식으로 초기 우주의 급팽창과 현재 우주의 가속 팽창을 이론적으로 분석한다. 빅뱅 우주론은 평편성 문제 및 지평선 문제를 갖고 있다. 이 문제를 동시에 해결하기 위해서 다른 모형을 도입하여 설명한다.

관련 도서 《이과형의 만만한 과학책》, 유우종, 네이도
《이토록 풍부하고 단순한 세계》, 프랭크 윌첵, 김영사

관련 학과 글로벌신재생에너지학과, 물리교육과, 물리학과, 바이오소재과학과, 양자시스템공학과, 양자원자력공학과, 전기시스템공학과, 전기전자공학과, 전기전자교육과, 전기전자융합학과, 컴퓨터공학과

관련 교과 2022 개정 교육과정: 통합과학1, 통합과학2, 물리학, 역학과 에너지, 전자기와 양자, 융합과학 탐구
2015 개정 교육과정: 통합과학, 과학탐구 실험, 물리학 I, 물리학 II, 생활과 과학, 융합과학

자율주행차와 반도체의 미래

권영화 | 이코노미북스 | 2023

최근 반도체 산업에서 불황이 심각하지만 차량용 반도체 사업은 예외이다. 지금도 많은 완성차 기업들이 반도체가 부족해 차량을 생산하지 못하고 있는 실정이다. 차량용 반도체의 수요는 지금도 건재할 뿐만 아니라 앞으로의 모빌리티 시대에는 더욱 수요가 증가하게 될 전망이다. 이 책은 차량용 반도체 비즈니스가 어떤 식으로 진행되고 있는지 다양한 기업들을 통해 구체적으로 설명하며 앞으로의 전망까지 안내하고 있다.

탐구 주제

주제1 지금 도로를 달리고 있는 전기자동차를 보면 확실히 기존 자동차와는 무언가 다르다는 것을 느낄 수 있다. 그 해답은 바로 반도체이다. 자동차의 자동화에는 '반도체'가 빠질 수 없는 부분인데, 자동차에 반도체가 어떻게 쓰이는지 탐구하여 발표해 보도록 하자.

주제2 앞으로 출현하게 될 모빌리티는 UAM, PBV, 마이크로 모빌리티, 첨단 드론과 로봇까지도 포함하고 있기 때문에 시장규모가 어마어마한 수준까지 성장하게 된다. 이러한 분야들이 모빌리티와 연계된 디바이스 및 서비스 등에 어떤 영향을 끼치게 될지 미래 전망을 모색해 보자.

주제3 차량용 반도체의 부족 사태에 대한 대처 방안 모색

주제4 자동차의 생산 방식과 반도체의 생산방식 차이점 탐구

학생부 기록 예시 (교과세특)

이 책을 읽고 자동차가 기계장치가 아닌 전자 디바이스로 발전해 스마트폰과 같이 변화하게 될 것이라는 전망에 흥미를 느끼게 됨. 단순한 이동 수단만의 역할에 국한되지 않고 차량 내에서의 활동이 더욱 증가함에 따라 생활에 더욱 밀접해질 것이라는 새로운 예측을 배움. 특히, 자율주행용 인공지능 반도체는 복잡한 상황을 빠르게 인식하고 판단할 수 있어야 하고 대량의 데이터를 동시에 처리할 수도 있어야 한다는 사실에 관해 관련 기사 및 논문을 읽고 요약함.

탐구주제 확장 및 심화

'스마트 라이프 플랫폼'을 연구하여 30년 뒤의 자동차의 모습을 그려 보기
자동차는 지금과 역할도 변하고 모습도 변할 것이라고 예측되고 있다. 이동수단에 국한된 자동차에서 나아가 일상 생활 속의 하나로서의 자동차의 모습을 그림으로 그려 보자.

완전 자율주행 시대가 도래하면 나타날 변화 예측해 보기
지금도 많은 모빌리티가 윤곽을 드러내는 가운데 완전 자율주행 시대가 도래하면 모든 이동수단은 스스로 알아서 움직일 가능성이 있는데 이에 대해 구체적으로 예측 및 상상을 해 보자.

관련 논문 무선 네트워크 기반 자율주행 시스템 설계 (박혜공 외, 2012)

최근 산업 현장에서 자율주행 시스템에 관한 관심이 날로 증대되는 실정이다. 이 논문에서는 센서 네트워크 및 무선 네트워크에 기반한 자율주행 시스템을 개발하고 근거리 무선통신 네트워크로 로봇 간 서로 교신 등의 실험을 통하여 개발된 시스템의 성능을 검증하고 있다.

관련 도서 《박태웅의 AI 강의》, 박태웅, 한빛비즈
《반도체, 넥스트 시나리오》, 권순용, 위즈덤하우스

관련 학과	바이오소재과학과, 반도체과학기술학과, 반도체디스플레이학과, 반도체산업융합학과, 반도체설계학과, 반도체시스템공학과, 신소재공학과, 신소재화학과, 전기시스템공학과, 전기전자교육과, 전기전자융합학과
관련 교과	2022 개정 교육과정: 통합과학1, 통합과학2, 정보, 인공지능 기초, 데이터 과학, 소프트웨어와 생활 2015 개정 교육과정: 통합과학, 생활과 과학, 융합과학, 정보, 공학 일반, 지식 재산 일반

재밌어서 밤새읽는 물리 이야기

사마키 다케오 | 더숲 | 2013

우리의 생활과 관련이 맞닿아 있는 빛, 열과 온도, 초고온, 초저온에서 시작해 옛날 과학자들의 탐구과정을 통해 알아낸 흥미진진한 물리 이야기를 담은 책이다. 옛날 과학자들의 탐구 과정으로 알아낸 만유인력과 지구의 크기를 재는 방법, 아이들에게 호기심과 창의적인 아이디어를 제공하고 미래의 에너지에 대해 생각할 수 있는 주제까지 모두 정리하였다. 지금까지 몰랐던 물리의 매력을 제대로 알아갈 수 있도록 도와준다.

탐구 주제

주제1 철도의 레일은 철로 만들어졌기 때문에 온도에 따라 레일의 길이가 달라진다. 여름에는 레일이 길어지고, 겨울에는 여름보다 짧아지기 때문에 그 변화를 고려해야 하는데, 이에 관한 철의 성질을 탐구하여 철도의 레일을 어떻게 설치해야 하는지, 유의점은 무엇인지 탐구해 보자.

주제2 지구 내부의 표현에는 지각, 맨틀, 핵의 구조를 이루고 있다. 지구를 관통하는 관이 있다고 가정하고, 구멍에 공을 떨어뜨리면 어떤 일이 일어날까? 태양 중심부의 온도는 고려하지 않는다는 가정하에, 원심력과 만유인력 등을 고려하여 지구를 관통할 때의 공의 이동속도를 탐구해 보자.

주제3 음식을 1kg 먹었을 때 달라질 몸무게의 변화 탐구

주제4 만유인력은 어떤 상황에서 가장 센지에 관한 연구

학생부 기록 예시 (교과세특)

이 책을 통해 일상적으로 접하는 현상들을 한 번 더 관찰하게 되고, 생각의 폭을 넓힐 수 있는 경험을 함. 구멍 뚫린 동전을 가열함으로써 원자의 운동 공간을 실험하고 생각해 보고, 알루미늄캔 찌그러트리기 실험을 통해 대기압의 크기를 실감하는 내용에 특히 흥미를 느낌. 무중력이라는 단어는 중력이 없다는 뜻을 가질 수 있어 사실은 '무중량'이라고 표기하는 것이 더 적확하다는 사실을 알고 과학 분야에서 개념이 가진 중요성을 체감하기도 함.

탐구주제 확장 및 심화

코끼리 vs. 하이힐, 어떤 것에 밟혔을 때 더 아플지 예측해 보기
코끼리 발을 복제한 물건의 넓이를 계산한 다음, 코끼리에게 밟혔을 때와 하이힐에 밟혔을 때의 압력 계산을 통해 어떤 것이 더 아플지 물리학적으로 계산해 보자.

투명 인간의 치명적 약점 조사해 보기
투명 인간이 된다는 말은 몸 전체의 굴절률이 공기와 같아진다는 의미를 뜻한다. 굴절률과 공기, 수정체의 역할 등을 알아보고 투명 인간이 가지는 치명적 약점을 알아보자.

관련 논문 고등학교 물리학 교과서에 제시된 광전효과 내용 분석 (하상우 외, 2021)

이 연구는 2015 개정교육과정의 물리학 교과서에서 광전효과 내용이 어떻게 제시되어 있는지 알아보고 이를 통해 2022 개정 교육과정에 시사점을 도출하기 위한 목적으로 수행되었다. 이를 위해 2015 개정교육과정과 동일한 출판사에서 교과서 10종을 연구 대상으로 하여 분석했다.

관련 도서 《십대들을 위한 쓸모 있는 과학책》, 오미진, 맘에드림
《과학 인터뷰, 그분이 알고 싶다》, 이운근, 다른

| 관련 학과 | 글로벌신재생에너지학과, 물리교육과, 물리학과, 바이오소재과학과, 양자시스템공학과, 양자원자력공학과, 전기시스템공학과, 전기전자공학과, 전기전자교육과, 전기전자융합학과, 컴퓨터공학과 |

| 관련 교과 | 2022 개정 교육과정: 통합과학1, 통합과학2, 물리학, 융합과학 탐구, 역학과 에너지, 과학의 역사와 문화 |
| | 2015 개정 교육과정: 통합과학, 생활과 과학, 물리학 I, 물리학 II, 융합과학, 과학사 |

전기차 첨단기술 교과서

톰 덴튼 | 보누스 | 2021

이 책의 저자는 초보부터 전문가까지 전기 자동차를 기술적으로 올바르게 이해하기를 원하는 사람을 대상으로 모터와 배터리, 기타 제어 시스템과 구성품을 구조와 원리 측면에서 상세하게 설명하고 있다. 폭스바겐, 볼보, 테슬라 등 제조업체 등의 80여 곳이 제공한 데이터와 사진 자료가 풍부하게 들어 있어 이해를 돕고 있으며 나아가 전기 자동차의 역사와 종류를 구체적으로 설명하고, 구조와 작동원리를 해설하고 있다.

탐구 주제

주제1 저자에 의하면 전기차에 관해 사람들이 많은 오해를 하고 있다고 한다. 배터리 성능의 태생적 한계 때문에 충전이 불편하고, 유지 비용이 필연적으로 증가할 것이라는 점에 대해 반박하는 글을 이 책의 내용을 토대로 글을 써 발표해 보도록 하자.

주제2 최근 과학기술정보통신부와 대전광역시가 무선 충전 기능이 있는 전기 버스를 만들어 시범 운행을 진행한 적이 있는데, 이때 적용된 기술 중 하나가 동적 'WPT(Wireless Power Transfer)'다. 이 동적 WPT의 작동원리와 구조에 관한 보고서를 써 보자.

주제3 미래 전기차의 전망에 관한 토론

주제4 전기 자동차의 수리와 고장 진단, 긴급 대응 방안 모색

학생부 기록 예시 (교과세특)

도서 '전기차 첨단기술 교과서(톰 덴튼)'를 통해 평소 전기차가 느리고 충전이 불편하며 비싼 배터리 때문에 단점이 많다는 오해를 하고 있던 자신을 깨달음. 나아가 전기 자동차의 구조와 작동원리 전반을 이해하고, 전기 자동차의 실체에 기술적으로 접근하는 경험을 함. 전기차의 여러 측면과 앞으로의 전망을 고민하며 관련 논문을 찾아보고, 인식을 바로 잡고 국내 기업이 쟁쟁한 세계적인 전기차 기업과의 경쟁에서 생존할 수 있는 전략에 대해 본인의 생각을 써서 제출함.

탐구주제 확장 및 심화

전기차에 관한 오해를 가진 사람을 설득해 보기
아직도 전기차에 관한 무지와 편견이 많은데, 그런 생각을 하는 가까운 사람에게 전기차의 발전 현황과 미래에 대해 객관적인 근거를 들어 설득해 보도록 하자.

전기 자동차의 유지 보수 및 정비법 조사
내연기관 자동차의 경우 소유자가 직접 정비하지는 않더라도 관련 지식을 익혀둘 때가 있는데, 이와 마찬가지로 전기차의 문제적 상황에 대한 대응 방안을 찾아보자.

관련 논문 국내 기업의 글로벌 전기차 배터리 시장 생존 전략에 관한 연구(김장순, 윤영수, 2022)

이 논문에서는 전기 자동차의 핵심 부품이 되는 전기차 배터리 산업을 조명함으로써 기술 주도적 발전 이론을 바탕으로 국내 기업이 글로벌 전기차 배터리 시장에서 생존할 방안을 살펴보고 있다. 또한 글로벌 전기차 배터리 시장의 새로운 기술 패러다임에 주목한다.

관련 도서 《전기차 상식사전》, 정우덕, 넥서스BOOKS
《미래를 달리는 전기차 혁명》, 배진용 외, 청춘미디어

관련 학과 글로벌신재생에너지학과, 물리교육과, 물리학과, 바이오소재과학과, 양자시스템공학과, 양자원자력공학과, 전기시스템공학과, 전기전자공학과, 전기전자교육과, 전기전자융합학과, 컴퓨터공학과

관련 교과 2022 개정 교육과정: 통합과학1, 통합과학2, 정보, 인공지능 기초, 데이터 과학, 소프트웨어와 생활
2015 개정 교육과정: 통합과학, 생활과 과학, 융합과학, 정보, 공학 일반, 지식 재산 일반

전자 정복

데릭 청, 에릭 브랙 | 지식의날개 | 2015

이 책은 에디슨의 전구에서 잡스의 아이폰까지 인류의 삶을 혁명적으로 바꾼 전자공학의 모든 이야기를 담아 내었다. 이 책에 등장하는 100명에 가까운 과학자들의 고군분투 속에는 기술의 탄생 원리와 과정, 또 다른 기술로의 이전 과정들이 녹아 있다. 전자공학 시대를 일군 천재, 선지자들이 겪어 낸 시행착오와 성공의 비결은 지금 우리에게 훌륭한 교과서가 될 것이며 이를 통해 불확실한 미래의 모습을 예측할 수 있다.

탐구 주제

주제1   약 3천 년 전 정전기는 그저 마법의 현상이었다. 2천 년이 지나 나침반에 유용하게 쓰였다. 그러나 주요 원리였던 '전자'는 주목받지 못하였다. 전자가 주목받게 된 계기와 수준이 높아진 현 상태에 대한 조사 및 분석을 통한 보고서를 써 보도록 하자.

주제2   패러데이는 자신의 연구 인생 전체를 전자기학에 바친 사람으로세계에서 가장 저명한 과학자 중 한 명으로, 자연에서 진리를 찾아 대중과 공유하려는 진정한 과학자 정신을 상징하는 인물인데, 그의 일대기를 정리하고, 진정한 과학자적 정신이란 무엇인지에 대해 고찰해 보자.

주제3   트랜지스터의 탄생 계기와 과학사적 의미 고찰

주제4   정보화 시대 및 그 이후의 미래의 삶과 전자 산업의 관련성 연구

학생부 기록 예시 (교과세특)

도서 '전자 정복(데릭 청 외)'을 통해 수많은 과학자가 눈에 보이지 않는 전자 현상을 집요하게 파고들어 거대한 사회 시스템을 일궈 내기까지 성공과 희생을 거쳤다는 사실을 새로이 인식함. 그중에서도 전자공학은 인류의 역사에서 가장 급진적인 진보를 이루었다는 점과 이 진보가 또 다른 산업으로의 발전의 원동력이 되었다는 점에 흥미를 느낌. 에디슨의 전구부터 잡스의 아이폰까지 전자공학의 과학사의 흐름을 정리하여 도표화해 급우들에게 보여줌.

탐구주제 확장 및 심화

컴퓨터 대중화의 비밀 찾아보기

오랜 연구 기간과 막대한 투자금을 쏟아 발명된 컴퓨터는 아주 싼 가격에 대중에게 보급될 수 있었다. 이렇게 될 수 있었던 배경을 찾아보자.

전화를 발명한 진짜 인물 추적하기

전화를 최초로 발명한 사람이 '벨'로 알려졌지만, 사실은 다른 인물이 있다고 한다. 이 인물을 조사하고, 왜 대중은 벨만 기억하게 되었는지 조사해 보자.

관련 논문   특허출원 교육활동 경험이 중·고등학생의 진로 인식에 미치는 영향(지주연, 2019)

전자 관련 산업이 성장하면서 특허권을 둘러싼 법적 싸움이 종종 있었다는 점에 착안하여 해당 논문을 소개한다. 이 논문은 중·고등학생들의 특허출원 교육 프로그램 참여 전과 후의 특허역량에 변화가 있었는지, 교육 활동 경험이 이후 진로 인식 변화에 영향을 주었는지 알아보고 있다.

관련 도서   《세상에서 가장 쉬운 테크놀로지 수업》, 이와사키 미나코, 리틀에이
               《고체전자공학》, Ben G. Streetman 외, 성진미디어

관련 학과	바이오소재과학과, 반도체과학기술학과, 반도체디스플레이학과, 반도체산업융합학과, 반도체설계학과, 반도체시스템공학과, 신소재공학과, 신소재화학과, 전기시스템공학과, 전기전자교육과, 전기전자융합학과

관련 교과	2022 개정 교육과정: 통합과학1, 통합과학2, 정보, 인공지능 기초, 데이터 과학, 소프트웨어와 생활
	2015 개정 교육과정: 통합과학, 생활과 과학, 융합과학, 정보, 공학 일반, 지식 재산 일반

진짜 하루만에 이해하는 반도체 산업

박진성 | 티더블유아이지 | 2023

이 책의 저자는 반도체 산업을 처음 접하는 비전공자를 위해 어려운 공학 용어들을 과감히 배제하고, 다양한 예시와 실제 사례를 통해 산업의 큰 그림을 이해하는 데 초점을 맞춰 이야기하고 있다. 정책가에게는 정책 방향의 나침반으로, 사업가와 투자자에게는 기회와 리스크를 들여다보는 현미경으로, 학생들에게는 진로를 탐색하는 내비게이션으로의 역할을 충실히 할 수 있을 것으로 기대되는 책이라고 할 수 있다.

탐구 주제

주제1 시스템 반도체는 개별 반도체를 하나로 통합해 전자기기 시스템을 제어 및 운용하는 반도체를 말한다. CPU, GPU, AP, NPU, FPGA, ASIC CIS등 많은 부분으로 나누어진다. 각각의 개념을 분류하고, 역할에 대해 조사하여 보고서를 써 보자.

주제2 반도체를 제작하는 방식은 크게 4단계로 나뉜다. 설계, 제조, 패키징, 최종적으로 유통 및 판매하는 단계이다. 각 단계에 대해 조사 및 분석 후, 1~4단계의 전 과정을 직접 진행하는 회사를 종합 반도체 기업의 종류를 조사하고, 각 회사의 특징을 정리해 보자.

주제3 반도체의 8대 공정 정리 및 구조화

주제4 반도체 기업들과 글로벌 주도권 전쟁 현황 파악

학생부 기록 예시 (교과세특)

'진짜 하루만에 이해하는 반도체 산업(박진성)'을 읽고 막연하게만 알고 있던 반도체의 개념 및 공정 과정에 대해 상세하게 알게 됨. 단순한 설명에서 나아가 나라별 반도체 주도권 쟁탈전에 관한 내용으로 현 산업에 대한 이해도를 높임. 특히, 반도체의 8대 공정 과정에 대한 상세한 이해를 한 후 직접 과정을 도식화하여 제출하고, 반도체 산업의 전망을 알 수 있는 신문 기사를 스크랩하여 본인의 생각을 덧붙여 요약하여 제출함.

탐구주제 확장 및 심화

N형 반도체와 P형 반도체 구분하여 정리해 보기

불순물 반도체는 섞어주는 불순물의 종류에 따라 N형과 P형 반도체로 나뉜다. 자유전자와 밀도를 고려하여 N형 반도체와 P형 반도체 각각에 대해 알아보자.

종합 반도체 기업(IDM) 외에 분업 체계 기업들 알아보기

반도체 설계 및 제작을 총괄하는 IDM 기업 외에 분업 체계에 가담하는 기업들도 중요성이 크다. 대표적인 회사들을 조사하고 각 회사의 역할을 조사해 보자.

관련 논문 반도체 설계 재산의 핵심적 설계 개념에 대한 새로운 법적 보호 방안에 대한 연구(서일원, 2016)

반도체 회사들은 반도체를 설계 후 그 설계 개념에 대한 법적인 보호를 받을 수 있어야 한다. 이 논문의 목적은 반도체 통합 회로 설계 프로세스에서 새로 발생하는 반도체 지식 재산 보호에 대한 방법을 찾는 것으로, 이 책의 이해도를 높일 것으로 기대된다.

관련 도서 《반도체 비즈니스 제대로 이해하기》, 강구창, 지성사
《찐초보 걸음마 전기》, 전병칠, 길벗

관련 학과 바이오소재과학과, 반도체과학기술학과, 반도체디스플레이학과, 반도체산업융합학과, 반도체설계학과, 반도체시스템공학과, 신소재공학과, 신소재화학과, 전기시스템공학과, 전기전자교육과, 전기전자융합학과

관련 교과 2022 개정 교육과정 : 통합과학1, 통합과학2, 정보, 인공지능 기초, 데이터 과학, 소프트웨어와 생활
2015 개정 교육과정 : 통합과학, 생활과 과학, 융합과학, 정보, 공학 일반, 지식 재산 일반

청소년을 위한 이것이 인공지능이다

김명락 | 슬로미디어 | 2022

저자는 네 부분으로 나누어 인공지능에 관해 이야기한다. 인공지능에 앞서 인간이 담당할 부분은 가치판단과 창조의 영역이며 이는 많은 시간과 에너지를 들여야 할 부분이라고 말한다. 앞으로는 이런 일을 잘 해내는 사람이 주목받고 가치를 인정받을 것임을 강조한다. 이 책을 접하게 될 청소년 독자들이 인공지능에 대한 주어진 정답이 아닌 풍부한 관점으로 접근하여 4차 산업혁명을 이끌 인재가 되길 바라는 마음이 담긴 책이다.

탐구 주제

주제1   저자에 의하면 빅데이터는 데이터의 양이 아니라 전체 데이터 중 일부를 인포메이션으로 선별했는가 아닌가가 기준이 되어 빅데이터라는 표현보다는 '올데이터'로 표현하는 게 조금 더 정확하다고 한다. 빅데이터의 필수적 요건에 대해 조사하여 발표해 보자.

주제2   우리는 인공지능 시대가 본격화되면 사람이 할 일이 줄어들 것으로 예상하지만 여전히 사람이 해야 하고, 사람이 할 수밖에 없는 고유한 일이 존재한다. 인공지능이 침범하지 못하는 인간의 영역을 생각해 보고, 인간이 인공지능을 활용해 넓어지는 활동 범위를 예측해 보자.

주제3   머신러닝의 개념과 필요성 탐구

주제4   인공지능을 개발 혹은 활용함에 있어서 필요한 역량 모색

학생부 기록 예시 (교과세특)

약 100년 전까지만 하더라도 산업현장에서 기계를 잘 다루고, 기계가 하지 못하는 일을 하는 사람의 가치가 컸던 것과 마찬가지로 앞으로는 인공지능을 잘 다루고, 인공지능이 하지 못하는 일을 하는 사람의 가치가 커질 것이라는 전망을 새로이 인식함. 기성세대는 인공지능 시대를 살아가게 될 미래 세대에게 무엇을 배워야 할지 정확히 알려줄 수 없으므로 스스로 인공지능 시대에서 경쟁력을 갖추기 위해 미래 대비에 경각심을 가지고 진로 설계에 이를 반영함.

탐구주제 확장 및 심화

빅데이터와 올데이터의 차이 설명해 보기

데이터와 인공지능의 중요성이 날로 커가고 있다. 빅데이터의 올바른 표현은 올데이터라는 저자의 말에 따라 각 개념의 차이를 설명해 보도록 하자.

인공지능을 개발 혹은 활용할 때 어떤 역량이 필요한지 예측해 보기

인간은 인공지능이 침범할 수 없는 고유의 일을 확보해야 하고, 인공지능을 활용할 방법을 연구해야 한다. 이러한 시대에 인간이 가져야 할 역량을 추측하여 대비해 보자.

관련 논문   머신러닝 기반 기어 설계 알고리즘 개발(정우진, 2023)

이 논문은 기어 설계상의 어려움을 개선하기 위하여 머신러닝 기반의 기어 설계 알고리즘을 개발한 부분을 설명하고 있다. 계산 정확도를 보장하기 위하여 국제 표준에서 제시하는 방법을 통해 기어의 굽힘 및 면압 강도에 대한 안전계수와 효율을 계산하였다.

관련 도서   《나의 첫 모빌리티 수업》, 조정희, 슬로미디어
《인공지능 생존 수업》, 조중혁, 슬로미디어

관련 학과   바이오소재과학과, 반도체과학기술학과, 반도체디스플레이학과, 반도체산업융합학과, 반도체설계학과, 반도체시스템공학과, 신소재공학과, 신소재화학과, 전기시스템공학과, 전기전자교육과, 전기전자융합학과

관련 교과   2022 개정 교육과정: 통합과학1, 통합과학2, 정보, 인공지능 기초, 데이터 과학, 소프트웨어와 생활
2015 개정 교육과정: 통합과학, 생활과 과학, 융합과학, 정보, 공학 일반, 지식 재산 일반

핵심키워드 | 반도체, 반도체 기업, 파운드리, 팹리스

최리노의 한 권으로 끝내는 반도체 이야기

최리노 | 양문 | 2022

저자는 왜 반도체 소자가 필요하게 되었고 어떻게 발전되어 왔는지를 설명하고 그 관점에서 앞으로 인공지능과 같은 시스템이 발전되면 반도체 소자는 어떤 기술이 필요할지, 또 어떤 형태로 발전되어 나갈지에 관한 내용을 이 책에 담았다. 골치 아프고 딱딱할 것 같은 반도체 공학 분야의 내용을 "마치 한 편의 연애 소설을 읽는 기분처럼" 읽을 수 있도록 매끄럽고 흥미진진하게 썼다는 점이 이 책의 특장점이라 할 수 있다.

탐구 주제

주제1 요즘 사용하는 칩 중에는 반도체 물질이 아예 쓰이지 않았는데도 반도체라고 불리는 경우도 있다. 반도체 산업에는 많은 수의 단위 소자를 작은 칩 안에 넣는 집적 회로를 만들다 보니 발전하게 된 기술이 있다. 이러한 제작 기술을 탐구해 보도록 하자.

주제2 반도체 칩의 숫자는 시간이 갈수록 점점 더 늘어가고 있는데, 작게는 수백 개에서 많게는 수백억 개의 단위 소자가 결합된다. 반도체를 이용한 집적 회로는 이렇게 많은 수의 소자를 결합하는 데 큰 강점을 갖고 있다. 이러한 강점을 활용하여 사용되는 반도체의 영역을 조사해 보자.

주제3 '범용 컴퓨터'의 구조를 제안한 존 폰 노이만에 대한 조사

주제4 개인용 컴퓨터가 생기게 된 계기 및 원인 탐색

학생부 기록 예시 (교과세특)

도서 '최리노의 한 권으로 끝내는 반도체 이야기(최리노)'를 통해 '반도체'라는 것에 대한 전반적이고 개괄적인 이해도를 높임. 특히 왜 반도체 소자가 필요하게 되었고 어떻게 발전되어 왔는지를 새로이 인식하고, 그 관점에서 앞으로 인공지능과 같은 시스템이 발전되면 반도체 소자는 어떤 기술이 필요할지, 또 어떤 형태로 발전되어 나갈지에 관한 내용에 흥미를 느껴 관련 논문을 찾아보고 자신이 생각하는 반도체 미래의 전망을 덧붙여 급우들 앞에서 발표함.

탐구주제 확장 및 심화

'빠른 연산'과 반도체의 관계 생각해 보기

현재 우리 사회가 누리고 있는 빠른 속도의 많은 부분은 반도체를 통해 이루어지고 있다. 이는 반도체의 빠른 연산과 관계되는 영역이다. 이에 대한 추가 조사를 하여 요약해 보자.

'클린룸' 개념 이해하고 중요성 고찰하기

클린룸은 단순히 먼지뿐만 아니고 온도, 습도, 공기압 및 조도 등이 정밀하게 제어되는 공간이다. 반도체 제조에 있어 클린룸의 중요성에 대해 고찰해 보자.

관련 논문 차세대 반도체 분야 직무역량과 미래유망역량 델파이 분석 (문한나 외, 2022)

이 논문에서는 산업의 디지털화 및 새로운 기술 융합과 함께 최근 수요가 높아지고 있는 차세대 반도체 분야의 직무역량과 미래유망역량을 규명했다. 차세대 반도체 직무 7개와 국가직무능력표준을 매칭해 직무역량을 구성했고, 문헌을 검토해 미래유망역량을 새롭게 구성했다.

관련 도서 《반도체 특강: 소자편》, 진종문, 한빛아카데미
《바로 써먹는 최강의 반도체 투자》, 이형수, 헤리티지북스

관련 학과 바이오소재과학과, 반도체과학기술학과, 반도체디스플레이학과, 반도체산업융합학과, 반도체설계학과, 반도체시스템공학과, 신소재공학과, 신소재화학과, 전기시스템공학과, 전기전자교육과, 전기전자융합학과

관련 교과 2022 개정 교육과정: 통합과학1, 통합과학2, 정보, 인공지능 기초, 데이터 과학, 소프트웨어와 생활
2015 개정 교육과정: 통합과학, 생활과 과학, 융합과학, 정보, 공학 일반, 지식 재산 일반

칩 대결

인치밍 | 알에이치코리아 | 2023

이 책의 저자는 대만의 전임 경제부 장관으로, 시시각각 변하는 '칩워'와 그 양상, 극도로 예민하고 치열한 반도체 생산 국가들 간의 경쟁 구도와 정치·산업·경제적 이슈를 짚어주면서 앞으로 5년 뒤, 10년 뒤 반도체 산업이 발전해 나갈 모습을 바로 눈앞에서 보듯 구체적으로 예측하고 있다. 반도체의 의존도가 세계적으로 증가하고 있는 요즘, 반도체의 세계화의 바람 앞에서 생존할 수 있는 방법들을 다각도로 제시하고 있다.

탐구 주제

주제1 한국은 메모리 칩 제조 분야에서 선두를 달리고 있으며, 대만은 팹리스와 파운드리 그리고 패키징 및 테스트 분야에서 중요한 위치를 차지하고 있다. 대만의 반도체 산업과 한국의 반도체 산업의 공통점과 차이점을 분석하고, 한국의 경쟁력 제고 방안을 모색해 보자.

주제2 한국이 D램 산업을 도입한 지 불과 3년도 되지 않은 시점에 미국과 일본 간 반도체 무역 전쟁이 발생하였다. 확고한 발판을 마련하지 못한 한국 제조 업체들에게는 좋은 기회였다. 여기서 촉발된 'K-반도체 전략' 비전에 대하여 조사하여 보고서를 써 보자.

주제3 미국의 '중국 제재와 미국 보호' 정책의 문제점 토의

주제4 중국의 반도체 산업의 방향성 예측 토의

학생부 기록 예시 (교과세특)

이 책을 읽고 반도체 산업의 선두주자인 미국과 중국 이외에, 의외의 나라인 대만이 어떻게 글로벌 반도체 산업에서 1위를 달성하고 격변하는 글로벌 무역 전쟁에 휩쓸리지 않고 살아남았는지에 대한 정보를 알게 됨. 또한 대만이 한국과의 경쟁 구도를 이루고 있고, 이에 맞서 한국 또한 반도체 산업에 대한 자구책을 마련해야 한다는 경각심을 느끼고 이에 관한 논문을 찾아보고 자신이 생각하는 반도체 산업의 동향 및 전망에 대한 글을 써 제출함.

탐구주제 확장 및 심화

미래의 글로벌 반도체 산업의 경쟁 구도 양상 그림으로 나타내 보기
종합적인 분석에 따르면 미래의 글로벌 반도체 산업의 경쟁은 더욱 치열해질 것으로 예상된다. 이를 그림으로 도식화해 한눈에 볼 수 있도록 내용을 표현해 보자.

미국에 대해 중국이 반격한다면 나타날 시나리오 예측해 보기
그동안 미국이 중국에 대해 방어 조치를 취하는 상황만 있었고 중국이 반격하는 모습은 아직 없었다. 만약 중국이 반격에 나서면 미국이 치를 대가는 어떤 것이 있을지 예측해 보자.

관련 논문 하이테크 혁신기업의 성장에 관한 비교연구(팽천유, 2022)

  이 논문은 한국과 대만의 반도체 대표 기업인 삼성과 TSMC를 중심으로 첨단기술기업에 대한 정부 보조금과 감세, 과학기술 기업에 대한 양호한 시장 전망, 초기 중소기업과 스타트업 등 전자 산업 상장사들이 직면한 발전 기회를 소개하고 있다.

관련 도서 《AI 전쟁》, 하정우, 한상기, 한빛비즈
《미래를 읽다 과학이슈 11 Season 13》, 이식 외, 동아엠앤비

관련 학과 바이오소재과학과, 반도체과학기술학과, 반도체디스플레이학과, 반도체산업융합학과, 반도체설계학과, 반도체시스템공학과, 신소재공학과, 신소재화학과, 전기시스템공학과, 전기전자교육과, 전기전자융합학과

관련 교과 2022 개정 교육과정: 통합과학1, 통합과학2, 정보, 인공지능 기초, 데이터 과학, 소프트웨어와 생활
2015 개정 교육과정: 통합과학, 생활과 과학, 융합과학, 정보, 공학 일반, 지식 재산 일반

컴퓨터공학

소프트웨어공학

기계공학

로봇공학

전기전자공학

화학공학

경제전망, 반도체패권, 트랜지스터, 세계경제vw

칩워, 누가 반도체 전쟁의 최후 승자가 될 것인가

크리스 밀러 | 부키 | 2023

이 책의 저자는 산업과 기술에 대한 치밀한 분석과 풍부한 인터뷰를 결합해 21세기 반도체 산업의 조종간을 누가 쥐느냐에 따라 세계 경제와 정치 질서마저 극적으로 변할 수 있다는 사실과 오늘날 지정학적 경쟁에서 가장 핵심적이고 전략적인 싸움이 벌어지는 현황을 독자에게 제시하고 있다. 칩을 둘러싼 국제 경쟁과 한국 반도체 기업의 미래, 앞으로 펼쳐질 기술 경쟁과 21세기 지정학의 방향을 조망할 수 있다.

탐구 주제

주제1 반도체 제조의 지정학은 1990년대와 2000년대를 거치며 급격하게 변했다. 1990년대 미국의 생산 업체는 전 세계 반도체의 37퍼센트를 만들었던 이후로, 2000년대 이후의 세계 반도체 시장의 확장 구도 및 양상을 정리하여 보고서를 써 보도록 하자.

주제2 저자에 의하면 전 세계의 반도체 산업, 더 나아가 반도체를 쓸모 있게 만들어 주는 전자 제품의 조립까지, 대만해협과 남중국해 연안에 기대고 있으며 그 비중은 점점 더 커지고 있다고 한다. 이와 같은 상황에서 한국의 반도체 시장이 나아가야 할 방향을 모색해 보자.

주제3 TSMC와 애플과의 반도체 산업 분야의 상호 연관성 조사

주제4 소련이 반도체 산업 확장에 실패한 이유 분석

학생부 기록 예시 (교과세특)

도서 '칩워, 누가 반도체 전쟁의 최후 승자가 될 것인가(크리스 밀러)'를 통해 세계 반도체 시장의 양상과 반도체 패권에 대해 이해도를 높일 수 있었음. 반도체 시장의 역사를 국제 정세와 아울러 파악할 수 있는 시야와 안목을 기름. 반도체 시장의 변화와 현 상황에 관한 내용을 각 나라별로 도표 및 구조도를 활용하여 내용을 정리함. 나아가 한국의 적절한 대응 방안과 필수적인 기술 혁신, 나아가야 할 방향에 대한 고민을 보고서 형식으로 분석하여 급우 앞에서 발표함.

탐구주제 확장 및 심화

반도체 공생 관계가 작동하게끔 하기 위해서 각 국가가 해야 할 노력 생각해 보기
반도체 산업은 단순히 한 개별 국가가 노력한다고 발전되지 않는다. 경쟁적이면서 상호협력적이어야 하는데, 각 국가가 해야 할 노력에 대해 핵심적인 내용을 정리해 보자.

기술, 경제, 국가 안보의 영역이 반도체 산업에 끼치는 영향 생각해 보기
과학기술의 발달만으로 반도체 산업이 성장하는 것이 아니라, 기술혁신과 경제성장과 국가 안보를 위한 군사 영역까지 상호 관계성을 띠고 있다. 이에 대해 본인의 생각을 써 보자.

관련 논문   반도체 패권을 둘러싼 한국.중국.미국간 경쟁 양상에 대한 연구(허성무, 2018)

이 논문은 오늘날 국제질서의 불확실성 속에서 한국, 미국과 중국간의 반도체 경쟁이 격화되는 구조적 원인을 규명하고, 향후 전망을 예측함으로써 한국의 대응 전략을 모색하는 것이다. 이를 위해 기존의 기술혁신과 패권이행에 관한 국제정치이론을 고찰하고 분석하고 있다.

관련 도서   《2050 수소에너지》, 백문석 외, 라온북
《쉽게 배우는 반도체 프로세스》, 사토 준이치, 북스힐

관련 학과   기계공학과, 데이터응용수학과, 수학과, 수학통계학과, 전기시스템공학과, 전자물리학과, 정보수학과, 정보통계학과, 전기전자공학과, 전기전자교육과, 전기전자융합학과, 컴퓨터통계학과

관련 교과   2022 개정 교육과정: 통합과학1, 통합과학2, 정보, 인공지능 기초, 데이터 과학, 소프트웨어와 생활
2015 개정 교육과정: 통합과학, 생활과 과학, 융합과학, 정보, 공학 일반, 지식 재산 일반

퀀텀스토리

짐 배것 | 반니 | 2023

이 책의 저자는 현대 물질문명의 기초라 할 수 있는 양자 역학이 만들어지기까지 지난한 과정을 한눈에 보여줌으로써 우리가 오늘날 당연히 받아들이는 과학의 혜택이 결코 한순간에 거저 이루어진 것이 아님을 여실히 느끼게 해 준다. 우리 직관과 분명히 다른 양자 역학이 받아들여지기까지 숱한 시대의 천재들이 머리를 맞대고 고민했으며, 수많은 실험 결과들이 덧붙여짐으로써 이론적으로 완성되었다는 것을 보여주고 있다.

탐구 주제

주제1 우리가 당연하게 받아들이는 컴퓨터와 스마트폰 등 21세기의 첨단 기술이라 할 만한 많은 기술들이 현대의 전자공학으로 탄생했다. 더욱이 거의 눈앞에 실현될 날이 머지않은 양자중첩을 이용한 양자컴퓨터가 가져올 미래를 구체적으로 상상하여 변화될 미래를 표현해 보자.

주제2 양자 도약이란 양자의 에너지가 불연속적으로 흡수 또는 방출되는 현상이다. 전자가 원자 내부에서 불연속적으로 궤도를 '도약'하는 현상으로, 초기 양자 역학의 주요한 문제였다. 양자 도약은 말도 많고 탈도 많다고 인식되고 있는데, 그 이유를 찾아 분석해 보자.

주제3 보어-아인슈타인의 양자 논쟁의 핵심 내용 분석

주제4 불확정성의 원리의 물리적 의미 조사

학생부 기록 예시 (교과세특)

이 책을 통해 양자 역학이 태동하여 어떻게 모습을 갖춰 나가고 그 의미가 어떻게 자리잡았는지 인식하고, 물질의 기본 구조와 우주를 이해하는 데 적용되어 나가는 과정에서 양자 역학의 모습과 활약을 담은 40가지 장면을 알게 됨. 어렵게만 생각했으나 알고 보니 가까이 있었던 양자 역학의 역할과 실체를 알게 됨. 나아가 인류가 앞으로 양자 역학을 어떻게 이해해야 하는가를 끊임없이 고민하고 양자에 대한 관련 기사 및 논문을 찾아보는 등의 후속 조사를 진행함.

탐구주제 확장 및 심화

양자 역학의 역사를 바꾼 에피소드를 정리해 보기
현대 물질문명의 기초라 할 수 있는 양자 역학이 만들어지기까지의 과정을 한눈에 보여주고 있는데, 이 중 터닝포인트가 될 만한 여러 에피소드를 찾아 정리하고 그 의미를 분석해 보자.

상대성이론과 양자 역학을 통합할 방법은 없는지 생각해 보기
물리학자의 난제이기도 한 상반되는 이론인 상대성 이론과 양자 역학을 통합하여 설명할 수 있는 방법은 없는지 상상하여 말해 보도록 하자.

관련 논문 불확정성 원리에 대한 대학생들의 논증 분석(최재혁, 2013)

이 논문에서는 양자 역학의 확률론적 해석을 바탕으로 불확정성 원리를 이해하는 것이 중요하다고 보고 있다. 이에 물리교육을 전공한 대학교 3학년 학생을 대상으로 불확정성 원리를 동료간 설명하는 과정에서 생기는 쟁점을 분석하고 그 의미를 파악한다.

관련 도서 《단 하나의 방정식》, 미치오 카쿠, 김영사
《신도 주사위 놀이를 한다》, 이언 스튜어트, 북라이프

관련 학과 글로벌신재생에너지학과, 물리교육과, 물리학과, 바이오소재과학과, 양자시스템공학과, 양자원자력공학과, 전기시스템공학과, 전기전자공학과, 전기전자교육과, 전기전자융합학과, 컴퓨터공학과

관련 교과 2022 개정 교육과정: 통합과학1, 통합과학2, 물리학, 융합과학 탐구, 역학과 에너지, 과학의 역사와 문화
2015 개정 교육과정: 통합과학, 생활과 과학, 물리학 I, 물리학 II, 융합과학, 과학사

포스트 모빌리티

차두원 외 | 위즈덤하우스 | 2022

탈것의 혁신에서 공간의 혁명으로

포스트 모빌리티

배송로봇, 목적기반차량, 첨단항공모빌리티부터
15분도시, 모빌리티허브, 패신저 이코노미까지
최고 전문가 차두원, 이슬아의 모빌리티 혁명 총정리

위즈덤하우스

최근까지 모빌리티 산업의 방향은 디바이스 개발에 쏠려 있었다. 전기차, 자율주행차, 퍼스널모빌리티 등 빠르고 편리한 모빌리티 디바이스를 만들어내는 것이 기업들의 목표였다. 저자는 이 책에서 본격적으로 발전하는 모빌리티 기술, 주변 환경의 변화, 탈것의 미래를 포함해 모빌리티의 과거와 현재, 미래를 보여준다. 이 책을 통해 독자들은 기술의 영역을 넘어 우리 삶의 영역으로 들어온 모빌리티의 많은 것을 살펴볼 수 있다.

탐구 주제

주제1 최근 10여년간 모빌리티 산업의 가장 큰 변화 가운데 하나는 공유 자전거, 공유 전동스쿠터, 공유 전기자전거 등 우리의 생활을 파고든 퍼스널모빌리티 산업의 성장이다. 이에 따라 '제3의 도로'가 논의되고 있는데 그에 관한 배경과 발전의 필요성에 대해 자신의 생각을 표현해 보자.

주제2 자율주행차 초기개발 시기처럼 현재는 도심항공모빌리티 관련 시장의 승자는 판단할 수 없는 단계다. 많은 국가, 도시, 기업들이 관심을 가지고 기술개발, 투자, 규제, 정책 등을 추진하고 있는 중 한국이 선두주자로 자리 잡기 위해 나아가야 할 방향을 모색해 보자.

주제3 전기차 시장에서 보급형 차량 판매 확대의 의미 분석

주제4 배송로봇 산업의 현황과 전망 예측

학생부 기록 예시 (교과세특)

도서 '포스트 모빌리티(차두원 외)'를 통해 모빌리티 관련 산업 분야의 구체적인 발전 현황과 가까운 미래의 전망에 대해 세세하게 인식하는 계기를 가짐. 낯선 개념인 '제3의 도로', '15분 도시' 등에 대한 개념에 흥미를 느끼고 추가 조사 및 보고서 제출을 하였으며, 이에 대해 미래 사회의 모습을 구체적으로 상상하여 그림으로 나타내기도 함. 막연하게만 알고 있던 전기차 시장의 현재와 미래에 대해 관심을 가지고 관련 도서를 더 읽고 요약함.

탐구주제 확장 및 심화

짧은 시간 안에 이동의 목적을 달성할 수 있는 '15분 도시' 활성화 방안 생각해 보기
우리나라의 지형과 인프라는 활성 교통에 친화적이지 못하기 때문에 세계적 추세인 '15분 도시'만들기에 적합하지 않다는 평가가 있는데 이를 극복할 방안을 제안하여 보자.

자율주행 배송로봇이 각광 받는 이유 및 개선 방안 생각해 보기
자율주행 배송 로봇이 점차 확대되어 가고 있는데 그 이유를 조사해 보고, 문제점 또한 분석하여 이를 해결할 수 있는 방법을 제시해 보자.

관련 논문 모빌리티 서비스 체계에서 목적 기반 모빌리티의 추세 연구(향가흔, 구상, 2023)

이 논문에서는 미래 스마트시티의 사람들의 이동성 수요 변화에 부응하기 위한 목적 기반 모빌리티이용 분포를 탐색하는 것을 목적으로 하며, 사례 연구를 통해 향후 이용 분포 추이를 예측하기 위한 모빌리티 이용 변화 및 영향 요인을 도출하고 있다.

관련 도서 《모빌리티 혁명》, 이상헌 외, 브레인플랫폼
《이동의 미래》, 차두원, 한스미디어

관련 학과 바이오소재과학과, 반도체과학기술학과, 반도체디스플레이학과, 반도체산업융합학과, 반도체설계학과, 반도체시스템공학과, 신소재공학과, 신소재화학과, 전기시스템공학과, 전기전자교육과, 전기전자융합학과

관련 교과 2022 개정 교육과정: 통합과학1, 통합과학2, 정보, 인공지능 기초, 데이터 과학, 소프트웨어와 생활
2015 개정 교육과정: 통합과학, 생활과 과학, 융합과학, 정보, 공학 일반, 지식 재산 일반

해킹 일렉트로닉스
사이먼 몽크 | 제이펍 | 2018

이 책은 저자가 누구나 이해하기 쉽도록 전자공학과 마이크로 컴퓨터를 알아갈 수 있도록 쉽게 풀어 쓴 책으로, 책에 실린 자세하고 친절한 설명과 사진, 도표 등을 따라 읽다 보면 손에는 눈에 보이는 결과물이 들려 있게 된다. 직관적인 DIY 안내서라 할 수 있는 이 책은 가정용 장치들을 대상으로 배선, 분해, 조정, 재사용하고 그것들을 라즈베리파이나 아두이노와 통합해 새로운 발명품을 만드는 방법을 보여주고 있다.

탐구 주제

주제1 재충전 전지는 일회용 전지보다 비용도 더 저렴하고 쓰고 버리는 게 아니라 전기만 충전해서 다시 쓸 수 있기 때문에 친환경적이다. 재충전 전지의 종류와 용량은 다양한데 이에 대해 조사하여 분석해 보고, 친환경적 전자 부품에 대해 추가 조사를 해 보도록 하자.

주제2 저자에 의하면 전압, 전류 및 저항은 전자제품들에서 할 수 있는 거의 모든 일의 기초가 되는 세 가지 특성이다. 서로 밀접하게 관련되어 있으며, 이것들 간의 관계를 파악할 수 있다면 아주 현명한 해커가 될 것이라고 한다. 전압, 전류, 저항의 특성을 각각 간략하게 요약해 정리해 보자.

주제3 해킹에 도움이 되는 모듈의 종류에 대한 조사

주제4 오실로스코프의 개념 정리 및 역할 분석

학생부 기록 예시 (교과세특)

도서 '해킹 일렉트로닉스(사이먼 몽크)'를 읽고 난 후 전자공학을 이용해 무언가를 단 한 번도 만들어 본 적 없던 본인이 실제로 결과물을 완성하는 경험을 해 보고, 이 책에서 제시하는 친환경적 재충전 전지의 긍정적인 기능과 역할에 대해 새로이 인식하게 됨. 또한 저렴하고 용량이 큰 경량 리튬폴리머 전지가 출현하면서 다양한 소비자용 가전제품의 공통적인 접근 방식이 되었다는 점에 흥미를 느끼고 관련 기사를 찾아보는 등의 추가 조사를 함.

탐구주제 확장 및 심화

안전하게 납땜하고 전선을 서로 잇고 스위치 연결하기
실제로 간략한 실험을 할 수 있는 키트를 활용해 직접 납땜을 하고 전선을 서로 이어 스위치를 연결하는 실습을 해 보도록 하자.

소형 전자기기를 수리하고 고장 난 장비에서 유용한 부품을 떼어내 쓰기
저자는 친환경적 부품 활용을 강조하고 있다. 직접 집에 있는 작은 기기를 수리해 보고, 고장 난 장비의 부품을 다른 장비에 활용해 보도록 하자.

관련 논문 　모듈 기반 교육용 아두이노 호환 키트 제작(허경용, 2019)

이 논문에서는 제안한 키트의 요구 조건을 만족시키는 키트와 이를 사용하기 위한 소프트웨어 구현 방법을 설명한다. 기존 아두이노 기반 키트의 문제점을 보완하여 다양한 수준에서 학습에 사용할 수 있는 아두이도 호환 키트 설계를 제안하고 있다.

관련 도서 　《한 권으로 끝내는 아두이노 입문 ＋ 실전》, 서민우, 박준원, 앤써북
　　　　　《아두이노로 만드는 20가지 프로젝트》, 송혜경 외, 아이씨뱅큐

관련 학과	바이오소재과학과, 반도체과학기술학과, 반도체디스플레이학과, 반도체산업융합학과, 반도체설계학과, 반도체시스템공학과, 신소재공학과, 신소재화학과, 전기시스템공학과, 전기전자교육과, 전기전자융합학과
관련 교과	2022 개정 교육과정: 통합과학1, 통합과학2, 정보, 인공지능 기초, 데이터 과학, 소프트웨어와 생활 2015 개정 교육과정: 통합과학, 생활과 과학, 융합과학, 정보, 공학 일반, 지식 재산 일반

화학공학

전체 도서 목록

순번	도서명	저자명	출판사명
1	가볍게 읽는 유기화학	사이토 가쓰히로	북스힐
2	같기도 하고 아니 같기도 하고	로얼드 호프만	까치
3	거의 모든 물질의 화학	김병민	현암사
4	걱정 많은 어른들을 위한 화학 이야기	윤정인	푸른숲
5	곽재식의 먹는 화학 이야기	곽재식	요다
6	곽재식의 유령 잡는 화학자	곽재식	김영사
7	나노 화학	장홍제	휴머니스트
8	머릿속에 쏙쏙! 원소 노트	도쿄대학교 사이언스 커뮤니케이션 동아리 CAST	시그마북스
9	모든 것에 화학이 있다	케이트 비버도프	문학수첩
10	미술관에 간 화학자: 두번째 이야기	전창림	어바웃어북
11	배터리 전쟁	루카스 베드나르스키	위즈덤하우스
12	부엌의 화학자	라파엘 오몽	더숲
13	분자 조각가들	백승만	해나무
14	생활 속의 화학	W. 릭스너 외	전파과학사
15	세계사를 바꾼 화학 이야기	오미야 오사무	사람과나무사이
16	세상을 바꾸는 반응	시어도어 그레이	다른
17	세상을 바꾼 화학	원정현	리베르스쿨
18	수소 혁명: 석유 시대의 종말과 세계 경제의 미래	제러미 리프킨	민음사
19	아톰 익스프레스	조진호	위즈덤하우스
20	알기 쉬운 고분자 이야기	박오옥	자유아카데미
21	엑스맨 주식회사	닥터 스코, 김덕근	들녘
22	역사가 묻고 화학이 답하다	장홍제	지상의책
23	역사를 바꾼 17가지 화학 이야기 1	페니 르 쿠터, 제이 버레슨	사이언스북스
24	오늘의 화학	조지 자이던	시공사
25	우리는 어떻게 화학 물질에 중독되는가	로랑 슈발리에	흐름출판
26	우아한 분자	장피에르 소바주	에코리브르
27	원소가 뭐길래	장홍제	다른
28	원소의 이름	피터 워더스	윌북
29	이공학을 위한 무기화학 강의	이순원, 권영욱	사이플러스
30	이런 화학이라면 포기하지 않을 텐데	김소환	보누스
31	이렇게 재밌는 화학, 왜 몰랐을까?	천웨이쥔	북스힐
32	이차전지 승자의 조건	정경윤 외	길벗
33	이토록 재밌는 화학 이야기	사마키 다케오	반니
34	인간이 만든 물질, 물질이 만든 인간	아이니사 라미레즈	김영사
35	주기율표를 읽는 시간	김병민	동아시아
36	처음부터 화학이 이렇게 쉬웠다면	사마키 다케오	한국경제신문
37	탄소중립 수소혁명	이순형	쇼팽의서재
38	하루 한 권, 일상 속의 화학 물질	사마키 다케오, 잇시키 겐지	드루
39	화학물질의 습격, 위험한 시대를 사는 법	계명찬	코리아닷컴
40	화학의 눈으로 보면 녹색지구가 펼쳐진다	원정현	갈매나무

가볍게 읽는 유기화학

사이토 가쓰히로 | 북스힐 | 2023

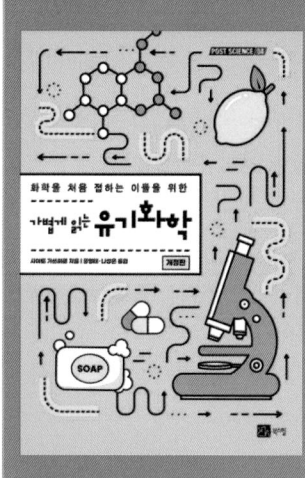

이 책은 유기화학을 어렵게 느끼거나 유기화학에 흥미가 없는 사람들 모두 가볍게 읽으면서 쉽게 이해할 수 있도록 구성한 책이다. 이 책은 살아가는 데 알아두면 유용한 화학 지식을 압축적으로 담았으며, 우리가 사용하는 플라스틱 제품, 화장품 등 여러 곳에서 응용되는 유기화학의 개념을 알고 적절하게 사용하는 데 도움을 준다. 이 책은 다양한 예시와 그림을 곁들여 유기화학의 기본 개념과 이론을 쉽게 설명하는 도서이다.

탐구 주제

주제1 유기화학은 탄소 원자를 중심으로 한 분자의 구조와 성질을 연구하는 학문으로, 생명체의 구성 성분인 유기물의 구조와 기능을 이해하는 데 유용하다. 탄소의 결합 형태와 유기물 분자의 다양한 구조를 조사하고, 구조식 표기 방법과 유기물의 분류에 관하여 연구해 보자.

주제2 탄수화물, 단백질, 지방, 비타민 등의 유기물은 탄소를 포함하고 있어 가열하면 연기를 발생시키면서 검게 탄다. 유기화합물의 성질에 결정적인 역할을 하는 작용기와 유기물의 종류를 조사하고, 알코올, 에터, 케톤, 알데하이드, 카복실산 등 유기물의 성질과 활용 분야를 탐구해 보자.

주제3 원자의 구조와 성질을 결정하는 다양한 결합 유형에 관한 연구

주제4 다양한 유기화학 반응과 반응 메커니즘에 관한 탐구

학생부 기록 예시 (교과세특)

탄소 원자를 중심으로 한 분자의 구조와 성질을 연구하는 유기화학의 개념을 이해하고, 탄소의 결합 형태와 유기물 분자의 다양한 구조를 조사하는 과정에서 관련 개념을 적용하는 능력을 보였음. 또한, 구조식 표기 방법과 유기물의 분류에 관하여 연구하는 과정에서 논리적 사고력과 분석력을 보였음. 과학 동아리 친구들과 함께 탐구 활동을 통해 과학적 지식과 역량을 키워나가며, 미래의 화학자로서 진로를 탐색하는 데 도움이 되었을 것으로 판단됨.

탐구주제 확장 및 심화

다양한 유기화합물의 합성 방법과 반응 연구하기
유기화합물의 합성 방법과 반응을 조사하여 탄소-산소 결합의 산화 및 환원, 친핵성 첨가 반응, 그리냐르 반응 등의 반응 메커니즘과 응용 가능성을 탐구해 보자.

생활 속 고분자화합물의 활용 실태와 환경에 미치는 영향 홍보하기
우리 생활에 사용되는 고분자화합물의 종류와 용도를 조사해 보고, 환경에 미치는 영향을 알리는 홍보 자료를 제작하여 전시회를 열어 보자.

관련 논문 휘발성 유기 화합물(VOCs) 처리 기술(서봉국 외, 2003)

휘발성유기화합물(VOCs)은 환경 문제를 일으키는 주요 원인이며, 이를 감소시키는 일반적인 방법으로는 활성탄 흡착, 막 분리, 흡수, 소각, 촉매 산화가 있다. 이 논문에서는 휘발성유기화합물(VOCs) 배출에 대한 환경 문제와 법률 동향을 조사하고, 각 과정의 특성을 소개한다.

관련 도서 《스미스의 유기화학》, Janice Gorzynski Smith, 카오스북
《유기화학》, Janice Gorzynski Smith, 자유아카데미

관련 학과 고고학과, 과학교육과, 금속공학과, 미생물학과, 산업공학과, 생물학과, 식품공학과, 신소재공학과, 지구환경과학과, 화장품공학과, 화학과, 화학공학과, 화학교육과, 환경학과, 환경공학과

관련 교과 2022 개정 교육과정: 생명과학, 화학, 화학반응의 세계, 세포와 물질대사, 융합과학 탐구
2015 개정 교육과정: 통합과학, 화학 I, 생명과학 I, 생활과 과학, 융합과학

같기도 하고 아니 같기도 하고

로얼드 호프만 | 까치 | 2018

이 책은 총 10부로 구성되어 있다. 화학의 역사와 발전 과정을 소개하며, 화학의 기본 개념과 이론을 쉽게 설명한다. 또한, 일상생활에서 자주 접하는 화학물질의 구조와 성질을 소개하고, 이를 화학적으로 분석하는 방법을 제시한다. 이 책을 통해 화학의 역사와 발전 과정을 이해하고, 화학의 기본 개념과 이론을 쉽게 이해할 수 있으며, 화학물질에 대한 우리의 인식을 바꾸고, 화학이 인류의 발전에 어떻게 기여했는지를 알 수 있다.

탐구 주제

주제1 분자구조는 원자들의 화합 결합으로 만들어지는 분자의 모양을 의미한다. 분자구조가 같다고 천연과 인공이 동일한 것은 아니다. 동일한 분자구조를 가진 물질을 조사하여 그것이 서로 다른 성질을 갖는 이유를 탐구하고, 이를 통해 분자의 구조와 성질 간의 관계를 분석해 보자.

주제2 화학은 우리 생활과 뗄 수 없는 학문이다. 화학은 음식, 의류, 주택은 물론 여러 분야에서 폭넓게 관여를 하고 있다. 화학의 역할과 영향력을 학습하고, 환경 문제와의 관련성을 조사해 보자. 환경친화적인 화학물질과 기술을 탐구하여, 화학적으로 해결하는 방안을 제시해 보자.

주제3 분자를 합성하는 과정에서 발생하는 문제와 해결 방법 연구

주제4 화학 논문의 역사적 고찰과 발전 과정에 관한 탐색

학생부 기록 예시 (교과세특)

분자구조가 동일한 천연 물질과 인공 물질의 사례를 연구하며, 분자의 구조와 성질 간의 관계가 복잡하다는 것을 관련 논문 조사를 통하여 이해함. 또한, 분자의 구조와 성질 간의 관계를 분석하기 위해서는 다양한 요인을 고려해야 한다는 것을 인식함. 친구와 함께한 탐구 활동을 통하여 화학에 관한 공부를 체계적으로 하며 과학적 사고력과 분석력을 발휘하고, 친구들과 활동하며 장래 화학자로서 진로를 탐색하는 데 진심과 열정을 담아 활동하였음.

탐구주제 확장 및 심화

화학 교육의 중요성과 민주주의 발전 기여도 연구하기
화학 교육의 중요성과 화학이 민주주의 사회에서 어떻게 이바지할 수 있는지에 대해 연구하고, 화학 교육의 방향과 개선 방안을 탐구해 보자.

천연 물질과 인공 물질의 종류와 역할에 대한 전시자료 제작하기
분자구조가 동일한 천연 물질과 인공 물질을 조사하여 인류에게 도움이 된 사례와 피해를 준 사례에 대한 전시자료를 제작하여 교내 전시회를 열어 보자.

관련 논문   분자구조 유사도를 활용한 약물 효능 예측 알고리즘 연구(정화영 외, 2022)

이 논문은 분자구조 유사도에 관해 다루며 분자구조 유사도를 측정하는 방법과, 이를 활용하여 약물의 효능을 예측하는 알고리즘을 개발하고, 이 알고리즘을 이용하여 실제 약물 데이터에 적용하여 검증하였다. 이를 통하여 약물 개발에 대한 새로운 가능성을 제시하였다.

관련 도서   《부분과 전체》, 베르너 하이젠베르크, 서커스
               《분자 사용 설명서》, 김지환, 반니

 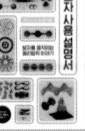

관련 학과	과학교육과, 금속공학과, 농생물학과, 분자생물학과, 사학과, 산업공학과, 생명공학과, 생물학과, 식품공학과, 신소재공학과, 원예학과, 화학과, 화학공학과, 화학교육과, 환경학과, 환경공학과, 환경교육과

관련 교과	2022 개정 교육과정: 화학, 화학반응의 세계, 물질과 에너지, 융합과학 탐구, 창의 공학 설계 2015 개정 교육과정: 통합과학, 화학 I, 화학 II, 생활과 과학, 융합과학

거의 모든 물질의 화학

김병민 | 현암사 | 2022

이 책은 우리가 사는 세상을 이루는 화학물질에 대한 모든 것을 담은 책으로, 화학물질의 본질과 정체, 그리고 널리 퍼져 있는 오해와 진실을 밝혀 화학을 바라보는 시선을 바꾸고자 한다. 이 책은 화학물질을 의혹과 공포의 대상이 아니라 좀 더 친근한 물질로 대하고 그 본질을 이해해 물질에 대한 통찰력을 얻게 하는 데 중점을 둔다. 인터넷이나 방송 매체의 정보에 휘말리지 않고, 인류의 이기심에 가려진 화학에 관하여 고민해보는 책이다.

탐구 주제

주제1 한때는 인류의 위대한 발명품으로 평가받던 플라스틱이 최근에는 환경 파괴의 주범으로 몰리고 있다. 자연 속에서 분해되는 데 많은 시간이 소요되기 때문이다. 다양한 플라스틱의 종류와 특성을 조사하고, 플라스틱의 종류와 재료로서의 특성, 대안 소재에 관하여 탐구해 보자.

주제2 화학은 우리 생활과 뗄 수 없는 학문이다. 화학은 음식, 의류, 주택은 물론 여러 분야에서 폭넓게 관여를 하고 있다. 화학의 역할과 영향력을 학습하고, 환경 문제와의 관련성을 조사해 보자. 환경친화적인 화학물질과 기술을 탐구하여, 화학적으로 해결하는 방안을 제시해 보자.

주제3 화학물질의 유해성과 인체와 환경에 미치는 영향에 관한 조사

주제4 신기능성 물질의 특성과 다양한 분야에서의 응용 사례 연구

학생부 기록 예시 (교과세특)

플라스틱의 종류와 특성을 조사하고, 플라스틱의 재료로서의 특성과 대안 소재를 탐구함. 이를 통해 플라스틱이 환경 파괴의 주범으로 몰리고 있는 이유를 이해하고, 플라스틱의 대체 소재에 관한 관심을 가지게 됨. 또한, 탐구 활동을 통해 화학에 대한 지식을 심화하고, 과학적 사고력과 분석력을 향상시켰으며, 장래 희망인 화학공학자로서의 진로를 탐색하는 데 더욱 정진하는 기회를 얻고자, 지역 대학의 화학실험 활동에 3회 이상 참여함.

탐구주제 확장 및 심화

화학과 생물학의 관계에 관하여 탐구하기
화학과 생물학은 밀접한 관계를 지니고 있다. 화학과 생물학의 상호작용과 생명 현상에 대한 화학적 설명을 탐구해 보자.

폐플라스틱을 활용한 환경보호 조형물을 제작하여 전시하기
폐플라스틱을 모아 환경보호와 관련된 다양한 조형물을 제작하여 학교 안과 지역 사회에 전시하고, 환경보호 운동을 펼쳐 보자.

관련 논문   미세플라스틱의 해양 생태계에 대한 영향과 향후 연구 방향(김강희 외, 2019)

이 논문은 미세플라스틱이 해양 생태계에 미치는 영향을 분석하고, 향후 연구 방향을 제시한 논문이다. 미세플라스틱이 해양 생태계에 미치는 영향을 분석하기 위해 다양한 실험과 연구를 진행하였다. 플라스틱의 유해성이나 환경에 미치는 영향에 대하여 접할 수 있다.

관련 도서   《화학 교과서는 살아있다》, 문상흡 외, 동아시아
《혼자 몰래 보는 화학 노트》, 라파엘라 크레셴치, 로베르토 빈첸치, 북스힐

관련 학과   과학교육과, 금속공학과, 농생물학과, 분자생물학과, 산업공학과, 생명공학과, 생물학과, 식품공학과, 신소재공학과, 화학과, 화학공학과, 화학교육과, 환경학과, 환경공학과, 환경교육과

관련 교과   2022 개정 교육과정: 화학, 화학반응의 세계, 물질과 에너지, 융합과학 탐구, 과학의 역사와 문화
2015 개정 교육과정: 통합과학, 화학 I, 화학 II, 생활과 과학, 융합과학

걱정 많은 어른들을 위한 화학 이야기

윤정인 | 푸른숲 | 2022

이 책은 화학 제품을 사용할 때 불안과 걱정이 끊이지 않는 어른들을 위한 생활 밀착 화학 탐구서다. 과학자이자 엄마인 윤정인은 화학의 원리부터 화학제품 안심하고 쓰는 법까지 우리 생활에 꼭 필요한 과학 상식을 담았다. 일상 속에서 마주하는 다양한 화학 물질에 대한 걱정과 불안을 해소하기 위해, 화학 물질의 특성과 안전성을 쉽게 이해할 수 있도록 설명한 책이다. 일상생활에서 화학 물질을 안전하게 사용하는 데 도움을 준다.

탐구 주제

주제1 계면활성제는 물에 녹기 쉬운 친수성과 기름에 녹기 쉬운 소수성을 가지고 있는 화합물이다. 이런 성질을 활용하여 비누나 세제 등에 많이 활용해 왔다. 계면활성제의 원리와 인체에 미치는 영향을 조사하고, 계면활성제를 안전하게 사용하는 방법을 탐구해 보자.

주제2 해열제는 체온 조절 중추에 작용하여 체온을 정상으로 내리게 한다. 아세트아미노펜, 아스피린, 이부프로펜 등 여러 종류의 해열제가 사용되고 있지만 크게 2가지로 분류한다. 해열제는 종류에 따라 효과가 다를 수 있다. 해열제 종류에 따른 효과를 비교하고 분석해 보자.

주제3 방부제의 원리와 종류에 따른 효과에 관한 비교·분석

주제4 소독제의 원리와 종류에 따른 효과에 관한 탐구

학생부 기록 예시 (교과세특)

계면활성제의 원리와 인체에 미치는 영향을 조사하고, 계면활성제를 안전하게 사용하는 방법을 탐구함. 이를 통해 계면활성제가 인체에 미치는 영향을 이해하고, 안전하게 사용하는 방법을 알게 됨. 또한, 탐구 활동을 통해 화학에 대한 지식을 심화하고, 과학적 사고력과 분석력을 향상시켰으며, 장래 화학공학자로서 동아리 친구들과 방부제, 진통제, 식품첨가물 등이 인체와 환경에 미치는 영향에 관하여 협동으로 탐구하고 발표회를 열겠다는 의지를 보임.

탐구주제 확장 및 심화

천연 물질과 합성 화학 물질의 안전성에 관하여 탐구하기
천연 물질은 합성 화학 물질은 효과가 다를 수 있다. 천연 물질과 합성 화학 물질의 효과를 비교하는 실험을 통하여 비교·분석해 보자.

우리 생활 속에 침투한 중금속에 관한 역사와 영향 조사하여 홍보하기
우리 생활 속에서 중금속이 활용되는 사례와 중금속이 인체에 미치는 영향을 조사하고, 중금속을 예방하는 방법을 탐구하여 홍보 자료를 만들어 환경운동을 해 보자.

관련 논문 생활 화학제품의 위험으로부터의 안전(이상명, 2018)

이 논문은 생활 화학제품이 인체에 미치는 영향을 분석하고, 안전하게 사용할 수 있는 방법을 제시한다. 생활 화학제품이 인체에 직접적으로 미치는 영향과 환경에 미치는 영향을 제시한다. 생활 화학제품을 안전하게 사용하기 위해 다양한 방법과 제도의 필요성을 강조했다.

관련 도서 《세상은 온통 화학이야》, 마이 티 응우옌 킴, 한국경제신문
《우리 집에 화학자가 산다》, 김민경, 휴머니스트

관련 학과	과학교육과, 농생물학과, 분자생물학과, 산업공학과, 생명공학과, 생물학과, 식품공학과, 신소재공학과, 화학과, 화학공학과, 화학교육과, 환경학과, 환경공학과, 환경교육과

관련 교과	2022 개정 교육과정: 화학, 화학반응의 세계, 물질과 에너지, 융합과학 탐구, 과학의 역사와 문화
	2015 개정 교육과정: 통합과학, 화학 I, 화학 II, 생활과 과학, 융합과학

컴퓨터공학

소프트웨어공학

기계공학

로봇공학

전기전자공학

화학공학

마이야르 반응, 감칠맛, 포화지방과 불포화지방, 단백질 접힘

곽재식의 먹는 화학 이야기

곽재식 | 요다 | 2022

이 책은 소설 쓰는 화학자 곽재식의 집밥 화학 수필이다. 떡볶이, 냉면, 김밥부터 케이크, 카르보나라, 피자같이 만들기 까다로운 음식도 소박한 도구와 재료로 누구나 쉽게 따라 할 수 있도록 소개한다. 또한, 요리는 곧 '먹는 화학'이므로 그 핵심이 한 성분을 다른 성분으로 바꾸는 화학반응을 이야기한다. 재미있게 읽다 보면 들어는 봤지만, 잘 몰랐던 과학 용어를 제대로 알게 되는 희열을 느끼게 된다.

탐구 주제

주제1 마이야르 반응은 아미노산과 환원당 사이의 화학 반응으로, 음식의 조리 과정 중 갈색으로 변하면서 맛있게 변하는 일종의 화학 반응이다. 마이야르 반응의 원리와 음식의 맛에 미치는 영향을 조사하고, 음식을 조리할 때 마이야르 반응을 촉진하는 방법을 탐구해 보자.

주제2 포화 지방산은 모든 탄소와 탄소 사이의 결합이 단일 결합으로 되어 있는 지방산을 말하며, 불포화 지방산은 한 개 이상의 탄소-탄소 다중 결합을 가진 지방산을 말한다. 포화지방과 불포화지방이 건강에 미치는 영향이 다르다. 포화지방과 불포화지방이 건강에 미치는 영향을 조사해 보자.

주제3 감칠맛이 음식의 맛에 미치는 영향과 감칠맛을 내는 성분 탐구

주제4 단백질 접힘을 조절하는 방법과 생명체에 미치는 영향 분석

학생부 기록 예시 (교과세특)

마이야르 반응의 원리와 음식의 맛에 미치는 영향을 조사하고, 음식을 조리할 때 마이야르 반응을 촉진하는 방법을 탐구함. 이를 통해 마이야르 반응이 음식의 맛에 미치는 영향을 이해하고, 음식을 조리할 때 마이야르 반응을 촉진하는 방법을 알게 됨. 또한, 여러 친구와 협력하여 조리 과학과 식품공학을 김도 있게 공부하고, 과학적 사고력과 분석력을 향상시켰으며, 장래 식품공학자로서 포화지방과 불포화지방에 관한 연구도 이어가겠다고 밝힘.

탐구주제 확장 및 심화

우리나라 사람이 좋아하는 음식의 화학적 특성 연구하기
한국인이 좋아하는 음식을 선정하여 화학적 특성과 변화 과정을 조사하고, 이를 바탕으로 새로운 음식을 개발하여 시식회를 열어 보자.

음식의 조리 방법에 따른 화학적 변화를 체험하고, 친구들의 아침 식사 요리 봉사하기
음식의 조리 방법에 따른 화학적 변화를 조사하고, 이를 바탕으로 음식의 맛과 영양성을 높이는 방법을 탐구한다. 아침 식사를 거르는 친구를 위해 간편식을 조리하여 봉사해 보자.

관련 논문 미래 식품 트랜드와 조리과학(김희섭, 2006)

이 논문은 미래 식품 경향과 조리과학에 관한 연구를 다룬 논문이다. 이 논문은 미래 식품 동향과 조리과학에 관한 다양한 연구 결과를 제시하고, 이를 바탕으로 미래 식품 산업의 발전 방향을 제시하고 있다. 미래 식품 산업의 발전 방향을 모색할 수 있다.

관련 도서 《식탁 위의 과학 분자요리》, 이시카와 신이치, 글레마
《요리와 과학》, 마이클 브레너, 영진닷컴

관련 학과 가정교육과, 농생물학과, 분자생물학과, 생명공학과, 생물학과, 소비자학과, 식품공학과, 신소재공학과, 외식산업학과, 화학과, 화학공학과, 화학교육과, 환경학과, 환경공학과, 환경교육과

관련 교과 2022 개정 교육과정: 화학, 화학반응의 세계, 물질과 에너지, 융합과학 탐구, 기술·가정
2015 개정 교육과정: 통합과학, 화학 I, 화학 II, 생활과 과학, 기술·가정

곽재식의 유령 잡는 화학자

곽재식 | 김영사 | 2022

이 책은 초자연현상 뒤에 있는 화학의 세계를 다루며, 괴담과 화학이 만난 이야기를 담고 있다. 저자는 기발한 상상력과 박학다식함을 바탕으로 괴담의 허점을 찌르며, 역사적 사건이나 대중매체, 옛 설화집의 이야기까지 확장하여 설명한다. 물귀신부터 심령사진, 악령 들린 인형, 우물에서 기어 나오는 망령 등 다양한 초자연현상을 과학적 원리를 얹어 베일을 벗긴다. 이 책은 과학 마니아뿐 아니라 괴담 마니아들의 호기심을 자극할 것이다.

탐구 주제

주제1 조현병이나 조울증 등을 치료하는 안정제로 클로르프로마진이 사용되고, 수면과 관련이 깊은 호르몬으로 멜라토닌이 있다. 클로르프로마진과 멜라토닌을 중심으로, 약물이 신경전달물질에 어떻게 영향을 미치는지, 그 작용 메커니즘과 잠재적인 응용 분야에 관해 탐구해 보자.

주제2 클로로퀸은 말라리아 예방 및 치료에 사용되는 약물로서, 류머티즘 관절염, 루푸스병에도 간혹 사용하기도 한다. 클로로퀸이 염증 반응을 감소시키는지, 염증과 면역체계의 관계를 조사하고, 클로로퀸이 염증을 억제하는 메커니즘과 면역 조절에 대한 가능성을 탐구해 보자.

주제3 금속산화물 막을 활용한 기능성 소재의 사례 연구

주제4 화학 물질이 예언 현상에 미치는 사례와 영향력 탐구

학생부 기록 예시 (교과세특)

약물과 신경전달물질의 관계에 대해 탐구 활동을 하며, 조현병이나 조울증과 같은 정신질환을 치료하는 데 사용되는 클로르프로마진과 수면과 관련이 깊은 호르몬인 멜라토닌을 중심으로 연구를 진행함. 약물이 신경전달물질에 어떻게 영향을 미치는지, 그 작용 메커니즘과 잠재적인 응용 분야에 관해 탐구함. 클로르프로마진과 멜라토닌이 신경전달물질과 상호작용하여 조현병 치료 및 수면 조절에 어떤 역할을 하는지 연구하고 대학에 방문하여 실험까지 도전함.

탐구주제 확장 및 심화

열팽창과 유령 발소리의 연관성에 관하여 연구하기
열팽창 특성을 이용하여 유령 발소리를 어떻게 물리치는지, 열팽창 현상과 음향의 상호작용을 연구하고, 실제 응용 사례와 가능성을 탐구해 보자.

감염병에 맞설 수 있는 화학적 백신 개발 사례 및 가능성 탐구하기
백신 개발에 활용되는 화학적인 원리와 백신의 작용 메커니즘을 연구하고, 감염병에 어떻게 효과를 발휘하는지, 백신 개발의 중요성과 가능성을 탐구해 보자.

관련 논문 멜라토닌과 정신과 질환(이진성 외, 2015)

 수면과 각성 리듬 장애가 나타나는 우울장애, 기분장애, 치매, 자폐 등의 정신질환에서 멜라토닌과의 관련성을 살펴보는 내용이다. 멜라토닌은 스트레스와 우울증을 완화하는 효과가 있어, 스트레스를 받으면 멜라토닌 분비가 감소하고, 이로 인해 수면 장애와 우울증이 발생할 수 있다.

관련 도서 《아주 위험한 과학책》, 랜들 먼로, 시공사
《오늘도 나는 과학을 꿈꾼다》, 진정일, 궁리

관련 학과 금속공학과, 문화콘텐츠학과, 방사선학과, 생명공학과, 생물학과, 심리학과, 윤리교육과, 임상병리학과, 화학과, 화학공학과, 화학교육과, 환경학과, 환경공학과

관련 교과 2022 개정 교육과정: 문학과 영상, 매체 의사소통, 화학, 화학반응의 세계, 인간과 심리
2015 개정 교육과정: 언어와 매체, 사회문화, 화학 I, 화학 II, 심리학

나노 화학
장홍제 | 휴머니스트 | 2023

이 책은 나노미터 단위의 물질을 다루는 나노 과학의 근간인 나노 화학을 설명하는 책이다. 최고의 화학 커뮤니케이터인 장홍제 교수가 나노입자 관찰, 나노 물질 합성, 의료, 환경, 에너지, 전자산업 등 다양한 분야의 나노 화학 활용과 전망을 쉽고 친절하게 설명한다. 이 책에서는 흥미진진하고 유쾌한 안내로 나노화학의 세계를 여행하며 매력을 알린다. 이 책은 나노 물질의 독특한 특성과 그 가능성을 알고 싶은 독자들에게 추천한다.

탐구 주제

주제1 현재의 나노 기술을 이용하여 환경을 보호하고 에너지를 생산할 수 있다고 한다. 모으고 분리하고 분해하는 나노기술을 활용할 수 있으면 충분히 가능하다. 나노 물질을 이용하여 오염물질을 제거하거나 에너지를 생산할 수 있는지, 나노 화학이 전기를 만들어내는 원리를 탐구해 보자.

주제2 금속은 제각기 고유한 색깔을 띠고 있다. 그리고 나노물질의 광학적 특성을 알면 그 물질을 활용하는 데 도움이 된다. 주기율표에서 알려진 금, 은, 구리 나노입자의 독특한 색상 변화 메커니즘을 연구하고, 나노입자 크기와 구조의 변화가 색상에 미치는 영향을 탐구해 보자.

주제3 나노로봇이 혈관을 통해 암 조직을 추적하고 치료하는 원리 탐구

주제4 2차원 나노물질의 전기적 특성에 관한 연구

학생부 기록 예시 (교과세특)

나노 기술을 이용하여 환경을 보호하고 에너지를 생산하는 방법을 탐구하는 과정에서 나노 기술의 개념과 원리를 이해하고, 이를 환경 보호와 에너지 생산에 적용하는 방법을 탐구하였음. 나노 물질을 이용하여 오염물질을 제거하거나 에너지를 생산하는 방법을 조사하고, 이를 실험해 검증하는 활동을 동아리에서 앞장서서 실시함. 나노 화학이 전기를 만들어내는 원리를 분석하고, 이를 바탕으로 환경 게시물을 제작하여 전시회를 개최함.

탐구주제 확장 및 심화

나노물질과 생명의 상호작용에 관하여 탐구하기
나노물질이 생명체 내에서 어떻게 작용하는지, 나노자임이 생명의 미래에 어떤 영향을 미치는지에 대해 탐구해 보자.

나노물질을 활용하여 환경정화 작용을 할 수 있는 방안 탐색 및 캠페인 활동하기
환경 파괴에 맞서는 나노화학의 새로운 응용 가능성을 위하여, 나노물질을 모으고 분리하고 분해하는 기술을 활용하여 환경정화 방법을 연구해 보자.

관련 논문 나노 기술을 통한 에너지 수확 소자기술의 발전(이준영, 여종석, 2015)

나노 기술의 개요와 에너지 수확 소자 기술의 중요성에 대해 다루고 있다. 나노 기술을 활용한 다양한 에너지 수확 소자 기술의 최신 연구 동향을 소개하며, 태양광, 열전, 진동, 기계 등 다양한 에너지 형태를 수확하는 소자 기술에 적용되는 내용을 제시한다.

관련 도서 《오늘도 화학》, 오타 히로미치, 시프
《나노, 변방에서 중심으로》, 한상록, 깊은샘

관련 학과 과학교육과, 금속공학과, 농생물학과, 분자생물학과, 산업공학과, 생명공학과, 생물학과, 식품공학과, 신소재공학과, 화학과, 화학공학과, 화학교육과, 환경학과, 환경공학과, 환경교육과

관련 교과 2022 개정 교육과정: 화학, 화학반응의 세계, 물질과 에너지, 융합과학 탐구, 과학의 역사와 문화
2015 개정 교육과정: 통합과학, 화학 I, 화학 II, 생활과 과학, 융합과학

머릿속에 쏙쏙! 원소 노트

도쿄대학교 사이언스커뮤니케이션 동아리 CAST | 시그마북스 | 2020

이 책은 도쿄대학교 사이언스 커뮤니케이션 동아리 CAST가 집필한 책으로, 중·고등학교 화학 수업에서 배우는 118개 원소에 관한 내용을 다루고 있다. 삽화와 칼럼 부분에는 화학 지식을 모르는 사람도 쉽게 이해할 수 있는 내용이 담겨 있으며, 각 원소와 관련된 상식도 풍부하게 실려 있다. 해설 부분에서는 무기화학에 관한 기초적인 지식을 쌓을 수 있고, 퀴즈도 있어 학습 내용을 확인할 수 있으며, 화학에 대한 이해도를 높일 수 있다.

탐구 주제

주제1 수소와 헬륨은 우주에서 가장 흔한 원소이다. 빅뱅 이론에 따르면 우주의 초기에는 수소와 헬륨만 존재했고, 나중에 핵융합과 핵분열을 통해 다른 원소들이 생성되었다고 한다. 수소와 헬륨의 비율과 분포가 우주의 연대와 구조를 밝히는 데 어떤 도움이 되는지 탐구해 보자.

주제2 탄소는 인간을 비롯한 동식물의 구성 요소이기도 하지만, 다이아몬드, 흑연, 풀러렌, 그래핀 등 다양한 형태로 존재하는 원소이다. 탄소의 다양한 형태가 각각 어떤 성질과 특징을 가졌는지, 그리고 이들이 과학과 기술에 어떤 영향을 미치고 있는지 탐구해 보자.

주제3 철과 자성의 원리와 성질 및 자성을 이용한 과학기술 관련 탐구

주제4 산소와 산화 반응이 자연과 인간의 활동에 미치는 영향 연구

학생부 기록 예시 (교과세특)

수소와 헬륨의 우주에서의 비율과 분포에 관해 탐구하는 활동을 함. 이를 위해 관련된 연구 논문과 자료를 조사하고, 수소와 헬륨의 우주에서의 분포와 우주의 형성과정과의 관련성을 분석함. 우주의 초기 조건과 핵융합, 핵분열 과정에 대한 이해를 바탕으로 수소와 헬륨의 비율이 어떻게 형성되었는지, 수소와 헬륨 외의 다른 원소들의 생성과정과 우주의 화학적 다양성 형성에 관한 연구도 조사하며, 화학공학자와 핵공학자의 장래 희망을 고민하며 꿈을 키워감.

탐구주제 확장 및 심화

은과 금의 화폐적 가치와 역사에 관하여 탐구하기
은과 금의 화학적 성질과 화폐적 가치가 어떻게 결정되고 변화해 왔는지, 인류의 역사와 문명에 어떤 역할을 했는지 탐구해 보자.

환경보호를 위한 알루미늄의 재활용 방안 홍보하기
알루미늄의 재활용 과정과 장점, 그리고 알루미늄의 생산과 소비가 환경에 미치는 영향에 관해 탐구하고, 환경보호를 위한 자료를 만들어 캠페인을 벌여 보자.

관련 논문 빅뱅 우주론, 양자물리학, 그리고 문화의 기원-존 폴킹혼과 르네 지라르 이론의 빛으로-(정일권, 2014)

빅뱅 우주론과 양자물리학을 바탕으로 종교와 과학의 관계를 연구한 종교학자인 존 폴킹혼과, 인간의 문화가 모방 욕망 때문에 형성된다고 주장한 문화인류학자인 르네 지라르의 이론을 바탕으로 빅뱅 우주론과 양자물리학이 문화의 기원에 어떻게 영향을 미쳤는지 분석한다.

관련 도서 《원소 이야기》, 팀 제임스, 한빛비즈
《휴가 갈 땐, 주기율표》, 곽재식, 초사흘달

관련 학과 과학교육과, 금속공학과, 반도체공학과, 산업공학과, 신소재공학과, 원자력공학과, 전자공학과, 화학과, 화학공학과, 화학교육과, 환경학과, 환경공학과

관련 교과 2022 개정 교육과정: 화학, 화학반응의 세계, 물질과 에너지, 융합과학 탐구, 전자기와 양자
2015 개정 교육과정: 통합과학, 화학 I, 화학 II, 생활과 과학, 융합과학

모든 것에 화학이 있다

케이트 비버도프 | 문학수첩 | 2023

화학, 원자, 분자, 화학반응

이 책은 화학에 대한 기본적인 지식부터 우리 일상생활에서 사용되는 화학물질까지 다양한 내용을 다루는 교양 과학책이다. 텍사스대학교 케이트 비버도프 교수의 유머와 위트가 가득한 설명을 통해 화학을 쉽게 이해할 수 있다. 화학이 우리 주변에 어떻게 존재하는지를 보여주며, 화학이 끼치는 영향에 대해 생각해볼 수 있다. 이 책은 화학을 좋아하는 사람들뿐만 아니라, 화학에 대해 전혀 모르는 사람들에게도 추천할 만한 책이다.

탐구 주제

주제1 욕실에서 흔하게 사용하는 샴푸, 린스, 비누, 세정제, 화장품 등에는 다양한 화학성분이 포함되어 있다. 예를 들어 실리콘이나 옥틸메톡시신나메이트 같은 성분들이 들어 있게 되는데, 이런 화학성분들이 무엇인지, 어떤 특성이 있는지 조사하고 기능과 효과를 탐구해 보자.

주제2 태양이 뜨거운 여름뿐만 아니라 사계절 동안 자외선 차단제를 사용하는 사람이 많아졌다. 특히 여름철 해변에서는 전신에 바르기도 한다. 해변에서 햇빛이 우리 피부에 미치는 영향과 작용 원리를 조사하고, 자외선 차단제가 바다 생태계에 미치는 영향을 탐구해 보자.

주제3 운동 호흡과 이산화탄소의 상관관계 및 몸무게에 미치는 영향

주제4 커피의 카페인이 뇌에 미치는 영향과 중독의 원인에 관한 연구

학생부 기록 예시 (교과세특)

욕실에서 흔하게 사용하는 샴푸, 린스, 비누, 세정제, 화장품 등에 포함된 다양한 화학성분을 조사하고 탐구하는 활동을 함. 특히 화장품과 실리콘의 관계, 옥틸메톡시신나메이트가 사용되는 자외선 차단제, 샴푸와 린스에 포함된 성분 등을 조사하여, 생활 화학제품에 사용되는 성분들이 피부에 미치는 영향과 피부 유지에 어떤 역할을 하는지에 대해 탐구함. 일반 국민에게 친근한 화학공학자가 되기 위하여 대학원까지 꾸준하게 공부해 나가길 희망함.

탐구주제 확장 및 심화

부엌에서 요리할 때 사용하는 음식 재료들의 화학적 성질과 변화 관찰하기
달걀이 익거나 삶아질 때 단백질이 어떻게 변하는지, 밀가루를 표백하면 어떤 화학적 변화가 일어나는지, 요리 과정에서 일어나는 음식 재료의 화학반응을 연구해 보자.

집 청소에 사용하는 세제나 표백제에 들어 있는 화학성분 조사하기
세제나 표백제들이 어떻게 오염물질이나 박테리아를 제거하는지 조사하고, 세제나 표백제가 환경에 미치는 영향도 연구하여 발표해 보자.

관련 논문 생활화학물질 등의 안전성평가 연구(유현열 외, 2020)

생활 화학제품 중 화학물질의 안전성을 평가하기 위해 다양한 실험과 분석을 수행하였으며, 이를 통해 생활 화학제품의 안전성을 확보하는 방안을 제시하고 있다. 생활 화학제품을 사용하는 사람들에게 안전성에 대한 정보를 제공하고, 안전성을 관리하는 데 도움을 줄 수 있다.

관련 도서 《한 번 읽으면 절대 잊을 수 없는 화학 교과서》, 사마키 다케오, 시그마북스
《세상에서 가장 재미있는 화학》, 크레이그 크리들, 궁리

관련 학과 과학교육과, 농생물학과, 분자생물학과, 산업공학과, 스포츠과학과, 식품공학과, 식품영양학과, 체육학과, 화장품공학과, 화학과, 화학공학과, 화학교육과, 환경학과, 환경공학과

관련 교과 2022 개정 교육과정: 화학, 화학반응의 세계, 물질과 에너지, 스포츠 과학, 기술·가정
2015 개정 교육과정: 화학 I, 화학 II, 생활과 과학, 융합과학, 운동과 건강, 가정과학

미술관에 간 화학자: 두번째 이야기

전창림 | 어바웃어북 | 2019

이 책은 과학과 예술을 융합한 책으로, 미술 속 화학 이야기를 담고 있다. 강력한 분석력으로 고흐의 <해바라기>와 뭉크의 <절규>를 화학적으로 분석하며, 스페인 국민화가 고야의 작품을 다루며 빛의 흡수와 색의 화학적 특성을 설명한다. 이외에도, 클림트의 금박 기법, 영국의 풍경화가 컨스터블이 그린 공기의 색, 화학적 기법을 이용한 악녀 그림 등 명화에 담긴 화학적 에피소드를 소개한다. 과학과 예술을 함께 즐기는 이들에게 추천한다.

탐구 주제

주제1   모딜리아니는 자신의 사랑을 표현하기 위해 색채와 형태를 자유롭게 변형하였는데, 사랑은 인간의 감정으로서 신경전달물질과 호르몬에 의해 조절된다. 신경전달물질과 호르몬이 무엇인지 탐구해 보고, 사랑이 어떻게 표현되어 어떤 의미가 있는지 분석해 보자.

주제2   고흐의 '해바라기'는 노란색에서 갈색으로 변색하는 현상이 발견되었다. 납 성분이 들어있는 물감 크롬 옐로우는 황과 만나면 황화납이 되어 검은색이 된다. 크롬 옐로우의 화학식과 변색 과정을 알아보고, 고흐의 작품에서 크롬 옐로가 사용된 부분을 분석해 보자.

주제3   증기가 표현된 미술 작품과 증기가 생기는 과정에 관한 탐구

주제4   보색 대비가 인간의 시각에 주는 영향에 관한 분석

학생부 기록 예시 (교과세특)

인간의 사랑이 감정으로서 신경전달물질과 호르몬에 의해 조절된다는 사실을 조사하며, 사랑과 화학적인 연관성에 관해 탐구하는 활동을 함. 신경전달물질과 호르몬이 감정의 형성과 전달에 관여하며, 사랑의 표현과 의미에 어떻게 표현되고 어떤 의미가 있는지에 대해 분석함. 인간의 사랑과 화학적인 연관성을 탐구하고, 사랑에 대한 인간적인 경험과 화학적인 원리를 연결하여 과학적 사고와 분석력을 향상하고 인간관계와 감정의 복잡성을 이해하는 기회가 됨.

탐구주제 확장 및 심화

물감에 사용된 역청 물감을 탐구하기

역청은 시간이 지날수록 균열과 변색을 일으킨다. 역청 물감의 화학식과 변색 원인을 알아보고, 이것이 사용된 미술 작품을 조사해 보자.

미술의 명암법과 광화학에 관하여 연구하기

명암법은 밝음과 어둠을 가르는 빛에 따라 발생하는 현상인데, 이는 광화학의 연구 분야이다. 광화학과 명암법을 연구하고 전시용 3D 입체 그림에 도전해 보자.

관련 논문   공격성과 신경전달물질 (유시영 외, 2016)

공격행동과 관련하여 공통으로 연구되어 온 신경전달물질인 세로토닌, 감마아미노뷰티르산, 도파민, 노르아드레날린, 글루타메이트, 옥시토신과 신경전달물질로서도 작용하는 호르몬 및 효소를 종합적으로 소개하여 신경전달물질에 대하여 종합적인 이해를 도모한다.

관련 도서   《미술관에 간 화학자》, 전창림, 어바웃어북
            《원소》, 필립 볼, 휴머니스트

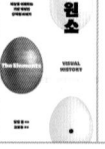

관련 학과   과학교육과, 미디어커뮤니케이션학과, 미술교육과, 미술치료학과, 미술학과, 사학과, 서양화과, 신소재공학과, 화장품공학과, 화학과, 화학공학과, 화학교육과, 환경학과, 환경공학과

관련 교과   2022 개정 교육과정: 화학, 화학반응의 세계, 물질과 에너지, 미술, 미술 감상과 비평
           2015 개정 교육과정: 화학 I, 화학 II, 생활과 과학, 융합과학, 미술, 미술 감상과 비평

리튬, 부품과 장비, 전기 모빌리티, 탄소중립

배터리 전쟁
루카스 베드나르스키 |
위즈덤하우스 | 2023

이 책은 배터리 산업의 글로벌 가치 사슬과 신에너지 경제의 밑그림을 담았다. 리튬 채굴부터 배터리 제조, 재활용까지 배터리 산업 전 분야를 아우르는 폭넓은 시각으로 시장 흐름과 전망을 제시한다. 한국, 중국, 일본을 비롯해 유럽, 북미, 오스트레일리아, 라틴아메리카 등 전 세계 각국의 전략을 분석하며 에너지 패권 변화에 대응하는 방법을 제시한다. 배터리 산업이 세계적으로 주목받는 시대에 이 책은 꼭 읽어야 할 책 중 하나다.

탐구 주제

주제1 전기자동차용 배터리 원료로 리튬이 가장 많이 사용되며, 배터리 산업에서 리튬은 없으면 안 될 중요한 원소로 대우받고 있다. 리튬 이외에 배터리 재료로 사용되는 코발트, 흑연, 니켈 등의 특성과 용도를 찾아 정리하고, 각 원료의 공급과 수요의 균형을 분석해 보자.

주제2 전기자동차는 최근에 와서 인기가 있지만, 그 역사를 살펴보면 꽤 오래전에 탄생한 자동차이다. 전기자동차, 전기자전거, 전동 스쿠터를 비롯하여 배터리를 사용하는 스마트 모빌리티의 역사와 현재 상황을 알아보고, 각 기기의 장단점과 환경에 미치는 영향을 탐구해 보자.

주제3 리튬 원소의 특성 및 리튬 산업의 발전 과정과 전략 탐구

주제4 주요 국가에서 리튬 산업 기업들의 역할 및 협력 사례 조사

학생부 기록 예시 (교과세특)

배터리 산업에서 중요한 역할을 하는 원료인 리튬 이외의 배터리 재료에 관해 탐구하는 활동을 함. 리튬은 가장 많이 사용되는 배터리 원료로, 배터리 산업에서 필수적인 역할을 하며, 이를 바탕으로 배터리 산업에서 리튬의 중요성과 활용에 관해 탐구함. 또한, 리튬 이외의 배터리 재료인 코발트, 흑연, 니켈 등에 대해 특성과 용도를 찾아 정리하고, 친구들과 협력하여 각 배터리 재료의 공급과 수요의 균형을 분석하며, 에너지공학자의 꿈을 이루겠다는 각오를 다짐.

탐구주제 확장 및 심화

배터리 재활용의 장점과 한계 분석하기
국내외 배터리 재활용 산업의 현황과 전망을 조사하고, 배터리 재활용의 장점과 한계를 분석해 보자.

리튬 채굴과 문제점과 대안 탐구하기
리튬 채굴과 가공에 따른 환경적, 사회적, 정치적 문제점을 조사하고, 이를 해결하는 방안을 제시해 보자.

관련 논문 국내·외 리튬 이온 배터리 수요 및 가격 예측(박요한 외, 2020)

신기술의 확산에 가격을 반영한 새로운 예측모형을 개발하여 국내·외 리튬 이온 배터리 시장에 적용하는 것을 목적으로 한다. 세계 시장을 예측한 결과에서는 2025년부터 리튬이온배터리 시장은 급격한 성장세를 나타내며 2030년에는 150조 원의 시장으로 성장하는 것으로 나타났다.

관련 도서 《배터리의 미래》, M. 스탠리 위팅엄 외, 이음
《반도체 인사이트 센서 전쟁》, 한국반도체산업협회, 교보문고

관련 학과 경제학과, 과학교육과, 기술교육과, 무역학과, 물리학과, 반도체공학과, 산업공학과, 신소재공학과, 에너지공학과, 전기공학과, 화학과, 화학공학과, 화학교육과, 환경학과, 환경공학과

관련 교과 2022 개정 교육과정: 경제, 사회문제 탐구, 화학, 화학반응의 세계, 물질과 에너지
2015 개정 교육과정: 경제, 사회문제 탐구, 화학 I, 화학 II, 융합과학

부엌의 화학자

라파엘 오몽 | 더숲 | 2016

화학과 요리를 결합한 혁신적인 책이다. 화학 지식을 활용하여 최고의 요리 레시피를 만들어낸다. 물리 화학자인 저자와 요리사인 티에리 막스가 함께한 이 책은 맛있는 요리와 과학을 동시에 즐길 수 있는 새로운 가치를 제시한다. 요리를 통해 화학을 배우고, 화학을 통해 요리를 더욱 완성도 높은 것으로 만들어낼 수 있다. 요리와 과학의 세계를 넘나들며 더욱 새로운 맛과 즐거움을 찾아보고 싶은 이들에게 추천한다.

탐구 주제

주제1 열을 가하지 않아도 되는 요리도 있지만, 요리 대부분에는 열이 사용된다. 그만큼 요리와 열은 뗄 수 없는 관계가 있다. 요리에서 사용되는 열의 전달 방식과 각종 식기 소재의 열전도율의 차이를 알아보고, 열전도율이 높은 재료와 낮은 재료를 조사하여 알맞은 요리를 제안해 보자.

주제2 미오글로빈은 포유류의 대부분 근조직에서 발견되는 철 결합, 산소 결합 단백질로서, 근조직에 산소를 운반하면서 붉은색을 띠게 한다. 고기의 색깔과 맛을 결정하는 미오글로빈의 특성과 변화 과정을 조사하고, 고기를 익힐 때 미오글로빈의 산화를 막기 위한 요령을 연구해 보자.

주제3 채소의 색과 질감을 유지하기 위한 요리 조건과 원리 조사

주제4 달걀의 응고 온도와 단백질의 변성과의 상관관계 연구

학생부 기록 예시 (교과세특)

요리에서 사용되는 열의 전달 방식과 식기 소재의 열전도율의 차이를 알아보았음. 열전도율이 높은 재료와 낮은 재료를 조사하여, 열전도율이 높은 재료는 빠르게 음식을 익힐 수 있지만, 반대로 열전도율이 낮은 재료는 천천히 음식을 익힐 수 있다며, 한식, 중식, 일식 등 각종 요리와 열전도율을 접목하여 친구들과 공유하고 학습을 도와줌. 이를 바탕으로 배운 것을 직접 실천하는 보람을 느꼈다며, 앞으로 과학을 잘 아는 요리연구가로 성장하겠다고 말함.

탐구주제 확장 및 심화

발효식품에서 미생물의 활동과 화학반응 알아보기
발효식품의 특징과 장점을 알아보고, 발효 과정에서 일어나는 미생물의 활동과 화학반응을 탐구해 보자.

분자요리의 특징과 사례 조사하고 음식 나누기
분자요리의 개념과 특징을 알아보고, 분자요리의 사례와 장점을 조사해 보자. 방과 후에 친구들과 협력하여 간편식을 요리하여 선생님께 대접해 보자.

관련 논문 미래 식품 경향과 조리 과학(김희섭, 2006)

식품 과학과 기술의 발전으로 인해 미래에는 다양한 식품이 등장할 것으로 예상된다. 이러한 미래 식품 경향과 조리 과학의 연구 결과를 제시한다. 조리 과정에서 발생하는 열전달과 효율, 식품의 영양 성분과 건강에 미치는 영향 등을 연구하고, 식품 산업의 발전 방향을 제시하고 있다.

관련 도서 《나는 화학으로 세상을 읽는다》, 크리스 우드포드, 반니
《나는 부엌에서 과학의 모든 것을 배웠다》, 이강민, 더숲

관련 학과 가정교육과, 농생물학과, 분자생물학과, 생명공학과, 생물학과, 소비자학과, 식품공학과, 신소재공학과, 외식산업학과, 화학과, 화학공학과, 화학교육과, 환경학과, 환경공학과, 환경교육과

관련 교과 2022 개정 교육과정: 화학, 화학반응의 세계, 물질과 에너지, 융합과학 탐구, 기술·가정
2015 개정 교육과정: 통합과학, 화학 I, 화학 II, 생활과 과학, 기술·가정

분자 조각가들

백승만 | 해나무 | 2023

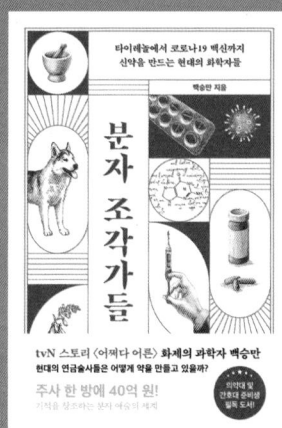

이 책은 신약 개발의 최전선에서 연구 활동을 하는 과학자 백승만이 들려주는 신약 개발의 역사와 숨겨진 뒷이야기를 담은 책이다. 화학자들은 분자를 조각하는 현대의 연금술사이며, 이 책에서는 그들이 조각한 화합물이 나쁜 단백질에 찰싹 달라붙어 기능을 못 하도록 하는 과정을 상세하게 소개한다. 이 책의 독자들은 약을 먹을 때마다 한 알의 약 뒤에 숨은 분자 조각가들의 치열한 고민에 경외감을 느끼게 될 것이다.

탐구 주제

주제1 탈리도마이드는 1960년대 초반에 수면제와 진통제로 사용되던 약품이지만, 태아에게 심각한 기형을 유발한다며 세계적으로 판매가 중단되었다. 탈리도마이드의 화학 구조와 작용 원리를 알아보고, 탈리도마이드 사건이 신약 개발에 미친 영향에 관해서도 탐구해 보자.

주제2 mRNA 백신은 코로나19 백신으로 널리 사용되고 있는 새로운 기술로, mRNA는 단백질을 만드는 유전 정보를 담고 있는 분자이다. mRNA의 구조와 기능, mRNA 백신의 작용 원리를 알아보고, mRNA 백신의 장단점과 백신으로 개발될 가능성이 있는 감염병을 조사해 보자.

주제3 천연물의 구조와 성질, 유용한 물질을 찾아내는 방법에 관한 연구

주제4 신약 개발의 단계별 과정과 신약 개발의 전망에 대한 탐구

학생부 기록 예시 (교과세특)

mRNA의 구조와 기능을 자세히 탐구하고, mRNA가 어떻게 단백질을 만들기 위한 유전 정보를 운반하는 분자인지 알아봄. mRNA 백신의 작용 원리를 연구하여 이 백신이 어떻게 우리의 면역 시스템을 활성화해 바이러스에 대한 방어를 강화하는지 조사함. mRNA 백신의 장단점을 분석하고, 이 기술이 미래에 어떤 감염병의 백신 개발에 활용될 수 있는지에 대한 조사를 진행함. 친구들과 협력하여 탐구하며 미래의 생명과학자 꿈을 확실하게 밝힘.

탐구주제 확장 및 심화

분자 시뮬레이션을 이용하여 분자의 특성 연구하기
분자 시뮬레이션의 원리와 방법, 분자 시뮬레이션을 이용한 분자의 특성 연구 사례 등을 알아보고, 분자 시뮬레이션 프로그램을 사용하여 다양한 분자의 특성을 연구해 보자.

분자 조각가의 사례와 역할 알아보기
분자 조각가의 역할과 업무, 분자 조각가가 되기 위한 길 등을 알아보고, 분자 조각가들의 연구 사례를 조사하여 게시자료를 만들어 전시해 보자.

관련 논문 차세대 감염병 백신(윤선우, 2023)

기존의 백신 플랫폼인 약독화 생백신, 불활성화 백신은 백신 개발 속도, 제조 등이 광범위한 백신 적용을 위한 긴급 사용에 한계가 있다. mRNA 백신, 디지털 백신 및 나노입자 백신 등의 차세대 백신 플랫폼을 중점으로 백신 기술 및 플랫폼의 장단점에 대해 제시한다.

관련 도서 《바이오사이언스의 이해》, 김성민, 신창민, 바이오스펙테이터
《mRNA 혁명, 세계를 구한 백신》, 전방욱, 이상북스

관련 학과 농생물학과, 물리치료학과, 물리학과, 분자생물학과, 생명공학과, 생명과학과, 생물학과, 식품공학과, 약학과, 임상병리학과, 한의예과, 화학과, 화학공학과, 화학교육과, 환경학과, 환경공학과

관련 교과 2022 개정 교육과정: 물리학, 화학, 생명과학, 화학반응의 세계, 융합과학 탐구
2015 개정 교육과정: 통합과학, 물리학 I, 화학 I, 생명과학 I, 생활과 과학

생활 속의 화학

W. 릭스너 외 | 전파과학사 | 2022

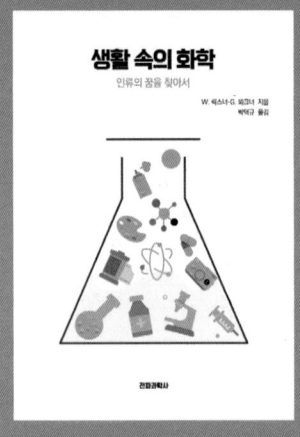

이 책은 어려울 것 같은 화학을 평범한 이론을 도입해서 설명하고, 그것이 우리 생활에 미치는 편리함이나 영향을 알기 쉽게 설명한다. 가짜 레오나르도 다빈치 그림을 밝힌 분석화학자 이야기, 트로이 전쟁과 청동기, 나일론과 페니실린의 발견 뒤에 얽힌 이야기, 과학소설을 인용해서 미래 사회를 예측하는 것 등을 흥미 있고 쉽게 서술하였다. 이 책은 화학이 쉽고 재미있다는 것을 보여준다. 화학에 관심이 있는 학생들에게 추천한다.

탐구 주제

주제1 원소에서 금속이 차지하는 비중은 매우 크다. 금속 대부분은 시간이 지나면서 녹이 슬거나 상태가 변하게 된다. 주요 금속들의 특성과 용도를 알아보고, 금속의 산화와 환원에 따른 색깔과 녹의 변화를 실험해 보자. 금속 재활용의 중요성과 환경에 미치는 영향을 분석해 보자.

주제2 현대에 와서 생활용품, 에너지, 경제 등 모든 산업 분야에서 매우 중요한 역할을 하고 있다. 석유의 화학적 성질과 에너지 생산과의 관련성에 관한 연구로써, 석유의 정제와 분해에 따른 다양한 물질의 특징과 용도를 조사하고 석유를 활용한 에너지 생산과 환경 이슈를 탐구해 보자.

주제3 식물의 광합성과 대기 중 이산화탄소 농도 간의 상호작용 연구

주제4 색체의 발생과 소멸에 따른 색소와 색깔의 화학적 원리 탐구

학생부 기록 예시 (교과세특)

주요 금속들의 특성과 용도에 대해 알아보고, 각 금속의 물리적, 화학적 특성과 용도를 조사하고 정리하여 금속의 다양한 활용 분야를 탐구함. 또한, 금속의 산화와 환원에 따른 색깔과 녹의 변화에 대해 실험을 진행하며, 금속의 산화 상태에 따른 변화와 녹이 발생하여 변화되는 과정을 관찰함. 금속 재활용의 중요성과 환경에 미치는 영향을 연구하면서 재활용 과정에서 발생하는 환경적 영향과 재활용의 필요성을 분석하고, 금속 재활용이 환경에 미치는 영향을 탐구함.

탐구주제 확장 및 심화

플라스틱과 고분자 소재의 재활용 가능성 탐구하기
고분자의 합성과 분해에 따른 화학반응과 환경 문제를 알아보고, 플라스틱과 다른 고분자 소재의 재활용 가능성과 환경 효과를 분석해 보자.

농약이 생태계와 환경에 미치는 영향 조사하여 공유하기
농약의 사용이 농업에 미치는 영향, 특히 생태계와 생물다양성에 미치는 영향을 조사하고, 친구들과 농약 사용의 환경적 효과를 탐구하여 환경 게시물을 제작하고 전시회를 열어 보자.

관련 논문 국내 포장 폐기물에 따른 재질별 재활용 공정 현황 및 재활용 문제점 (고의석 외, 2018)

기존의 백신 플랫폼인 약독화 생백신, 불활성화 백신은 백신 개발 속도, 제조 등이 광범위한 백신 적용을 위한 긴급 사용에 한계가 있다. mRNA 백신, 디지털 백신 및 나노입자 백신 등의 차세대 백신 플랫폼을 중점으로 백신 기술 및 플랫폼의 장단점에 대해 제시한다.

관련 도서 《예비 화학 교사를 위한 화학실험》, 김현정 외, 자유아카데미
《생활 속 화학을 만나다》, 강찬솔, 자유아카데미

관련 학과 금속공학과, 농생물학과, 분자생물학과, 생명공학과, 생명과학과, 생물학과, 식품공학과, 신소재공학과, 약학과, 임상병리학과, 한의예과, 화학과, 화학공학과, 화학교육과, 환경학과, 환경공학과

관련 교과 2022 개정 교육과정: 화학, 생명과학, 세포와 물질대사, 화학반응의 세계, 융합과학 탐구
2015 개정 교육과정: 통합과학, 화학 I, 화학 II, 생명과학 I, 생활과 과학

세계사를 바꾼 화학 이야기

오미야 오사무 | 사람과나무사이 | 2022

이 책은 1권과 2권으로 이루어져 있다. 1권은 '우주 탄생부터 산업혁명까지', 2권은 '자본주의부터 세계대전까지'의 이야기를 다루고 있다. 1권에서는 생명 탄생과 진화, 불, 금속, 종이, 화약, 전기, 농경 시작 등을 다루고, 2권에서는 통조림 발명, 로켓 발사, 시멘트, 냉매, 레이온, 휘발유 등의 이야기를 다룬다. 이 책은 화학의 역사와 함께 인류의 발전을 이끈 기술적 혁신에 대해 알려주며, 과학에 대한 흥미와 이해를 높이는 좋은 책이다.

탐구 주제

주제1 로켓은 최첨단 기술의 집약체로, 국가의 기술력을 입증하는 중요한 잣대가 되고 있다. 영국의 로켓 개발 실패와 미국의 강대국화 과정을 알아보고, 화학 역사와 국제 관계에 미치는 영향을 정리해 보자. 로켓 기술을 활용한 과학기술 분야를 탐구하여 로켓의 중요성을 분석해 보자.

주제2 인간이 정착하여 생활하면서 식품을 보존하기 시작하였고 계절과 기후의 변화에 대응하여 오랫동안 보존하고자 노력해 왔다. 밀폐 보존 용기와 다른 식품 보존 기술의 역사를 연구하고, 다양한 식품 장기 보존 기술을 조사하여 특징과 방법을 유형별로 비교·분석해 보자.

주제3 포틀랜드시멘트가 고층빌딩과 현대 건축에 미치는 영향 연구

주제4 산욕열의 원인과 진단 방법 및 화학적 발견의 중요성 탐구

학생부 기록 예시 (교과세특)

로켓은 최첨단 기술의 집약체로 국가의 기술력과 발전을 입증하는 중요한 요소임을 알고, 영국의 로켓 개발 실패와 미국의 강대국화 과정에 관해 조사하고 분석함. 영국의 로켓 개발 실패와 이에 따른 국제 관계의 변화, 미국의 로켓 기술 발전과 강대국화의 관련성을 탐구함. 또한, 로켓 기술을 활용한 과학기술 분야의 탐구 과정을 통하여, 로켓 엔진의 원리와 작동 방식, 로켓을 통한 우주 탐사 및 위성 발사 등의 활용 분야를 조사하고 분석하며 우주공학자의 꿈을 가짐.

탐구주제 확장 및 심화

독가스의 파급효과와 환경오염에 미치는 영향 알아보기
초기 냉장고와 냉동고에 사용된 냉매(독가스)의 환경적 파급효과를 연구하고, 환경오염 문제와 연결된 화학적 혁명을 조사해 보자.

레이온의 발명이 여성의 권리에 미친 영향 탐구하고 캠페인 하기
레이온의 발명과 여성의 역할에 대한 변화를 연구하여, 사회적 평등과 현대 의류 산업과의 연관성을 탐구해 보자. 이를 바탕으로 성평등의 중요성에 대한 캠페인을 벌여 보자.

관련 논문 한국형 다단 연소 사이클 로켓 엔진 개발 동향(김채형 외, 2018)

한국형발사체(KSLV-II) 개발과 함께 지구 정지궤도 발사를 위해 다단 연소 사이클 로켓 엔진 개발과 관련된 내용이다. 다단 연소 사이클 로켓 엔진은 한국형 발사체 엔진과 달리 가스발생기를 사용하는 개방형 엔진이 아니며, 연소시험은 성공적으로 시행되었다.

관련 도서 《숫자로 끝내는 화학 100》, 조엘 레비, 지브레인
《지구를 떠도는 위험한 물질》, 일본환경화학회, 전남대학교출판문화원

관련 학과 금속공학과, 농생물학과, 분자생물학과, 생명공학과, 생명과학과, 생물학과, 식품공학과, 신소재공학과, 약학과, 임상병리학과, 한의예과, 화학과, 화학공학과, 화학교육과, 환경학과, 환경공학과

관련 교과 2022 개정 교육과정: 화학, 생명과학, 세포와 물질대사, 화학반응의 세계, 융합과학 탐구
2015 개정 교육과정: 통합과학, 화학 I, 화학 II, 생명과학 I, 생활과 과학

세상을 바꾸는 반응

시어도어 그레이 | 다른 | 2018

이 책은 화학반응의 세계를 재미있게 소개한다. 저자인 시어도어 그레이는 화학의 기초부터 첨단 이론까지 다양한 내용을 다루며, 구조식과 과학 키트, 실험 장면 등을 고화질 사진으로 수록해 입체감 있는 내용을 제공한다. 이 책은 교실, 부엌, 공장, 거리 등 우리 주변에서 벌어지는 흥미진진한 화학반응을 중심으로 다루며, 화학반응의 원리와 성격, 엔트로피의 법칙, 시간의 화살 등 중요한 개념을 재미있게 설명한다.

탐구 주제

주제1 물질 대부분은 화학반응을 통해서 부수적으로 에너지가 필요하거나 발생한다. 약간의 에너지를 사용하여 큰 에너지를 발생시킬 수 있는 최적의 화학반응을 찾아야 한다. 화학반응에 필요한 투입 에너지와 화학반응으로 에너지를 방출하는 방식을 탐구하고 분석해 보자.

주제2 산소 원자 2개가 만나면 산소 분자가 만들어지고, 수소 원자 2개와 산소 원자 1개가 만나면 물 분자가 되는 것처럼 분자는 원자가 결합하여 만들어진다. 한두 개 또는 여러 개의 원자가 강력한 화학 결합으로, 화학반응에서 분자가 어떻게 형성되고 유지되는지 탐구해 보자.

주제3 고대 문화에서 화학적 반응이 마술로 여겨진 사례 탐구

주제4 화학반응이 색상 형성에 미치는 영향에 관한 조사

학생부 기록 예시 (교과세특)

화학반응에서 발생하는 에너지의 역할을 이해하고, 화학반응은 에너지가 있어야 하거나 방출하는 원리를 탐구함. 어떻게 약간의 에너지 투입으로 큰 에너지를 발생시킬 수 있는 최적의 화학반응을 찾는 방법을 연구함. 먼저, 화학반응에서 필요한 투입 에너지와 화학반응으로부터 방출되는 에너지의 관계를 분석하고, 다양한 화학반응을 실험하고 분석하여 어떤 조건에서 최적의 에너지 효율을 달성할 수 있는지 탐구하며, 산업에 적용하는 방법을 제안함.

탐구주제 확장 및 심화

화학반응의 속도와 불의 연소에서 화학적 단계 탐구하기
다양한 화학반응의 속도와 불의 연소 현상을 단계적으로 탐구하고, 화학적 엔진 역할을 하는 불 현상을 연구해 보자.

화학반응 관찰의 다양한 장소와 미치는 영향을 조사하기
교실, 부엌, 실험실, 공장, 거리, 우리 몸속에서 화학반응을 관찰하는 방법과 화학이 일상생활과 산업에 어떻게 영향을 미치는지 조사해 보자.

관련 논문 전기화학 열전지의 연구 개발 동향(강준식 외, 2019)

폐열은 중요한 청정 에너지원으로 활용 방안 중 가장 대표적인 것은 열전기술이나, 최근 전기화학 열전지가 열전소자의 대안으로 주목받고 있다. 최근 새로운 전해질과 전극을 적용하여 전기화학 열전지의 성능을 크게 향상하는 방법과 최근 연구 동향을 소개한다.

관련 도서 《세상을 만드는 분자》, 시어도어 그레이, 다른
《컵라면이 익을 동안 읽는 과학》, 꿈꾸는 과학, 궁리

관련 학과 금속공학과, 농생물학과, 분자생물학과, 생명공학과, 생명과학과, 생물학과, 식품공학과, 신소재공학과, 약학과, 임상병리학과, 한의예과, 화학과, 화학공학과, 화학교육과, 환경학과, 환경공학과

관련 교과 2022 개정 교육과정: 화학, 생명과학, 세포와 물질대사, 화학반응의 세계, 융합과학 탐구
2015 개정 교육과정: 통합과학, 화학 I, 화학 II, 생명과학 I, 생활과 과학

세상을 바꾼 화학

원정현 | 리베르스쿨 | 2021

이 책은 과학 교과서 속의 이론들이 어떻게 만들어졌는지 이야기를 통해 들려준다. 화학의 핵심 개념들을 다루며, 실험, 원소, 원자, 분자, 연소, 주기율표 등을 다룬다. 이 책은 현재의 과학 이론을 과학의 역사에 자연스럽게 녹여내어 쉽고 재미있게 익힐 수 있도록 구성되어 있다. 귀여운 삽화와 다양한 시각 자료들은 독자가 과학을 여러 방식으로 이해하도록 돕는다. 화학 역사의 변화를 알아보면서 화학 이론을 이해할 수 있는 도서이다.

탐구 주제

주제1 탈레스의 주기율표는 물질의 기본 단위를 물로 보았던 관념을 반영하고 있지만, 멘델레예프의 주기율표는 원소를 기본 단위로 보았던 관념을 반영하고 있다. 과학의 관념이 시대에 따라 어떻게 변했는지 알아보고, 두 사람의 주기율표의 차이점을 비교해보며, 그 의미를 탐구해 보자.

주제2 탈레스는 모든 물질은 물이 변한 것으로 생각하며, 물은 모든 물질의 기본적인 성질을 갖고 있다고 주장했다. 현대의 원자론은 물질을 원소와 화합물로 나누고, 원소는 더 나눌 수 없는 기본 단위라고 본다. 탈레스의 물을 근원 물질로 보는 관념과 현대의 원자론의 차이를 탐구해 보자.

주제3 퀴리 부부가 발견한 폴로늄과 라듐의 성질에 관한 연구

주제4 핵분열과 핵융합의 원리 및 핵에너지의 장점과 위험성 탐구

학생부 기록 예시 (교과세특)

물질의 기본 단위를 물로 보았던 관념을 반영하는 형태의 탈레스 주기율표, 원소를 기본 단위로 보았던 관념을 반영하고 있는 형태의 멘델레예프 주기율표를 탐구하며, 과학의 관념이 시대에 따라 어떻게 변화했는지를 알아보고자 노력함. 과학적 관념이 어떻게 변화하면서 물질의 성질과 구성에 대한 이해가 발전해 왔는지를 분석하고, 주기율표의 변화가 원소의 발견과 성질의 이해, 화학반응의 해석 등에 미치는 영향을 탐구하며 화학자의 꿈을 키워나감.

탐구주제 확장 및 심화

화학의 미래에 관하여 예측해 보기
화학은 인공지능, 나노기술, 바이오 기술 등과 같은 신기술의 발전에 따라 역할이 더욱 중요해질 것이다. 화학의 응용 분야와 발전 가능성을 탐구하며, 화학의 미래를 예측해 보자.

화학의 역사에서 우리나라 과학자들의 역할을 조사하기
우리나라에도 고려나 조선을 대표하는 수많은 과학자가 있다. 역사적으로 우리나라의 자들이 화학 발전에 기여한 사실에 관하여 탐구해 보고, 전시자료를 만들어 전시해 보자.

관련 논문   원소 주기율표 모델에 관한 역사적 연구(박성호, 2003)

주기율표 모델의 역사적 발전 과정을 분석하고, 이를 통해 원소 주기율표 모델의 발전 과정과 그 의미를 탐구하였다. 원소 주기율표 모델의 발전 과정을 통해 원소 주기율표 모델의 발전 과정과 그 의미를 이해하고, 화학의 발전에서의 원소 주기율표 모델의 중요성을 인식할 수 있다.

관련 도서   《화학의 역사》, 윌리엄 H. 브록, 교유서가
                《멋지고 아름다운 화학 세상》, 존 엠슬리, 북스힐

관련 학과   금속공학과, 농생물학과, 분자생물학과, 생명공학과, 생명과학과, 생물학과, 식품공학과, 신소재공학과, 약학과, 임상병리학과, 한의예과, 화학과, 화학공학과, 화학교육과, 환경학과, 환경공학과

관련 교과   2022 개정 교육과정: 화학, 생명과학, 세포와 물질대사, 화학반응의 세계, 융합과학 탐구
            2015 개정 교육과정: 통합과학, 화학 I, 화학 II, 생명과학 I, 생활과 과학

수소 혁명: 석유 시대의 종말과 세계 경제의 미래

제러미 리프킨 | 민음사 | 2020

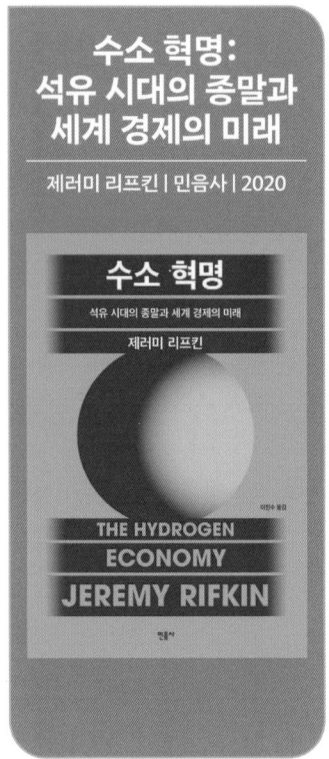

이 책은 석유 시대의 종말과 세계 경제의 미래를 다룬 책으로, 수소에너지가 새로운 경제 체계를 이끌어갈 것이라는 내용을 담고 있다. 수소는 지구상에서 근본적이고 쉽게 구할 수 있는 자원으로, 적절한 가공을 거친 수소는 마르지 않는 연료이며 이산화탄소와 같은 공해 물질을 배출하지 않는다. 수소 연료는 많은 분야에서 실용화 단계에 접어들고 있으며, 수소경제 시대에는 사람이 소비자인 동시에 잠재적인 에너지 공급자가 될 수 있다.

탐구 주제

주제1 수소는 원자 번호가 1인 원소로, 가장 가벼운 기체이다. 수소는 다른 원소와 결합하여 다양한 화합물을 형성한다. 수소의 장래는 밝은 편이며 현재 수소는 연료전지 자동차에 사용되고 있다. 수소의 특성과 화학반응에 대해 실험하고 관찰하면서 수소에너지의 장점과 한계를 탐구해 보자.

주제2 수소는 자연에서 단독으로 존재하지 않고 다른 원소와 결합한 상태로 존재한다. 전기분해, 열화학적 방법, 생물학적 방법 등으로 수소를 분리할 수 있고, 압축, 액화 등으로 수소를 저장할 수 있다. 각 방법의 장단점과 안전성, 실용성 등을 조사하여 친구들의 교육자료를 제작해 보자.

주제3 산업 각 분야의 수소에너지 활용 가능성과 도전 과제 탐색

주제4 수소경제가 경제, 정치, 사회에 미칠 영향과 변화 예측

학생부 기록 예시 (교과세특)

수소의 특성과 화학반응에 대해 실험과 관찰을 통해 수소에너지의 장점과 한계를 탐구하는 활동을 함. 수소는 가장 가벼운 기체로 공기보다 가벼워서 위로 뜨는 것과 수소는 공기와 혼합되면 폭발할 수 있는 위험성을 실험해 확인함. 또한 수소의 화학반응을 통해 수소가 에너지원으로 사용될 가능성을 알아보고, 수소에너지의 장점과 한계를 탐구함. 앞으로 수소에너지의 상용화를 위한 연구에 관심을 가지고, 관련 분야에 진출하고 싶다고 포부를 밝힘.

탐구주제 확장 및 심화

환경 문제에 대한 수소에너지 활용 방안 연구하기
수소에너지의 활용은 환경 문제를 줄일 수 있는데, 수소에너지의 환경적 이점과 한계, 환경보호를 위한 수소에너지의 활용 방안과 정책 등을 탐구해 보자.

석유와 수소의 화학적 특성과 특성 비교하기
현재는 산업이나 생활에서 석유에 많이 의존하고 있다. 석유와 수소의 화학적 특성을 탐구하여 기술개발 현황과 미래를 예측하여 환경 캠페인에 활용해 보자.

관련 논문 수소경제 활성화에 따른 수소에너지 안전성 고찰(박우일 외, 2021)

수소경제 활성화에 따른 글로벌 수소경제 현황과 현재 사용 중인 에너지원들의 안전성을 분석하였다. 수소경제의 이해와 정부 정책 동향 파악, 기존 사용 에너지인 화석에너지와의 특성을 비교 분석하고, 이 결과를 활용해 수소에너지의 안전성 향상 방안에 대해 제시하고자 하였다.

관련 도서 《수소 자원 혁명》, 마르코 알베라, 미래의창
《수소 경제》, 이민환 외, 맥스미디어

관련 학과 경제학과, 과학교육과, 무역학과, 물리학과, 산업공학과, 신소재공학과, 에너지공학과, 원자력공학과, 전기공학과, 지구환경과학과, 화학과, 화학공학과, 화학교육과, 환경학과, 환경공학과

관련 교과 2022 개정 교육과정: 물리학, 화학, 물질과 에너지, 화학반응의 세계, 융합과학 탐구
2015 개정 교육과정: 통합과학, 화학 I, 화학 II, 생활과 과학, 공학 일반

아톰 익스프레스
조진호 | 위즈덤하우스 | 2018

이 책은 원자라는 현대 과학의 정수를 추적하며 위대한 모험이 시작된다는 이야기이다. 이 책은 원자에 대해 궁금해하는 독자들을 위해 그려진 만화로, 분량은 다소 많지만, 김상욱 박사 등이 감수하고 추천한 것으로, 이다. 대한민국 유일무이한 과학 만화가 조진호의 새로운 작품으로, '그래비티 익스프레스', '게놈 익스프레스'에서처럼 원자를 알기 쉽게 그려냈다. 현대 과학, 특히 원자에 관심 있는 학생들에게 적극적으로 추천하는 도서이다.

탐구 주제

주제1 기체의 분자는 일정한 속도로 운동하고 있으며, 분자 사이에는 반발력이 작용한다. 기체의 압력은 분자의 운동 에너지와 관련이 있다. 이를 확인하기 위하여 기체의 압력, 온도, 부피와의 관계를 분자 운동론적 관점에서 연구하여 정리하고, 실제 실험으로 증명해 보자.

주제2 원자 결합에는 이온 결합, 공유 결합, 금속 결합 등이 있다. 이 결합은 그 물질의 특성에 영향을 주며 실제로 결정하기도 한다. 원자 결합의 종류와 특성을 이해하고, 원자 결합의 종류에 따른 물질의 성질을 탐구하며, 원자 결합의 종류에 따른 물질의 성질을 조사해 보자.

주제3 아보가드로의 가설과 아보가드로수의 계산에 관한 연구

주제4 엔트로피의 변화와 물질의 변화와의 연관성 탐구

학생부 기록 예시 (교과세특)

기체의 분자 운동론에 대한 깊이 있는 이해를 위하여 관심을 두고 학습에 임함. 기체의 분자는 일정한 속도로 운동하고 있으며, 분자 사이에는 반발력이 작용한다는 사실을 이해하고, 이를 실험적으로 증명하기 위한 탐구를 수행함. 기체의 분자가 일정한 속도로 운동하고 있으며, 이들 사이에 반발력이 작용한다는 사실을 학습하고, 기체의 압력, 온도, 부피와의 관계를 분자 운동론적 관점에서 연구하며 실제 실험을 통해 확인한 자료를 정리하여 친구들에게 발표함.

탐구주제 확장 및 심화

전기와 원자의 관계를 이해하고 전자기력을 탐구하기
전기는 어떻게 발생하고, 원자와 어떤 관련이 있는지, 그리고 전자기력이란 무엇인지 조사하여 연관성을 증명하는 게시자료를 제작해 전시회를 열어 보자.

원자의 크기와 모양 측정으로 구조 이해하기
대학의 체험활동을 통하여 전자선 산란 실험, 전기분해 실험, 중성자 산란 실험 등을 이용하여 원자의 크기와 모양을 측정하고 자료를 제작하여 친구들에게 발표해 보자.

관련 논문 기체 분자의 운동 방식에 관한 예비 화학 교사들의 오개념: 병진, 진동 그리고 회전 운동(서영진 외, 2010)

기체 분자의 운동 방식에 관한 예비 화학 교사들의 오개념을 조사하기 위해 교재 분석과 개념 검사를 한다. 일반화학 교재는 간단한 모형과 기본적인 개념 설명을 통해 기체 분자 운동을 다루고 접근 방식에서 차이를 보이고, 회전 운동에서 무게 중심에 대한 언급이 없기도 하다.

관련 도서 《원소의 왕국》, 피터 앳킨스, 사이언스북스
《읽자마자 과학의 역사가 보이는 원소 어원사전》, 김성수, 보누스

관련 학과 과학교육과, 금속공학과, 물리교육과, 물리학과, 산업공학과, 신소재공학과, 에너지공학과, 원자력공학과, 전기공학과, 전자공학과, 화학과, 화학공학과, 화학교육과

관련 교과 2022 개정 교육과정: 물리학, 화학, 물질과 에너지, 화학반응의 세계, 융합과학 탐구
2015 개정 교육과정: 통합과학, 물리학 I, 화학 I, 화학 II, 생활과 과학

고분자, 고분자의 활용, 플라스틱, 화학공학

알기 쉬운 고분자 이야기

박오옥 | 자유아카데미 | 2022

이 책은 일반인도 쉽게 이해할 수 있는 고분자 입문서이다. 고분자의 개념부터 시작하여 다양한 활용 분야까지 다루며, 고분자 세상, 고분자와 분자량, 고마운 고분자, 고분자와 친구들, 화학공학과 고분자라는 5개의 큰 주제와 59개의 작은 주제로 구성되어 있다. 대학생을 위한 개론서로도 활용할 수 있는 이 책은 고분자 화학에만 치우치지 않고, 고분자 자체의 개념을 정리하고 다양한 활용 분야를 다루어 쉽게 이해할 수 있도록 했다.

탐구 주제

주제1 생분해성 고분자는 시간이 지나면서 자연환경에서 미생물이나 효소에 의해 자연스럽게 분해되는 고분자이다. 생분해성 고분자의 종류와 분해 과정을 알아보고, 생분해성 고분자의 장점과 한계를 연구해 보자. 이 연구를 바탕으로 생분해성 고분자의 활용 분야와 개발 가능성을 탐구해 보자.

주제2 고분자의 유리 전이 온도는 고분자가 유리 상태와 고무 상태로 변화하는 온도이다. 이 온도에 따라 고분자의 강도, 탄성, 점성 등의 물리적 성질이 달라지는 것으로 밝혀졌다. 고분자의 유리 전이 온도 측정하는 방법을 탐색하여 실제로 측정하고, 물리적 성질과의 관계를 분석해 보자.

주제3 가황 공정의 원리와 이 원리로 만들어진 고무 제품의 특성 연구

주제4 고분자 복합체의 제조 방법과 원리 및 특성에 관한 탐구

학생부 기록 예시 (교과세특)

생분해성 고분자에 대한 탐구 활동을 통해, 생분해성 고분자의 특성, 분해 과정 및 환경에 대한 영향에 관해 깊게 학습함. 자연환경에서 고분자의 분해 과정에 대한 실험을 통해, 이론적인 지식뿐 아니라 실질적인 화학적 과정에 대한 이해도 함양하였음. 생분해성 고분자의 장단점을 비교 분석함으로써, 고분자의 활용 분야와 그 한계를 명확하게 인식함. 생분해성 고분자의 새로운 활용 분야와 개발 가능성을 탐구하며, 몇 명의 친구와 미래의 화학공학도가 되겠다고 말함.

탐구주제 확장 및 심화

전도성 고분자의 원리와 창의적인 제품 제안하기
전도성 고분자의 원리와 제조 방법을 알아보고, 전도성 고분자의 용도와 장점을 조사해 보자. 이를 바탕으로 전도성 고분자를 이용한 창의적인 제품을 개발하여 제안서를 작성해 보자.

폐플라스틱의 회수와 활용 방안을 알아보고 재활용 방안 제안하기
폐플라스틱의 회수 방법과 이를 재활용하여 새로운 제품을 만드는 과정을 탐구해 보자. 그리고 친구들과 함께 폐플라스틱을 재활용하거나 재생하는 방안을 개발하여 제안해 보자.

관련 논문 조직 공학용 생분해성 고분자 : 총설 (박병규, 2015)

조직 공학 분야에서 사용되는 생분해성 고분자에 대한 전반적인 내용을 담고 있다. 이 논문은 생분해성 고분자의 종류와 특성, 조직 공학에서의 적용 사례 등을 다루고 있으며, 조직 공학 분야에서 중요한 역할을 하는 생분해성 고분자에 대한 이해를 높이는 데 도움을 준다.

관련 도서 《고마운 고분자 이야기》, 박오옥 외, 자유아카데미
《알기 쉬운 고분자: 공학과 화학》, 전창림, 자유아카데미

관련 학과 경영학과, 과학교육과, 물리학과, 산업공학과, 신소재공학과, 에너지공학과, 원자력공학과, 의료공학과, 전기공학과, 화장품공학과, 화학과, 화학공학과, 화학교육과, 환경공학과, 환경학과, 환경교육과

관련 교과 2022 개정 교육과정: 물리학, 화학, 물질과 에너지, 화학반응의 세계, 융합과학 탐구
2015 개정 교육과정: 통합과학, 물리학 I, 화학 I, 화학 II, 생활과 과학

컴퓨터공학

소프트웨어공학

기계공학

로봇공학

전기전자공학

원자력공학

핵심키워드	돌연변이, 유전자, 생명공학, 초능력

엑스맨 주식회사

닥터 스코, 김덕근 | 들녘 | 2020

'돌연변이와 과학하세요'라는 부제가 달린 이 책은 마블의 영웅 중 아홉 명의 초능력을 과학적으로 설명한다. 화학, 물리, 생명공학, 유전학 등 다양한 분야의 과학 지식을 활용하여 초능력을 설명하며, 이를 통해 학생들이 과학에 대한 흥미를 높일 수 있다. 영화 속 영웅들의 능력을 과학적으로 분석하면서, 과학 이론과 연결 지어 설명하며 이해도를 높여 준다. 초능력을 과학적으로 이해하고 싶은 학생들에게 강력하게 추천한다.

탐구 주제

주제1 어버이의 유전자는 자녀에게 개개의 유전 형질을 발현시키는 원인이 되며, 돌연변이는 생물체에서 어버이의 계통에 없던 새로운 형질이 나타나 유전하는 현상을 일컫는다. 비스트와 세이버투스의 능력을 바탕으로 유전자의 구조와 기능을 알아보고, 돌연변이의 원인과 사례를 탐구해 보자.

주제2 전자기력이란 전자기장 안의 전하, 자기, 전류 따위가 받는 힘이고, 자기장은 자석의 주위, 전류의 주위, 지구의 표면 따위와 같이 자기의 작용이 미치는 공간을 말한다. 전자기력과 자기장의 원리와 특성을 탐구하고, 자기장이 지구와 인간에게 미치는 영향을 조사해 보자.

주제3 뇌의 구조와 기능에 따른 텔레파시의 가능성에 관한 탐구

주제4 빛의 성질과 원리를 통한 레이저의 원리와 활용 사례 조사

학생부 기록 예시 (교과세특)

생명과학에 대한 이해를 높이고자 유전자의 구조와 기능, 돌연변이의 원인과 사례 등에 관하여 연구함. 탐구 활동을 통해 유전자가 생물체의 형질을 결정하는 데 중요한 역할을 한다는 것을 알아내고, 돌연변이가 새로운 형질을 만들어내는 원인이 될 수 있다는 것을 학습하며, 생명체의 다양성과 진화에 대한 지식을 넓혀 나감. 생명과학에 관한 관심과 열정을 보여주며 미래에 화학공학이나 생명공학 분야에서 전문가로 활약하겠다고 포부를 밝힘.

탐구주제 확장 및 심화

유전과 돌연변이를 연구하여 전시회 개최하기
유전을 통하여 어버이의 우월한 형질을 이어가도록 하고, 나쁜 형질은 돌연변이를 통하여 조절하는 방법에 관하여 탐구하고 자료를 정리하여 전시회를 열어 보자.

전자기력과 자기장을 이용한 질병 치료 방안 탐색하기
전자기력과 자기장은 인체에 다양한 영향을 주는 이유와 원리를 탐구하고, 이 원리를 활용하여 질병을 치료하거나 신체 능력을 강화하는 방안을 탐색해 보자.

관련 논문 유전자알고리즘의 성능향상을 위한 선택적 돌연변이(정성훈, 2010)

한국정보처리학회 논문지에 게재된 논문으로, 유전자 알고리즘에서 선택적 돌연변이를 적용하여 성능을 향상하는 방법을 제안한다. 유전자 알고리즘의 문제점 중 하나인 수렴성 문제를 해결하기 위해 선택적 돌연변이를 적용하고, 유전자 알고리즘의 성능을 향상할 수 있다.

관련 도서 《엑스맨은 어떻게 돌연변이가 되었을까?》, 박재용, 애플북스
《초파리》, 마틴 브룩스, 갈매나무

관련 학과	과학교육과, 대기과학과, 물리치료학과, 물리학과, 분자생물학과, 산업공학과, 생명과학과, 생물학과, 신소재공학과, 에너지공학과, 원자력공학과, 의료공학과, 의예과, 전기공학과, 전자공학과, 화학공학과,

관련 교과	2022 개정 교육과정: 물리학, 화학, 생명과학, 물질과 에너지, 지구시스템과학 2015 개정 교육과정: 통합과학, 물리학 I, 화학 I, 생활과 과학, 융합과학

역사가 묻고 화학이 답하다

장홍제 | 지상의책 | 2022

이 책은 '시간과 경계를 넘나드는 종횡무진 화학 잡담'이란 부제가 붙어 있으며, 10개의 주제를 다루고 있다. 화학자가 세상 곳곳에서 발견하는 화학의 흔적과 역사적 사실들을 인문학적 시선으로 다룬 책이다. 화학과 교수인 저자는 역사 속의 화학, 세상을 바꾼 화학, 화학의 사용법 등을 다루며 화학과 인문학을 재미있게 전한다. 음식, 화장품, 플라스틱 등 일상에서 늘 함께하는 화학의 역할과 중요성을 알려주고 화학의 발자취를 탐색한다.

탐구 주제

주제1 사약과 같은 독성 물질은 인체에 치명적인 해를 입힌다. 그래서인지 역사에서 암살이나 처형에 독성 물질이 자주 사용된 사례를 찾아볼 수 있다. 독성 물질이 역사 속에서 어떻게 활용되었는지, 특히 암살이나 처형에 사용된 독성 물질의 화학적 성분과 그 영향에 관해 탐구해 보자.

주제2 모차르트와 베토벤의 사망 원인 중 독극물이나 중금속 중독이라는 이야기가 있다. 특히 중금속은 체내에 쌓이면 쉽게 배출되지 않고 중독으로 이어진다. 그 시대 약물의 화학적 구성과 그에 따른 영향을 조사하고 중금속의 종류와 특성, 그리고 인체에 미치는 영향에 관하여 연구해 보자.

주제3 아세트산과 암석의 화학반응과 열화학적 해석에 관한 연구

주제4 물감의 색을 결정하는 화학적 요소와 반응에 관한 연구

학생부 기록 예시 (교과세특)

역사 속 암살이나 처형에 사용된 독성 물질이 어떻게 인체에 영향을 미치는지에 대한 학문적인 호기심을 바탕으로, 독성 물질의 화학적 성분과 그 영향에 대한 탐구 활동을 진행함. 여러 가지 독성 물질의 화학적 성분을 분석하고, 이러한 성분이 인체에 어떤 변화를 일으키는지에 대해 체계적으로 조사함. 이를 바탕으로 역사적 사례를 통해 독성 물질이 어떻게 활용되었는지, 그리고 이가 인간의 생명과 건강에 어떠한 영향을 끼쳤는지에 대한 분석도 시도함.

탐구주제 확장 및 심화

음악과 화학의 연관성 연구하기
수소 원자의 선 스펙트럼이 갖는 음높이에 대한 과학적 원리를 바탕으로, 음악과 화학의 연관성을 탐구하고 발표 자료를 만들어 친구들과 공유해 보자.

위험하고 치명적인 전쟁용 화학 무기에 관하여 탐구하고 반전 캠페인 하기
전쟁에서 사용하려고 만든 화학 무기의 원리와 화학적 성분, 그리고 화학 무기가 우리 몸에 미치는 영향과 대응 방법을 알아보자. 이를 활용하여 친구들과 반전 캠페인을 벌여 보자.

관련 논문 화학 물질 관리에 대한 이해 59(이권섭, 2016)

유해 화학 물질 관리에 있어서 독성과 노출을 고려한 새로운 패러다임이 필요하다는 것을 제안하는 논문이다. 기존의 유해화학물질 관리 방식이 독성과 노출을 고려하지 않아 효과적이지 않다는 문제를 제기하고, 독성과 노출을 고려한 새로운 패러다임이 필요하다고 주장한다.

관련 도서 《진정일 교수의 교실 밖 화학 이야기》, 진정일, 궁리
《물질의 재발견》, 정세영 외, 김영사

관련 학과 과학교육과, 군사학과, 금속공학과, 대기과학과, 미술학과, 분자생물학과, 사학과, 산업공학과, 생명과학과, 생명공학과, 생물학과, 식품공학과, 의료공학과, 의예과, 음악학과, 화학과, 화학공학과, 환경공학과

관련 교과 2022 개정 교육과정: 세계사, 화학, 음악, 미술, 화학반응의 세계
2015 개정 교육과정: 세계사, 통합과학, 화학 I, 음악, 미술

컴퓨터공학

소프트웨어공학

기계공학

로봇공학

전기전자공학

화학공학

역사를 바꾼 17가지 화학 이야기 1

페니 르 쿠터, 제이 버레슨 |
사이언스북스 | 2014

'비타민에서 나일론까지, 세계사 속에 숨겨진 화학의 비밀'이라는 부제가 달린 이 책은 화학 분자들이 세상을 바꾸는 데 어떤 역할을 했는지를 담은 교양서다. 총 2권으로 이루어져 있으며, 1권에서는 향신료, 비타민 C 등 9가지를 주제로 다루고, 2권에서는 항생제, 소금 등 8가지 주제를 다루며 화학물질이 어떻게 의식주 구조를 바꾸었는지를 설명한다. 화학물질을 재미있게 공부하며 화학에 대한 지식을 넓히고자 하는 학생들에게 추천한다.

탐구 주제

주제1 향신료는 세계 일주의 원동력이 되었고, 다양한 문화와 역사에 영향을 미쳤다. 고추의 캡사이신이 맵게 하지만 항균 작용을 하는 것처럼, 향신료의 화학적 성분과 효능을 조사해 보자. 이를 바탕으로 향신료의 화학성분을 분석하여 인간의 감각에 미친 영향을 탐구해 보자.

주제2 어린이를 포함한 대부분 인간이 단맛의 노예가 될 만큼 설탕과 포도당은 단맛의 대표적인 화학물질이다. 설탕은 소화가 느리고, 포도당은 소화가 빠른 것과 같이, 설탕과 포도당의 화학적 차이는 무엇이며, 인간의 단맛 감각과 인체에 미치는 영향을 조사해 보자.

주제3 나이트로 화합물의 화학적 반응과 위험성에 관한 탐구

주제4 셀룰로스의 화학적 특성과 용도에 관한 연구

학생부 기록 예시 (교과세특)

역사 속 암살이나 처형에 사용된 독성 물질이 어떻게 인체에 영향을 미치는지에 대한 학문적인 호기심을 바탕으로, 독성 물질의 화학적 성분과 그 영향에 대한 탐구 활동을 진행함. 여러 가지 독성 물질의 화학적 성분을 분석하고, 이러한 성분이 인체에 어떤 변화를 일으키는지에 대해 체계적으로 조사함. 이를 바탕으로 역사적 사례를 통해 독성 물질이 어떻게 활용되었는지, 그리고 이가 인간의 생명과 건강에 어떠한 영향을 끼쳤는지에 대한 분석도 시도함.

탐구주제 확장 및 심화

향신료로 인한 무역 발달과 세계 일주 배경 조사하기
향신료가 유행하기 시작하면서 왕래가 빈번하면서 경제활동과 무역이 성행하였다. 또한 향신료를 확보하기 위한 세계 일주도 이루어졌다. 세계 일주의 배경을 탐구해 보자.

당분이 인체에 미치는 영향을 조사하여 캠페인하기
설탕과 포도당은 단맛을 내지만 인체에 영향을 끼친다. 과다한 당분 섭취로 발생하는 부작용이나 질병을 조사하고, 게시자료를 작성하여 건강 캠페인 활동을 벌여 보자.

관련 논문 향신료와 식품 산업 (노완섭, 2002)

동아시아 식품·생활학회지에 실린 이 논문은 향신료가 식품 산업에서 어떻게 이용되고 있는지에 관한 내용을 담고 있다. 향신료의 종류와 형태, 식품 산업에서의 이용 상황과 전망 등을 다루고 있으며, 향신료가 식품 산업에서 중요한 역할을 하고 있다는 것을 강조하고 있다.

관련 도서 《과학 쫌 알면 세상이 더 재밌어》, 윤상석, 반니
《일상 속 과학이야기》, 박우람, 한울

관련 학과 과학교육과, 군사학과, 대기과학과, 분자생물학과, 사학과, 산업공학과, 생명과학과, 생명공학과, 생물학과, 식품공학과, 약학과, 의료공학과, 의예과, 화학과, 화학공학과, 환경공학과

관련 교과 2022 개정 교육과정 : 세계사, 물질과 에너지, 생명과학, 화학, 화학반응의 세계
2015 개정 교육과정 : 세계사, 통합과학, 화학 I, 생명과학 I, 생활과 과학

오늘의 화학

조지 자이던 | 시공사 | 2021

'엉뚱하지만 쓸모 많은 생활 밀착형 화학의 세계'라는 부제가 달린 이 책은 우리 일상 속에서 마주하는 화학물질에 관해 알아보며, 우리 주변의 화학에 대하여 쉽고 재미있게 설명한다. 사람들이 화학물질을 인공적이고 나쁜 것으로 생각하는 이유도 알려준다. 또한, 이 책은 화학을 공부하는 데 있어서 지루함을 느끼는 학생들에게 추천한다. 마치 마녀와 마법사가 사는 호그와트와 같은 재미있는 실험의 세계를 그리고 있다.

탐구 주제

주제1 우리는 수많은 가공식품을 접하며 다양한 가공식품을 섭취하고 살아간다. 기업들이 앞다투어 기능성 가공식품을 개발하기 때문이다. 가공식품에 사용되는 첨가물, 방부제, 색소 등이 건강에 미치는 영향을 조사하고, 가공식품의 영양성과 안전성을 평가하는 방법에 관하여 탐구해 보자.

주제2 우리나라는 유독 발표한 음식을 많이 섭취하는 국가이다. 환경이 잘 갖춰지면 미생물이 음식을 발효시켜 더욱 건강하고 맛있는 기능성 음식을 만들어낸다. 미생물이 음식을 발효시키는 과정에서 일어나는 화학반응과 그 결과물을 조사하고, 발효 음식의 장단점을 비교해 보자.

주제3 식물의 방어 메커니즘에 사용하는 화학물질의 구조와 원리 탐색

주제4 선크림에 사용되는 성분과 피부를 보호하는 원리 탐구

학생부 기록 예시 (교과세특)

가공식품에 사용되는 첨가물, 방부제, 색소 등이 건강에 미치는 영향을 조사하고, 가공식품의 영양성과 안전성을 평가하는 방법에 관하여 탐구함. 가공식품에 사용되는 첨가물, 방부제, 색소 등이 건강에 미치는 영향을 조사함. 첨가물은 식품의 맛과 향을 증진 시키고, 방부제는 식품의 부패를 방지하며, 색소는 식품의 색을 부여하는 역할을 하지만, 과다하게 사용되면 건강에 악영향을 미친다고 발표함. 탐구 활동을 통해 식품공학과 화학공학에 대한 복수 전공을 다짐함.

탐구주제 확장 및 심화

가공식품의 안전성과 영향에 대한 전시회하기
가공식품의 안전성에는 다양한 의견이 존재하는데, 가공식품에 사용되는 화학물질들과 이들이 인체에 미치는 영향을 탐구하고, 게시 자료를 만들어 학교에서 전시회를 열어 보자.

미생물의 영향 탐구와 발효식품 상품 개발 제안하기
음식 속에서 미생물의 활동과 이로 인해 생성되는 화학물질이 인체에 미치는 영향을 탐구하고, 세계적으로 상품화할 수 있는 K-발효식품 개발 제안서를 작성해 보자.

관련 논문 청소년의 가공식품 섭취실태 및 구매 행동에 관한 연구(송효진, 최선영, 2013)

청소년들의 가공식품 섭취 실태와 구매 행동을 분석한 논문이다. 청소년들이 어떤 종류의 가공식품을 선호하는지, 가공식품을 선택할 때 어떤 요소를 고려하는지, 그리고 가공식품의 영양성과 안전성에 대한 인식 등을 조사하였다. 식습관과 건강에 대한 이해를 높이는 데 도움이 된다.

관련 도서 《화학, 알아두면 사는 데 도움이 됩니다》, 씨에지에양, 지식너머
《일상적이지만 절대적인 화학지식 50》, 헤일리 버치, 반니

관련 학과 과학교육과, 대기과학과, 미생물학과, 분자생물학과, 산업공학과, 생명과학과, 생명공학과, 생물학과, 식품공학과, 약학과, 의료공학과, 의예과, 화학과, 화학공학과, 환경공학과

관련 교과 2022 개정 교육과정: 물질과 에너지, 생명과학, 화학, 화학반응의 세계, 생활과학 탐구
2015 개정 교육과정: 통합과학, 화학 I, 화학 II, 생명과학 I, 생활과 과학

우리는 어떻게 화학 물질에 중독되는가

로랑 슈발리에 | 흐름출판 | 2017

'의식주와 일상을 뒤덮은 독성 물질의 모든 것'이라는 부제가 달린 이 책은 화학물질이 가득한 일상 속에서 살아가는 우리에게 건강을 위협하는 화학물질에 대해 상세하게 설명한다. 화학물질의 정확한 의미와 독성, 건강에 미치는 영향 등을 과학적 근거로 설명하며, 일상 속에서 사용하는 각종 용품에 함유된 유독 화학물질에 관한 구체적인 사례를 제시한다. 화학물질의 유해성에 대해 더욱 경각심을 가지고, 건강한 삶을 살아갈 수 있다.

탐구 주제

주제1 유독 화학물질이란 인체나 환경에 해로운 영향을 미치는 화학물질을 말한다. 유독 화학물질은 그 성질, 기원, 영향 범위, 위험도 등에 따라 다양하게 분류할 수 있다. 유독 화학물질의 종류와 사용 사례를 조사하고, 분류 방법과 기준을 탐색하여 분류해 보자.

주제2 환경 호르몬이란 인체의 내분비계를 교란하는 화학물질을 말한다. 환경 호르몬은 플라스틱, 화장품, 의약품 등 다양한 제품에 함유되어 있으며, 사람이나 동물의 체내에 침투하여 건강에 부정적인 영향을 미칠 수 있다. 환경 호르몬의 원인, 종류, 영향, 사례를 탐구해 보자.

주제3 농약의 종류와 역사 및 건강과의 관계에 관한 연구

주제4 수돗물과 생수의 차이와 건강에 미치는 영향 탐구

학생부 기록 예시 (교과세특)

유독 화학물질에 관한 탐구 활동을 통하여 유독 화학물질이 인체나 환경에 해로운 영향을 미치는 화학물질을 지칭하며, 그 특성, 기원, 영향 범위, 위험도 등에 따라 다양하게 분류된다는 사실을 깨달음. 이를 바탕으로 유독 화학물질의 종류와 사용 사례를 조사하였고, 이를 분류하는 방법과 기준을 탐색하여 자신만의 분류 체계를 만듦. 이 과정을 통해 화학물질의 복잡성과 다양성을 이해하게 되었으며, 화학공학을 전공하여 박사과정까지 공부하겠다고 다짐함.

탐구주제 확장 및 심화

유독 화학물질을 조사하여 위험성 알리기
유독 화학물질의 분류에 관해 탐구하고, 이를 통해 우리 주변의 유독 화학물질을 조사해 보자. 이를 통해 화학물질의 위험성을 알리는 게시자료를 제작하여 전시해 보자.

환경 호르몬 주요 발생 지역을 조사하고 환경보호 운동 시작하기
우리 고장의 환경 호르몬 주요 발생 지역을 조사하고, 배출량과 환경에 미치는 영향을 분석하여 자료를 제작해 보자. 이를 이용하여 친구들과 환경보호 운동을 시작해 보자.

관련 논문 우리나라 화학 물질관리의 현황 2(윤충식, 2016)

화학물질의 물리적, 화학적 특성과 건강 유해성을 분석하고, 이를 바탕으로 국내 화학물질 관리제도의 개선 방안을 제시한다. 화학물질 관리에 대한 전문적인 내용을 다루고 있으며, 화학 물질 관리에 관한 관심이 있는 학생에게는 유용한 정보를 제공한다.

관련 도서 《안병수의 호르몬과 맛있는 것들의 비밀》, 안병수, 국일미디어
《유해물질 의문 100》, 사이토 가쓰히로, 보누스

관련 학과 과학교육과, 대기과학과, 미생물학과, 분자생물학과, 산업공학과, 생명과학과, 생명공학과, 생물학과, 식품공학과, 약학과, 의료공학과, 의예과, 화학과, 화학공학과, 환경공학과

관련 교과 2022 개정 교육과정: 물질과 에너지, 생명과학, 화학, 화학반응의 세계, 생활과학 탐구
2015 개정 교육과정: 통합과학, 화학 I, 화학 II, 생명과학 I, 생활과 과학

우아한 분자

장피에르 소바주 | 에코리브르 |
2023

'노벨 화학상 수상자의 행복한 연구 인생'이라는 부제가 달린 이 책은 화학자 장피에르 소바주의 인생과 연구를 담았다. 화학이란 자연과 살아있는 것 사이의 다리이고 분자를 연결하는 과학이라고 설명한다. 화학에 대한 오해와 고정관념을 깨기 위해 노력한 소바주 교수는 노벨상을 받으며 성취를 이룬다. 이 책은 그의 연구 일대기와 열정, 그리고 화학이 가진 매력을 풍부하게 담고 있으며, 화학에 흥미가 있는 학생은 쉽게 읽을 수 있다.

탐구 주제

주제1 장피에르 소바주는 1983년 최초의 카테네인을 합성하여 화학계에 큰 파장을 일으켰다. 카테네인은 두 개 이상의 분자가 서로 얽혀 있는 화합물로, 분자 위상학 분야의 중요한 연구 대상이다. 과학 실험실에서 동아리 친구들과 카테네인의 합성 방법을 조사하고, 특성을 탐구해 보자.

주제2 분자 기계는 외부 자극에 따라 움직일 수 있는 화학 구조물이다. 장피에르 소바주는 카테네인을 이용하여 회전 운동을 하는 분자 기계를 제작하였다. 분자의 구조, 분자 사이의 결합력, 외부 자극의 종류 등을 고려하여 분자 기계를 설계해 보고, 작동 원리와 특성을 연구해 보자.

주제3 화학과 분자생물학을 활용한 환경 개선 기술 탐구

주제4 물의 광분해를 통해 얻은 수소의 특징과 활용 방안 연구

학생부 기록 예시 (교과세특)

장피에르 소바주의 카테네인에 대한 탐구를 진행하며 화학에 대한 깊은 이해와 호기심을 보여줌. 분자 위상학의 핵심 요소인 카테네인의 특성과 합성 과정을 꼼꼼히 조사하고, 동아리 친구들과 함께 실험을 설계하고 진행하면서 협동심과 지도력을 발휘함. 이번 탐구 활동을 통하여 창의적인 사고와 과학적 학문에 대한 열정을 더욱 불태우는 계기를 경험함. 끊임없는 호기심과 노력으로 더욱 깊이 있는 학문의 세계를 탐구하고 자신만의 학문적 도전을 이어가겠다고 다짐함.

탐구주제 확장 및 심화

과학이 우리 삶에 미치는 영향 탐구하고 토론하기

과학은 우리 삶의 다양한 측면에 영향을 미친다. 과학이 우리 삶에 어떤 영향을 미칠 수 있는지, 과학을 통해 우리의 삶을 어떻게 개선할 수 있는지 탐구하여 토론회를 열어 보자.

나노로봇의 활용 탐구와 교육자료 개발하기

나노로봇은 분자 크기의 기계로, 다양한 분야에 응용될 가능성이 크다. 나노로봇이 치료, 환경, 에너지 등의 분야에서 어떻게 활용될지 탐구하고, 이를 교육자료로 개발해 보자.

관련 논문 분자동역학 시뮬레이션을 이용한 CNT/에폭시 복합재의 열기계적 거동 예측(최회길 외, 2015)

탄소나노튜브(CNT)와 에폭시 복합재의 열기계적 운동을 예측하기 위해 분자동역학 시뮬레이션을 이용한 연구 결과를 담고 있다. 탄소나노튜브는 높은 전기전도도와 열전도도를 가지고 있어 다양한 분야에서 활용되고 있다. CNT의 함량이 증가할수록 복합재의 열전도도가 증가한다.

관련 도서 《노벨 화학상 요시노 박사의 리튬이온전지 발명 이야기》, 요시노 아키라, 성안당
《과학이 우리를 구원한다면》, 마틴 리스, 서해문집

관련 학과 과학교육과, 분자생물학과, 산업공학과, 생명과학과, 생명공학과, 수학과, 약학과, 의료공학과, 의예과, 철학과, 화학과, 화학공학과, 화학교육과, 환경공학과, 환경교육과

관련 교과 2022 개정 교육과정: 수학 과제 탐구, 화학, 화학반응의 세계, 융합과학 탐구, 생활과학 탐구
2015 개정 교육과정: 수학, 통합과학, 화학 I, 화학 II, 생활과 과학

| 핵심키워드 | 원소, 주기율표, 주기와 족, 화학적 성질과 물리적 성질 |

원소가 뭐길래

장홍제 | 다른 | 2017

'일상 속 흥미진진한 화학 이야기'라는 부제가 달린 이 책은 세상을 이루는 모든 원소를 특징별로 묶어 흥미로운 이야기와 사진으로 소개하는 원소 입문서다. 원소에 얽힌 흥미진진한 이야기가 가득하다. 국제적인 사건과 건강에 좋다고 알려진 저마늄 팔찌, 핵폭탄의 대체 무기로 소개되는 하프늄 폭탄 등 잘못 알려진 정보들의 오류도 파헤치고 있다. 원소의 역사와 특징을 쉽게 이해할 수 있어, 과학에 관심이 있는 학생들에게 추천한다.

탐구 주제

주제1 원소 주기율표는 주기율에 따라서 원소를 가로세로로 배열한 표로써, 가로를 주기, 세로를 족이라 한다. 원소들은 주기율표에서 족별로 비슷한 특징을 보이는데, 그 이유는 무엇인지 반응성, 물리적 성질 등을 비교하여 주기율표의 구조와 원소 분류의 원리를 탐구해 보자.

주제2 라듐은 에너지와 방사성을 발생하기만 피부 궤양을 비롯하여 많은 질병을 유발한다. 라듐, 우라늄 등과 같은 방사성 원소들은 어떤 원인으로 방사성을 갖게 되고, 어떤 방식으로 에너지를 방출하거나 흡수하는지 알아보고, 방사성 원소의 위험성과 활용성에 관하여 평가해 보자.

주제3 원소의 유사 과학적 주장과 올바른 과학적 사고방식 고찰

주제4 저마늄(게르마늄) 팔찌가 건강에 미치는 영향과 효과 연구

학생부 기록 예시 (교과세특)

원소 주기율표에 대한 깊은 이해를 바탕으로 탐구 활동을 진행하며, 주기율표에서 원소의 배열이 어떻게 화학적 특성과 관련이 있는지 통찰력을 보여줌. 족별로 비슷한 특징을 가진 원소들을 선별하여 반응성과 물리적 성질을 비교하고, 원소의 주기와 족이 그 특성에 어떤 영향을 미치는지 탐구하였으며, 이 과정에서 원소들의 화학적 특성과 그들이 주기율표에서 차지하는 위치 사이의 관계를 밝혀냄. 주기율표를 이해하고 활용하는 방법에 대한 새로운 접근법을 제시함.

탐구주제 확장 및 심화

원소의 최신 연구와 미래 예측하기
새로운 원소들이 발견되거나 새로운 화합물이 개발되고 있다. 최신 주기율표에 등록된 원소들의 특징과 연구 동향을 탐색해보고, 원소들의 미래 가능성을 예측하여 전시해 보자.

라듐의 방사성과 영향 알아보고 방사성 원소의 위험성 홍보하기
라듐의 방사성이 어떻게 피부 궤양을 일으키는지, 그리고 왜 라듐이 연구 외에 사용되지 않는지를 조사하고, 방사성 원소의 위험성에 대한 홍보 자료를 제작해 보자.

관련 논문 주기율표로 만들어진 '문학'(유희석, 2019)

원소 주기율표의 성질과 특징을 문학 작품에 적용하여 분석하였다. 주기율표에서 원소들을 유사한 성질을 가진 그룹으로 분류하듯이, 문학 작품에서도 서로 유사한 주제나 인물들이 그룹으로 분류된다. 주기율표를 이용하여 문학 작품을 분석하는 새로운 방법을 제시하였다.

관련 도서 《주기율표 군, 원소를 찾아 줘!》, 우에타니 부부, 더숲
《원소의 세계사》, 휴 앨더시 윌리엄스, 알에이치코리아

| 관련 학과 | 과학교육과, 금속공학과, 물리학과, 방사선학과, 산업공학과, 생명과학과, 생명공학과, 생물학과, 약학과, 의료공학과, 의예과, 임상병리학과, 화학과, 화학공학과, 화학교육과, 환경공학과, 환경교육과 |

| 관련 교과 | 2022 개정 교육과정: 생명과학, 화학, 화학반응의 세계, 융합과학 탐구, 생활과학 탐구
2015 개정 교육과정: 통합과학, 과학 탐구 실험, 화학 I, 화학 II, 생활과 과학 |

원소의 이름
피터 워더스 | 윌북 | 2021

'신비한 주기율표 사전, 118개 원소에는 모두 이야기가 있다'라는 부제가 달린 이 책은 화학의 역사와 원소의 이름이 만들어지는 과정을 다루는 책이다. 과거에는 원소가 7개라고 생각되었고, 이는 천체의 이름과 관련이 있었고, 초기의 금속들은 점성술과 천문학과 연관되어 있었다. 그러나 18세기 후반 프랑스의 화학 명명법 개혁으로 새로운 원소명은 그리스어와 라틴어를 사용하게 되었다. 이 책에서는 이러한 과학의 발전 과정을 다루고 있다.

탐구 주제

주제1 원소의 이름은 신화, 연금술, 역사, 지역, 국가 등에서 유래된 용어가 많으며, 최근에도 새로운 원소들이 발견되고 있다. 18세기 후반 프랑스에서 이루어진 화학 명명법 개혁을 조사해 보고, 이 변화가 현재의 화학 명명법에 어떤 영향을 끼쳤는지에 대해 탐구해 보자.

주제2 주기율표의 원소들은 화학 명명법 개혁을 거치면서 이름과 기호가 조금씩 변화됐다. 역사적 관점에서 원소들의 이름과 기호가 화학 명명법과 어떤 관련이 있는지 알아보고, 화학 명명법의 역사와 변화 과정, 그리고 화학 명명법의 원칙과 특징을 조사·분석해 보자.

주제3 원소의 이름과 신화, 미신과의 연관성 및 문화적 의미 탐구

주제4 원소의 이름과 연금술의 관련과 역사에 관한 연구

학생부 기록 예시 (교과세특)

원소의 이름이 어떻게 신화, 연금술, 역사, 지역, 국가 등 다양한 분야에서 유래되었는지에 대해 원소 명명의 복잡한 역사를 깊이 있게 탐구하며, 화학의 역사와 그 변화에 대하여 심도 있는 학습을 진행함. 또한, 18세기 후반 프랑스에서 이루어진 화학 명명법 개혁을 조사하고, 이 변화가 현재의 화학 명명법에 어떤 영향을 끼쳤는지에 대해 광범위하게 탐구함. 이 과정에서 과학적 사고력과 학문적 지식을 쌓으며, 대학에 진학하여 화학공학을 전공하겠다는 의지를 다짐.

탐구주제 확장 및 심화

화학 원소의 역사와 다른 학문 분야와의 연관성 탐구하기
화학 원소의 역사가 어떻게 점성술, 천문학, 문학, 예술, 신화 등 다른 학문 분야와 연관되어 있는지 탐구해 보고, 다른 학문 분야와 어떻게 상호 작용하며 발전해왔는지 토론해 보자.

원소의 이름과 과학 지식의 한계를 주제로 토론하기
원소의 이름과 기호가 왜 그렇게 지어졌는지, 그리고 그 이름이 당시의 과학 지식의 한계를 어떻게 반영하는지 탐구하고 친구들과 토론해 보자.

관련 논문 중학교 과학2 교과서에 서술된 원소, 주기율표, 원자 내용이 요구하는 인지 수준 분석(강순희 외, 2012)

중학교 과학2 교과서에 서술된 원소, 주기율표, 원자 내용이 요구하는 인지 수준을 분석한 연구 결과를 담고 있다. 원소, 주기율표, 원자는 중학교 과학2에서 중요한 개념 중 하나인데, 교과서에 서술된 원소, 주기율표, 원자 내용을 분석하고, 이 내용이 요구하는 인지 수준을 파악하였다.

관련 도서 《원소 주기율표》, 제임스 러셀, 키출판사
《기호를 알면 성격이 보이는 원소》, 도영실, 자음과모음

관련 학과	과학교육과, 금속공학과, 물리학과, 방사선학과, 산업공학과, 생명과학과, 생명공학과, 생물학과, 약학과, 의료공학과, 의예과, 임상병리학과, 화학과, 화학공학과, 화학교육과, 환경공학과, 환경교육과
관련 교과	2022 개정 교육과정: 생명과학, 화학, 화학반응의 세계, 융합과학 탐구, 생활과학 탐구 2015 개정 교육과정: 통합과학, 과학 탐구 실험, 화학 I, 화학 II, 생활과 과학

이공학을 위한 무기화학 강의

이순원, 권영욱 | 사이플러스 | 2021

무기화학의 개념을 공부할 수 있는 책이다. 무기화학은 우리의 일상생활과 밀접하게 관련된 흥미로운 학문이며, 기초적이고 전반적인 무기화학 이론을 다루고 있다. 원자의 구조, 결합 이론, 산과 염기, 서술 화학, 반응 메커니즘 등 16개의 주제로, 무기화학의 핵심 개념을 제대로 설명하고 있다. 그림과 도표도 적절하게 사용하여 몇몇 대학에서 교재로 사용하기도 한다. 무기화학과 관련하여 호기심이 있는 독자에게 친절한 안내서가 될 것이다.

탐구 주제

주제1　무기화학은 탄소가 포함되지 않은 물질의 구조와 물리·화학적 특성에 관해 연구하는 학문이다. 초기에는 복잡한 물질을 구성하는 간단한 원소의 확인에 그쳤으나 점차 범위가 확장되었다. 무기화학의 연구 범위를 조사하고, 물질의 구성단위인 원자의 구조와 성질을 탐구해 보자.

주제2　주기율표의 중앙에 있는 원소를 전이원소라고 한다. 원자의 전자배치에서 가장 바깥 부분이 불완전한 양이온을 만드는 원소로, 모두가 금속이라서 전이 금속이라고도 한다. 전이원소의 특징을 조사하고, 4족부터 11족까지의 전이원소의 성질과 활용 분야에 관해 탐구해 보자.

주제3　주기율표의 주족 원소와 전이원소의 분류와 특성에 관한 연구

주제4　화학 결합의 유형과 무기분자의 구조 형성에 관한 탐구

학생부 기록 예시 (교과세특)

탄소가 포함되지 않은 물질의 구조와 물리·화학적 특성을 연구하는 무기화학의 연구 범위를 조사하고, 물질의 구성단위인 원자의 구조와 성질을 탐구하는 과정에서 관련 개념을 이해하고 적용하는 능력을 보였음. 또한, 실험을 계획하고 수행하는 과정에서 문제를 해결하는 능력과 협동심을 발휘하였으며, 실험 결과를 분석하고 해석하는 과정에서 논리적 사고력과 분석력을 보였음. 무기화학 관련 지식을 쌓아가며 미래 화학자로서 친구들의 공부를 도와줌.

탐구주제 확장 및 심화

환경과 무기화학이 생명과 환경에 미치는 영향 분석하기
무기화학 공업이 생명체와 환경에 미치는 영향을 분석하고 대책을 제시해 보자.

우리 학교와 주변 학교에 '맞춤형 원소 주기율표' 제작하여 기증하기
우리 학교와 주변 초·중·고등학교에 수준에 맞는 원소 주기율표 게시자료와 전시에 적합한 모형을 제작하여 기증해 보자.

관련 논문　새로운 원소들의 발견과 원소 주기율표의 확장(도춘호, 2017)

이 논문은 새로 발견된 4가지 원소와 주기율표의 확장에 관한 내용을 다루고 있다. 최근까지의 원소 발견 연구 결과를 종합적으로 분석하고, 새로운 원소들의 발견 사례를 소개한다. 또한, 이러한 새로운 원소들의 발견이 원소 주기율표에 어떻게 영향을 미치는지를 탐구한다.

관련 도서　《가볍게 읽는 무기화학》, 사이토 가츠히로, 북스힐
　　　　　《무기공업화학》, 한국공업화학회, 교문사

관련 학과　공예학과, 과학교육과, 금속공학과, 반도체공학과, 산업공학과, 생물학과, 신소재공학과, 에너지공학과, 지구환경과학과, 치기공학과, 화학과, 화학공학과, 화학교육과, 환경학과, 환경공학과

관련 교과　2022 개정 교육과정: 화학, 화학반응의 세계, 물질과 에너지, 융합과학 탐구, 창의 공학 설계
　　　　　2015 개정 교육과정: 통합과학, 화학 I, 화학 II, 생활과 과학, 융합과학

이런 화학이라면 포기하지 않을 텐데

김소환 | 보누스 | 2022

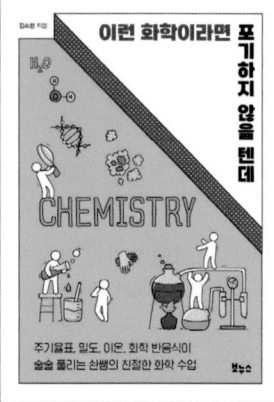

'주기율표, 밀도, 이온, 화학 반응식이 술술 풀리는 쏸쌤의 친절한 화학 수업'라는 부제가 달린 이 책은 화학을 처음 접하는 학생들도 쉽게 이해할 수 있도록 작성된 책이다. 김소환 작가가 핵심 개념들을 쏙쏙 골라 설명하며, 공유 결합, 오비탈, 에너지 준위, 화학 반응식, 몰, 엔탈피 등 어려웠던 개념들을 쉽게 이해할 수 있도록 설명한다. 그림과 함께 보면 더욱 쉽게 이해할 수 있으며, 화학 문제도 쉽게 풀 수 있게 되는 도서이다.

탐구 주제

주제1   공유 결합은 한 쌍 이상의 전자를 함께 공유하여 이루어지는 화학 결합으로 흔하게 발견할 수 있다. 공유 결합의 종류와 원리, 공유 결합을 하는 원소들과 그 특징을 알아보자. 이를 바탕으로 공유 결합을 통해 만들어지는 분자들의 구조와 성질, 활용 분야에 관해 탐구해 보자.

주제2   엔탈피는 물리적·화학적 변화에서 출입하는 열의 양을 구하는 함수로 엔트로피와 함께 열역학에서 중요하게 다루고 있다. 엔탈피의 의미와 측정 방법, 엔탈피가 화학반응에 어떤 영향을 미치는지 알아보고, 엔탈피 변화가 큰 화학반응의 예시와 응용 방법에 관해 연구해 보자.

주제3   전해질을 이용한 전기 생산과 특징 및 활용 방법 연구

주제4   산과 염기의 중화 반응과 우리 생활에서의 역할에 관한 고찰

학생부 기록 예시 (교과세특)

공유 결합의 원리와 공유 결합을 형성하는 원소들의 특징을 폭넓게 조사하며 공유 결합이라는 중요한 화학 개념을 깊이 이해하였고, 이를 통해 공유 결합이 어떻게 분자의 구조와 성질을 결정하는지에 대하여 저학년 친구들에게 가르치는 봉사함. 또한, 공유 결합을 통해 만들어지는 다양한 분자들의 활용 분야에 관해 탐구하며, 화학의 복잡한 이론과 원리를 이해하고, 미래 화학공학도로서 그것이 어떻게 실생활에 적용되는지를 사례를 들며 친구들과 토론에 임함.

탐구주제 확장 및 심화

공유 결합 원리를 이용한 환경보호 방안 탐구하기
원소의 공유 결합 원리를 이용하여 화학물질의 배출과 처리하는 활용 방법을 조사해 보고, 오염물질을 분리해 내는 방안을 탐구하여 게시해 보자.

화학반응과 에너지의 역할에 관한 교육자료 제작하기
에너지는 화학반응의 중요한 요소로서, 에너지가 어떻게 화학반응에 영향을 주는지, 다양한 형태의 에너지가 화학반응에 어떤 역할을 하는지 탐구하고, 교육자료를 제작해 보자.

관련 논문   공유 결합을 이용한 자가 치유 고분자(최원재 외, 2014)

공유 결합을 이용하여 자가 치유 고분자를 개발한 연구 결과를 담고 있다. 자가 치유 고분자는 손상이 발생했을 때 스스로 복구할 수 있는 고분자로, 공유 결합을 이용하여 고분자의 손상을 복구하는 방법을 제시하였다. 자가 치유 고분자를 개발하는데 공유 결합을 활용한 사례이다.

관련 도서   《하루 한 권, 주기율의 세계》, 사이토 가쓰히로, 드루
              《사진으로 이해하는 원소의 모든것 BIG QUESTIONS 118 원소》, 잭 챌리너, 지브레인

관련 학과   과학교육과, 금속공학과, 물리학과, 산업공학과, 생명과학과, 생명공학과, 생물학과, 약학과, 의예과, 임상병리학과, 화학과, 화학공학과, 화학교육과, 환경공학과, 환경교육과

관련 교과   2022 개정 교육과정: 생명과학, 화학, 화학반응의 세계, 융합과학 탐구, 생활과학 탐구
            2015 개정 교육과정: 통합과학, 과학 탐구 실험, 화학Ⅰ, 화학Ⅱ, 생활과 과학

원소, 화학반응, 주기율표, 산과 염기

이렇게 재밌는 화학, 왜 몰랐을까?

천웨이쥔 | 북스힐 | 2023

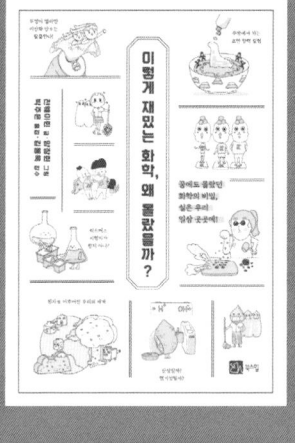

이 책은 화학에 대한 일상적인 호기심을 자극하는 책이다. 화학은 일상생활에서 떼어 놓을 수 없는 중요한 역할을 하고 있으며, 치약, 비누, 주방 세제, 세탁 세제 등 생활에서 사용하는 다양한 물질들은 모두 화학 원리를 이용하여 만들어진다. 이 책을 통해 화학의 기본 입자인 원자부터 다양한 화학 원리까지 쉽고 재미있게 알 수 있으며, 실험실 안에 갇힌 이론이나 암기하는 지식이 아니라 일상생활에서 접할 수 있는 화학의 매력에 빠져보자.

탐구 주제

주제1 화학반응은 에너지를 흡수하는 반응을 흡열반응, 에너지를 방출하는 반응을 발열반응이라고 한다. 화학반응은 원자나 분자가 서로 재배열되어 새로운 물질을 생성하는 과정이다. 화학반응은 에너지의 변화를 동반하는데, 화학반응과 에너지의 관련성, 그리고 원리와 종류를 탐구해 보자.

주제2 식초와 베이킹소다를 섞으면 거품이 일어나고, 레몬과 소다수를 섞으면 탄산음료가 되는 것처럼, 산과 염기의 반응은 우리 생활에서 많이 볼 수 있다. 산과 염기의 반응을 이용하는 다양한 사례를 알아보고, 과학실에서 실험을 통하여 그 원리와 과정을 탐구해 보자.

주제3 가소제와 플라스틱의 관계와 특성에 관한 탐구

주제4 산화와 생활 속 산화방지제의 원리와 효과에 관한 조사

학생부 기록 예시 (교과세특)

화학반응이 원자와 분자의 재배열을 통해 새로운 물질을 생성하는 과정이며, 이 과정에서 에너지가 변화하는 원리를 이해하기 위하여 탐구 활동을 함. 또한, 화학반응을 통해 에너지를 흡수하는 흡열반응과 에너지를 방출하는 발열반응의 차이와 원리를 통해 화학반응이 어떻게 에너지 변화를 동반하는지, 그리고 이것이 어떻게 화학반응의 종류를 결정하는지에 대한 전시자료를 제작함. 이를 통해 에너지 변화와 화학반응의 관계를 확실하게 설명해주며 친구들 공부를 도움.

탐구주제 확장 및 심화

전기의 발생 원리와 모형 제작하기
화학반응에도 발열반응이 있는 것처럼, 원자도 전기에너지를 생산한다. 전자가 원자에서 이동하면 전기가 발생한다. 전기의 발생 원리를 알아보고 모형을 제작해 보자.

신체 부위별 산·염기 값 측정하여 교육자료 제작하기
인간의 신체는 부위마다 산·염기 값이 다르다. 인체 각 부위의 산·염기 값이 어떻게 다르고, 그 이유는 무엇인지 탐구하여 교육자료를 제작해 보자.

관련 논문 산과 염기 화학반응에서 논리 사고 학습발달단계 탐색(박철용 외, 2019)

산과 염기 화학반응은 화학에서 중요한 개념 중 하나이다. 산과 염기 화학반응을 학습하는 과정에서 논리 사고 학습발달단계를 파악하였다. 초등학생과 중학생은 산과 염기 화학반응을 학습하며 다른 논리 사고 학습발달단계를 보였고, 산과 염기 화학반응을 학습하는 데 도움을 준다.

관련 도서 《줌달의 일반화학》, Steven S. Zumdahl, 사이플러스
《한 권으로 이해하는 독과 약의 과학》, 사이토 가쓰히로, 시그마북스

관련 학과 과학교육과, 금속공학과, 물리학과, 산업공학과, 생명과학과, 생명공학과, 생물학과, 식품공학과, 약학과, 의예과, 임상병리학과, 화학과, 화학공학과, 화학교육과, 환경공학과, 환경교육과

관련 교과 2022 개정 교육과정 : 생명과학, 화학, 화학반응의 세계, 융합과학 탐구, 생활과학 탐구
2015 개정 교육과정 : 통합과학, 과학 탐구 실험, 화학 I, 화학 II, 생활과 과학

이차전지 승자의 조건

정경윤 외 | 길벗 | 2023

'배터리가 주도하는 400조 거대 시장의 패권 경쟁'이라는 부제가 달린 이 책은 이차전지와 관련된 기업의 가치가 치솟고, 이차전지가 시장의 핵심 산업이 되고 있다는 사실을 다루고 있다. 이 책은 이차전지의 원리부터 기술, 시장, 생태계, 미래 전망 등을 종합적으로 다루고, 이차전지에 대한 지식을 종합적으로 정리하여 국내 최고 전문가의 지식과 통찰을 담고 있으며, 이차전지 관련 기업의 경쟁, 폐배터리 산업의 전망까지 직접 느껴볼 수 있다.

탐구 주제

주제1 이차전지는 전자제품, 가전제품, 전기자동차 등 우리 생활 깊숙이 들어와 존재감을 과시하고 있다. 이차전지의 용량, 전압, 에너지 밀도, 전력 밀도, 충·방전 횟수, 내구성, 안전성 등을 조사·분석해 보고, 차세대 이차전지 기술의 발전 상황과 미래 전망을 탐구해 보자.

주제2 이차전지는 제조, 사용, 폐기 과정에서 환경오염을 초래하고 온실가스를 배출하게 된다. 이차전지의 확산이 전기자동차, 에너지 저장, 휴대용 기기 등의 산업과 생활에 어떤 변화를 가져오는지, 그로 인한 장단점은 무엇인지 조사해 보고, 환경을 보호하는 방안을 제시해 보자.

주제3 이차전지의 차세대 기술과 특성 및 한계에 관한 탐구

주제4 인플레이션 감축법(IRA) 발효와 이차전지 기업에 미치는 영향

학생부 기록 예시 (교과세특)

화학반응이 원자와 분자의 재배열을 통해 새로운 물질을 생성하는 과정이며, 이 과정에서 에너지가 변화하는 원리를 이해하기 위하여 탐구 활동을 함. 또한, 화학반응을 통해 에너지를 흡수하는 흡열반응과 에너지를 방출하는 발열반응의 차이와 원리를 통해 화학반응이 어떻게 에너지 변화를 동반하는지, 그리고 이것이 어떻게 화학반응의 종류를 결정하는지에 대한 전시자료를 제작함. 이를 통해 에너지 변화와 화학반응의 관계를 확실하게 설명해주며 친구들 공부를 도움.

탐구주제 확장 및 심화

국내외 이차전지 기업의 전략을 비교·분석하기

LG, 삼성, SK, CATL, AESC, BYD, 파나소닉 등과 같은 국내외 이차전지 기업들의 경쟁 상황과 전략을 비교·분석해 보자.

이차전지 기술이 탄소중립 사회에 이바지하기 위한 전략 모색하기

기후위기에 대한 대안으로 내연기관보다 전기에너지를 선택하게 된다. 이차전지 기술이 탄소중립 사회 구현에 어떻게 이바지할 수 있는지 탐구하고, 이를 위한 전략을 모색해 보자.

관련 논문　차세대 이차전지용 아연 이온 이차전지 소재 연구 개발 동향(조정근 외, 2018)

이 논문은 차세대 이차전지용 아연 이온 이차전지 소재 연구 개발 동향을 다루고 있다. 아연 이온 이차전지의 소재 연구 개발 동향을 소개하고, 이를 통해 차세대 이차전지의 발전 방향을 제시하고 있다. 차세대 이차전지와 관련된 유용한 정보를 학습할 수 있다.

관련 도서　《K 배터리 레볼루션》, 박순혁, 지와인
　　　　　　　《칩워, 누가 반도체 전쟁의 최후 승자가 될 것인가》, 크리스 밀러, 부키

관련 학과　과학교육과, 금속공학과, 기술교육과, 물리학과, 산업공학과, 신소재공학과, 에너지공학과, 원자력공학과, 전기공학과, 전자공학과, 화학과, 화학공학과, 화학교육과, 환경공학과, 환경교육과

관련 교과　2022 개정 교육과정: 역학과 에너지, 물질과 에너지, 화학, 화학반응의 세계, 생활과학 탐구
　　　　　　　2015 개정 교육과정: 통합과학, 물리학 I, 화학 I, 화학 II, 생활과 과학

이토록 재밌는 화학 이야기

사마키 다케오 | 반니 | 2022

'불의 발견에서 플라스틱, 핵무기까지 화학이 만든 놀라운 세계사'라는 부제가 달린 책으로 화학이 인류 문명의 발전에 어떤 역할을 했는지 알려준다. 화학의 발전과 성과가 인류 문명의 토대가 되었으며, 화학의 기본 개념과 원자론, 원소, 주기율표 등을 설명하며, 세계사를 들려준다. 화학을 발판삼아 인류는 다양한 도구와 물질을 만들어내며, 이를 통해 전 세계로 뻗어나갔다. 이 책은 화학에 대한 지식을 재미있게 알려주는 책이다.

탐구 주제

주제1   역사적으로 우리 생활에 사용되는 토기는 인간의 생활을 크게 바꾸어 놓았다. 토기가 어떻게 만들어지는지, 그 과정에서 어떤 화학반응과 변화가 일어나는지 조사해 보고, 토기의 성분과 구조는 어떻게 다른지, 토기의 색상과 무늬는 어떻게 결정되는지 탐구해 보자.

주제2   맥주는 효모에 의해 포도당이 알코올로 변환되는 과정을 통해 만들어진다. 이 과정에서 일어나는 화학반응과 변화를 조사하고, 효모를 비롯하여 맥주의 원료와 첨가물마다 어떤 역할을 하는지, 알코올의 도수는 어떻게 측정하고 조절할 수 있는지 탐구해 보자.

주제3   강철 제조과정에서의 화학적 원리와 탄소의 역할에 관한 연구

주제4   네이팜탄의 원리와 화학반응에 따른 인간성에 관한 고찰

학생부 기록 예시 (교과세특)

미술실과 과학실에서 토기 제작 과정을 직접 실험하며 그 과정에서 일어나는 화학반응을 관찰하고, 이를 통해 토기의 성분과 구조가 어떻게 형성되는지를 탐구함. 또한, 토기의 색상은 그 안에 포함된 무기물 성분의 종류와 양에 따라 달라지고, 무늬는 표면 처리 방법과 굽는 온도에 따라 다르게 나타난다는 사실을 증명함. 이를 통해 고등학교 화학 교과목에서 배운 이론을 실제 생활과 연결하는 기회를 얻었으며, 앞으로의 화학 전문가로 성장하는데 좋은 학습 기회를 얻음.

탐구주제 확장 및 심화

전통 용기별 제조과정과 화학적 원리 탐구하기
우리나라 전통 용기에는 토기를 비롯하여 도기, 질그릇, 자기, 백자, 청자 등 매우 다양한 유형이 있다. 전통 용기별 제조과정과 사용과정에서의 화학적 원리와 반응을 탐구해 보자.

증류주 제조과정과 화학적 원리 연구하기
맥주와는 다르게 증류주는 열을 가하여 추출하는데, 증류주 제조 과정에서는 어떤 화학적 원리가 사용되는지, 더 효율적인 증류 과정을 만들 수 있는지 연구해 보자.

관련 논문   인류가 만든 최초의 세라믹스 - 토기(최상흘, 2008)

토기는 인류가 처음으로 만든 세라믹으로, 약 1만 년 전부터 사용되었다. 토기는 흙을 반죽하여 불에 구운 것으로, 음식을 저장하고 조리하는 데 사용하기 위해 다양한 형태와 크기로 만들어졌다. 토기의 역사와 특징을 소개하고, 인류의 역사와 문화에 미친 영향을 설명한다.

관련 도서   《이과형의 만만한 과학책》, 이과형, 토네이도
            《과학드림의 이상하게 빠져드는 과학책》, 김정훈, 더퀘스트

관련 학과   과학교육과, 군사학과, 금속공학과, 기술교육과, 물리학과, 산업공학과, 신소재공학과, 약학과, 에너지공학과, 원자력공학과, 전기공학과, 화학과, 화학공학과, 화학교육과, 환경공학과, 환경교육과

관련 교과   2022 개정 교육과정: 역학과 에너지, 물질과 에너지, 화학, 화학반응의 세계, 생활과학 탐구
            2015 개정 교육과정: 통합과학, 물리학 I, 화학 I, 화학 II, 생활과 과학

인간이 만든 물질, 물질이 만든 인간

아이니사 라미레즈 | 김영사 | 2022

'오늘의 세계를 빚어낸 발명의 연금술'이라는 부제가 달린 이 책은 현대의 산업화와 기술 발전으로 만들어진 새로운 물질들이 우리의 삶과 인식을 어떻게 바꿨는지를 살펴보는 과학 책이다. 세상을 바꾸는 기술들이 만들어지면서 우리의 삶과 생각도 변화하게 되었다. 이 책은 새로운 인공 물질에 대한 필요성부터 의도하지 않았던 신기술의 편향까지, 우리의 삶을 빚어온 살아 있는 물질의 문화사를 담고 있으며, 여러 곳에서 대표작으로 선정되었다.

탐구 주제

주제1 사진필름의 등장은 영상의 기록에 많은 발전과 영향력을 발휘하였다. 은은 빛에 노출되면 산화되어 검은색으로 변한다. 이를 이용해 사진필름을 만드는 방법과 사진필름에 빛을 촬영하고 인화하는 화학반응을 탐구하고, 사진필름이 사회적 변화에 끼친 영향을 조사해 보자.

주제2 실리콘은 반도체라는 특성을 가진 원소로, 전기를 잘 통하거나 잘 통하지 않게 할 수 있다. 이를 이용해 컴퓨터의 기본 부품인 트랜지스터나 칩이 탄생하였다. 실리콘 칩의 제작 과정을 조사하고, 그것이 어떻게 컴퓨터와 스마트 기기의 탄생을 이끌었는지 탐구해 보자.

주제3 정확한 시간을 측정하는 쿼츠 시계의 원리와 역사에 관한 탐구

주제4 탄소의 다양한 형태와 성질 비교 및 용도와 특징 연구

학생부 기록 예시 (교과세특)

사진필름이 빛에 노출되면서 일어나는 산화 반응을 실험적으로 탐구하고, 이를 통해 사진필름의 제작 과정과 작동 원리를 찾아내는 활동을 함. 또한, 사진필름의 등장이 어떻게 인간의 생활, 특히 정보의 기록과 공유 방식에 변화를 가져왔는지를 조사하며, 사진필름의 등장이 인간의 생활에 어떤 변화를 가져왔는지, 또한 사진필름이 없었다면 우리의 생활이 어떻게 달라졌을지를 토론함. 이를 통해 화학의 실용성과 중요성을 깨달았다며 화학을 전공하겠다고 다짐함.

탐구주제 확장 및 심화

디지털카메라의 원리와 영향 알아보기
사진필름은 우리 생활에 많은 영향을 끼치며 승승장구했지만, 디지털카메라의 등장으로 그 힘을 잃어가고 있다. 디지털카메라의 원리를 알아보고 사회문화에 끼친 영향을 탐색해 보자.

자기 하드디스크의 원리와 영향 분석하기
실리콘이 반도체 혁명과 컴퓨터의 발달을 이끌었다면 자기는 하드디스크와 저장 혁명을 이끌었다. 자기 하드디스크의 원리를 알아보고, 자기 하드디스크가 미친 영향을 분석해 보자.

관련 논문 폴리프로필렌/기능화된 다중 벽 탄소나노튜브 나노복합체 필름의 특성 연구(고정호 외, 2009)

폴리프로필렌은 대표적인 플라스틱 중 하나로, 다양한 분야에서 사용되고 있다. 폴리프로필렌과 다중 벽 탄소나노튜브를 결합하여 나노복합체 필름을 만들고, 폴리프로필렌과 다중 벽 탄소나노튜브의 특성을 분석하여, 이를 결합한 나노복합체 필름의 특성을 조사하였다.

관련 도서 《인류의 운명을 바꾼 화학》, 하상수, 경희대학교출판문화원
《화려한 화학의 시대》, 프랭크 A. 폰 히펠, 까치

관련 학과 과학교육과, 군사학과, 금속공학과, 기술교육과, 물리학과, 반도체공학과, 산업공학과, 신소재공학과, 에너지공학과, 전기공학과, 화학과, 화학공학과, 화학교육과, 환경공학과, 환경교육과

관련 교과 2022 개정 교육과정: 역학과 에너지, 물질과 에너지, 화학, 화학반응의 세계, 생활과학 탐구
2015 개정 교육과정: 통합과학, 물리학 I, 화학 I, 화학 II, 생활과 과학

주기율표를 읽는 시간

김병민 | 동아시아 | 2020

'우주를 읽는 지도, 주기율표'라는 부제가 달린 이 책은 화학을 공부하는 학생들에게 추천한다. 이 책은 화학을 처음 접하는 학생들이 주기율표를 외우는 것이 아니라, 주기율표를 읽어나가며 화학의 아름다움을 느낄 수 있도록 도와준다. 이 책은 주기율표의 네모진 칸마다 수많은 사람의 다양한 이야기가 담겨 있다는 것을 강조하며, 주기율표를 구성하는 원리의 아름다움과 주기율표가 만들어지는 이야기를 사람들에게 전달하고자 한다.

탐구 주제

주제1 원소를 발견하고 이해하는 과정은 인류의 과학적 발전과 삶에 크나큰 영향을 미치며 문명의 발전에 이바지해 왔다. 원소가 발견되고 원소로서 인정받는 과정과 원소가 만들어지는지 알아보고, 자연적으로 존재하는 원소와 인공적으로 합성된 원소의 차이점과 공통점을 탐구해 보자.

주제2 기본적인 원소들로 이루어진 우주와 별은 인간에겐 예로부터 동경의 대상이었다. 우주와 별은 원소와 어떤 관련이 있는 것일까? 우주와 별이 어떻게 만들어지고, 어떤 원소로 구성되어 있는지 조사하고, 우주와 별에서 일어나는 다양한 현상과 반응을 연구해 보자.

주제3 주기율표의 다양한 모양과 표현 방법에 대한 비교·분석

주제4 원소의 성질과 특성을 이용한 사례와 환경에 미치는 영향

학생부 기록 예시 (교과세특)

화학의 중심 개념인 원소에 대한 탐구 활동을 진행하며, 원소가 발견되고 인정받는 과정을 조사하고, 자연에서 발견되는 원소와 인공적으로 합성된 원소의 차이점과 공통점을 찾아 일목요연하게 정리함. 이를 통해 원소가 어떻게 만들어지는지, 그리고 이가 인류의 과학적 발전과 삶에 어떤 영향을 미치는지를 친구들과 토론함. 특히 인류의 약 400년간의 과학 발전 과정에서 원소의 발견과 합성이 어떻게 이루어졌는지 조사하며, 화학에 대한 남다른 애정을 밝힘.

탐구주제 확장 및 심화

인공원소의 탄생 과정과 원소 수 증가 원인 알아보기
천연 원소도 많지만, 인공원소도 존재한다. 인공원소는 어떻게 만들어졌는지 알아보고, 이를 통해 원소의 수가 자꾸 늘어나는 원인과 그 과정을 탐구해 보자.

우주와 인간, 그리고 원소의 관계에 관하여 탐구하기
우주를 구성하는 원소와 인체를 구성하는 원소는 거의 동일한 것으로 알려져 있는데, 우주와 인간, 그리고 원소의 관계를 탐구해 보고, 이를 비교하는 게시자료를 만들어 보자.

관련 논문 우주 기원 원소를 이용한 한국 지형 연구의 가능성과 전망(김종연, 2005)

지구 외부에서 들어오는 우주 물질은 지표의 물질들에 스펠레이션 현상을 일으키며, 이로 인해 현지에서 생기는 우주 기원 물질이 생성된다. 우주 기원 원소의 대부분은 석영과 같이 화강암이나 편마암 등 일반적인 지질 환경에서 쉽게 구할 수 있는 물질에서 생성된다.

관련 도서 《완전 도해 주기율표》, 일본뉴스프레스, 아이뉴턴
《모두가 알고 싶은 원소란 무엇인가》, '원소의 모든 것' 편집실, 북스타

관련 학과	과학교육과, 금속공학과, 물리학과, 방사선학과, 산업공학과, 생명과학과, 생명공학과, 생물학과, 약학과, 의료공학과, 의예과, 임상병리학과, 화학과, 화학공학과, 화학교육과, 환경공학과, 환경교육과

관련 교과	2022 개정 교육과정: 생명과학, 화학, 화학반응의 세계, 융합과학 탐구, 생활과학 탐구
	2015 개정 교육과정: 통합과학, 과학 탐구 실험, 화학 I, 화학 II, 생활과 과학

처음부터 화학이 이렇게 쉬웠다면

사마키 다케오 | 한국경제신문 |
2021

이 책은 초·중등 교육과정이 반영된 과학 분야 인기 도서로, '재밌어서 밤새 읽는' 시리즈 저자가 선보인 새로운 과학 시리즈이다. 물질의 기본 성질부터 원자·분자, 이온의 개념, 고체·액체·기체로의 '상태 변화', 연소·환원 등 '화학 변화'까지 다룬다. 꼭 알아야 할 핵심 원리를 엄선하여 내용을 유기적으로 연결하여 소개함으로써 과학적 사고의 틀을 세워준다. 이 책을 읽으면 기초 원리들을 이해하며 자연스럽게 화학에 빠져들 수 있다.

탐구 주제

주제1 물질의 농도는 화학물질을 처리할 때 중요하게 작용하는 매개변수이며 물질의 물리적 성질에 영향을 준다. 물질의 농도와 색깔, 물질의 농도와 녹는점, 물질의 농도와 비중 등 화학물질의 농도에 대하여 알아보고, 농도가 물리적 성질과 어떤 관계가 있는지 탐구해 보자.

주제2 이온은 원자핵의 양성자 수와 주변의 전자 수가 같지 않아 양전하나 음전하를 갖게 된 원자나 분자를 의미한다. 이온은 어떻게 생성되어 전기화가 되는지, 이온의 용해도와 전해질, 이온의 명명법과 화학식, 산·염기 반응과 산화·환원 반응 등 이온에 관하여 탐구해 보자.

주제3 물질의 상태 변화 원리와 조건에 대한 실험과 방정식 연구

주제4 연소와 환원에 관한 조건과 에너지 변화에 관한 탐구

학생부 기록 예시 (교과세특)

탐구 활동을 통해 물질의 농도가 물리적 성질에 미치는 영향을 이해하고, 화학반응에서 농도가 중요한 역할을 한다는 것을 깨달음. 실험을 통해 농도와 색깔, 녹는점, 비중 등 물질의 물리적 성질 사이의 관계를 체계적으로 관찰하고, 이를 바탕으로 농도와 물리적 성질 사이의 관계를 자료로 제작하여 친구들과 공유함. 이번 탐구 활동을 통하여 평소 가지고 있던 화학공학에 대한 열정과 장래 희망에 대한 각오를 다지며 동아리 친구들과 함께 공부해 나가길 바람.

탐구주제 확장 및 심화

물질의 분리와 정제의 원리를 알아보고 환경과 연계하여 연구하기
물질은 농도에 따라 다르지만 다양한 방법으로 분리하고 정제할 수 있다. 물질의 분리와 정제의 원리에 관해 알아보고, 물질의 분리와 정제의 필요성을 환경과 연계하여 연구해 보자.

물과 이온 음료의 성질과 흡수 과정 탐구하기
물은 우리 생활에 매우 중요한 물질이다. 다양한 상태의 물이 가지는 특수한 성질과 역할에 관하여 알아보고, 사람이 섭취하는 물과 이온 음료의 성질과 흡수 과정을 탐구해 보자.

관련 논문 화학물질관리에 대한 이해 28(이성배, 2013)

 현직근로자들의 혈장 납 농도와 그에 따른 건강상의 영향을 분석하는 연구이다. 근로자들의 혈장 납 농도를 측정하고, 이를 통해 화학물질 노출에 따른 건강 위험성을 파악하려고 한다. 이를 바탕으로 화학물질 관리의 중요성과 그 방향성, 안전 지침에 대하여 제시하고 있다.

관련 도서 《무섭지만 재밌어서 밤새 읽는 화학 이야기》, 사마키 다케오, 더숲
《머릿속에 쏙쏙! 화학 노트》, 사이토 가쓰히로, 시그마북스

관련 학과 과학교육과, 금속공학과, 물리학과, 산업공학과, 생명과학과, 생명공학과, 생물학과, 약학과, 의예과, 임상병리학과, 화학과, 화학공학과, 화학교육과, 환경공학과, 환경교육과

관련 교과 2022 개정 교육과정: 생명과학, 화학, 화학반응의 세계, 융합과학 탐구, 생활과학 탐구
2015 개정 교육과정: 통합과학, 과학 탐구 실험, 화학 I, 화학 II, 생활과 과학

컴퓨터공학

소프트웨어공학

기계공학

로봇공학

전기전자공학

화학공학

탄소중립 수소혁명

이순형 | 쇼팽의서재 | 2022

이 책은 수소에너지와 탄소중립에 관한 전문적인 지식을 대중에게 소개한다. 탄소중립을 위한 당위성을 설명하면서, 수소에너지로 전환하는 데 필요한 기술과 과정을 명확하게 제시한다. 특히, 암모니아 기술이 수소에너지 혁명으로 가는 길목에서 중요한 역할을 한다는 것을 강조하며, 수소 시대 이전에 암모니아 경제가 펼쳐질 것이라는 내용을 담고 있다. 차세대 에너지 혁명을 위해서는 수소경제와 탄소 경제가 함께 할 것을 주장한다.

탐구 주제

주제1 현재까지 수소에너지는 풍력에너지, 수력에너지, 태양광에너지 등 보다 효율적인 친환경 에너지로 인정받고 있다. 수소에너지가 환경과 사회에 미치는 효과와 영향을 알아보고, 수소에너지의 탄소 중립성, 에너지 효율성, 경제성, 안전성, 미래 전망 등을 탐구해 보자.

주제2 수소 사회로 변하기 위해서는 한동안 탄소 경제와 수소경제는 공존해야 한다. 수소를 만드는 다양한 방법과 그 과정에서 발생하는 온실가스와 에너지 손실을 알아보고, 그레이 수소, 블루 수소, 그린 수소의 특징과 다양한 수소 생산 방법에 관하여 친구들과 연구해 보자.

주제3 수소를 저장하고 운송하는 기술의 현황과 개선점에 관한 연구

주제4 수소에너지와 다른 에너지원의 관계 및 상호작용 탐구

학생부 기록 예시 (교과세특)

수소에너지의 발전, 저장, 전송, 사용 등에 관한 다양한 과학적 원리를 탐색하며, 수소에너지의 탄소 중립성과 에너지 효율성의 조사를 통하여 친환경적인 가치를 학습함. 또한, 수소에너지의 경제성과 안전성에 대해 깊게 연구하고, 수소에너지가 우리 사회와 환경에 미치는 긍정적인 영향을 발표하며 미래 에너지 비전을 친구들에게 제시함. 이러한 노력을 통해 수소에너지에 대한 통찰력을 키우고, 대학에 진학하여 경제학과 에너지공학을 함께 전공하겠다고 다짐함.

탐구주제 확장 및 심화

수소에너지의 가능성과 한계 토론하기
수소에너지가 미래에 어떤 변화와 혁신을 가져올 수 있는지 알아보고, 수소에너지의 산업, 경제, 사회문화 등의 측면에서 수소에너지의 가능성과 한계를 탐구하고 토론해 보자.

수소에너지 정책에 대한 국내외 동향 알아보고 전시자료 제작하기
외국의 수소에너지 정책과 기술을 조사하고, 우리나라의 수소에너지 발전과 활용에 대한 장기적인 계획과 목표를 탐구하여 전시자료를 만들어 보자.

관련 논문 탄소중립과 수소에너지 지하저장(박의섭 외, 2022)

지하 저장 기술로 천연가스를 저장하는 방법이 대규모 수소 저장에 적합한 기술로 알려져 있다. 여러 나라가 지질학적 구조를 활용하여 수소를 저장하는 프로젝트를 수행하고 있다. 지하 저장기술을 수소에너지에 적용하며 지속하여 저장하는 방안을 제시하였다.

관련 도서 《탄소중립 골든타임》, 이재호, 석탑출판
《2050 수소에너지》, 백문석 외, 라온북

관련 학과 | 경영학과, 경제학과, 과학교육과, 기계공학과, 도시공학과, 물리학과, 산업공학과, 에너지공학과, 원자력공학과, 화학과, 화학공학과, 화학교육과, 환경공학과, 환경교육과

관련 교과 | 2022 개정 교육과정: 경제, 화학, 화학반응의 세계, 융합과학 탐구, 생활과학 탐구
2015 개정 교육과정: 경제, 통합과학, 화학 I, 화학 II, 창의 경영

하루 한 권, 일상 속 화학 물질

사마키 다케오, 잇시키 겐지 | 드루 |
2023

'두 얼굴을 가진 우리 생활 속 다양한 물질들'이라는 부제가 달린 이 책은 일상에서 우리가 자주 마주치는 물질들에 대해 자세히 설명한다. 이 책은 화학 물질에 대한 상식을 쌓을 뿐만 아니라, 그 혜택과 위험성을 구분할 수 있는 관점을 제시한다. 독성 물질, 환경오염 물질, 해로운 물질 등 우리 주변의 물질들을 알기 쉽게 설명하고 있다. 우리의 삶이 풍요로워질 수 있도록 일상 속 화학 물질에 대한 이해도를 높여 주는 도서다.

탐구 주제

주제1 새로 지은 건물의 건축 재료에서 배출되는 물질들로 인해 발생하는 두통, 피부염, 수면 장애 등을 새집증후군이라고 한다. 새집증후군의 주요 원인인 포름알데히드, 톨루엔, 벤젠 등의 화학물질의 특성과 위험성을 조사하고, 새집증후군이 유발하는 증상과 개선안을 연구해 보자.

주제2 플라스틱이나 금속은 우리의 삶을 편리하고 풍요롭게 해주고 있다. 하지만 환경보호를 위하여 재활용을 꾀하고 있다. 하지만 페트병은 알루미늄 캔만큼 재활용률이 높지 않다. 페트병에 사용되는 화학물질의 특성과 재활용 과정을 알아보고, 재활용률을 높이는 방법을 탐구해 보자.

주제3 곰팡이에서 발생하는 화학물질의 특성과 위험성에 관한 고찰

주제4 자연에서 발생하는 방사능과 방사성 물질의 원리에 관한 연구

학생부 기록 예시 (교과세특)

새집증후군의 원인물질인 포름알데히드, 톨루엔, 벤젠의 화학적 특성과 그로 인해 발생하는 건강 위험성에 관하여 탐구하며 화학적 지식을 실생활에 적용하는 능력을 키우려 노력함. 또한 새집증후군의 증상을 화학적 원리로 설명하고, 이를 해결하기 위한 다양한 개선 방안을 제시하며, 설명하는 과정에서 조사한 실제 사례를 함께 제시하는 치밀함을 보임. 탐구 활동 동안에 장래 희망인 화학공학자와 새롭게 관심을 두기 시작한 의사를 사이에 두고 고민하는 모습을 보임.

탐구주제 확장 및 심화

아토피 피부염과 새집증후군의 관계와 예방 방법 조사하기
아토피 피부염은 새집증후군을 비롯한 다양한 원인으로 발생한다. 아토피 피부염과 새집증후군의 관계를 분석하고 예방하는 방안을 조사하여 홍보 자료를 만들어 보자.

폐식용유를 자동차 연료로 재활용하는 방안과 장단점 토론하기
플라스틱이나 금속뿐만 아니라 폐식용유도 재활용할 수 있다. 재생비누 이외에 폐식용유를 자동차 연료로 활용할 수 있는 방안을 탐구하고 장단점을 토론해 보자.

관련 논문 새집증후군 현상 및 유해가스 제거방안 연구(최유화, 2020)

새 주택이나 가구에 사용되는 접착제, 페인트 등의 건축 재료에서 발생하는 휘발성 유기화합물들은 거주자들의 건강과 실내 생활의 불쾌감을 유발한다. 이런 휘발성 물질들의 제거 방법으로는 흡착을 이용한 물리적 방법과 휘발성 물질을 다른 물질로 전환하는 화학적 방법 등이 있다.

관련 도서 《하루 한 권, 일상 속 화학 반응》, 사이토 가쓰히로, 드루
《화학으로 이루어진 세상》, K. 메데페셀헤르만 외, 에코리브르

관련 학과 금속공학과, 농생물학과, 분자생물학과, 생명공학과, 생명과학과, 생물학과, 식품공학과, 신소재공학과, 약학과, 의예과, 임상병리학과, 한의예과, 화학과, 화학공학과, 화학교육과, 환경학과, 환경공학과

관련 교과 2022 개정 교육과정: 화학, 생명과학, 세포와 물질대사, 화학반응의 세계, 융합과학 탐구
2015 개정 교육과정: 통합과학, 화학 I, 화학 II, 생명과학 I, 생활과 과학

컴퓨터공학

소프트웨어공학

기계공학

로봇공학

전기전자공학

화학공학

핵심키워드

독성 물질, 미세플라스틱, 새집증후군, 환경 호르몬

화학물질의 습격, 위험한 시대를 사는 법

계명찬 | 코리아닷컴 | 2018

'일상의 편리함 속에 숨은 화학물질 중독, 피할 수 없는가?'라는 부제가 달린 이 책은 화학 산업의 발달로 인해 우리 삶에 많은 혜택과 편리함을 누리면서도, 숨어 있는 유해성에 대해서는 대부분 사람이 심각하게 생각하지 않으며, 당연하게 살아가는 현대인들에게 꼭 필요한 책이다. 일상생활에서 어떤 화학물질에 노출되는지 위험성을 알려주며, 노출을 줄일 수 있는 생활 습관과 건강에 치명적인 독성 물질을 피하는 최고의 선택을 제안한다.

탐구 주제

주제1 화장품은 피부를 보호하고 미용하는 데 도움이 되지만 화장품에 사용된 화학물질은 피부에 자극을 주거나 알레르기를 유발하고, 내분비계 교란 물질로 작용할 수 있다. 화장품에 포함될 수 있는 화학물질의 종류와 유해성을 알아보고 친환경 화장품 제조 방법을 연구해 보자.

주제2 코팅 프라이팬은 테플론이나 실리콘 등의 화학물질로 코팅되어, 고온에 노출되면 가스나 입자로 분해되어 해로운 공기로 변하여 인체에 유입될 수 있다. 식기의 코팅재료로 사용되는 화학물질의 사례를 알아보고, 안전한 식기의 조건과 해가 없는 코팅재료를 조사하여 토론해 보자.

주제3 영수증에 포함된 화학물질의 특성과 인체에 미치는 영향 분석

주제4 일상에서 노출되는 미세플라스틱의 원인과 해결 방안 고찰

학생부 기록 예시 (교과세특)

화장품에 포함되는 다양한 화학물질의 특성을 분석하고, 이들이 인체에 미치는 영향을 알아보며, 친환경 화장품 제조 방법에 관한 연구를 통해 화학이 실용적 학문이라며 열정적으로 학습함. 화장품에 포함된 화학물질의 유해성을 탐구하며, 화학의 지식을 실제 생활 속에서 사례를 찾아가는 실천적인 학생의 모습을 보여줌. 이 과정에서 실생활에 밀접한 관련이 있는 학문으로써 화학이 얼마나 중요한지 동아리 친구들과 토론하며, 인류에 이바지하는 인재가 되겠다고 다짐함.

탐구주제 확장 및 심화

실내 먼지 속 환경 호르몬의 유해성과 대처 방법 연구하기
생식기관과 호르몬에 해로운 영향을 줄 수 있는 먼지 속의 환경 호르몬도 내분비계 교란 물질이다. 실내 먼지를 줄이고 제거하는 방법을 연구하여 교육자료를 제작해 보자.

종이컵에 사용되는 플라스틱의 유해성과 환경보호 운동 전개하기
종이컵 안쪽에 코팅된 플라스틱으로 인하여 열과 만나면 미세플라스틱으로 변하여 인체로 유입될 수 있다. 이를 방지하는 방안을 연구하여 환경보호 운동을 전개해 보자.

관련 논문 실내공기질 방출오염원 실태조사 및 관리방안 연구 (류정민 외, 2018)

우리의 일상 공간인 실내에서 발생하는 공기 오염에 대한 연구보고서로, 실내공기에 영향을 미치는 여러 가지 요인들을 조사하고, 그 원인을 파악하는 데 초점을 맞추었다. 실내 환경에서 발생하는 다양한 화학 물질들, 그리고 그들이 인간의 건강에 미치는 영향을 상세하게 분석하였다.

관련 도서 《매일매일 유해화학물질》, 이동수 외, 휴
《오염의 습격》, 고쇼 히로에, 상상채널

관련 학과 금속공학과, 농생물학과, 분자생물학과, 생명공학과, 생명과학과, 생물학과, 식품공학과, 신소재공학과, 약학과, 의예과, 임상병리학과, 한의예과, 화학과, 화학공학과, 화학교육과, 환경학과, 환경공학과

관련 교과 2022 개정 교육과정: 화학, 생명과학, 세포와 물질대사, 화학반응의 세계, 융합과학 탐구
2015 개정 교육과정: 통합과학, 화학 I, 화학 II, 생명과학 I, 생활과 과학

화학의 눈으로 보면 녹색지구가 펼쳐진다

원정현 | 갈매나무 | 2023

'지구환경의 미래를 묻는 우리를 위한 화학 수업'이라는 부제가 달린 이 책은 지구 환경 문제의 원인과 해결책을 화학의 관점에서 살펴본다. 저자는 일상에서 매일 만나는 화학물질에서 시작하여, 그것들이 지구 생태계에 미치는 영향을 살펴보고, 그 과정을 관통하는 '물질 순환' 흐름의 관점으로 지구 시스템을 이해하여 그 지속가능성을 모색하기를 제안한다. 이 책은 지구 환경 문제에 대해 자세히 알고 싶은 학생들에게 추천한다.

탐구 주제

주제1 합성계면활성제는 샴푸, 비누, 세제 등에 포함되어 오염물질을 쉽게 분리해 내는 성질을 가지고 있다. 합성계면활성제의 화학 구조와 성질을 알아보고, 이들이 물과 기름을 섞게 하는 원리를 조사해 보자. 또한 합성계면활성제가 생태계에 어떤 영향을 주는지 탐구해 보자.

주제2 도시가 발달하고 제조업이 성장하면서 기후에 영향을 미치는 이산화탄소의 배출이 점차 증가하고 있다. 발전, 화학, 철강, 시멘트 등의 산업 분야에서 이산화탄소가 어떻게 생성되어 배출되는지 알아보고, 이산화탄소 배출량을 줄이는 정책과 포집하는 방안을 연구해 보자.

주제3 탄소중립을 위한 국가와 개인의 실천 방안과 중요성 고찰

주제4 생활용품에 사용되는 플라스틱의 화학 구조와 성질 연구

학생부 기록 예시 (교과세특)

합성계면활성제의 화학 구조와 이들이 물과 기름을 섞는 원리를 찾아보고, 합성계면활성제가 생태계에 미치는 영향을 조사하는 등 합성계면활성제의 화학적 성질과 그러한 성질이 환경에 미치는 영향을 탐구함. 이 과정을 통해 화학이 우리 일상생활에 얼마나 밀접하게 연결되어 있는지, 그리고 이러한 화학 물질들이 환경에 어떤 영향을 미치는지 발표 자료를 제작하여 친구들과 공유함. 이를 통해 화학의 지식을 이용하여 환경 문제를 해결하는 사실에 매우 뿌듯해함.

탐구주제 확장 및 심화

물질 순환시스템과 인간의 환경친화적인 삶의 방식 탐구하기
지구에서 살아가는 인간은 모든 물질 순환에 관여한다. 지구의 물질 순환 시스템 작동 원리를 알아보고, 인간의 활동이 물질 순환을 거스르지 않는 환경친화적인 삶의 방식을 탐구해 보자.

녹색 화학의 사례를 찾아 교육자료 제작하기
환경친화적인 화학을 녹색 화학이라고 부르는데, 녹색 화학의 원리와 목표를 알아보고, 실제 사례를 찾아보고 교육자료를 개발하여 교실에 비치해 보자.

관련 논문 화장품용 천연계면활성제의 제조 및 이용 최신기술(김형원, 2013)

계면활성제는 경계면 활성화를 통하여 표면장력의 변화를 주기 때문에 세제와 화장품에 사용되는 원료이다. 합성계면활성제로 제조한 제품은 생태계 파괴의 원인이 되고 있다. 합성계면활성제를 대체할 수 있는 친환경 계면활성제를 개발하여 활용하는 연구가 활발하게 진행 중이다.

관련 도서 《지구 온난화 교과서》, 뉴턴프레스, 아이뉴턴
《화학의 미스터리》, 김성근 외, 반니

관련 학과 고분자공학과, 농생물학과, 대기과학과, 분자생물학과, 생명공학과, 생명과학과, 생물학과, 식품공학과, 신소재공학과, 약학과, 의예과, 한의예과, 화학과, 화학공학과, 화학교육과, 환경학과, 환경공학과

관련 교과 2022 개정 교육과정: 화학, 생명과학, 세포와 물질대사, 화학반응의 세계, 융합과학 탐구
2015 개정 교육과정: 통합과학, 화학 I, 화학 II, 생명과학 I, 생활과 과학

MEMO

교과세특 추천 도서 300: 공학계열

1판 1쇄 찍음 2024년 3월 6일
1판 4쇄 펴냄 2025년 1월 8일

출판 (주)캠퍼스멘토
저자 한승배·강수현·배정숙·양봉열·오규찬·은동현·이현규

브랜드 윤영재·박선경·이경태·신숙진·이동훈·김지수·조용근·김연정
연구·기획 오승훈·이사라·민하늘·박민아·최미화·국희진·양채림·윤혜원·강덕우·송나래·송지원
교육운영 문태준·박흥수·정훈모·송정민·변민혜
미디어 이동준
관리 김동욱·지재우·임철규·최영혜·이석기·노경희
발행인 안광배

주소 서울시 서초구 강남대로 557(잠원동, 성한빌딩) 9층 ㈜캠퍼스멘토
출판등록 제 2012-000207
구입문의 (02) 333-5966
팩스 (02) 3785-0901
홈페이지 http://www.campusmentor.org

ISBN 979-11-92382-35-7 (14370)
     979-11-92382-31-9 (세트)

학생부 독서, 한 권으로 끝낸다!

학교생활기록부의 핵심,
'교과세특'을 완성하는 독서 탐구활동의 모든 것

인공지능 기반의 미래 사회에는 개인에 체화된 지식과 역량의 중요성이 더욱 높아지고 있습니다. 특히 대입 제도 개편에 따라 학교에서의 활동이 더욱 강조될 것으로 예상되고 독서와 탐구활동이 핵심적인 요소입니다. 이 책은 학생들이 교과를 더 깊이 있게 이해하고 심화 공부로 나아갈 수 있도록 돕는 도서를 추천하며, 해당 도서와 관련해 수행할 수 있는 탐구 주제까지 제시합니다. 이런 탐구활동을 진행해 각 교과 선생님들께 제출한다면 그 학생의 교과세특은 누구보다도 풍성해질 것입니다. 성공적인 입시를 바라는 학생, 학생부를 잘 관리하고자 하는 학생과 학부모라면 반드시 읽어야 할 책입니다.

정제영 이화여대 교육학과 교수, 미래교육연구소 소장

독서에 관한 한 국어과에서 초등학교 3학년부터 10년간 책 고르기 같은 독서 전 활동, 읽는 방법을 정해 실천하는 독서활동, 책 읽고 난 뒤 사실을 확인하고 토론하고 생각을 정리하는 독후활동까지를 체계적으로 가르치고 있습니다. 교실에서 배운 대로 독서활동을 실천해 왔다면 책을 찾아 읽으면서 생각을 깊게 하는 공부가 몸에 뱄을 겁니다. 대학에서는 공부를 깊고 넓게 한 학생을 선발하려고 하는데 깊고 넓게 생각하는 힘이 독서에서 길러집니다. 고등학생은 시간에 늘 쫓기므로 공부에 도움이 되는 책에 대한 정보가 아쉬울 때가 있습니다. 《교과세특 추천 도서 300》은 그런 학생들에게 기본적인 도서 정보를 제공하며 도움을 줍니다. 물론 진정한 가치는 스스로 무엇을 더 하는 것에 있습니다. 이 책에 제시된 책과 탐구 주제를 활용하여 자기만의 독서를 하고, 자기만의 활동으로 확장한다면 원석이 보석으로 태어날 수 있을 것입니다.

진동섭 전 서울대학교 입학사정관, 《입시설계, 초등부터 시작하라》 저자

 값 29,800원
ISBN 979-11-92382-35-7 (14370)
ISBN 979-11-92382-31-9 (세트)

한승배
노정희
손평화
이미선
이선주
하희
지음

인문·사회계열

교과세특
추천 도서
300

독서연계로 완성하는 나만의 차별화된 학생부!
현직 선생님들이 추천하는 독서연계 탐구 주제 가이드

경영, 경제, 미디어,
역사, 상담심리
5개 계열별 추천 도서
약 300권 수록!

계열별 추천 도서,
관련 논문, 심화 탐구 주제,
현직 선생님이 작성한
학생부 기재 예시까지
교과세특 완벽 대비!

강력 추천!

진동섭
전 서울대학교
입학사정관

정제영
이화여대
교육학과 교수

CampusMentor
캠퍼스멘토 × 프로젝

저자

한승배
경기 양평전자과학고등학교 진로전담교사

노정희
경기 한솔고등학교 역사교사

손평화
경남 거창고등학교 진로전담교사

이미선
경기 수택고등학교 일반사회교사

이선주
경기 광교호수중학교 진로전담교사

하희
경기 구리여자중학교 진로전담교사